韵律格局

——语音和语义、语法、语用的结合

石　锋　编著

商務印書館
创于1897 The Commercial Press

图书在版编目(CIP)数据

韵律格局:语音和语义、语法、语用的结合/石锋编著.—北京:商务印书馆,2021(2022.5重印)
ISBN 978-7-100-19537-9

Ⅰ.①韵… Ⅱ.①石… Ⅲ.①汉语—韵律(语言)—研究 ②汉语—语法—研究 ③汉语—语用学—研究 Ⅳ.①H11 ②H14 ③H13

中国版本图书馆CIP数据核字(2021)第032391号

韵律格局
——语音和语义、语法、语用的结合
石 锋 编著

商 务 印 书 馆 出 版
(北京王府井大街36号 邮政编码100710)
商 务 印 书 馆 发 行
北京艺辉伊航图文有限公司印刷
ISBN 978-7-100-19537-9

2021年4月第1版 开本850×1168 1/32
2022年5月北京第2次印刷 印张17⅝
定价:88.00元

目　　录

序　　言

这本《韵律格局——语音和语义、语法、语用的结合》是格局系列的第四本书。前三本书依次是：《语音格局——语音学和音系学的交汇点》(2008)，《语调格局——实验语言学的奠基石》(2013)，《听感格局——汉语语音听感特征初探》(2019)。随着语音格局实验分析工作的不断拓展，我们对于语言中格局的表现和作用的认识和理解也在逐渐加深。

基于语音实验的格局分析，最早应用在汉语声调的研究中。后来又在汉语元音、辅音、语调，以及听感实验中，取得了初步的成果。其实语调格局分析已经进入了语义和语法的领域。韵律格局的分析则是在语调格局研究的基础上，更为自觉地把语音平面跟语义、语法、语用三个平面结合在一起，集中考察不同类型焦点的各种表现，更加深入地探索韵律三要素在语言交际中互动的机制。

从初次寻求在迷茫中发现的惊奇，到后来持续多番不断验证的喜悦，逐渐形成了语言格局的确定信念：格局在语言中是普遍存在的。越是原初的表现，越具有共通性和普遍性。反之亦然。韵律特征比音段特征似乎具有更为广泛的共通性。虽然对话者之间的语言不通，却可以根据韵律特征(＋表情、手势)的共通模式，知道对方是善意还是敌意，是高兴还是悲伤。

什么是格局？格局是系统的分布模式，格局是可见的系统。索绪尔曾讲过系统。特鲁别兹科依曾写成《音位学原理》。萨丕尔曾讲过格局。乔姆斯基和哈勒曾写出《英语语音格局》。只要研究语音，就必然进入格局系统，受到语音格局即语音系统的制约。我们这里讲的格局，吸收了他们的观念和成果，又具有两个新的特点：基于实验的量化分析；可视化模式便于观察。

语言格局基于实验的量化分析，可以有效避免主观的设想和臆断，免于陷入那种似是而非的、既不能证实也不能证伪的怪圈。语言学是经验科学，应该以实证为基础，进行事实的调查和科学的实验。如果说，过去因为有些主观和客观的条件不具备，而没能去做事实的调查和科学的实验，那么，现在已经万事俱备，需要尽最大努力去做。田野（现场）调查是语言学者的基本功；科学实验是语言学者的必修课。这对于青年学者尤其重要。因为，十年、二十年、三十年之后，语言学的面貌会日新月异。缺失这个基本功，没学这门必修课，一定会落伍。

语言格局的可视化模式便于观察。观察是科学研究的基本方法。人类视觉和听觉获取的信息是最丰富的，也是最直接的。有声语言造成听感印象，经过实验分析得到量化数据和视觉模式。这样就如业师邢公畹先生所讲："不但能见到一般人所能共同见到的，而且由于利用了语音实验仪器，还能见到一般人所不能见到的；而最重要的是能想到一般人所想不到的。"这样就更容易看出语言的特征和规律，形成语言观念和语言理论的新见解。

一般学者都认为，语言交际是编码和解码的过程。却往往忽略了其中一个重要的环节。编码和解码都是在大脑中解决的。问题在于编码人和解码人并不是同一个人。这个语码怎样从编码人传递到解码人？怎样确认编码人所编的码，就是解码人所解的码？人们往往对此习焉不察，觉得理所当然。其实此中大有文章。这就是语音学要解决的任务。从编码人的发音，通过空气媒质的传递，到解码人的接收。在这个过程中，确认语言代码同一性的方式是模式匹配。格局就是模式。编码人和解码人之所以心有灵犀一点通，就是有着语音格局的模式匹配。

吴宗济先生对格局的确认方式曾做过通俗具体的解释说明：人与人之间的对话，正如古语所说："言出于我口，入于尔耳。"尽管言者所说的每个音节和声调并不那么"到位"或规范，但由于人的听觉系统可以对听到的语音进行加工处理，通过大脑的分析、记忆、比较等功能的综合处理，只要听来的语音"框架"不差，语境相近，就能被理解。这个"框架"就称为"格局"。

我们曾经多次确认语言中的有声原理：因为人类语言是有声的，即：语言中的一切内容（结构、语义、功能、语用、情感）都是通过语音表现出来的；同时通过语音来接收和获得理解，所以对话语音流进行适当的语音分析，应该能够得到相对应的有序模式。这对于语音和韵律来说，应该是一个普遍的公理和常识。这个"有序模式"才是语音研究的意义所在，体现出语音研究在语言交际过程中的价值。

一个语法范畴的建立，一定要有形式和意义的对应。这应该就是有声原理之下的重要表现之一。语言中的语音和语义相互对应。在语句中，没有无意义的语音成分出现，也没有无语音表现的意义存在。语用学所谓的言外之意，都是要有语言学之外的语境背景和共有知识作为条件的。

广义的韵律格局可以在两个方面跟语法结合起来：形态构词；语句产出。在语素构词层级，利用韵律特征来构词或构形，这就是韵律形态。韵律形态在各种语言中是普遍存在的。韵律赋值在语素构词中是必选成分。语素和单词只是在韵律赋值的同时，才具有了意义。所以韵律赋值是语素和单词的点睛之笔。韵律赋值包括音高、时长、音量三种韵律特征，在不同的语言中各有侧重。

在语句产出层级，利用韵律特征来凸显焦点表达信息。短语成句时，韵律特征同样是必选的完句成分，不可或缺。这表现在两个方面：一是在语句中各个单词、短语和句末的边界调可以划分出结构单位；二是语句焦点的韵律凸显表现出语义信息。所以韵律特征是语句生成的灵魂所在，生命之源。这些都可以作为韵律句法的实验研究内容。

语调韵律是语言学皇冠上的钻石，是语言学者的终极诱惑。我们为此准备并探索了几十年。现在刚刚开始步入正途。这本《韵律格局》且作为重新出发的集结号，愿大家继续努力前行，去探寻求索，解开人类语言的奥秘。

是为序。

石　锋

2020 年 2 月 1 日

于南开静寓

第一章　总论

一、语调研究是实验语言学的奠基石[①]

1.1　总述

语调研究是人类语言的终极奥秘，语言学皇冠上的最大钻石，语言学家的永远诱惑。这是一匹等待驯服的烈马，一片即将开垦的沃土，一园春华秋实的美景。

人们经常讲到的，语音—语法的接口，语音—语义的接口，语音—语气的接口，语音—语用的接口，接口在哪里？就在语调中。

我们从 1995 年开始，20 多年来，经过 50 多位教师和博士、硕士研究生的实验探索，写出上百篇语调分析论文。同时又参阅了国内外很多前辈和时贤相关的大量语调研究成果，对于汉语和其他一些语言的语调表现有了初步的认识，深深体会到语调研究是实验语言学的奠基石。我们已经做过的只是万里长征第一步，今天的总结是为了更好地展开语调研究，进行广泛深入的实验语言学探索。下面是我们的认识和体会。

语调定义：语调就是在人们的话语音流中，以音高的起伏程度表现的调域的高低宽窄与时长的增减和音量的强弱共同构成的有

---

① 原文发表于《实验语言学》2017 年第 6 卷第 1 号，作者石锋。

序变化。实际上在情感强烈的语句中还会有音质的改变。语调的用处:标示韵律单位,传递信息内容,表达说话语气,体现语用效果,传达情绪和情感。

语调格局定义:语句的音高、时长、音强交互作用的表现模式,即:在音高方面是语句调型曲线的起伏格式所表现的词调域的宽窄和高低的位置关系(用语句调域图和起伏度图表示);在时长方面是语句中各字音的相对时长的动态变化构成的分布模式(用语句时长比图表示);在音强方面是语句中各字音的相对音量的动态变化形成的分布模式(用语句音量比图表示)。

以上的语调格局定义涉及了语调研究的三大法宝,即三种量化指标:起伏度、时长比、音量比。下面分别列出它们在自然焦点陈述句中的图形。

首先是语句调域和起伏度的图形(图 1)。其中细线长方格是字调域,粗线格是词调域,全部的方框就是句调域。从词调域的高度来看,有着音高下倾的自然趋势。字调域跨度有在边界前扩展的趋势,字调域下限表现出边界前的降低。图 2 是字调域、词调域、句调域的图示。

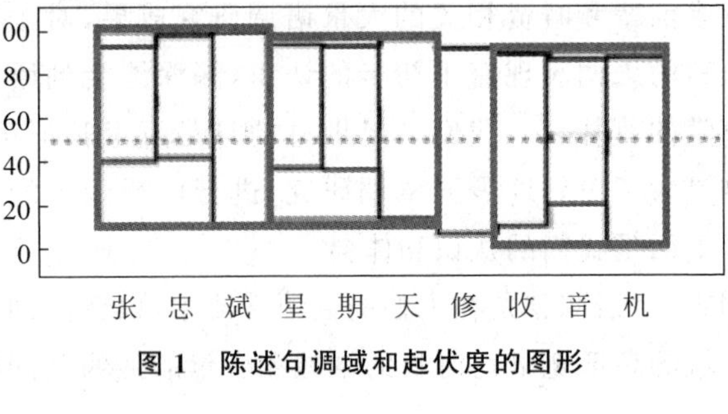

图 1　陈述句调域和起伏度的图形

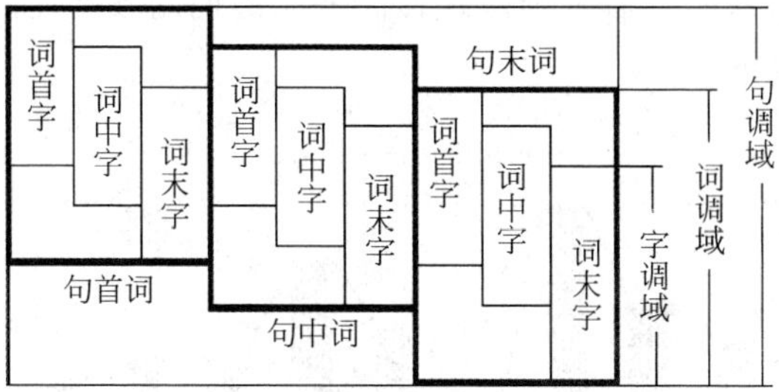

图 2　陈述句字调域、词调域、句调域的图示

接着是自然焦点陈述句中的字音时长比的图形(图 3)。时长的表现相对稳定。时长分布特征表现为字音时长在边界前的延长。这应该是跟音高方面的字调域跨度在边界前的扩展和字调域下限在边界前的降低相联系的。

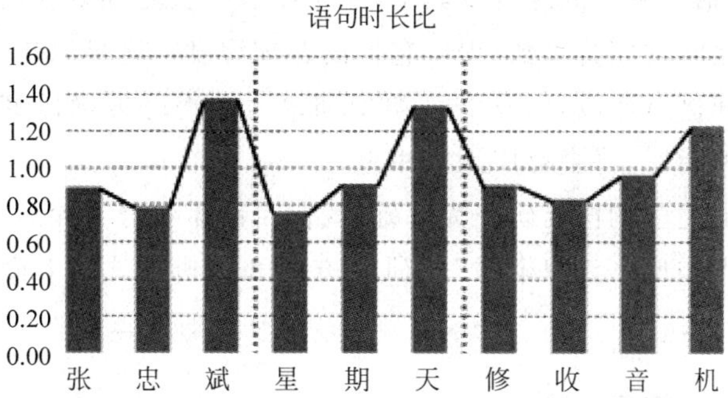

图 3　陈述句时长比的图形

最后是自然焦点陈述句中的字音强度的音量比图形(图 4)。我们可以看到其中有着字音强度在边界前增强的特征和以词为界的音量递减的趋势。前者是与音高方面的字调域跨度在边界前的扩展和字调域下限的边界前降低,以及时长方面的字音在边界前的延长相联系的。后者则是跟音高方面的词调域高度的音高下倾趋势相联系的。

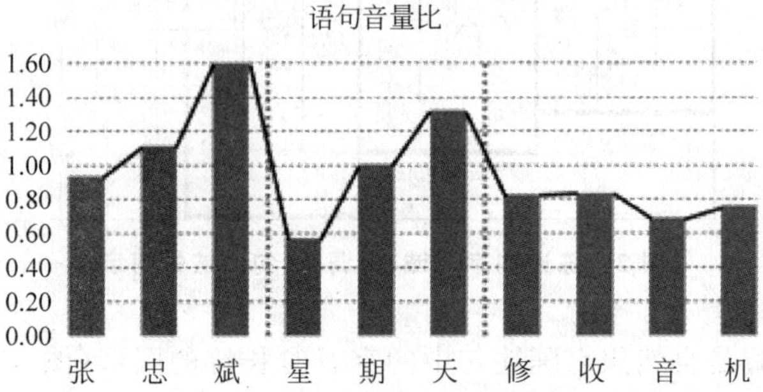

图 4　陈述句音量比的图形

我们从中得出一个重要的韵律匹配的方法，就是计算音高起伏度（包括字调域的跨度及其上限、下限）、时长比和音量比三种数据相互之间的相关系数，得出它们的匹配程度。这可以作为人际、语际之间进行比较，以及语言类型和语言习得等方面研究的一个重要参考指标，将会有广泛的用途。

以上述语调格局研究为基础，我们目前需要努力探索“信息结构—焦点类型—韵律模式”的研究方向和分析范式。下面分别加以说明。

1.2　信息结构

人类话语中可以做出不同的分类：句法（常规、构式）、语义、语气、语用、情感，等等，具有各种不同的信息结构，可以划分为有限的焦点类型，在语句中表现为相对应的韵律分布模式。

“对语言产物的样品（收集到的一些话语）显然是能作出描写的，但是，这种描写并不能为这些语料提供解释，因为语料的存在

理由只能从它们的使用目的中去寻找。"(Bake, William & 陈平 1985)

对于信息结构,人们有着各种不同的说法。我们这里讲的信息结构是这样的:说话人用语句作为载体传达给听话人的意义内容。之所以称为信息结构,是因为这种信息中包括了句法、语义、语气、语用,有时还要考虑情感等各种成分,相互补充,彼此联系,有机地结合在一起,完成语言交际的功能。凸显项在不同类型的语句中可能也不一样。如:排比句和感叹句,前者是结构平行,后者是情感表达。

信息结构有别于句法结构和语义结构:它包括了句法结构,但又不仅是句法结构;包括了语义内容,而又不单是语义内容。信息结构是句法结构和语义结构的结合,又加入功能和语用的因素,这样就使信息结构的概念跟实际的语言交际联系得更为密切。如:"向右转",在为别人指路时,或作为队列口令时,它的信息结构是不一样的。这里的信息只是未知的新内容,如信息量的概念所指。所谓旧信息已经不是信息。

1.3　焦点类型

"焦点是音系学、句法学、语义学、话语分析等各个学科共同感兴趣的问题,也是形式语言学、功能语言学等语言学各个学派共同感兴趣的问题。语言学中得到如此广泛注意的课题不多。"(徐烈炯 2005:11)

焦点问题是语言研究的焦点。这就需要了解焦点的特征。焦点就是凸显。在话语中造成凸显才能引起关注。焦点表现为非对称、不平衡、不完全。不对称就会产生标记,打破平衡才能显现焦点。因此确定焦点在句中位置是很重要的第一步。

一般人们所讲的焦点三原则：(1)尾重原则：句尾焦点是无标记的，属于心理预期的常规状态。句尾焦点伴随边界调的表现会产生韵律增量，无须强调重读的条件。(2)辅重原则：辅助或附加成分做焦点是弱标记现象。增加修饰语就说明这是必须有的，否则就不会增加的。因此句中若有修饰语，那么多是在焦点位置。(3)深重原则：这应该属于强标记。焦点在多重修饰成分的中心语位置，这常常会跟尾重原则重合叠加，因为中心语一般是在后面。深重和辅重有时会冲突，因为二者都有修饰语，那就需要做出取舍。以上是语句基本模式的情况。在语句的变化模式中有着因强调、语气、修辞、情绪、情感等因素产生的焦点。

语调的中心问题是解决焦点表现。语句中的焦点都不是孤立的，是语句韵律整体调节的结果。焦点类型可以从不同的角度来划分。

从焦点的数量来看，可以有单焦点、多焦点，或者窄焦点、宽焦点的区分。单个词做焦点为窄，多个词做焦点为宽。

从焦点位置是否变化，可以有原位焦点、位移焦点。前者是在原来位置加以强调，形成焦点，后者多是通过句法方式改变词的位置，使焦点凸显。如“把”字句就是这样。

从焦点的构成方式来看，可以分为独立焦点、联合焦点。联合焦点多是两个或多个成分合作构成焦点。如：否定句的“不”和后接动词，感叹句末语气词“啊”跟前接顶级程度副词和形容词，选择问句的几个选项。

从焦点表现的韵律成分来看，可以有完全焦点、互补焦点。完全焦点是音高、时长、音强三者都有凸显；互补焦点的某一成分突显一个方面，而另一成分凸显其他方面，如：队列口令的预令末字凸显时长，结尾的动令凸显音量和音高，形成互补。

这里的焦点类型只是关注焦点本身的局部形式特征。下面的韵律模式就要考虑全部语句的整体韵律分布。

1.4　韵律模式

韵律成分就是超音段成分，即韵律三要素音高、时长、音强构成的特征。音段成分和超音段成分如皮之于毛，互为依存。每一个元音、辅音的发音，不会裸体出现，不能真空存在，无不具有韵律三要素。但是单个音段的韵律表现不具有语言学意义。音段结合为音节，或者进一步组合为音节序列，负载的与意义相关的超音段成分，才能成为具有语言学意义的特征。每种语言都不可能具有全部的元音和辅音，却都不会缺少音高、时长、音强这韵律三要素。只不过不同语言在词汇层级上对于这三要素的优势选择各有不同，因而就有重音语言、声调语言之分，重音语言又有力重音和音高重音之分。而在语句层级上，各种语言中的韵律三要素都是有序互动，共同构成韵律模式。

在词汇层级上的词重音（力重音、音高重音）、字调、轻声等超音段成分，会在语句中继续保留。语句的韵律模式就是以此为基础，在更高层面上进一步整合调节的结果。过去一般所讲的句重音的概念远远不能涵盖其中音高、时长、音量三者之间互动而有序变化的丰富内容，表现各种类型焦点的韵律模式可以很好地承担这个任务。

句重音的概念需要重新考虑，应该在韵律模式的框架中加以拓展，予以完善。语句的焦点并不是增加一两个重音就可以解决的。例如可以考虑有音调重音、时长重音、音量重音，以及重音分布的类型等。在韵律分析中如果只看到音高，就是一种抽象的线性起伏；加入时长，会成为一幅实在的平面图景；再加音量，才是一串鲜活语言的立体音流。

1.5 实例展示

首先是同一位发音人自然焦点陈述句跟语调疑问句的调域对比图形(图5)。从中我们可以看到疑问句的语调特征:(1)句末疑问焦点位置上的词调域最大化扩展。这是因为句末边界调和疑问焦点调的凸显叠加在一起。(2)疑问句调域比陈述句整体抬高

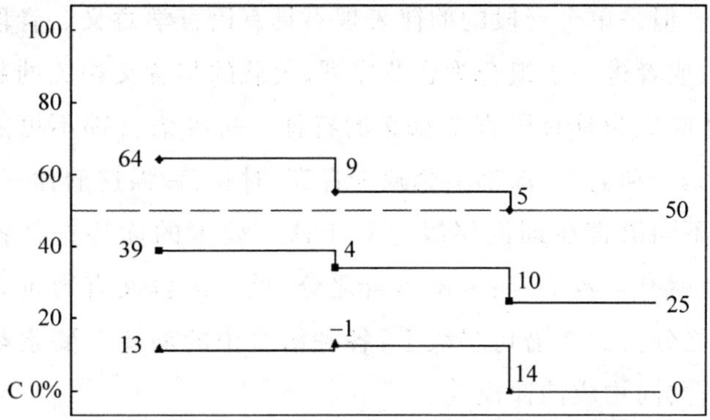

陈述句(例句组同图1)

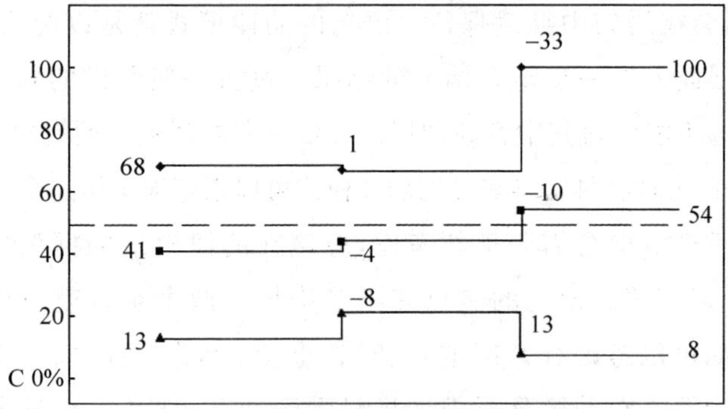

语调疑问句(例句组同图1)

图5 陈述句、疑问句的调域起伏度对比图形(王萍等2010)

8%。凸显的焦点句一般都比自然的陈述句调域提升10%左右。

再看强调焦点句的焦点在不同位置上的调域变化图形(图6)。通过各个位置的强调焦点句(深色粗线画出、上行数字表示百分比跨度)跟自然焦点句(浅色粗线画出、下行数字表示百分比跨度)的词调域和字调域对比,可以看出:强调焦点在句首和句中位置时,焦点所在的词调域扩展约35%—40%,焦点后面的词调域大幅压缩,跟焦点调域跨度相差约50%—60%,上线落差达到40%—50%。强调焦点在句末时,因句末是动宾短语而有两种情况:若只在句末宾语,则宾语调域大于动词,扩展18%;若是在整个动宾短语,就是宽调域,动词调域扩展11%,宾语扩展4%。这就是强调焦点的音高分布模式。

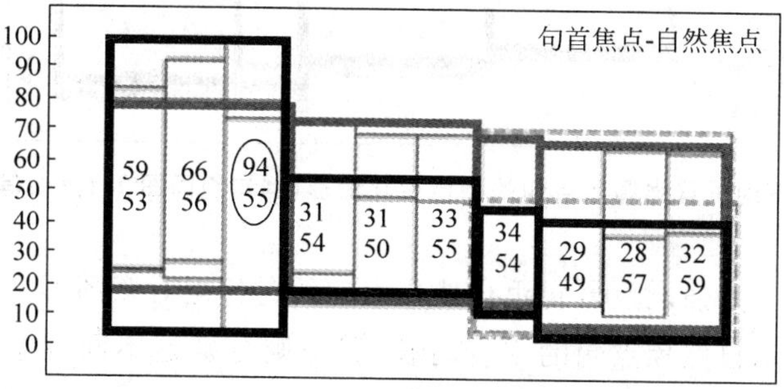

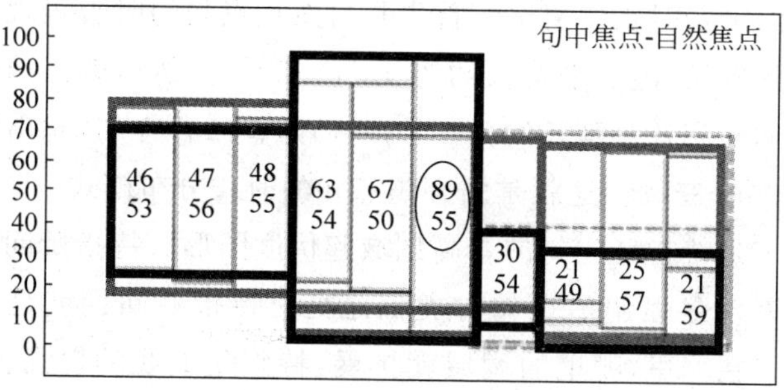

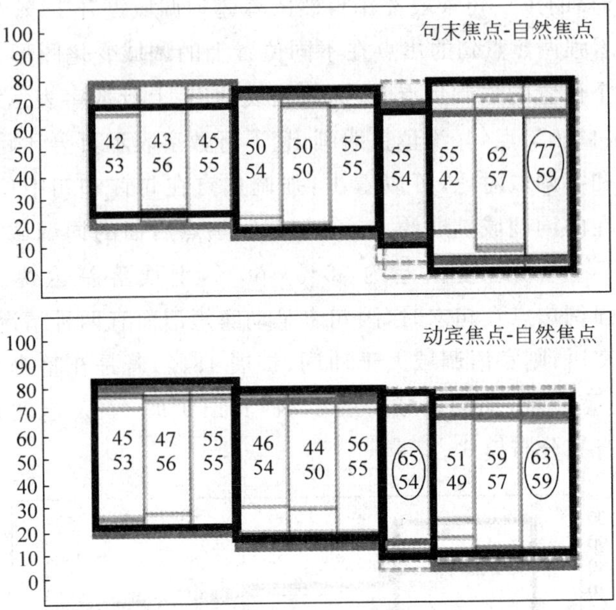

图 6　不同位置强调焦点句的调域变化图形(例句组同图 1)(陈怡等 2011)

图 7 是强调焦点句跟自然焦点句的时长比对照图形。图中黑圆点标示自然焦点句的字音时长,其他则分别是不同位置的强调焦点句的字音时长的情况。首先是自然焦点句的时长表现为边界前字音的延长,超出平均值约为 15%—20%。然后就是强调焦点所在的词末字音再延长约为 10%—15%。二者叠加,超出平均值约为 25%—35%。这就是强调焦点句的时长分布模式。

图 8 是特指疑问句的音高调域起伏度图形。特指疑问句的音高调域表现跟强调焦点句有类似之处。特指疑问词就是焦点所在。焦点在哪里,哪里的调域就扩展,特别是上线的提高很明显:在句首和句中都达到 90%以上,句末也有 85%。句首的“谁”后面

没有立刻出现大幅落差，到句末词调域下降22%。句中的“什么时候”后面落差37%。这是一种疑问焦点的音高分布模式。

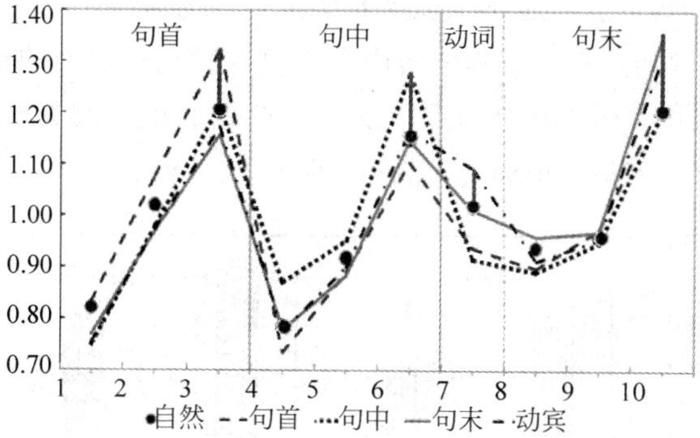

图7　强调焦点句跟自然焦点句的时长比图形(例句组同图1)(孙颖等2012)

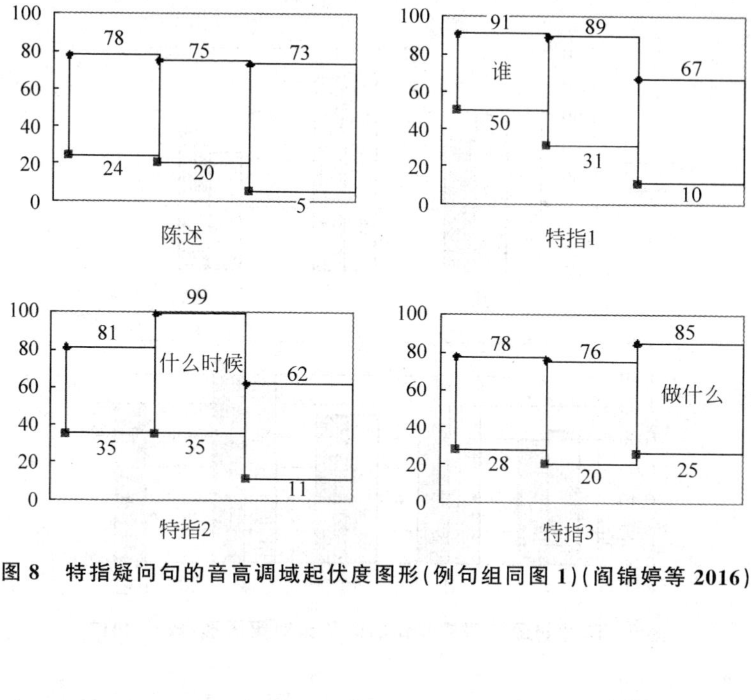

图8　特指疑问句的音高调域起伏度图形(例句组同图1)(阎锦婷等2016)

图 9 是陈述句跟同型感叹句的时长比对照图形。图中浅色柱形是陈述句的字音时长，深色的是同型感叹句的字音时长。三对语句的图形具有相同特点：陈述句是前半句的字音较长，感叹句是后半句字音较长。感叹句焦点在哪里？是由句末语气助词和前面的动词或形容词和副词共同构成感叹焦点。语气焦点表现跟强调焦点不同，因为传递的信息不是一个词义，而是一种感触、一种态度、一种心情。

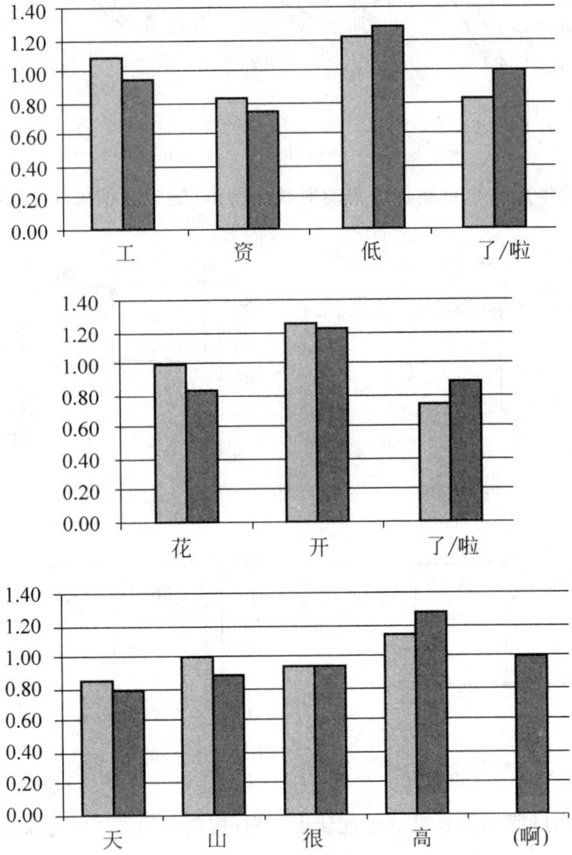

图 9　陈述句跟同型感叹句的时长比对照图形(成瑶 2017)

感叹句末的“啦”一般看作“了”和“啊”的合音。二者的时长差别表明语义负担量不同，“啦”增加15%—20%时长就是表达感叹语气的增量。感叹句末的“啦/啊”时长为90%—103%，仅次于前接词的最大值，这表明了它在感叹句中的重要性。前两对语句都是前半句字音时长减少的量相当于后面字音加长的量（参见表1）。

表1　感叹句与陈述句的时长比数据(1=100%)

例句	工	资	低	了/啦	
陈述	1.10	0.85	1.23	0.83	
感叹	0.95	0.75	1.30	1.00	
差量	−0.15	−0.10	0.07	0.17	
例句	花	开	了/啦		
陈述	1.00	1.23	0.76		
感叹	0.86	1.25	0.90		
差量	−0.14	0.02	0.14		
例句	花	开	了/啦		
陈述	0.87	1.01	0.96	1.15	
感叹	0.81	0.92	0.96	1.30	1.03
差量	−0.06	−0.09	0	0.15	
例句	天	山	很	高	（啊）
陈述	0.87	1.01	0.96	1.15	
感叹	0.81	0.92	0.96	1.30	1.03
差量	−0.06	−0.09	0	0.15	

第三对语句表明，不能只是在陈述句后面加上“啊”就成为感叹句，而要调整原陈述句的韵律分布，才能跟“啊”构成感叹句，即感叹句有独特的韵律分布模式。最后是三句式排比句群的音高起伏度图（图 10）和时长比图（图 11）。图 10 中四位发言人首句的句首上线都是 97%—100%，下线都接近 40%（除男 1 是 22%）。首句是为整个排比句群定位，后面的语句都向它看齐，形成一种典型的平行对应。这种平行对应可能是出于一种共同的心理机制，为适应相同的修辞语用效果的需要。

人们通常讲到的音高重置，是一种笼统的说法。实际上就是每个句子结束后，经过停顿换气，再说下一个句子的时候所做的音高校准，调域对齐。这种校准和对齐不一定要完全相同，而是相互联系和彼此对应，具有内在的一致性。

图 11 是上述四位发音人同样的三句式排比句的时长比图示。图中在句间的空白格上标出停顿时长。排比句群各句的句首两字组名词是排比标示语，除男 2 末句之外，所有发音人都是后字大于前字，相差约 15%。后面各成分的时长表现中也都可以明显看到平行对应的表现。排比的特征：(1)有标示语；(2)结构相同；(3)语义相关；(4)韵律平行对应。何谓排比？排，即平行；比，即对应。

三句式排比句群的音高和时长分布模式有着高度的一致性。在时长方面的平行对应比音高方面更为突出。四位发音人不仅每人的各排比分句之间的分布模式一致，而且四位发音人之间各排比分句的分布模式彼此一致。这是为适应相同的修辞语用效果的

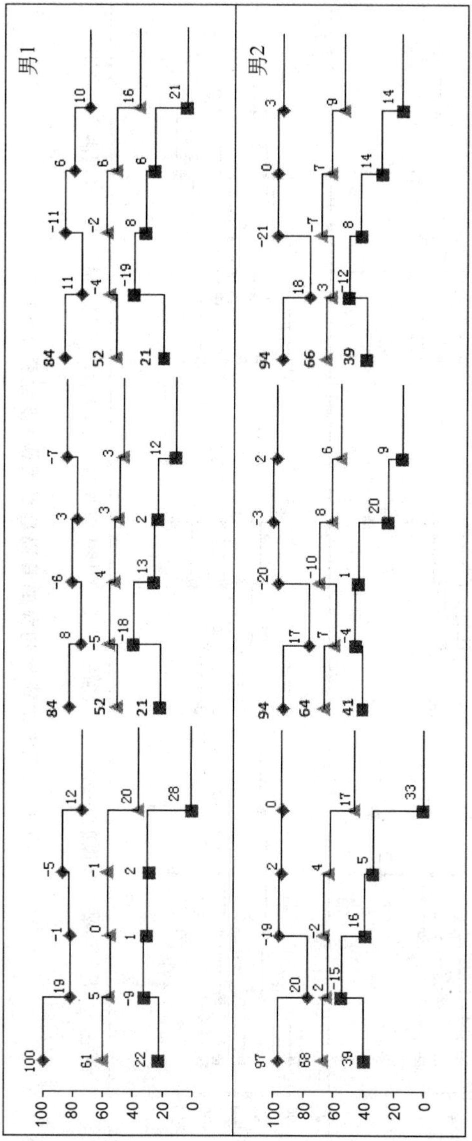
男1
男2

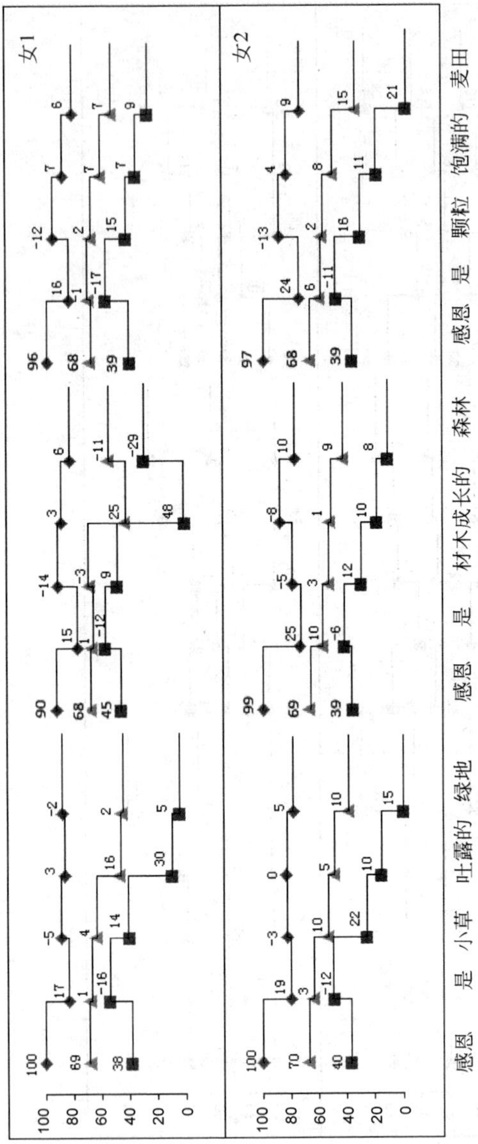

图 10　三句式排比句群的音高起伏度图（张金爽 2017）

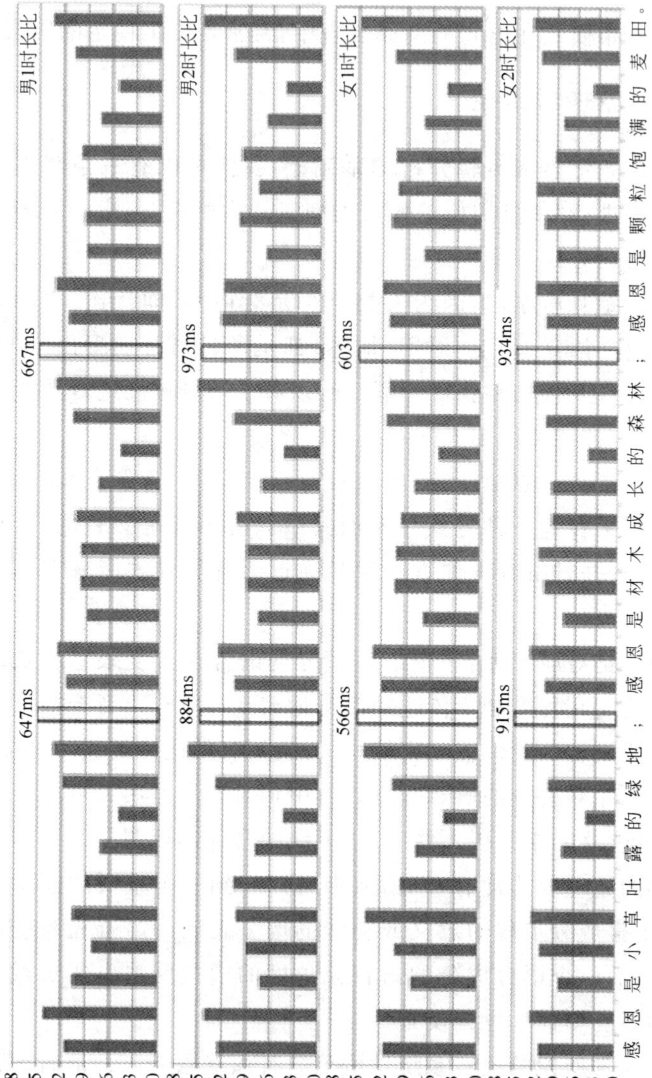

图 11 三句式排比句的时长比图示（张金爽 2017）

（空心柱形是分句间的停顿，ms 为时间单位毫秒）

需要，以韵律的节奏感和层级感增强话语的感染力。以时长比表示的时长分布模式在语句的韵律表现中，常常是一个稳定的因素。

1.6 原理和推论

在长期大量语调实验分析的基础上，我们可以有三条基本原理能够作为进行“信息结构—焦点类型—韵律模式”探索研究的基础依据和努力方向。分述如下：

原理1是有声原理：因为人类语言是有声的，即：语言中的一切内容（结构、语义、功能、语用、情感）都是通过语音表现出来的；同时通过语音来接收和获得理解。所以对于话语音流进行适当的语音分析，应该能够得到人际对应的有序模式。

原理2是必选原理：焦点的表现可以有词汇（含形态）、句法、修辞、语用、语音等各种方式。然而其中只有语音是必有的，其他都是可选的；并且所有其他方式都是通过语音形式才能够表达出来的。

原理3是对应原理：一个语言成分的语音充盈度跟它所负载意义内容的实在程度和所传递的信息量相互对应。语音充盈度表现为跟音段发音的到位程度密切相关的、具有可比性的相对音高、相对时长和相对音量的测算数据。其中相对音高是用百分比表示的调域跨度，这通常是以上线和/或下线的升降进行调节的。

上述的原理3非常有意义，从中可以得到一个重要的差量推论：一个语言成分负载的意义或功能的增多表现为语音充盈度的增量叠加；而一个语言成分的语音充盈度的增量反映出所负载的意义或功能的增加。反则反是。

我们通常所说的语音系统性应该具有双重意义：(1)语音内部各层级成分自成系统；(2)语音负载全部语言内容的总体表现都是

有序的、有规律的，是成格局、成模式的。人们常常是注意到前者，而忽视了后者。我们分析前者不应该是到此为止，而是为了后者准备条件，打下基础。因此，前面的分析只是刚刚迈开万里长征第一步。后面的分析研究才是正剧的情节内容。

语言就是说出来的话。语言在哪里？在脑中，又在口中。人脑中的语言必须外化：不说出来就不会有交际作用。只有外化的语言才能被接受和理解。平常人们所说的三个平面的语言研究，语法、语义、语用，哪个能够离开语音这个最基础的平面？如果离开语音，它们将何以立足？所以我们不能忘记本源，要回归常识。绝不能对于语音说而不察，听而不闻。如同生命不能没有空气，语言不能没有语音。

1.7　分析范式

选题设计：在语法、语义、语用的研究文献中选择实验分析的题目。首先要充分了解各家的论点、论据，明确认识采用实验证据在解决这个问题中所具有的意义。以此为基础，做出周密细致的系列设计。这是实验成败的关键。要充分鼓励跟其他领域的学者交流合作，共同进行实验研究的全部过程，包括选题、设计、实验、分析、结论。

数据整理：在对实验数据进行具体的韵律分析之前，特别是对于大样本测算的原始数据，首先要做出数据整理。剔除伪迹、排除离群值。同一发音人在某一项上出现离群值并不影响他在其他方面的正常数据。

音高分析：以字音为基础。依次计算字调域、词调域、句调域。把测量的赫兹值换算为百分比，列出数据表。字调域图形（百分比单位。全部字调域按照韵律词划出虚线方框，取上、下极限为句调域。在图形底线加代表例句标示边界位置)。字调域图可表现跟词调域和句调域的联系。起伏度就是语句的字调域或词调域上限的百分比差值和下限的百分比差值。后字高于前字为正值,低于前字为负值。统计检验:平均值、标准差都要给出来。方差检验(单因素、多因素)。

时长分析:字音长度时长比数据表(从毫秒归一化为百分比)。时长比柱形图(句中、句间停顿用空白柱形标出毫秒数;100%处加水平虚线标示;用竖虚线标示韵律词边界;底线处加代表例句)。柱形顶点连接线作为时长分布模型。统计检验同音高。

音量分析:幅度积(语音能量)测量值和音量比数据表。音量比柱形图(100%处加水平虚线标示;用竖虚线标示韵律词边界;底线处加代表例句)。柱形顶点连接线作为音量分布模型。统计检验同音高。时长和音量都应标示出作为100%的原始平均值。

对于同一批语料录音,同时完成起伏度、时长比、音量比的分析。一定要避免数据图形不全的情况。这样便于全面把握韵律分布模式,使我们得到全面的认识。在此基础上,可以增加对比分析,以及韵律匹配分析。在对比分析中,除了要看百分比数据的关系之外,还要注意百分比数据所依据的总值和平均值的对比。

每一个字音在话语中的交际负担量不同,韵律成分的表现就有差别。在音高、时长、音量方面反映出来,就是增减的量化程度。通常的情况下,5%以下的差异还不明显,超过5%就开始明显起来,超过10%以上的差异就很值得关注了。韵律三要素的数据、图形都做好,展示在一起,各自的特征自然就显现出来了。当然这要经过细心观察才能得到,因为观察是一切科学发现的基本途径。

在对同一个(批)人的不同语气的语句做音高对比时,要把参加对比的对象所有的数据都包括进来,从中选取最大值为100%,最小值为0,进行归一处理。不仅要观察这个对象成分在小范畴中的位置和表现,还要考察这个小范畴在全局中所处的位置和表现。

1.8 前景

语法学者重视借助语音方面的证据,是从语法化的研究开始。实词的虚化是词语的一种历时变化过程。焦点的语音表现是语句的一种共时韵律模式。上文的原理3讲到:一个语言成分的语音充盈度跟它所负载意义内容的实在程度和所传递的信息量相互对应。实词虚化关系到所负载意义内容的实在程度;焦点表现跟所传递的信息量直接关联。二者之间应该有内在的联系。

在语言研究中应该重视采信语音证据。语法研究的三个平面,语言研究的不同层级,都离不开语音的基础,所以都应该增加语音的平面。语言的本源就是有声的。任何涉及语言的研究,离开语音,就是不完全的、有缺陷的、缺少实证的、先天不足的研究,是未完成的研究,是待结论的研究。过去的语言理论多是离开语音的平面,因此多是缺少实证基础的,基本上应是假说。我们可以有充分理由给予语音的发音和听辨的实证检验:证实者为理论,证伪者为谬论。使语言学回归本源,回归常识。

语言中有那么多的系统、规则、原理,都是怎么来的?其实地上本没有路,走的人多了,也便成了路。无数的说话人不是用手投票,也不是用脚投票,而是用嘴投票。日积月累,年复一年,世代相传,习惯优化,成为自然。优选论的名称本身就表明,没有绝对的规则。所谓规则,不过是择优选用的结果,是概率的表现。音变、语变,莫不如此。这种行为习惯的优化过程,现在还在进行中。

我们要追求基于真实的语言交际,面向社会语言生活的、完整的、科学的语言学研究。语言学理论应建立在经验实证的基础上。

二、韵律格局：理念和方法[①]

2.1　语调格局和韵律格局

语言学研究方法非常重要。理论和方法密不可分。所有的方法背后都是有理论基础的，其实方法本身就代表着研究的观念。理论的创新往往是发源于方法的更新。技术先进了，方法更新了，发现和创新就有了保证。我们倡导的语言格局的研究，既是研究理念，又是分析方法。

我们常说语音学应跟音系学结合，怎样结合？语音格局就是语音学和音系学的交汇点。语音格局利用语音实验进行音系分析，得出同一层级的语音成分在音系空间中的分布模式，把抽象的语音系统转变为可视化的格局，便于显现特征，便于观察趋势。这种音系空间可以设定为声学空间、听感空间或生理空间，分别得到语音的声学格局、听感格局、生理格局。

把语音格局的方法用于语言研究是很有意义的，可以增加研究的实证性和科学性。目前在元音、辅音、声调、语调等方面的一些初步成果，显示出进一步深入拓展的广阔前景。目前，《语音格局》和《语调格局》已经出版。《听感格局》马上就要印出来。《韵律格局》撰写基本完成，正在编辑当中。生理格局和言语格局的研究还有待大家贡献智慧，投入力量。

---

① 原文于 2019 年 4 月 27 日在第八届中国语言学研究方法与方法论问题学术研讨会上报告；2019 年 5 月 8 日在“实验语言学沙龙”网上直播报告；后发表于《实验语言学》2019 年第 8 卷第 2 号，作者石锋。

首先来介绍语调格局。语调在学界有着不同版本的定义。我们认为：语调就是在人们的话语音流中，以音高的起伏程度表现的调域的高低宽窄与时长的增减和音量的强弱共同构成的有序变化。实际上在情感强烈的语句中还会有音质的改变。语调格局就是语句的音高、时长、音强交互作用的表现模式，即：语句中所有的字调域、词(短语)调域的高低宽窄，以及相对时长和相对音量的动态变化与相互影响。格局就是模式。语调格局重在考察不同语句的类型：陈述句、疑问句、感叹句、祈使句，这些语句在韵律表现上各有什么特点，有哪些类型上的差别。

然后再说韵律格局。韵律格局是基于语调格局研究的进一步深化和拓展，要分析语句中不同类型焦点表现的韵律分布模式。韵律格局和语调格局所用的方法差不多，可是它们的视角和关注点不太一样。韵律格局强调音高、时长、音量三要素在信息传递中的共同作用，努力实现语音跟语义、语法、语用的结合。语调格局和韵律格局的区别在于，前者关注不同语句的类型特征，而后者关注不同焦点的韵律模式。我们一般都是先看一个句子的信息结构是怎样的，再看它的焦点类型是哪一种，然后分析它的韵律模式。实际的分析操作程序正好是逆向的：从语句的韵律模式来分析它的焦点类型，从焦点类型来考察它的信息结构。“韵律和节奏本身就是汉语语法的一部分……”“韵律手段本身就是汉语语法的一种形态手段。”(沈家煊 2017)我们希望通过韵律格局的研究，把语音表现和语义、语法、语用结合起来。

2.2 韵律格局的理论基础

我们研究韵律格局，不是一时兴起，心血来潮，而是有理论基础的。主要有以下三方面：三条韵律原理，语音二重性观点，一个连续统理念。

2.2.1 三条韵律原理

三条原理不仅限于韵律方面，而是涉及全部语音范围。这三条原理已经讲过多次，就是因为它们的初始性，是研究的基础。

人类语言是有声语言。人们每天都要通过语音来进行语言交际，传递各种信息，可是语音的研究常常被排除在语言学之外。这里反映了两方面的问题：首先，语音学者是不是以语言研究为本，为语言研究服务，而不只是画地为牢，不敢跨越出语音的雷池。另外，非语音学者是不是理解语音在语言系统中的基础作用，从而重视语音在语言研究中的重要作用。语言是信息的载体，语音是语言的载体。很多语法学者都开始注意到，语音的轻重跟词语的语法化过程有密切的联系。

(1) 有声原理：人类语言是有声的，即：语言中的一切内容(结构、语义、功能、语用、情感)都是通过语音表现出来的，同时通过语音来接收和获得理解。对话语音流进行适当的语音分析，应该能够得到相对应的有序模式。有声原理是具有普遍性的语音和韵律的公理。

(2) 必选原理：焦点的表现有词汇、句法、修辞、语用、语音等各种方式。然而其中只有语音是必有的，其他都是可选的；并且所有其他的方式都是通过语音形式才能够表达出来的。必选原理是在有声原理基础上的凝聚和浓缩。相比普遍性的有声原理，必选原理集中于特定的焦点的表现。

(3) 对应原理：一个语言成分的语音充盈度跟它所负载意义内容的实在程度和所传递的信息量相互对应。这个对应原理更为具体地把语音形式跟意义内容联系在一起，是韵律格局分析的直接依据。

语音充盈度表现为跟音段发音的到位程度密切相关的、具有可比性的相对音高、相对时长和相对音量的测算数据。其中相对音高是用百分比表示的调域跨度。这个语音充盈度，不只是韵律充盈度，有四个因素，在韵律三要素之外，还有音段加进去。音段到位程度是一个很重要的指标，以后会讲到。

从上述三条原理，特别是对应原理中可以得到一个差量推论：一个语言成分负载的意义或功能的增多，表现为语音充盈度的增量叠加；而一个语言成分的语音充盈度的增量，反映出所负载的意义或功能的增加。反则反是，即：一个语言成分负载的意义或功能的减少，表现为语音充盈度的递减；而一个语言成分的语音充盈度的递减，反映出所负载的意义或功能的减少。

这个推论是韵律分析的操作原则。实际上这就是已成为学界共识的"音轻义必轻"原则的拓展：义重则音必重，音重则义必重；义轻则音必轻，音轻则义必轻。语音形式与意义内容彼此影响，相互作用，显现出语言音、义之间的密切联系。

这些原理和推论，是我们进行韵律格局研究的理论基础。实际上这些应该都是公理，都是常识。我们只是把它们集中起来进行表述，使它们更为清晰，成为人们更加自觉的理念。

语音是语言系统中最具物质性、最有客观规律性的子系统。"材料的生命一旦观念地反映出来，呈现在我们面前的就好像是一个先验的结构。"（马克思）我们在语音格局的实验分析中，就常常有这种感觉。格局存在于语言之中。

2.2.2　语音系统二重性

我们一向主张语言系统中要有语音系统，语义、语法、语用三个平面还要加上语音平面。所有语言的语音系统或语音格局，都是具有双重意义的：

(1) 语音内部各层级成分自成聚合性系统，以词语音节为基础；

(2) 语音负载全部语言内容的组合性系统，以语句音流为单位。

聚合性语音研究涉及的是一种语言或方言中的元音系统、辅音系统、韵律特征，音节配置结构，共时和历时的音变等。其中有语流音变和连读变调，已经涉及跟话语音流的初步联系。组合性语音研究以语句为基本单位，从信息结构梳理焦点类型，从焦点类型对应韵律分布模式。语音实验就是力图对于实际交际中的语句音流表现进行量化分析，探索其内在的有序格局。

前面的聚合性系统研究是很重要的基础。语音研究首先要解决这种聚合性的语音面貌。这是相对静态的表现。就如同造楼房要先打基础。我们之所以先从声调格局、元音格局、辅音格局做起，最后才开始探索语调格局，就是要先把基础打牢。有坚实的基础才有可能建造起高楼广厦。

后面的组合性系统研究常常被人们忽视。特别是聚合性系统跟组合性系统之间的联系。一个是静态，一个是动态。我们分析前者的一个重要目标，就是为后者准备基础条件。前面的聚合性分析是开场白。后面的组合性研究才是言归正传：语音研究的真正目标和方向——人们交际中的语言。如果把前者比作游泳池，那么后者就是浩瀚的大海，有着更为深广的内涵和丰富多彩的表现，让我们遨游其中，尽情探索。目前的问题是，研究聚合性系统的人往往不管组合性系统，而考察组合性系统的人又很少关注聚合性系统。所以我们既要关注聚合性系统，又要关注组合性系统，不能忽视语音的聚合性系统和组合性系统之间的内在联系。

2.2.3　语句焦点连续统

我们曾经多次说明这个连续统理念。大道至简。最简就是初始：一生二，二生三，三生万物。（《老子·道德经》）其中，一就是连续统，二就是两端，三就是分界。循环重复，可生万类。

自然界和人类社会中到处都是连续统。连续统的条件是各个成分共有同一维度，可以进行量化排序。连续统的特征就是两端清晰，中间模糊。比如，老年、少年清楚，中年比较模糊。连续统两端之间可以划分出各种范畴。其中设定的每个范畴，中间清晰，边界模糊。

人类语言同样充满了连续统。语音中也是如此。连续统观念在语言研究中非常重要，因为这不只是观念，而是语言事实。在学术上令人纠结的问题中，一般都存在有连续统。例如以前讲过的元音和辅音的连续统，曾经引起学界的反响。这里顺便再增加一些内容。按照定义，元音和辅音的区分在于发音时是否受到阻碍。其实，除了有无阻碍的区分，还有阻碍大小的区分。我们可以根据阻碍程度的不同，划分出元音和辅音的下位范畴。下图就是最基本的元音辅音的连续统。

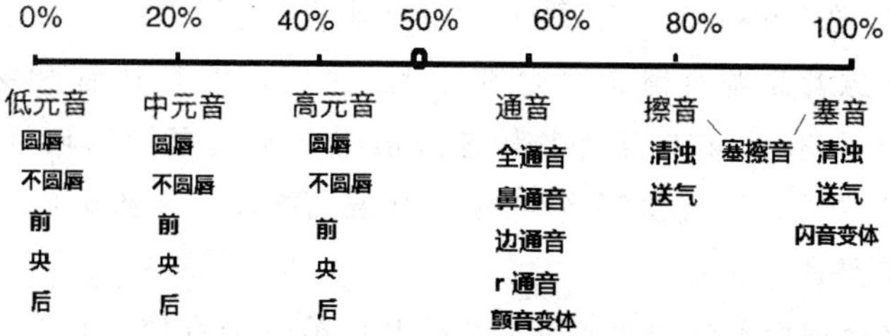

图 1　元音—辅音连续统示意图

阻碍程度为元音和辅音共有的维度，形成连续统。阻碍程度为 0，是全部打开；阻碍程度为 100%，是完全堵塞。中间 20%、

40%、60%、80%就是主观设定的范畴分类。50%是元音和辅音之间的界限，阻碍程度小于50%，是元音；阻碍程度大于50%，是辅音。实际上50%这个点也是模糊的。所以我们说元音和辅音两个端点的低元音和塞音之间，是很清晰的；中间在50%两侧的高元音和通音中的全通音即半元音之间，界限是模糊的。

通音：英语是approximant，近似的意思，跟谁近似呢？跟元音近似。在哪方面近似呢？在结构和功能两个方面近似：结构上，跟元音一样具有共振峰结构；功能上，跟元音一样具有音节性，可以自成音节。很多语言和方言中，都有通音自成音节的情况。通音是赵元任用的，近来有人改用近音。我还是习惯通音。

塞擦音不同于复辅音（辅音串），是一个音位。它是一个塞音和一个擦音叠合在一起，清浊一致，且发音部位是相同的，发音方法是叠加的，即塞音的除阻段和擦音的成阻段叠加，结合紧密，是一个音位。复辅音则不是一个音位，有几个音就是有几个音位。

元音有二合元音、三合元音，辅音也有二合辅音、三合辅音。塞擦音、送气擦音、送气塞音是二合辅音；送气塞擦音是三合辅音。塞擦音是塞音擦音叠合在一起，送气擦音是擦音和送气叠合到一起，在西北方言当中有这种情况。送气塞音比较常见，送气是喉擦音。送气塞擦音含有三种发音姿态：塞音＋同部位擦音＋喉擦音。

复合辅音不同于复辅音（辅音串），是一个音位。复合辅音的发音部位或方法是相同的、相容的、相叠的。复辅音则不是这样的。

颤音一般是跟边通音或r通音互为变体。汉语和英语中没有颤音。法语有小舌颤音，俄语有舌尖颤音，如果不会发这些音，就可以发 r 通音代替。一些少数民族语言里有颤音，跟 r 通音是变体。闪音一般不单独做音位，只作为舌尖塞音的弱化变体。

现在来讲语句焦点连续统。焦点分析是语调研究的核心问题，是语言研究的焦点。“焦点是音系学、句法学、语义学、话语分析等各个学科共同感兴趣的问题，也是形式语言学、功能语言学等语言学各个学派共同感兴趣的问题。”（徐烈炯 2005）各种焦点的术语名称有几十个之多，我们需要从焦点的性质和作用来简单梳理一下。

语句焦点可以看作是一个从自然焦点、表义焦点（强调焦点）、对比焦点、语气焦点到情感焦点的连续统。当然每一类焦点内部也有轻重的差异，但不同类别之间的区分还是明显的。各种焦点都可以在这个连续统上找到自己适当的位置。

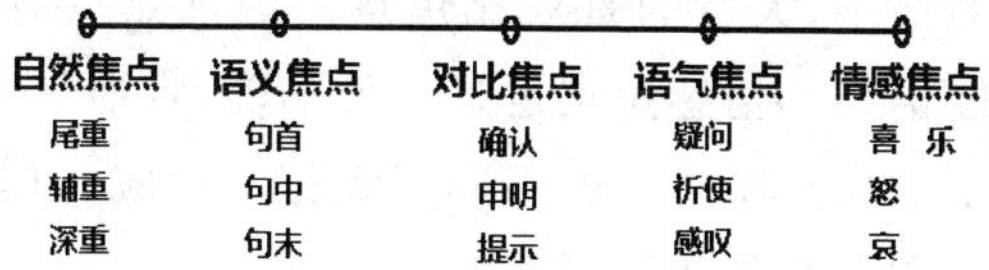

图 2　语句焦点连续统示意图

前三者都是陈述句。

自然焦点一般有确定的句法位置，尾重就是在结尾，句子尾部，辅重就是附加成分，深重就是句子当中的层次最深的成分。

表义焦点就是强调焦点，位置具有动态性。在句首、句中、句末位置上的表现各有不同。只有语音表现，没有语法标记。

对比焦点介于语义和语气之间，可以表示确认、提示、申明，强于语义，而弱于语气。对比焦点都有词汇或语法标记。

功能语气焦点：疑问、祈使、感叹，模式各不相同，且各有强弱之分。

情感抒发焦点：喜、怒、哀、（乐）也是表现各异，且各有强弱之分。其实，感叹句子应该划在这一类中。

自然焦点没有明显强调；表义焦点以上的都有强调凸显的叠加。这样语句焦点的连续统的好处就是不同类型的焦点都和语言系统的不同层级相互对应。

自然焦点也就是常规焦点，是语调的基本形式。自然焦点三原则：（1）尾重原则：无标记的，一般的句子都是无标记的。（2）辅重原则：弱标记。（3）深重原则：强标记。跟句法位置相对应，没有明显的语音凸显。表义焦点也就是语义焦点，我们叫一般强调焦点，徐烈炯叫信息焦点。信息适用的范围很广，强调也是这样，叫作语义焦点或表义焦点，跟语义层级相对应。对比焦点主要是确认。可以看成是一种确认语气，其他的意义都是在确认基础上的延伸。平常对话中，大量的是对比焦点。语气焦点对应于除陈述句之外的功能语气。情感焦点也是一种功能：宣泄情感。

不同类别的焦点跟语言的不同层级相互对应。焦点的形式特征跟焦点的作用分类是相互联系的。

焦点具有普遍性、单一性、叠加性。这是从焦点本身性质考虑的。普遍性是指正常交际中每个句子都有一个焦点；单一性是指每个正常交际的句子都有且只有一个焦点，有两个焦点就会产生歧义。刚才我们提到，从自然焦点、表义焦点、对比焦点、语气焦点到情感焦点这个连续统是递加的。叠加性是指每一个句子中焦点的级别具有其前面焦点的叠加性，即表义焦点把自然焦点叠加进去，对比焦点就把表义焦点、自然焦点的增量叠加进去了。叠加性使得焦点也具有连续统的特征。我们用实验可以证明不同类型焦点在韵律成分上的增量递加。

语言中普遍存在连续统，动词和名词、元音和辅音、文读和白读、清音和浊音、听感的范畴和非范畴之间都是连续统。构成连续统的条件就是连续统的各个成分共有同一个维度，因为这些成分可以在这个维度上进行量化的排序。所有的语言变化都是扩散过程，语音变化在词汇中扩散，词汇变化在语句中扩散。因此，所有的语言变化都是连续统。语言的各种层级成分都是不断变化的，所以，语言的各种层级成分都是连续统。

我们的语言研究其实就是怎样描写各种语言中的连续统，并如何对其进行范畴划分。连续统观念使我们看到各种语言成分的内在联系，以及它们相互之间的量化递增叠加关系。应该设立专题，深入讨论语言中的连续统问题。

2.3　韵律格局的量化方法：三个指标

工欲善其事，必先利其器。这里就是要解决过桥的方法问题。三个量化指标就是我们分析韵律格局的三个法宝：(1)时长比（过去叫停延率，因为一开始我们准备把语句当中的停顿也计算在内，把停顿和时间的延长放在一起，后来发现，在一个单句当中，极少有停顿，都是时长延长，把停顿单独进行测量，作为另一个指标，把停延率改为时长比，这样更加明确）；(2)音量比（就是音强，因为音强只是一条振幅曲线，振幅的一个指标，一条线不能全面反映整个一个音节的音强变化，所以我们把它做成音量，音量就是把整个音节的振幅进行平均，得到其积分）；(3)起伏度（就是音高，主要指它的调域，字调域、词调域、句调域，字调域在词调域当中的分布，词调域在句调域当中的分布），再到调域比。

2.3.1　时长比的计算

时长比是相对时长的计算：Dx＝Sx/Smean

Dx 为某单字时长比，Sx 为该字音时长，Smean 为全句音节的平均时长。

这种相对时长有可比性，更具语言学的意义。如果一个字音的 Dx>1，就是发生了音段延长。（石锋、梁磊、王萍 2009）

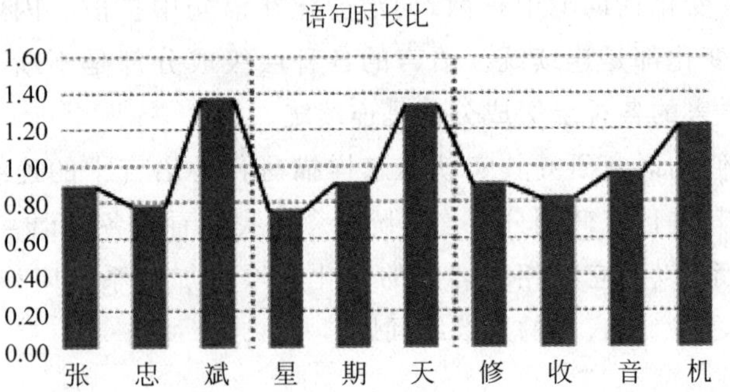

图 3　语句时长比的柱形图

2.3.2　音量比的计算

语音的能量是跟音强相对应的。表示语音能量的幅度积计算公式为：某段语音的幅度积 Gx＝Ax * Sx

Ax 为某段音的平均振幅，Sx 为某段音的时长。

语句中，幅度积转换为归一化的音量比，算法为：某字音量比 Ex＝Gx/Gmean

Gx 为某字幅度积，Gmean 为全句单字平均幅度积。

音量比就是每个字音能量的百分比。音量比使音强具有可比性（石锋 2018）。

说明：上面的 Smean 和 Gmean 也可以在 S 和 G 上面用一个短横线来代表平均值。

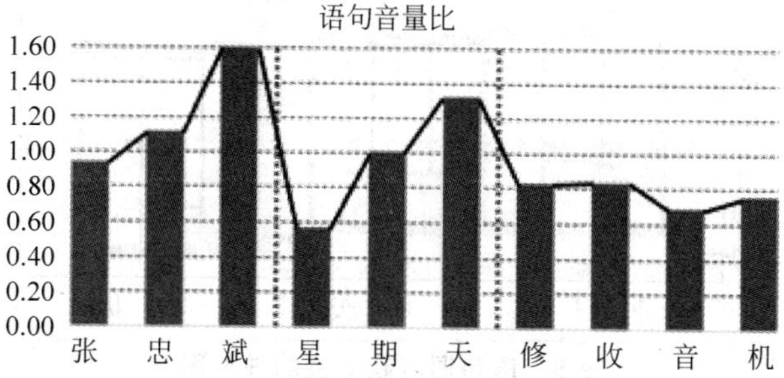

图 4　语句音量比的柱形图

2.3.3　起伏度计算方法

语调音高的量化指标是起伏度，以字音为基础，首先测算出全部实验句各字音的音高赫兹数据。依据语句中各字/词调域上线的最大值为100%，下线的最小值为0，进行归一化计算。得出各字/词调域的上线和下线的百分比。

起伏度 Qx=(Kx−Kmin)/(Kmax−Kmin)

其中 Kmax 为句中各字/词调域上线的最大值，Kmin 为句中各字/词调域下线的最小值，Kx 代表最大值和最小值之间各个字音的上线和下线的测算值。

最后根据得到的各字调域上线和下线的百分比数值相减，计算出调域跨度，作出字调域条形图，显示跟词调域和句调域的联系(石锋 2018)。

2.3.4　调域比的计算

起伏度得到每个字/词调域的上线和下线的百分比位置。每个字/词调域上线百分比减去下线百分比就是它的调域跨度百分数。这个百分比跟上线下线的百分比意义不同，不是具体的位置，而是一种抽象的距离，就如同时间上的时段和时点。起伏度是具

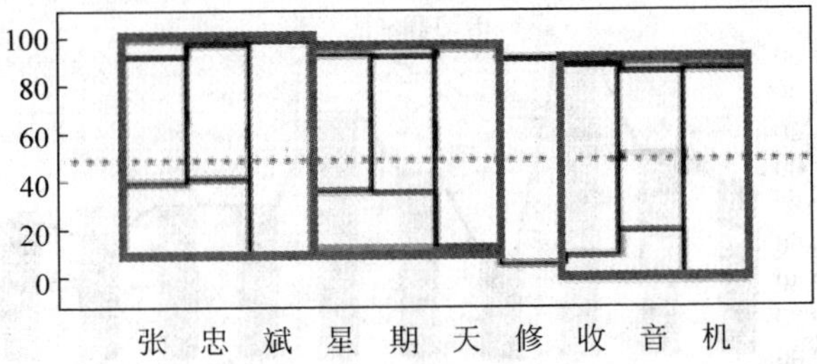

图5 语句调域起伏度的柱形图

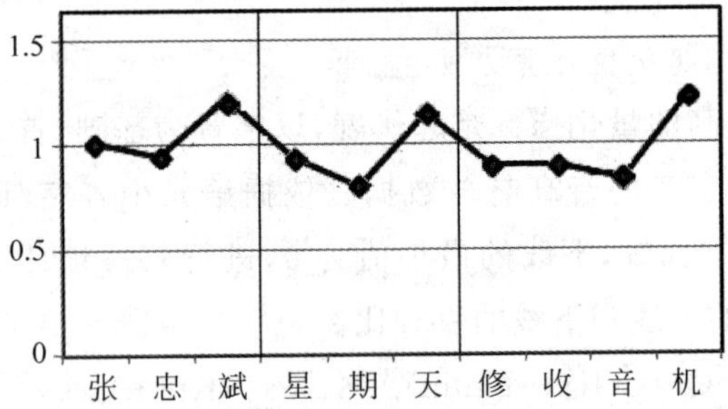

图6 陈述句调域比图形

体的调域高低分布，调域比是抽象的调域跨度大小。调域比是在起伏度基础上计算得出的。

调域比（邓文靖 2016，秦鹏 2018）就是字调域跨度的归一化。

WR＝Wx/Wmean（WR 为某字调域比，Wx 为这个字的调域跨度，Wmean 为全句的平均字调域跨度）

这三个量化指标有不同的背景和性质。时长比只经过一次计算，计算出时长多少毫秒，然后计算平均时长得出百分比，是一级抽象；音量比经过两次计算，先计算音量幅度积，然后再进行幅度积的归一化，是二级抽象；调域比经过三次计算，第一次把调域测量的赫兹数据进行归一化，这是第一次计算，成为调域的上线和下线，调域的上线减去调域的下线得到调域的跨度，调域的跨度的百分比已经比调域的下线的百分比又抽象了，是一种抽象的距离，是第二次计算；调域跨度再进行归一化，得到调域跨度比，是第三次计算，三级抽象。虽然抽象程度不同，因为都经过归一化，音高、时长、音量三种数据就可以比较方便地进行韵律匹配的计算了。

2.4　韵律匹配问题：韵律三要素不同步

为什么语调研究和韵律分析都是要时长、音量、音高一起考察？只看音高可以吗？英语的重音通常表现就是：音强增大，音高同时提升，时长也增加了。于是一般人们会觉得三要素是同步的：要增加就一起增加，要减少就一起减少。所以在研究韵律问题的时候，大多只做音高分析，而对时长和音强常常是忽略不谈，或三言两语，匆匆带过。声调研究、语调研究以及焦点重音的研究，大多如此。

吴宗济笔谈（见石锋 2011）：我的结论是，语音要加重，调值必升高；调值升高，语音不一定重。吴先生的结论经过深思熟虑，非常重要，这是他一生从事语音研究的大量实践中得出的真知灼见。我们非常赞同。吴先生实际上揭示出关于韵律三要素互动的非可逆性关系，特别是音强和音高的不可逆性。也就是说三者并不等同，三者并不平衡，三者并不同步。这应该是我们研究韵律问题的一个基本立足点。

只看音高，就是一种抽象的线性印象；加入时长，成为一幅实在的平面图形；再加音量，才是一句鲜活的立体音流。通常情况下，音高只解决40％—50％的问题，时长解决30％—40％，音量解决20%—30%。因此,韵律三要素加起来才能够解决100%的问题,三者缺一不可。

韵律匹配分析的结果可以证明韵律三要素并不同步这一观点。

韵律匹配通过对韵律三要素的实验数据进一步做出统计分析,得到两两之间的相关系数。韵律匹配是在数据的归一化之后进一步进行数据分析处理的一个重要方法。不仅可以对归一化的三要素的实验数据进行检验和评测,更重要的是可以作为分析三要素之间相互关系的重要客观依据。

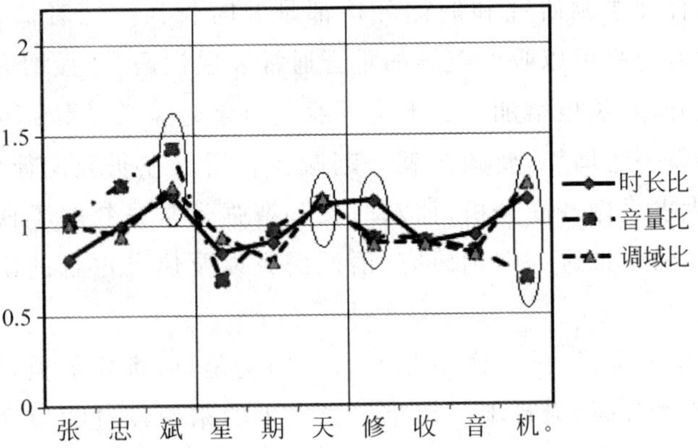

图 7　陈述句时长比、音量比和调域比的对照图

如果三要素是匹配的,时长比、音量比、调域比这三条线应该同步变化,但图7中可以看到,它们并非平行分布。

人类语言按照韵律的主导作用不同而划分为力重音语言、音高重音语言、声调语言。例如:英语是力重音语言,汉语是声调语言,日语是音高重音语言。

不同的语言韵律互动的表现会有差异。重音语言一般多是以音强为主导，音高随音强而变化。所以欧美学者往往以音高代替音强和时长的分析，也可以解决很多问题。在英语中只用音高的办法问题还不大，在汉语中还这样做，就发现问题大了。

汉语句子的基本形式多是以音高为主导。音高为主的时候，音强却不一定跟得紧，甚至可能会掉队。所以照搬外来的办法往往行不通。

这也说明以欧美为中心的观念需要改变，需要把眼界扩大。东方语言学研究同样可以为语言学做出贡献。

2.5 实验语言学：开放式研究

实验语言学需要开放式的研究，韵律格局需要开放式的研究。我们提倡的开放式研究，在自然科学研究中早已实行。

门捷列夫的化学元素周期表，其中的空格，后来的化学家不断填补。这就是一个集体性的事业。不管你是哪个国家的，只要你参加了这个事业，化学的研究，就能为人类科学的发现做出贡献。

遗传学也是这样的，如对于基因的研究。

中国音韵学也曾有过，如古音分部。顾炎武分 10 部，以后江永分 13 部、段玉裁分 17 部、戴震分 25 部、王念孙分 21 部，江有诰等人在顾氏的基础上加详、加细，大体上完成了古韵分部工作。一个人做出了成就，然后又为别人的进一步研究打下基础，这种研究是非常有意义的。

实验语言学也要这样，提倡开放式研究。一是前赴后继，继承前人再创新；二是齐心合力，众人拾柴火焰高。

开放式研究，要有三个方面的开放：第一是参加人员的开放，第二是理论方法的开放，第三个是眼界胸怀的开放。

人员的开放就是要搞大圈子，不搞小圈子。不管是文学院，汉语学院，外语学院，还有其他愿意搞语言学的，都请来参加我们的研究。不管你是老师、本科生、研究生，搞哪个专业方向，研究少数民族、方言、语法、词汇，都欢迎。各个学校的，海外的，我们都欢迎。

语言学是集体性学术事业。现代科学是要合作式、交流式、团队式进行研究。个体户式的小作坊里搞不出什么名堂。

人越多才有人气，交流的内容、思想、观点越丰富，研究就更有成效。往往是初生牛犊不怕虎，越少受传统思想束缚的人越有创造性。新的理念、新的方法天然地青睐年轻人。所以我们鼓励年轻的学生和老师走新的道路，用新的方法。

第二是理论方法的开放。我们的理论、方法从来不保密，包括我们的窍门。

为什么我们以前都是十月份上课时间办语音班？我们自己的研究生每年九月份入学，十月份教实验方法，一个星期学会。外面学校的老师和同学来了，我们是内外无别，不是内外有别。我们跟你们一起上课、一样上机实习。

理论方法都开放，我们是走出去请进来。走出去教，请进来学，我们目前已经派了好几批人出去教授实验语言学的研究方法了。另外还采用网上直播的方式，将已有的研究和理论方法最大限度开放。

一花独放不是春。仪器没人用等于废铁，语料库没人用就是垃圾，理论方法没有人用就失去价值。我们希望有更多的同行来用我们的理论和方法进行语音格局的研究。

最后，眼界胸怀的开放最重要。

开放需要胸怀。南开鼓励学生听其他老师的课，不同的学者研究的内容和风格，让学生都能学到。学生就像小蜜蜂，光在一朵花上采怎么行？采得百花才能得到蜂蜜。我的实验语音学就是吃百家饭长大的。

眼界的开放很重要。在语言学外部要跨学科，文、史、哲、社会、经济、法律，文科当中首先要打通；再要文理结合，把心理、生理、物理都结合起来，量化离不开数学的统计。在语言学内部则要跨边界和跨领域，语音、语法、词汇、语义、语用，以及古代、现代这些都把它打开，都要去看一看，都要去关心。学无止境，科学无禁区。不要给自己划禁区，不敢越雷池一步，也不要给别人划禁区，这是我的地盘，别人不得进入。

开放就要合作，除了合作的胸怀还要合作的办法。我们要合作，先做好协议，两个人合作，写两篇文章；三个人合作，写三篇文章。第一篇文章是张三李四，第二篇文章是李四张三。一个人写一篇文章比两个人写两篇文章要费力气。合作总是比单干有利。但是往往合作不起来。杨振宁和李政道合作才得到诺贝尔奖，后来他们不合作，再也得不到了，他们要是一直合作下来，没准能得两次三次，甚至更多的诺贝尔奖。

比如生产汽车都用生产线的，生产线上有好多人，几分钟一辆。你要一个人做一辆汽车，要多长时间啊？还是大家合起来力量大，互补性强。要学会合作，学会交流，学会和别人共处，实际上就是学会生存。现代科学最重要的特点就是合作，任何事情只有合作才能取得成功。

2.6　结语

学术为天下公器。科学不是一个人的事业。语言学是一种集体性的学术事业。跨学科、泛学科的开放式研究是当代科学的重要特征。科学需要接力，科学需要人梯。形成学术共同体，数据共享，成果分清。

在现代，排他的封闭性的流派只是一个个的山头，包容性开放性的观念和方法才有可能成就高峰。

纵向的开放就要有继承性，横向的开放就要有集成性。

集成就是集合的“集”，成功的“成”，大家分工合作，每人做一块，合在一起就成功一个大事业；纵向要继承，就是前赴后继，人梯精神，接力赛，尊重前人，不要站在前人的脸上，要站在前人的肩上。实际上大家都是站在前人的肩上，只不过是承认不承认。

量子论创始人普朗克：“科学是内在的整体，它被分解为单独的部门不是取决于事物的本质，而是基于人类认识能力的局限性。实际上存在着从物理学到化学，通过生物学和人类学到社会学的链条，这是任何一处都不能被打断的链条。”

语言的研究作为一个整体，在这个总的链条上，从人类学到社会学之间有一环就是语言学。

英国的生物学家赫胥黎曾经讲过：“历史告诉我们，人类的智力是靠经常增加的知识来培养的，每经过一定时期的增长就会超出他的理论覆盖物，以新的面貌出现，好像在发育状态下的幼虫，经常要蜕下它的皮壳，换上另一暂时的皮壳。”语言学正是处于这种新的蜕皮过程中。业师邢公畹曾引《荀子·大略》中的话：君子之学如蜕。

开放是方法，是方式，是理念，是态度，是生活，是事业，是理想，是命运。开放则生，开放则兴。开放是人生观，开放是世界观，开放是幸福之源。

人类的历史就是开放的历史，人类进化到今天是开放的结果，科学发展到现代是开放的结果。开放式研究向每一个团队打开大门，向每一位学者伸出双手，欢迎大家加入时代的大潮，共同为科学的语言学大厦添砖加瓦。

我们做的是前人没有做过的探索性研究，开放性研究，所以我们的研究融入整体的事业，具有双倍的意义。这也就是王士元先生讲的：乐在其中。

三、试解韵律不同步原理[①]

3.1　吴宗济的结论

韵律在语言交际中具有重要的作用。韵律有音高、音长、音强三个要素。这三要素在实际语言中究竟有怎样的关系？是如何互动的呢？

英语中的重音通常的表现就是：音强增大，音高同时提升，时长也增加了。于是人们一般会觉得三要素是同步的：要增加就一起增加，要减少就一起减少。所以在研究韵律问题的时候，有人采用只做音高分析，而对时长和音强常常是忽略不谈，或三言两语，匆匆带过。声调研究、语调研究以及焦点重音的研究，也是如此。

事实上，韵律三要素在语言交际中是共同起作用的，那么，它们是彼此独立，还是相互关联呢？如果是相互关联的，那它们是不是同步的呢？

吴宗济（2004：489）指出："在自然口语的语调中，音高、音长、

① 初稿曾在2018年全国语音学术会议大会报告，原文发表于《南开语言学刊》2020年第2期，作者为石锋、温宝莹。

音强三者的功能是不平衡的，语句中逻辑重音和语气重音的大部分信息，都是由声调承担的，其次为时长，而强度总是伴随声调的高低而自动地加减。同时，声调和时长对重音信息所承担的程度是可以互补的。也就是说，两者彼此都可独立承担加重语气的任务，而音强则加强时一定伴随声调的提高，但不能逆推，如声调提高了，音强不一定要随着加强。”吴宗济进一步明确指出：“我的结论是，语音要加重，调值必升高；调值升高，语音不一定重。”（见石锋 2011）吴先生在这里揭示出音高和音强之间的非可逆性关系，也就是韵律不同步原理。这应该是我们研究韵律问题的一个基本立足点。吴先生的结论是经过深思熟虑的，非常重要，这是他一生从事语音研究的大量实践中得出的真知灼见。我们非常赞同。

吴先生同时还表示：“将来如有时间，似可用专文来谈这个问题。”很遗憾吴先生没有时间写出这篇文章了。先生未竟的计划理应由我们来完成。下面我们把围绕这个结论所做的一些不成熟的思考为大家做一个初步的汇报。请各位提出意见，共同探讨。

3.2　韵律三要素的分析方法

韵律三要素不同步的证据在哪里？音强音高互动关系不可逆的证据在哪里？在语言事实中。我们利用时长比（过去叫停延率）、音量比和调域比的方法对语句的时长、音强和音高数据进行归一化，从而实现不同数据间的可比性①。

① 时长比、音量比、调域比的计算，具体方法请参见“韵律格局：理念和方法”。

语调研究和韵律格局中的时长比、音量比、调域比三者的抽象程度不一样。时长比是一级抽象。直接测量时长的毫秒,用来做出归一化的数据。这是最接近实际的,最接地气的数据。音量比是二级抽象。首先要计算幅度积,这也就是计算发音所用的能量。然后再得出归一化的数据。这是经过两次计算,所以叫二级抽象。调域比是三级抽象。字调域上线下线的归一化这是一次计算。从上线下线得出字调域的跨度,是二次计算。虽然调域跨度的单位也是百分比,但是这已经不是在调域空间中的具体的百分比位置,而是一种抽象出来的百分比范围。在此基础上再来一个归一化的调域跨度比。这是基于百分比之上的百分比。所以是三级抽象。

我们又得出一个重要的韵律匹配的方法,就是把计算音高起伏度(包括字调域的跨度及其上线、下线)、时长比和音量比三种数据相互之间的相关系数,进一步改为计算调域比、时长比和音量比三种数据相互之间的相关系数,得出它们的匹配程度。这可以作为人际、语际之间进行比较,以及语言类型和语言习得等方面研究的一个重要参考指标。

3.3　陈述句的韵律匹配

3.3.1　陈述句的时长比、音量比和调域跨度比

首先我们来看一下陈述句韵律三要素之间的关系。

陈述句中的自然焦点句,没有特别凸显的特征,我们可以称它为语调的基式,把它作为分析其他语调的参照。从图 1 和表 1 我们可以看到自然焦点的陈述句在时长、音量和音高方面的表现,以及相互关联的情况。

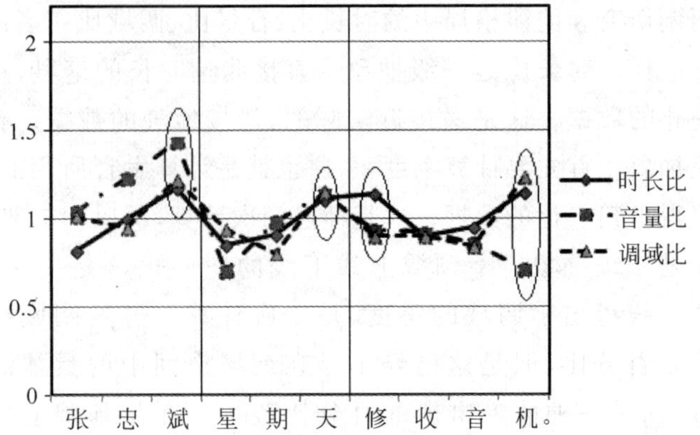

图 1 陈述句的时长比、音量比和调域比①

表 1 陈述句的时长比、音量比和调域比

		1	2	3	4	5	6	7	8	9	10
时长比	平均	0.82	1.00	1.17	0.85	0.91	1.11	1.14	0.90	0.95	1.15
	标准差	0.14	0.13	0.23	0.14	0.13	0.15	0.19	0.10	0.14	0.23
音量比	平均	1.04	1.23	1.43	0.70	0.98	1.14	0.93	0.92	0.86	0.71
	标准差	0.41	0.34	0.42	0.18	0.33	0.24	0.25	0.26	0.30	0.23
调域比	平均	1.01	0.95	1.22	0.94	0.80	1.15	0.90	0.90	0.84	1.23
	标准差	0.52	0.50	0.54	0.42	0.44	0.38	0.44	0.42	0.49	0.60

在时长方面，陈述句的分布特征表现为边界前延长。具体来看，在第 3 字、第 6 字韵律词边界前，时长比分别是 1.17 和 1.11，均超过 1；在语句末字，时长比为 1.15，三个边界处时长增长均衡。值得注意的是，除去边界前的延长，在第 7 字，也就是动宾短语的动词处，时长比也超过 1，为 1.14，我们认为这是句内动宾结构韵

① 本研究的图、表均由 50 位母语背景为北京话的发音人的音高、音长和音强的数据计算获得。图中，横坐标表示实验句的各字，纵坐标表示时长比、音量比和调域比的比值。

律短语的特征表现。另外,各韵律词内部各字时长呈递增趋势。

在音量方面,我们可以看到字音强度在边界前增强的特征和以词为单位的音量递减的趋势。具体来看,第 3 字的音量比是 1.43,为全句最大;第 6 字是 1.14,相差 0.29;末字下降为 0.71,减少 0.43。音强逐渐减弱,递降很明显,显现出阶梯式递降的趋势。另外,在句首韵律词和句中韵律词内部,各字音强都是递增的,但是在句末短语,各字音强发生了递减,四个字的音量比分别为:0.93、0.92、0.86 和 0.71,表现出与时长比相反的趋势。

在音高方面的分布特征表现为字调域跨度在边界前的扩展趋势。韵律边界和语句边界前的字调域发生扩展,第 3 字为 1.22,第 6 字为 1.15,末字调域为 1.23,句首词和句末词边界前的扩展大于句中词。如果参照起伏度的情况,就会看到音高下倾的表现,即以词为单位的调域上限和下限的递降趋势。

陈述句句首韵律词末字最高点在音强,音量比为 1.43,其次为音高,调域跨度比为 1.22,最低是时长,时长比为 1.17。句中韵律词末字三要素均衡,相对最高点在音高,跨度比为 1.15,其次是音量,音量比为 1.14,时长最低,为 1.11。句末最高点在调域,为 1.23,其次是音长,为 1.15,最后是音强,为 0.71。

综合以上分析,我们发现:基式的陈述句,韵律三要素之间是相互联系的。字音时长在边界前的延长是跟音高方面的字调域跨度在边界前的扩展和字调域下限在边界前的降低相联系的。字音强度具有在边界前增强的特征和以词为界的音量递减的趋势。前者是与音高方面的字调域跨度在边界前的扩展和字调域下限的边界前降低,以及时长方面的字音在边界前的延长相联系的。后者则是跟音高方面的词调域高度的音高下倾趋势相联系的。另外,所有各字比值在平均值 1 的水平线上下浮动,范围一般在 0.7—1.5 之间,只有个别超出。

但是三者之间的变化并不同步。在界前增量方面：句末差别很大。音高最明显，时长较明显，音强则是明显的负值。从标准差来看，时长的标准差最小，调域的标准差最大，音量居中。说明在韵律三要素中，时长相对更稳定。

3.3.2 陈述句的韵律匹配

韵律匹配[①]是在数据的归一化之后进一步进行数据分析处理的一个重要的方法，不仅可以对归一化的三要素的实验数据进行检验和评测，更重要的是可以作为分析三要素之间相互关系的重要客观依据。

如果韵律三要素是同步变化的，它们两两之间的相关系数就应该基本一致，相差不大。我们将50名发音人的韵律三要素两两之间分别做相关性分析，具体结果如下：时长比与音量比的相关系数约为0.34，两者间呈中等相关[②]；时长比与调域比的相关系数约为0.64，两者间呈强相关；音量比与调域比的相关系数约为0.31，两者间呈中等相关。其中，时长比和调域比的相关系数差异很大，这进一步证明，韵律三要素的变化是不同步的。

为什么会不同步？因为启动因素不同，主导因素不同。怎样确定哪一个因素是占主导地位呢？可以同样考察韵律匹配的具体情况。

韵律匹配如果只有两个要素，就很难确定哪一个是主哪一个是次，也就是相关关系和因果关系的纠缠。相关关系并不能代替因果关系，也不能代替主从关系。一般情况下，主导的因素表现为稳态，从属的因素表现为动态。我们有三个要素，这是一个很有利的条件。可以把其中较稳定的时长因素作为一个参照因素。看音

---

① 韵律匹配方法的介绍详见石林等(2015)。

② 通常认为，0—0.09为没有相关性，0.1—0.3为弱相关，0.3—0.5为中等相关，0.5—1.0为强相关。

高和音强分别跟时长的相关系数,哪个更大就有可能是主动因素,起主导作用。时长伴随音强,音强是在一定时间内的积累效应(50—500毫秒)。时长伴随音高,音高调型的完整丰满都要在时间中表现。如果同一个成分跟甲的相关为0.6,跟乙的相关为0.3,我们只能理解为它跟甲的关系更为密切,也就是说甲对于它的影响更大些。在陈述句中,时长跟音高相关较大,为0.64,跟音强相关较小,为0.34,说明自然焦点陈述句是以音高为主导的。

3.4　疑问句的韵律匹配

3.4.1　疑问句的时长比、音量比和调域比

接着我们来看一下同型语调疑问句的韵律三要素之间的关系。从图2和表2我们可以看到:疑问句在时长方面的表现同样是边界前延长,在第3字、第6字韵律词边界前,时长比分别是1.17和1.08;在语句末字明显增长,为全句最大,时长比为1.51。跟陈述句相似,在第7字动宾短语的动词处,时长比又有微小增长,为1.02,音量比和调域比都没有增加,分别为0.86和0.76。另外,各韵律词内部各字时长呈递增趋势。

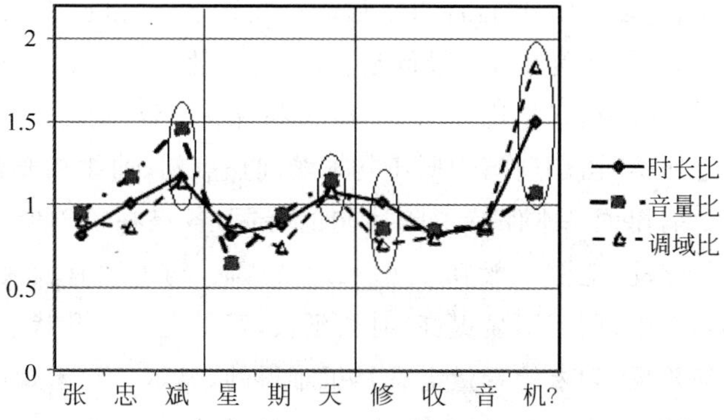

图2　疑问句的时长比、音量比和调域比

表 2 疑问句的时长比、音量比和调域比

		1	2	3	4	5	6	7	8	9	10
时长比	平均	0.82	1.01	1.17	0.82	0.88	1.08	1.02	0.82	0.87	1.51
	标准差	0.17	0.13	0.23	0.15	0.13	0.15	0.19	0.10	0.12	0.22
音量比	平均	0.95	1.17	1.46	0.65	0.94	1.15	0.86	0.85	0.86	1.08
	标准差	0.40	0.33	0.41	0.18	0.33	0.24	0.27	0.22	0.26	0.30
调域比	平均	0.90	0.86	1.14	0.90	0.74	1.08	0.76	0.80	0.88	1.84
	标准差	0.48	0.44	0.51	0.46	0.47	0.38	0.43	0.35	0.48	0.83

在音量方面表现为包括语句末字的所有边界前音量的增强。第 3 字的音量比是 1.46，第 6 字是 1.15，末字为 1.08。包括句末韵律词在内的各韵律词内部各字音量呈增强的趋势。而在陈述句中，句末字的音量比是最低的数值。

在音高方面的表现是边界前扩展，特别是句末，调域有显著扩展。第 3 字的调域比为 1.14，第 6 字为 1.08，末字为 1.84，句首韵律词和句中韵律词末字相对扩展较小。句末字调域扩展达到最大化。

疑问句句末最高点在调域，为 1.84，其次是时长，为 1.51，最后是音量，为 1.08。句首词末字最高点在音强，音量比为 1.46，其次为时长，时长比为 1.17，最低是音高，跨度比为 1.14。句中词末字最高点在音量，音量比为 1.15，时长和音高一致，均为 1.08。

综上所述，语调疑问句属于句末疑问焦点句，韵律三要素在句首和句中韵律词基本保持了陈述句的特征，各点在平均值 1 的水平线上下浮动，范围一般在 0.6—1.5 之间。句末则有较大变化：在疑问句句末，调域明显提高，时长延长，音量也呈上升状态，这点和陈述句相反，句末的音量上升是很难得的，显示了句末疑问焦点的特征。末字时长和音高超过 1.5，时长比是 1.51，调域比是

1.84。我们认为,不超过1.5的不一定不是焦点,但是超过1.5的肯定是焦点,这增强了句末焦点的特征。事实上,除了句末字音的变化以外,在句末短语的起始处,三要素都有一定的降低,这是为句末的升高增加凸显作用。

由此看来,疑问句的音高、时长、音强三要素的变化各有特点。在边界前的增量方面:句末音高调域扩大最明显,时长其次,音强最小。从标准差来看,时长的标准差最小,调域的标准差最大,音量居中,这点和陈述句一致,说明在韵律三要素中,时长更为稳定。

3.4.2 疑问句的韵律匹配

在前文分析的基础上,我们又将50名发音人的韵律三要素两两之间分别做相关性分析,具体结果为:时长比与音量比的相关系数约为0.57,两者间呈强相关;时长比与调域比的相关系数约为0.90,两者间呈超强相关;音量比与调域比的相关系数约为0.38,两者间呈中等相关。

根据前文的说明,在语调疑问句中,时长跟音高相关最大,为0.90,跟音强相关居中,为0.57,证明语调疑问句跟自然焦点陈述句一致,同样是以音高为主导的。

3.5 疑问句和陈述句三要素的分别对比

我们再把陈述句和疑问句的三要素数据分别进行对比,计算出二者在各字音上的差量。

从图3—图5可以看到,陈述句和疑问句的音长、音强和音高在句末字之前分别是基本同步。表3—表5显示,在句末短语之前所有差量都低于0.1,但是句末字差值很大,时长相差0.36,音量相差0.37,音高相差0.61。我们认为,二者比值若相差0.05之内，说明二者表现基本一致；若相差大于0.05，说明二者有差异；若相差大于0.1，说明有显著差异；若大于0.3，则说明有重大差异。三要素的差值都达到了重大差异的水平，特别是音高表现最突出。

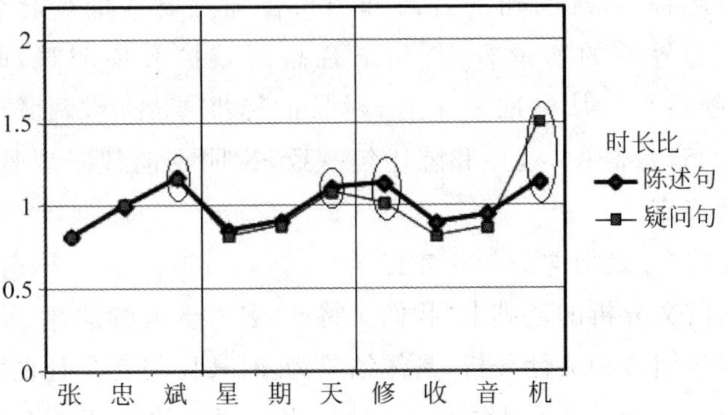

图3　陈述句和疑问句的时长对比

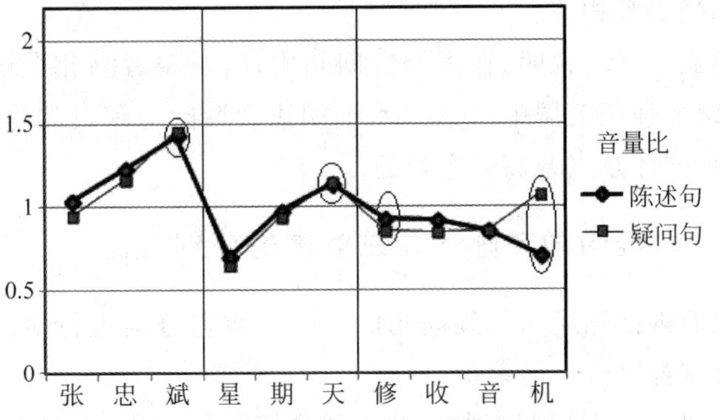

图4　陈述句和疑问句的音量对比

疑问句句末字的凸显除了句末字的比值显著提高外，句末动宾短语前三字比值也有一定的降低，时长方面第一字动词差值为

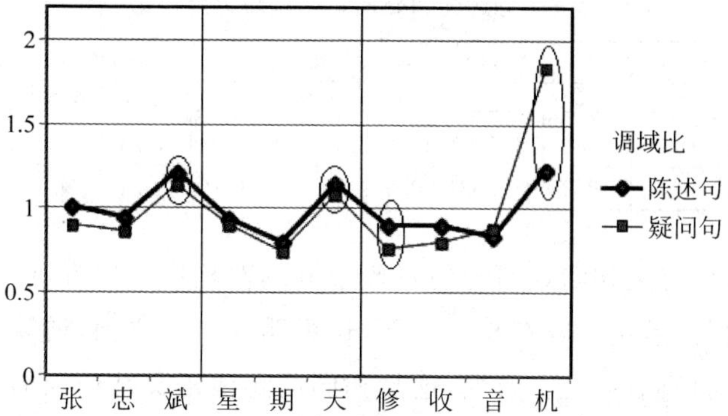

图 5　陈述句和疑问句的调域跨度对比

0.12，调域比差量为 0.14，均超过 0.1，表现出显著差异，这都是为句末焦点凸显做准备的表现。

表 3　陈述句和疑问句的时长比对比

	1	2	3	4	5	6	7	8	9	10
陈述句	0.82	1	1.17	0.85	0.91	1.11	1.14	0.9	0.95	1.15
疑问句	0.82	1.01	1.17	0.82	0.88	1.08	1.02	0.82	0.87	1.51
差　量	0	0.01	0	−0.03	−0.03	−0.03	−0.12	−0.08	−0.08	**0.36**

表 4　陈述句和疑问句的音量对比

	1	2	3	4	5	6	7	8	9	10
陈述句	1.04	1.23	1.43	0.7	0.98	1.14	0.93	0.92	0.86	0.71
疑问句	0.95	1.17	1.46	0.65	0.94	1.15	0.86	0.85	0.86	1.08
差　量	−0.09	−0.06	0.03	−0.05	−0.04	0.01	−0.07	−0.07	0	**0.37**

表5　陈述句和疑问句的调域跨度对比

	1	2	3	4	5	6	7	8	9	10
陈述句	1.01	0.95	1.22	0.94	0.8	1.15	0.9	0.9	0.84	1.23
疑问句	0.9	0.86	1.14	0.9	0.74	1.08	0.76	0.8	0.88	1.84
差　量	−0.11	−0.09	−0.08	−0.04	−0.06	−0.07	−0.14	−0.1	0.04	**0.61**

从对陈述句和疑问句的三要素分别对比中可以发现，除句末短语之外，差量一般在0.1以下，这说明在句末之前，韵律三要素数据各自具有高度一致性，这是相同的句法语义结构在韵律上的表现，这是在各自相同维度上的同步。差别集中在句末，时长和音量相差数值相近，调域相差最大，差异性极强，显示出汉语句末疑问焦点以音高为主导的特性。差量的指标是进行韵律焦点分析的重要依据。差量的计算处理是非常重要的，只有通过差量的计算处理才能使语句焦点特征充分显示出来。

3.6　讨论和结论

实验数据的测算显示出，在汉语语调中，音高、音长、音强三要素的表现是不同步的。这充分证明了韵律不同步原理：语音若增强，音调必升高；音调若升高，则语音不一定增强。即音高和音强的非可逆关系。在音强为主导的情况下，音高随音强而变化，在音高为主导的情况下，音强并不一定随音高而变化。即音强对音高的影响是非可逆的。本节提供的就是音高为主导的情况。在汉语自然焦点是陈述句和语调疑问句中，音量比和调域比的相关都只是中等程度。时长在其中作为一个稳定因素。调域跟时长的相关远高于音量跟时长的相关。

事实上，汉语中韵律三要素对语调的贡献各不相同，重要程度也不同。只看音高，就是一种抽象的线性印象；加入时长，成为一幅实在的平面图形；再加音量，才是一句鲜活的立体音流。通常情况下，音高只解决40%—50%的问题，时长解决30%—40%，音量解决20%—30%。因此，韵律三要素加起来才能够解决100%的问题。语调定义应该把音高、时长、音强三要素都包括进去，这样才能算是完整的、全面的语调研究。

人类语言按照韵律成分的主导作用不同而划分为力重音语言、声调语言、音高重音语言。英语是力重音语言，汉语是声调语言，日语是音高重音语言。不同的语言韵律互动的表现会有差异。重音语言一般应该是以音强为主导，音高紧紧跟上。例如在英语语调的分析中，常常默认三要素为同步。英语在词层面是力重音，以音强主导；在句焦点中也多采用音强主导，这样形成音强叠加。改变音强，则音高、音长随之改变。所以欧美学者往往以音高代替音强和时长的分析，可以解决很多问题。在英语中，只采用音高分析语调，问题不大，但是如果在汉语中仍然用这种方法分析就会有很大的问题。

我们需要把眼界扩大，探索适合于声调语言的韵律表现特征和规律。

四、较大样本普通话陈述句和疑问句的音高分析①

4.1　引言

汉语是典型的声调语言，其声调和语调的叠加关系一直是汉

① 原文发表于《语言文字应用》2017年第4期，作者王萍、邓芳、石锋。

语语调研究中的关键问题。

赵元任(1933)曾用两个经典的比喻——“小波加大浪”和“橡皮带效应”,生动地说明了汉语语调的变化原理。吴宗济(1982,1997)将声调的连读组作为语调的基本单元,用“底层调型”和“表层调形”、“必然的变调”和“或然的变调”、“跳板规则”和“多米诺规则”来具体阐释汉语声调和语调的相互作用和关系。沈炯(1985)认为声调和语调分别位于不同的层级。声调是采用音区特征或曲拱特征的低阶调节,语调是对于声调音域所做的高阶调节。音域上限的调节和语义加强相关,音域下限的调节和节奏的单位相关。曹剑芬(2002)通过声学语音学的实验分析方法,揭示了声调和与语调之间的关系,即:在语流中,声调和语调并存,两者的关系是音阶叠加的“代数和”,而不是调形叠加的“代数和”。Xu,Yi(2005,2007)、Tseng,Chiu-yu 等(2006)、贺阳等(1992)、杨玉芳(1997)、蔡莲红等(2001)、林茂灿(2002)、李爱军(2002)、Yuan,Jiahong & Shih,Chilin 等(2002)从不同角度对汉语语调进行考察,丰富了汉语语调的研究成果。

石锋(1999,2009,2017)提出语调格局的研究观念和方法,即语句中的音高、时长和音强交互作用的表现模式。在音高方面就是语句调型曲线的起伏格式所表现的词调域的宽窄和高低的位置关系,把起伏度的计算方法用于各种语句的音高分析(石锋 2013)。

我们选取 50 位北京话母语者的语句录音资料,对较大样本的自然焦点的基式陈述句和同样语句构成的语调疑问句(即同型疑问句)的语句音高进行实验测量和统计分析,得到了这两种语句的音高分布模式。希望能够为汉语普通话的语调研究提供稳定的、典型性参数依据。

4.2　实验说明

4.2.1　发音人和实验语料的选择

我们的发音人是50位北京话母语者，年龄在18—25岁，都是身体健康的大学本科生和研究生。其中男、女生各有25位。

实验句是在沈炯(1985)实验语句基础上适当修改而成的。按照语气的不同，实验句分为两类：自然焦点的基式陈述句和同型疑问句，即同样语句用疑问语调说出来。每个语句中，第1—3字音为句首韵律词；第4—6字音为句中韵律词；第7—10字音为句末韵律词，由动宾短语构成。

①张忠斌星期天修收音机。/?　　③吴国华重阳节回阳澄湖。/?

②李小宝五点整写讲演稿。/?　　④赵树庆毕业后到教育部。/?

⑤李金宝五时整交讲话稿。/?　　⑥李小刚五点半写颁奖词。/?

4.2.2　实验和统计工具

录音是在相对安静的环境下进行的，录音设备是Cool Edit Pro 2.0，录音格式为22050赫兹，16位，单声道。发音人以自然状态、平稳语速发音，按照不同语气说出句子，每个实验句说2遍，句与句间隔3秒，共得到2×6×50×2=1200个样品句。

语音实验以"桌上语音工作室"(Mini-Speech-Lab)为工具，提取语料的音高数据，利用SPSS2.0和Excel对数据进行统计计算。

4.2.3　音高的测算

通过实验测量50位发音人每个语句中的字调域、词调域和句调域上线和下线的频率值，再把这些频率值全部转换为半音值[①]。分别计算男生和女生的 6 个陈述句和 6 个疑问句，共 12 个实验句的字调域、词调域和句调域的半音平均值(数据表见附录 1)。

为了便于陈述句和疑问句的调域跨度和相对位置的比较，我们把男生陈述句和疑问句的数据作为一组，女生陈述句和疑问句的数据作为一组，分别选取其中最大和最小的半音平均值作为各自的调域两极，即 100%和 0，这样分别计算得出男生和女生各调域的百分比值，并据此作出各自的字调域起伏图形进行对照分析。

4.3　普通话陈述句的统计分析

4.3.1　字调域的音高表现

我们根据 6 组陈述句的平均百分比数据作出图 1。图中包括由 10 个细线构成的小框，3 个由粗线构成的大框。小框中的数字代表字调域的跨度，大框上方和下方的数字分别表示词调域的上线和下线。图形下面标出例句是为便于对照，实际数据是 6 组语句的集合(下同)。

男生和女生的全句各字调域中，都是句末字调域跨度最大，男生为 71%，女生为 77%，女生大于男生 6%。在句首词各字调域中，男、女生都是末字跨度最大，男生为 55%，女生为 62%，女生大于男生 7%。男生和女生句中词的首字和末字调域跨度均相等，而中字调域跨度稍小。

---

① 从赫兹到半音转换公式为：$st=12\times\lg(f/fr)/\lg2$。其中“f”表示需要转换的赫兹数值，“fr”表示参考频率，男生设为 55 赫兹，女生设为 64 赫兹。

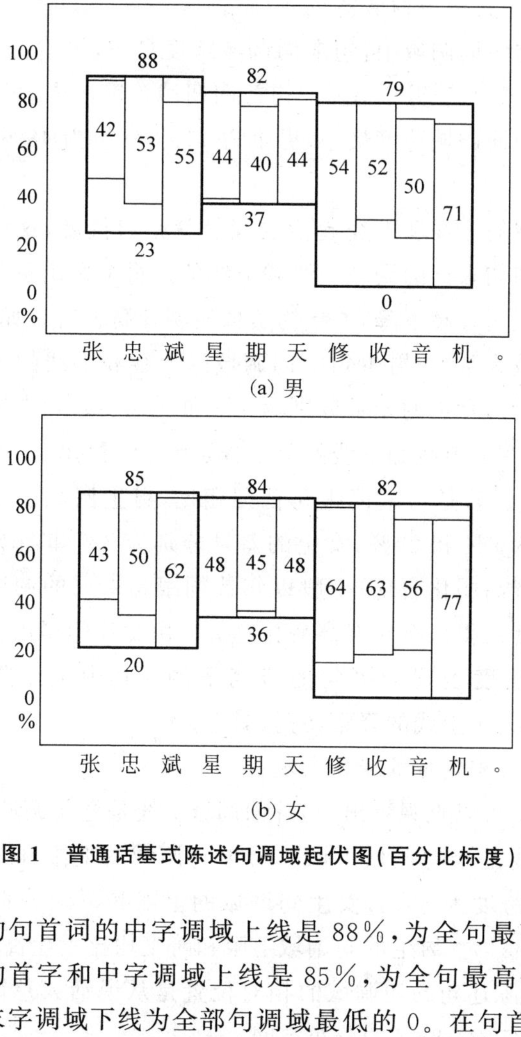

图 1　普通话基式陈述句调域起伏图(百分比标度)

男生的句首词的中字调域上线是 88%，为全句最高值；女生的句首词的首字和中字调域上线是 85%，为全句最高值。男、女生都是句末字调域下线为全部句调域最低的 0。在句首词和句末词中，末字调域的下线降幅显著。句末字调域下线降幅为全句最大(男生 21%，女生 20%)。

4.3.2 词调域的音高表现

在全句各词调域中，句末词调域跨度最大，男生为79%，女生为82%，女生大于男生3%。句首词调域跨度居中，男、女生同为65%。句中词调域跨度最小，男生为45%，女生为48%，女生大于男生3%。

词调域的上线和下线起伏的程度就是起伏度，这可以用从句首词依序到句末词的调域上线和下线的差量来做出量化描述。差量为正值表明音高下降，差量为负值表明音高上升。如图1中，以句首词调域为基准，男生句中词调域的上线和下线的差量分别为6%和－14%，女生的差量分别为1%和－16%。句末词跟句中词相比，男生调域上线和下线的差量分别为3%和37%，女生分别为2%和36%。若是句末词跟句首词相比，男生调域上线和下线的差量分别为9%和23%，女生的差量分别为3%和20%。因为句中词多有音高弱化表现，一般以句首词跟句末词的调域上线和下线的起伏度来得出全句音高变化趋势。由此我们得出：男、女生词调域的起伏度表现为语句的音高下倾。其中下线降幅（23%，20%）明显大于上线的降幅（9%，3%）。

4.3.3 句调域的音高表现

从图1可以直观看出：句首词调域上线是全句调域上限，句末词调域下线是全句调域下限。男生句调域的上限和下限分别为88%和0，跨度为88%，女生句调域的上限和下限分别为85%和0，跨度为85%。男生的句调域上限和跨度均比女生高3%。数据说明：基式陈述句的句调域的相对位置是从说话人总调域的底部向上延伸85%—88%的分布空间。

总体看来，基式陈述句自然焦点的音高分布模式可以归纳为以下几个方面：(1) 位于词末和句末的字调域跨度扩展，即字调域在边界前扩展。这一点在句首词和句末词表现明显，句中词因弱化而差别不大。（2）位于词末和句末的字调域下线降低，即字调域下线在边界前降低。这同样是在句首词和句末词表现明显，句中词的字调域相差很小。（3）句末词调域的跨度最大，表明自然焦点无标记的尾焦特征。（4）词调域的上线和下线从句首到句末表现为音高下倾。这也是依据句首词跟句末词的调域上线和下线的起伏度来得出的。（5）句调域的总体相对位置偏低，即基式陈述句调域下限就是说话人总调域的下限，而上限距总调域上限还差12％—15％。

男生和女生的总体音高表现都是一致的，只是在局部存在细小差异。如，女生各字调域跨度全部大于男生对应的字调域跨度，差值为1％—11％。可是进入词调域之后的词调域跨度差值就只有0—3％。词调域的一致性更强。这说明了句调域是以词调域对字调域所做的调节为基础建立的，表现出语调结构的层级性。

4.4　普通话同型语调疑问句的统计分析

4.4.1　字调域的音高表现

我们根据6组同型语调疑问句的平均百分比数据作出图2。其中图形和数字的意义跟图1相同。可以从中得到同型语调疑问句在字调域、词调域、句调域层级上的音高表现。

在全句各字调域中，男生和女生都是句末字调域跨度最大化扩展，即上线升高达到全句调域的上限，下线降低成为全句调域的下限。男生是80％，女生是74％，男生大于女生6％。男生和女生的句首词都是首字调域跨度较小，中字和末字的跨度较大，且末字调域下线下降。句中词都是首字调域跨度较大，中字和末字跨度稍小。末字下线微有提升。

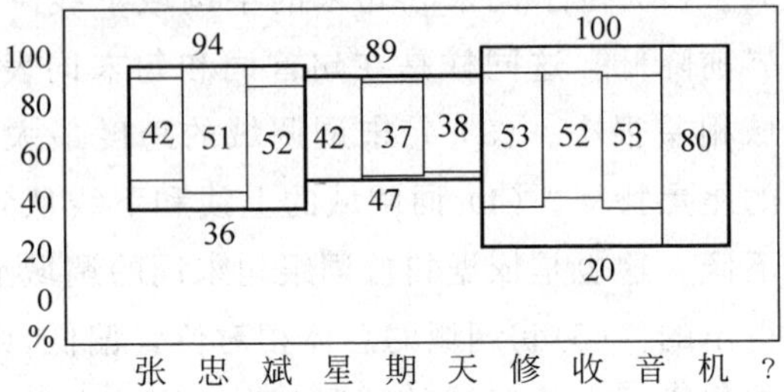

(a) 男

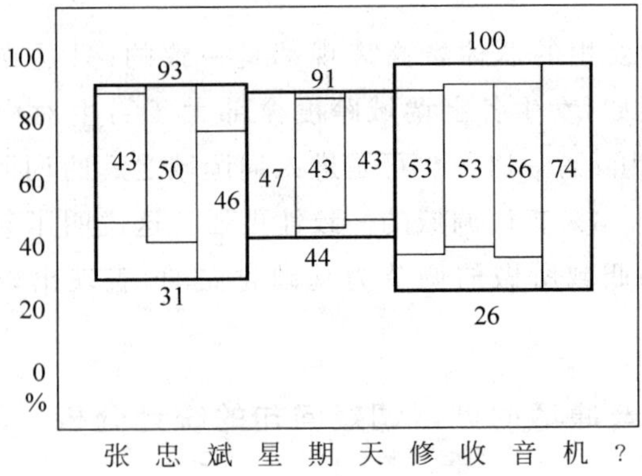

(b) 女

图 2 普通话同型语调疑问句调域起伏图(百分比标度)

4.4.2 词调域的音高表现

在全句各词调域中,句末词调域因句末字的表现而得到最大化扩展,覆盖全句调域。句末词调域的数据跟句末字调域相同。句首词调域跨度居中,男生为 58%,女生为 62%,大于男生 4%。句中词调域跨度最小,男生为 42%,女生为 47%,大于男生 5%。

以句首词调域为基准，男生句中词调域的上线和下线的起伏度分别为 5％和－11％，女生分别为 2％和－13％。句末词跟句中词相比，男生调域上线和下线的起伏度分别为－11％和 27％，女生分别为－9％和 18％。若是句末词跟句首词相比，男生调域上线和下线的起伏度分别为－6％和 16％，女生分别为－7％和 5％。女生句末词调域下线的下降程度明显小于男生。

4.4.3　句调域的音高表现

男、女生句调域的上限和下限都是跟句末词调域的上线和下线相同，也即跟句末字调域相同。男生句调域上限和下限分别是 100％和 20％，跨度为 80％；女生分别是 100％和 26％，跨度为 74％。男生和女生句调域跨度相差 6％。由此可见，同型疑问句的句调域的相对位置是从说话人总调域顶端向下延伸 74％—80％的分布空间。

概括起来，同型疑问句的疑问语气焦点的音高分布模式可以归纳为以下几点：(1)句末疑问焦点位置的词调域最大化扩展。这是由于句末字调域最大化扩展构成的。(2)同型疑问句的句调域比基式陈述句大幅度整体抬高。上限提升 12％—15％，下限提升 20％—26％。下限提升明显多于上限。(3)同型疑问句调域跨度小于基式陈述句，减少 8％—11％。疑问焦点的这个表现常常被忽略。(4)从句首词来看，字调域跨度在边界前的扩展不明显；字调域下线还保持在边界前的降低。句中词则是这两个特征都没有。句末词有末字调域跨度的最大化扩展，末字调域下线降低，同时又增加了末字调域上线的提升。(5)句调域的总体相对位置偏高，即同型疑问句调域上限就是说话人总调域的上限，而下限跟总调域下限相距为 20％—26％。

男生和女生的音高表现总体是一致的，只是在局部细节上有差异。如，对应字调域跨度相差不大，为0—6%，小于基式陈述句的1%—11%，但不是女生全都大于男生，而是互有参差。对应词调域的上线相差很小，为0—2%；下线相差大些，为3%—6%。对应词调域跨度相比，句首词和句中词都是女生大于男生4%—5%，而句末词是男生大于女生6%。由此可见，男生和女生突显疑问焦点的方式在总体一致的同时也有细微差异：男生重在句末词跟前面词调域跨度的对比，女生重在句调域的整体提升。

4.5　普通话基式陈述句和同型疑问句的对比分析

4.5.1　句调域分布位置的对比

我们分别把男生的基式陈述句和同型疑问句的百分比平均值与女生对应的百分比平均值进行平均，得出基式陈述句的总体平均值和同型疑问句的总体平均值。根据计算结果作出图3，进行基式陈述句和同型疑问句的对比分析。

基式陈述句的全句调域上限位于句首词，为87%；同型疑问句的全句调域上限位于句末词，为100%。二者的全句调域下限都位于句末词，基式陈述句下限为0，同型疑问句下限为23%。跟基式陈述句相比，同型疑问句的句调域上限提升13%，下限提升23%，由此得出其句调域跨度减少10%，即：基式陈述句和同型疑问句的句调域跨度分别为87%和77%。

4.5.2　词调域跨度的对比

基式陈述句的句首、句中和句末的词调域跨度分别为65%、47%和81%，同型疑问句的对应词调域跨度分别为59%、44%和77%。跟基式陈述句相比，同型疑问句的词调域跨度依次减少

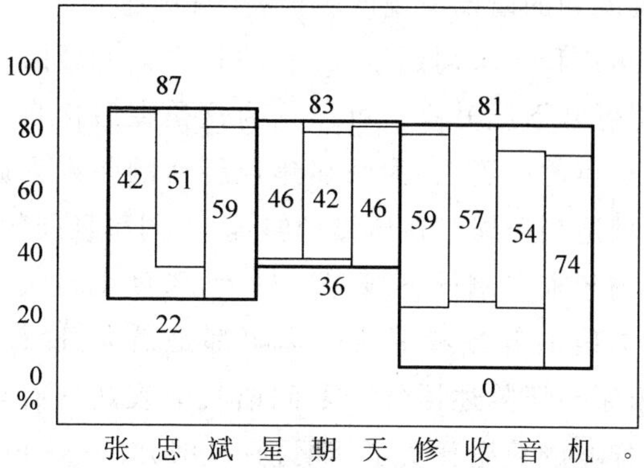

(a) 基式陈述句

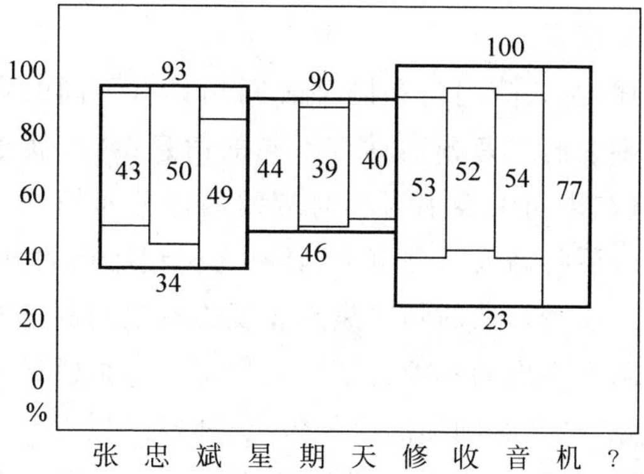

(b) 同型疑问句

图3　较大样本普通话基式陈述句和同型疑问句总体调域起伏图(百分比标度)

6%、3%和4%。这组数据都小于上文句调域跨度的差值10%。

4.5.3　音高起伏度的对比

基式陈述句调域上限和下限的起伏度分别为6%和22%，都是下降；同型疑问句调域上限和下限的起伏度分别为－7%和11%，一升一降。这就表明：基式陈述句的语调呈现音高下倾的趋势，而同型疑问句的语调呈现调域扩展的趋势。

相对于句首和句末词调域，二者的句中词调域跨度都明显较小，即上线降低和下线升高。可以认为这是在后接自然尾重焦点和疑问语气焦点的位置上，为凸显焦点所在的句末词调域的扩展而做的词调域适当压缩。在压缩的幅度上，同型疑问句稍大些。

陈述句的句末字调域下线降幅最大，跨度也最大。疑问句的句末字调域上线的升幅和下线的降幅都是最大，即最大化扩展。这表明：句末字对于陈述语气和疑问语气的表达均有至关重要的作用。较大样本的数据证实了胡明扬(1987)、Nien-chuang Chang(1958)、Xu，Yi(2002)等学者的观点：句末重读字音的句末调是疑问语气的重要表现。

综上所述，基式陈述句和同型疑问句具有不同的音高分布模式。这是源于它们二者分别具有不同的信息结构，属于不同的焦点类型，各自在语句中表现为相对应的韵律分布模式。基式陈述句是说话人告诉听话人一件事情，具有无标记尾焦的自然焦点，属于常规状态。这种自然的句尾焦点表现为特定的韵律模式。在音高方面就是前面列出的各项特征。同型疑问句是说话人对听话人提出一个问题，具有疑问类的语气焦点，即疑问焦点。这种疑问焦点要传达出疑问语气，表现为对应的韵律模式。在音高方面就是前面所列的各项特征。韵律三要素音高、时长、音量之间互动而有序的变化构成了各种类型焦点的韵律分布模式(石锋 2017)。所以，基式陈述句和同型疑问句的音高分布特征是这两种焦点类型韵律分布模式的重要组成部分。

4.6 较大样本和小样本的对比分析

我们把已有的小样本普通话基式陈述句(石锋等 2009)和同

型疑问句(王萍等 2010)的实验结果跟较大样本实验统计结果对照比较(参见图 4)。其中数据的计算与图 3 中的方法相同,图形和数字的意义也相同。小样本发音人有四位,两男两女,其中一男一女是专业播音员,另外两人是北京话母语的大学生。小样本实验句与本研究相同。

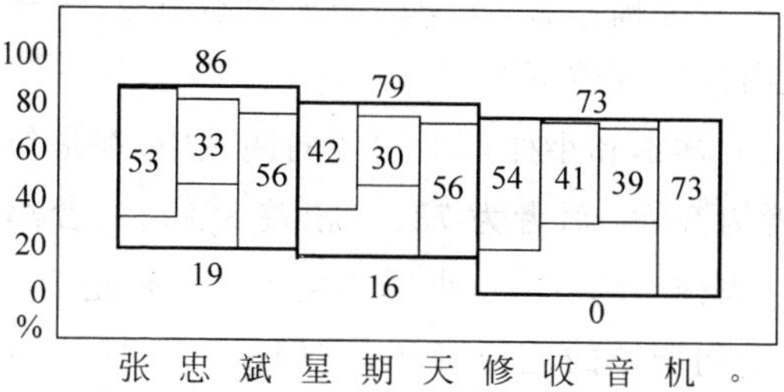

(a) 基式陈述句(石锋等 2009)

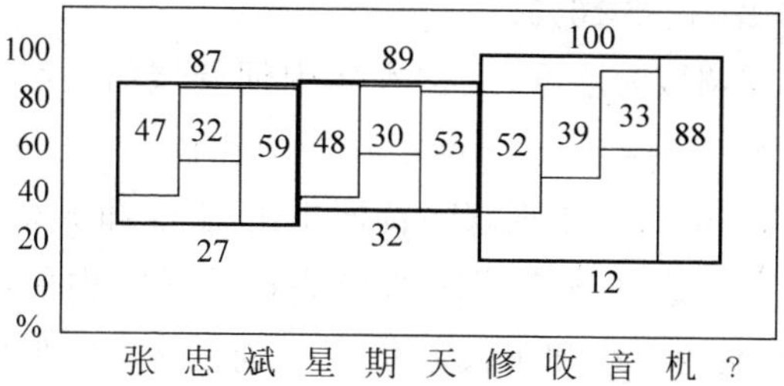

(b) 同型疑问句(王萍等 2010)

图 4　小样本普通话基式陈述句和同型疑问句调域起伏图(百分比标度)

4.6.1　较大样本和小样本基式陈述句(以下简称"大样本"和"小样本")的对比

字调域:大样本和小样本全句字调域跨度都是句末字跨度最大,大样本为 74%,小样本为 73%,相差仅有 1%。二者都是句首词的末字调域跨度最大,大样本为 59%,小样本为 56%,相差 3%。

句中词的末字调域跨度有差异，大样本为 46%，小样本为 56%，相差 10%。

大样本句首词的中字调域上线是全句最高值，为 87%；小样本是句首词的首字调域上线的 86% 为全句最高值。二者都是句末字调域下线为全句最低的 0。大样本的句首词和句末词中，末字调域的下线下降幅显著，而句中词表现不明显；小样本的句中词也同样表现出末字调域下线明显下降。

词调域：大样本和小样本语句各词调域中，都是句末词调域跨度最大，前者为 81%，后者为 73%，相差 8%。二者都是句首词调域跨度居中，大样本为 65%，小样本为 67%，相差 2%。由于句首词常常作为全句调域的定位参照，它们的一致性就很重要。二者的句中词调域跨度都是最小，具体数值却有差异，大样本为 47%，小样本为 63%，相差 16%。

以句首词调域为基准，大样本句中词调域的上线和下线起伏度分别是 4% 和 −14%；句末词跟句中词相比，上线和下线起伏度分别为 2% 和 36%；句末词跟句首词相比，上线和下线起伏度分别为 6% 和 22%。这种音高下倾的趋势在小样本中的表现更为明显：句中词调域的上线和下线起伏度分别是 7% 和 3%，没有上升的负值；句末词跟句中词相比，上线和下线起伏度分别为 6% 和 16%；句末词跟句首词相比，上线和下线起伏度分别为 13% 和 19%。

句调域：大样本和小样本的句调域上限都在句首词调域上线，分别为 87% 和 86%；句调域下限都是句末词调域下线 0，二者的句调域跨度只差 1%，一致性很强。大样本和小样本的总体音高表现都是一致的，即：都能够具备基式陈述句自然焦点音高分布模式的五个特征（参见前文）。二者只是在局部有不大的差异。给人的直观印象是，依据大样本的数据作出的图形调域空间较为充实，而小样本数据尽管在总体框架上跟大样本一致，可是在一些细节上还是有些许差异，尤其在字调域空间方面，显得单薄。

4.6.2 大样本和小样本同型疑问句的对比

字调域：大样本和小样本都是句末字调域最大化扩展，覆盖全部句调域；前者调域跨度为77%，后者为88%，相差11%。大样本的句首词是首字调域跨度较小，中字和末字的跨度较大，且末字调域下线下降；句中词各字调域的表现跟句首词明显不同。小样本句首词则是中字调域跨度较小，首字稍大，末字最大，同时调域下线下降；句中词各字调域的表现跟句首词一致。总的看来，大样本的词末字调域跨度都小于对应的小样本字调域跨度，而词中字调域跨度都大于对应的小样本字调域跨度。

词调域：大样本和小样本的句末词调域跨度都同样因句末字最大化扩展而覆盖全句调域，分别跟句末字调域跨度数值相同。二者都是句首词调域跨度居中，大样本为59%，小样本为60%，相差只有1%。这跟基式陈述句的情况相似，句首词的一致性具有重要意义。大样本和小样本都是句中词调域跨度最小，前者为44%，后者为57%，相差13%。它们同样都是句末词调域上线比句中词提升，起伏度分别为－10%和－11%；同样都是句末词调域下线比句中词降低，起伏度分别为23%和20%，差别不大。

句调域：大样本和小样本的句调域上限和下限都是跟句末词调域相同，也即跟句末字调域相同。二者句调域跨度分别是77%和88%，大样本比小样本减少11%。它们总体的音高变化趋势是相同的，都能具有同型疑问句的疑问语气焦点音高分布模式的五个特征(参见前文)。二者总体上一致性较强的部分都是稳态的韵律模式特征；个别有明显差异的部分都是动态的表现，无关大局。

同型疑问句的直观印象跟基式陈述句一样：大样本的图形调域空间较为充实，小样本图形多是词末字调域支撑起跟大样本一致的总体框架，而在字调域空间方面较为单薄。

4.6.3　小结

从大样本与小样本的基式陈述句和同型疑问句的实验统计结果的对照比较中，可以看到，二者整体的音高分布模式是一致的，在局部细节处表现出一定的差异。分述如下。

（1）基式陈述句的尾重自然焦点音高分布模式特征：1）字调域在边界前扩展。大样本在句首词和句末词表现明显，小样本在句首、句中、句末词都有明显表现。2）字调域下线在边界前降低。大样本的句中词不明显，而小样本句中词也跟句首、句末词一样表现明显。3）体现尾重自然焦点的句末词调域的跨度最大。二者都是如此，而且大样本句末词调域更为凸显，比小样本跨度大8%。4）词调域表现为音高下倾。大样本是从句首词跟句末词的上、下线对比得出的；小样本可以依次从句首、句中、句末词调域的上、下线对比得到。5）句调域的总体相对位置偏低。二者都是如此，大样本句调域分布为0—87%，小样本为0—86%，仅差1%。显示出总体特征的高度一致性。

（2）同型疑问句的疑问语气焦点音高分布模式特征：1）句末字调域最大化扩展构成句末词调域覆盖全句调域。大、小样本表现相同。2）同型疑问句的句调域比基式陈述句整体大幅度提升。二者上限分别提升13%、14%。下限提升程度不同，大样本为23%，明显多于上限提升幅度；小样本只有12%，稍小于上限提升幅度。3）同型疑问句的句调域跨度小于基式陈述句。大样本两种句调域跨度的差值为10%，符合这个特征；小样本的差值为－2%，不符合这个特征。显然应该以大样本为常态。4）字调域跨度在边界前扩展和字调域下线在边界前降低。除去同有句末词末字调域最大化扩展之外，大样本的句首词没有边界前的扩展，只有边界前的下降；句中词则是这两项都没有。小样本的句首、句中词则是边界前的扩展又有边界前的下降。因此这并不是必选项。5)句调域的总体相对位置偏高。二者同样如此。大样本的句调域分布在23%—100%，小样本句调域分布范围是12%—100%。大样本表现更为突出。

通过对大样本和小样本的基式陈述句和同型疑问句的字调域分布位置进行单因素方差分析(ANOVA)，得出结果：在0.05的水平上，二者陈述句的句中词中字和末字差异显著[F(1,3)=225，p=0.004；F(1,3)=67.846，p=0.014]，陈述句的句末词首字上线差异显著[F(1,3)=49，p=0.020]，疑问句的句末词首字上线差异显著[F(1,3)=72，p=0.014]。其他字调域的组间差异均不显著。再分别对这两类语句的句调域、词调域的分布位置和调域跨度进行单因素方差分析(ANOVA)，结果表明：在0.05的水平上，陈述句的句中词调域跨度差异显著[F(1,3)=38.118，p=0.025]；陈述句的句中词调域下线差异显著[F(1,3)=67.846，p=0.014]。其他词调域组间差异均不显著。对于百分比值为0的各句末词下线，改用半音值做出方差分析，结果差异均不显著。

从统计检验结果可以看到，较大样本和小样本的总体一致性。在对应字调域层级上有4处差异显著，而在进入词调域之后，对应词调域层级上只有2处差异显著，且都集中在基式陈述句的句中词。这一方面展现出语调结构的层级性，即句调域的构建是以词调域对字调域所做的有序调节为基础的。另一方面也显示了基式陈述句的句中词调域有动态性表现。句中词更为常见的发音趋势是调域跨度缩减。相对于小样本，较大样本的结果更有说服力。

4.7 结语

我们对50位北京话母语者发音的较大样本普通话基式陈述句和同型语调疑问句进行了实验测算和统计分析。采用了百分比起伏度的量化指标，使结果可比较，可计算，可检验。这是迄今对同一语言发音人数最多的语调量化分析。

首先，我们从普通话基式陈述句和同型语调疑问句的字调域、词调域和句调域的各项音高参数中分别得到它们的语句音高分布模式。基式陈述句的音高模式：字调域在边界前扩展；字调域下线在边界前降低；句末词调域的跨度最大；词调域表现为音高下倾；句调域的总体相对位置偏低。同型语调疑问句的音高模式：句末字调域最大化扩展构成句末词调域覆盖全句调域；句调域大幅度提升；句调域跨度缩减；句调域的总体相对位置偏高。

语句的音高分布模式在男生和女生中的总体表现是一致的，性别差异只是局部的细节。如基式陈述句中，女生字调域和词调域跨度普遍高于男生；同型语调疑问句中，男生和女生句末词调域的扩展方式有细微差别。其中的生理因素和社会因素有待于深入探讨。

本研究的较大样本和已有小样本研究结果的对照比较显示：二者总体分布趋势高度一致。在局部细节上有差异，以较大样本结果为常态性表现。如基式陈述句的句中词调域宽度以较大样本的缩减表现为常见现象。小样本研究多是词末字调域为骨干支撑起总体框架，跟大样本一致，而在调域空间细节表现上较为单薄。这说明基于较大样本的实验数据的价值意义：更具稳定性和典型性，更有说服力，更有基础参照价值。

人类话语中可以做出不同的分类：句法（常规、构式）、语义、语气、语用、情感等，具有各种不同的信息结构，可以划分为有限的焦点类型，在语句中表现为相对应的韵律分布模式（石锋 2017）。基式陈述句传达的是基本信息结构，尾重的自然焦点是基本的焦点类型，本研究得到的音高分布模式为不同的韵律模式分析打下了基础，建立了参照系。本研究的同型语调疑问句的音高分布模式的特征就是以基式陈述句为参照得出的。

以语调格局研究为基础，我们目前需要努力探索信息结构—焦点类型—韵律模式的研究方向和分析方法（石锋 2017）。这就是韵律格局研究方向的探索："韵律手段本身就是汉语语法的一种形态手段"，"韵律和节奏本身就是汉语语法的一部分"（沈家煊 2017）。

此外，我们的研究成果可望为汉语普通话韵律格局的深入研究提供可靠的数据基础，对于语言教学、语言测试、普通话的推广和语言规范工作提供实际的声学参数依据。

附录 1　大样本半音值数据(st)

	陈述句				疑问句			
	男生		女生		男生		女生	
	上线	下线	上线	下线	上线	下线	上线	下线
张	19.3	12.4	24.9	18	20	13.1	25.9	18.9
忠	19.4	10.8	24.9	16.8	20.4	12.1	26.1	18
斌	17.9	8.9	24.5	14.4	19.3	10.9	23.7	16.2
星	18.4	11.3	24.7	17	19.6	12.7	25.8	18.2
期	17.7	11.2	24.4	17.1	18.9	12.9	25.4	18.5
天	18.2	11.1	24.7	16.9	19.4	13.2	25.8	18.8
修	18	9.2	24.3	13.9	19.7	11	25.9	17.3
收	18	9.5	24.4	14.2	20	11.6	26.2	17.6
音	16.8	8.6	23.5	14.4	19.6	10.9	26.1	17.1
机	16.6	5.1	23.5	11.1	21.4	8.4	27.3	15.3

附录 2　小样本百分比值数据(%)

	陈述句				疑问句			
	男生		女生		男生		女生	
	上线	下线	上线	下线	上线	下线	上线	下线
张	86	36	85	30	90	43	84	36
忠	78	51	84	44	83	52	89	56
斌	72	19	77	18	82	21	89	33
星	85	45	72	28	93	44	84	38
期	75	45	75	44	90	50	86	65
天	70	18	74	13	84	29	86	35
修	73	23	73	14	85	41	84	24
收	73	36	70	26	85	56	91	41
音	69	37	70	24	98	66	89	56
机	75	0	70	0	100	12	100	11

五、汉语普通话不同语句类型的时长分布模式①

5.1　引言

语调不仅跟句子的音高变化有关，而且跟音长、音强这些超音段成分也是密不可分的。时长对于语句表达的作用主要是区分不同韵律等级的边界，同时对于焦点、语气、语用等方面也发挥着重要的作用。具体来说，时长在语句中的表现可以归纳为两种：一个是停，一个是延，即边界后的停顿和边界前、后音段的延长。

①　原文发表于《语言教学与研究》2019 年第 2 期，作者王萍、石锋。

美国学者 Lehiste(1975)最早注意到连续话语中边界前的延长现象。国内的多位学者都曾对语句的停延问题进行过研究。许毅(1986)对普通话的音联现象进行了声学分析,发现节奏音联和停顿音联都会出现标志性的停延表现。杨玉芳(1997)研究了不同等级句法边界的韵律表现,发现韵律边界前音节的时长和停顿之和会随着边界等级的提高基本呈线性增长的趋势,而且相对于延长,停顿标志着更高层级的韵律边界。曹剑芬(2005)指出,在汉语口语中,存在着三种不同类型的音段延长,即边界前的音段延长、边界后的音段延长以及与重音凸显相关的音段延长,分别对应一定的韵律事件。Tseng,Chiu-yu(郑秋豫)等(2005)提出"阶层式短语群韵律模型"(Hierarchical Prosodic Phrase Grouping),其中的"音节时长组型"和"停延与停顿结构"都和时长密切相关。

石锋等(2010)首次采用"停延率"(后来改称"时长比")的计算方法,对汉语陈述句的时长表现进行了初步分析,发现句内韵律边界前确实存在延长,更大的韵律层级边界没有造成更明显的边界前延长。吴洁敏(1998)认为汉语语音链中存在着不同时值、不同层次的停延,它们为形成汉语的长短律节奏提供了条件。冯永强等(2001)对 19 万个音节时长进行了统计分析,结果表明:韵律短语边界、语调短语边界和语调短语群边界处,音节时长均有明显的延长,而且三者的延长程度在统计学上没有质的差别。其他多位学者,如李爱军(2002)、祖漪清等(1999)、林茂灿(2000)、熊子瑜(2003)、Chen,Yiya(2003)、王蓓等(2004)、刘现强(2007)等都对汉语普通话语句的停延问题进行过实证性的研究。

上述学者的研究对于我们深入认识汉语普通话语句的时长表现提供了重要的借鉴和参考。同时我们也看到:以往研究主要关注普通话陈述句中不同等级韵律边界的时长表现，对于不同类型语句（功能语气句、强调焦点句、单句、复句等）的时长表现，以及它们之间的横向和纵向比较却相对较少。而这方面的研究恰恰能够揭示句法、语义、语气、语用和情感等因素对于语句韵律层面的调节，进而归纳与之相对应的“时长分布模式”。

基于此，我们以石锋、王萍（2014）“语调层级系统”的设想为基础，采用时长比的计算方法，对语调层级中不同语句类型的时长表现进行了细致的分析和比较，从而归纳出它们各自的时长分布模式。具体来说，这里的研究对象为语调层级系统中上层的单句和复句，参见图1中的椭圆范围。单句包括基本模式（基式）和变化模式（变式）两类。语调基式，即自然焦点陈述句。语调变式：（1）强调焦点句；（2）功能语气句：包括疑问句、祈使句和感叹句。复句：采用的是修辞性的排比句。语调基式是语调构建的基础，语调研究的参照系，也是语调各种调节的基本框架；语调变式，是对基本模式进行的调节，其中包括语言学调节和副语言学调节。通过与自然焦点陈述句（基式）的对比，可以揭示语调不同语句类型（变化模式）的时长分布表现，它们之间的排列次序，以及变化模式

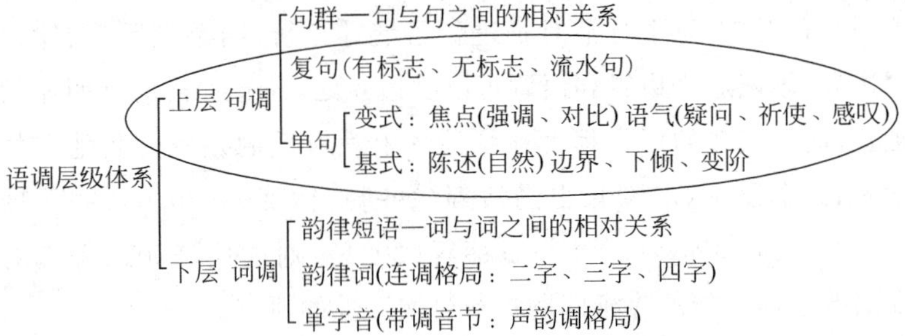

图1　语调层级体系图（石锋、王萍 2014b）

中焦点调、语气调、语用调各自的边界和辖域。

5.2　数据说明

5.2.1　数据来源

我们选用的陈述句、强调焦点句的数据来自孙颖、石锋(2012)的研究，他们选取了10位北京话母语者(5男、5女)；疑问句的数据来自张彤彤、胡会娟(2017)的研究，她们选取了50位土生土长的北京人(25男、25女)；感叹句的数据来自成瑶(2015)的研究，她选取了6位北京人(3男、3女)；祈使句和排比句的数据分别来自焦雪芬(2015)、张金爽(2015)的研究，她们都是各选取了4位北京人(2男、2女)。所有发音人都是年龄在20—23岁的在校大学生。

5.2.2　实验和统计工具

采用南开大学自主研发的"桌上语音工作室"(Mini-Speech-Lab)，以及Praat和Cool Edit Pro 2.0等语音分析工具进行录音和语音实验，然后利用SPSS2.0和Excel进行数据的统计计算。

5.2.3　时长比的计算方法

以时长比为参数对语句的时长进行相对化的计算。计算公式如下：

$$Dx = Sx + Gx/Smean$$

公式中，Dx代表某个音节x的时长比，Sx代表这个音节x的时长，Smean是指这个句子中音节的平均时长。如果Dx>1，则被认为发生了音段延长。本研究所涉及的不同语句类型的单句，句中音节在边界前一般只有延长而无停顿；本研究所涉及的排比句，是复句，各小句之间有明显的停顿，我们把停顿时间的测量值另外标注出来。

本研究所涉及的各语句类型的实验语料见附录。

5.3　不同语句类型的时长表现

5.3.1　自然焦点句（陈述句）的时长表现

本研究选用的自然焦点句的语料[①]和数据来源于孙颖、石锋（2012）的研究。

图 2 是根据 6 组陈述句的时长比平均值得到的。图形下面的代表例句是为了便于比较对照，实际是 6 组语句的集合（图 3—图 5 都是依据此原则作图）。

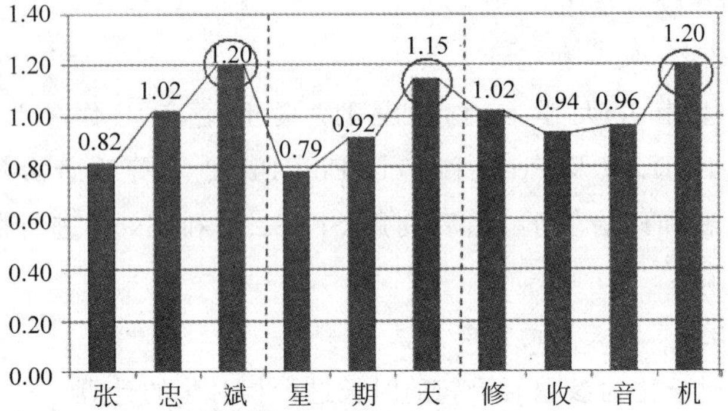

图 2　自然焦点陈述句中各字音的时长比（据孙颖、石锋 2012）

① 自然焦点陈述句、强调焦点句、不带疑问词的语调疑问句的实验句是在沈炯（1985）实验语句的基础上适当修改而成的。具体语料见附录。

图 2 显示：以语句的词和句子为单位，发生了边界前的延长。其中句首词的末字（第 3 字）、句中词的末字（第 6 字）、句末词的末字（第 10 字），时长比分别为 1.20、1.15、1.20，比平均值延长了 0.15—0.20。单因素方差分析结果表明：句首词末字（第 3 字）[$F(1,79)=45.065$，$p=0.000$]、句中词末字（第 6 字）[$F(1,79)=79.663$，$p=0.000$]、句末词末字（第 10 字）[$F(1,79)=84.086$，$p=0.000$]的时长和平均值差异均显著。以上实验数据表明：时长增量是边界调的一个重要的韵律标志。

5.3.2　强调焦点句的时长表现

本研究选用的强调焦点句的语料①和数据来源于孙颖、石锋（2012）的研究。表 1 显示出不同位置的强调焦点句的时长分布，以及和自然焦点句（陈述句）相比时长的变化情况。具体来说，（1）焦点词，各个字音的时长普遍会增加。其中末字的时长增加最显著，因为末字的延长是在自然焦点句边界调基础上的增量，即边界调和焦点调的叠加共现（石锋、王萍 2014）。而且，不同位置的焦点词末字时长的增加程度不同。句首增加 0.12，句中增加 0.13，句末增加最多，为 0.15，这增加的部分就是焦点调的表现。与平均值相比，末字的增加幅度为 0.28—0.35。（2）非焦点词，和词内部的其他字音相比，末字明显延长，这是边界调的表现。和自然焦点句相比，非焦点词，尤其是紧邻焦点词其后的非焦点词，各字音的时长普遍减少 0.01—0.1，这是凸显焦点时长的方式。

① 通过不同的引导问句来获得不同位置的强调焦点句。例如：谁星期天修收音机？张忠斌什么时候修收音机？张忠斌星期天修什么？张忠斌星期天做什么？使回答句的强调焦点分别位于句首韵律词、句中韵律词、句末韵律词和句末的动宾短语部分。

表 1　不同位置强调焦点句时长比对比表

焦点位置	1	2	3	4	5	6	7	8	9	10
自然	0.82	1.02	1.2	0.79	0.92	1.15	1.02	0.94	0.96	1.2
句首	0.83	1.08	1.32	0.74	0.89	1.11	0.94	0.90	0.97	1.23
差值	0.01	0.06	<u>0.12</u>	−0.05	−0.03	−0.04	−0.08	−0.04	0.01	0.03
句中	0.75	0.98	1.21	0.88	0.96	1.28	0.92	0.89	0.95	1.20
差值	−0.07	−0.04	0.01	0.09	0.04	<u>0.13</u>	−0.1	−0.05	−0.01	0
句末	0.77	0.97	1.16	0.78	0.88	1.15	1.01	0.96	0.97	1.35
差值	−0.05	−0.05	−0.04	−0.01	−0.04	0	−0.01	0.02	0.01	<u>0.15</u>
动宾	0.75	0.97	1.17	0.78	0.90	1.17	1.1	0.92	0.95	1.31
差值	−0.07	−0.05	−0.03	−0.01	−0.02	0.02	<u>0.08</u>	−0.02	−0.01	<u>0.11</u>

单因素方差分析（ANOVA）结果表明：在 0.05 的水平上，句首焦点句的句首词末字（第 3 字）［F(1,79)＝7.59，p＝0.007］、句中焦点句的句中词末字（第 6 字）［F(1,79)＝17.104，p＝0.000］、句末焦点句的末字（第 10 字）［F(1,79)＝21.956，p＝0.000］、动宾焦点句的末字（第 10 字）［F(1,79)＝11.964，p＝0.001］都分别与自然焦点句对应字音的时长比差异显著。由此可见，汉语普通话中，焦点对于时长的作用范围主要集中在焦点所在的词，而且对于词末字的影响最显著。

5.3.3　语调疑问句的时长表现

语调疑问句的语料和数据来自张彤彤、胡会娟（2017）的研究。

根据表 2 可知：(1)疑问句的疑问语气表达主要由句末最后一

个重读音节来承载，表现为时长的显著增加。相对于平均值，末字时长比的增加幅度为0.51。(2)疑问句中各位置的词语，都是末字的时长比最大，可以看作是词和句子的边界调的表现。(3)和陈述句的句末边界调相比，句尾末字的增加幅度为0.36，可以看作是叠加在边界调之上的疑问语调的表现。其他字音的时长比都普遍小于陈述句，而且句末短语中，前三个字音(7、8、9)的时长比和陈述句相差幅度最大，即小于陈述句的相应字音0.08—0.12，这可以看作是凸显句尾末字疑问语气的时长手段。

表2　语调疑问句和陈述句时长比对比表

句类	1	2	3	4	5	6	7	8	9	10
陈述句	0.82	1	1.17	0.85	0.91	1.11	1.14	0.90	0.95	1.15
疑问句	0.82	1.01	1.17	0.82	0.88	1.08	1.02	0.82	0.87	1.51
差值	0	0.01	0	−0.03	−0.03	−0.03	−0.12	−0.08	−0.08	0.36

单因素方差分析(ANOVA)结果表明：在0.05的水平上，句中词首字(第4字)[F(1,99)=4.458,p=0.037]、句中词中字(第5字)[F(1,99)=4.929,p=0.029]、句末短语首字动词(第7字)[F(1,99)=23.557,p=0.000]、句末词首字(第8字)[F(1,99)=32.649,p=0.000]、句末词中字(第9字)[F(1,99)=35.645,p=0.000]、句末词末字(第10字)[F(1,99)=134.105,p=0.000]分别和跟陈述句对应字音的时长比差异显著。

5.3.4　祈使句的时长表现

祈使句的语料和数据来自焦雪芬(2015)的研究。

综合袁毓林(1993)、陈昌来(2000)、范晓(2009)对于祈使句的分类,我们将祈使句划分为两个大类、四个小类。具体来说,根据语气的强弱可划分为强祈使句(使令句)和弱祈使句(祈请句)。根据语法形式和语义表达的不同,强祈使句内部分为命令句和禁止句,弱祈使句分为请求句和劝阻句。

根据图 3 和表 3 可以看到不同类别祈使句的时长比表现。

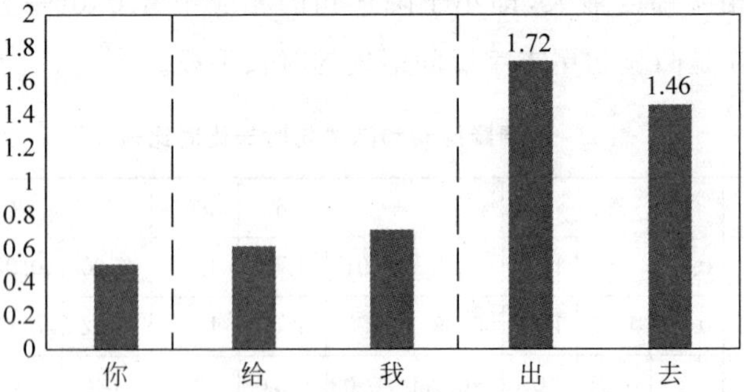

(a) 命令句

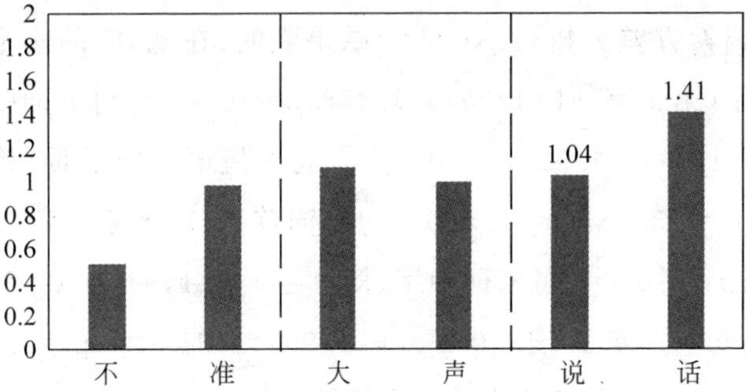

(b) 禁止句

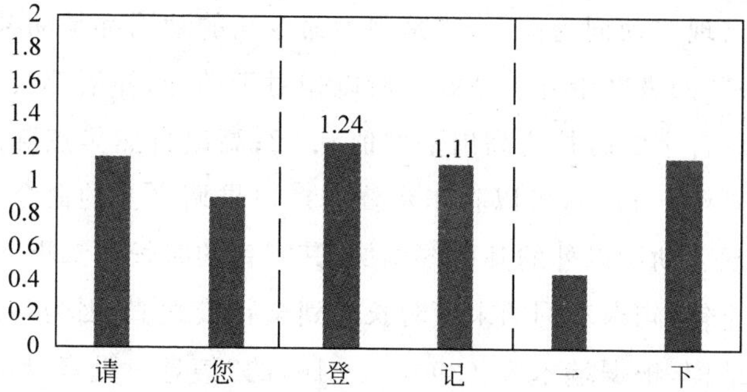

(c) 请求句

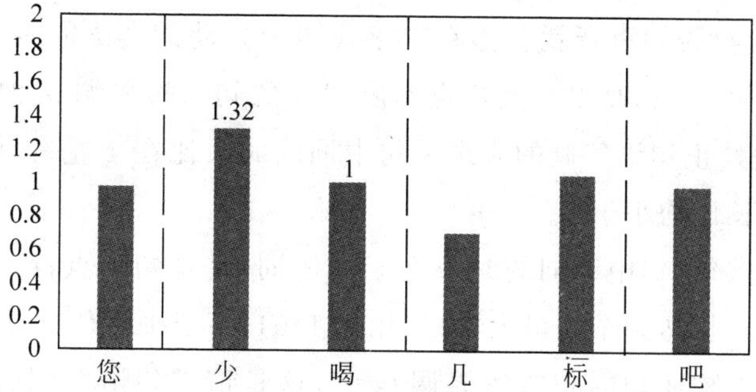

(d) 劝阻句

图 3　不同类别祈使句的时长比

表 3　不同类别祈使句的时长比对比表

句类	1	2	3	4	5	6
命令句	0.51	0.61	0.71	1.72	1.46	
禁止句	0.51	0.98	1.08	1	1.04	1.41
请求句	1.15	0.91	1.24	1.11	0.45	1.15
劝阻句	0.97	1.32	1	0.7	1.05	0.98

命令句：动词的时长显著高于其他词，是全句焦点，而且全句最大值出现在动词的首字，这是因为命令句的动词都是动补结构，如“出去”“回来”“走开”“站好”，所以相对于动词，补语都会轻读一些。动词首字的时长比高出平均值0.72；高出自然焦点陈述句的句末边界调0.52，这可以看作是叠加在边界调之上的命令句语气调的表现。动词以外的其他词调域，其字音的时长比都小于1。

禁止句：句末动词的末字时长达到全句最大值，因为句末动词为动宾结构，根据端木三（2007：3—16）的“信息—重音原则”（the Information Stress Principle），动宾结构的信息焦点位于宾语，那么相应地，语句重音就会落在末字宾语上。动词宾语的时长比高出平均值0.41，高出自然焦点句陈述句的句末边界调0.21，这个0.21是禁止句语气调的表现。句中词的时长比在1左右，而句首词的时长比均小于1。

请求句：句中动词的时长高于其他词，是全句焦点，而且动词前字的时长达到全句最大，时长比为1.24，高于平均值0.24，高出自然焦点陈述句的句末边界调0.04，这是请求句语气调的表现。句首词的首字（请）和句末词的末字（下）时长比都为1.15，大于1，其他字音的时长比均小于1。

劝阻句：全句的时长最大值为句中偏正结构的动词“少X”的副词“少”，因为“少”为全句的焦点，也是表达劝阻语气的最重要的信息承载者。它的时长比为1.32，高于平均值0.32，高于自然焦点陈述句的句末边界调0.12，这是劝阻句语气调的表现。除“几”字以外，其他字音时长比都在1左右。

比较这四种语气强弱不同的祈使句，我们看到：(1)祈使句的语气调，其语句的焦点信息普遍落在动词或动词的修饰成分上（劝阻句的焦点信息为动词短语中的副词“少”）。(2)时长分布结构，焦点词和非焦点词相比，命令句相差最大，禁止句其次，请求句和劝阻句较小。(3)通过与平均值的差值大小来看，命令句＞禁止句＞劝阻句＞请求句。(4)通过与自然焦点句的句末边界调的时长比相比较，祈使句四种类别语气调的时长大小与语气的强弱呈成正比关系，即命令句＞禁止句＞劝阻句＞请求句。

单因素方差（ANOVA）分析结果表明：四种类别的祈使句和自然焦点句句末边界调的时长比差异显著，$F(4,19)=36.124$，$p=0.000$。多重检验（Multiple Comparison）结果表明，陈述句和命令句（$p=0.000$）、陈述句和禁止句（$p=0.005$）、命令句和禁止句（$p=0.000$）、命令句和请求句（$p=0.000$）、命令句和劝阻句（$p=0.000$）差异显著，其他组间差异均不显著。

5.3.5　感叹句的时长表现

高名凯(1986)认为，就表达感情的内容而言，感叹句是包括一切感情的表达的。感叹句比较常见的有欣喜、惊讶、愤怒和赞美等感情类型。据此，本研究共考察了欣喜类、惊讶类、愤怒类和赞美类四种感叹句，同时还加入了相对应的四种同型陈述句作为参照。这里所引用的感叹句的语料和数据都来自成瑶(2015)的研究。

根据图 4 和表 4 可知，不同类别的感叹句和同型陈述句，都是动词（“升”“丢”“输”）或形容词（“高”）的时长比达到全句最大值，也就是说它们的焦点位于动词或形容词，即全句谓语的中心词上。

与平均值相比，只有动词、形容词和感叹语气词的时长比显著大于1，其他字音都小于1。赞美类的焦点形容词大于平均值0.29，喜悦类、愤怒类和惊讶类比较接近，它们的动词分别大于平均值0.24、0.25和0.23。赞美类的感叹词大于平均值0.01，喜悦类、愤怒类和惊讶类比较接近，分别大于平均值0.1、0.09和0.08。

与同型陈述句相比，感叹句中动词和形容词的时长比普遍大于陈述句(惊讶类除外)，但增幅较小。愤怒类、喜悦类、赞美类的增幅分别为0.02、0.02和0.14。相比较而言，感叹句的感叹词和

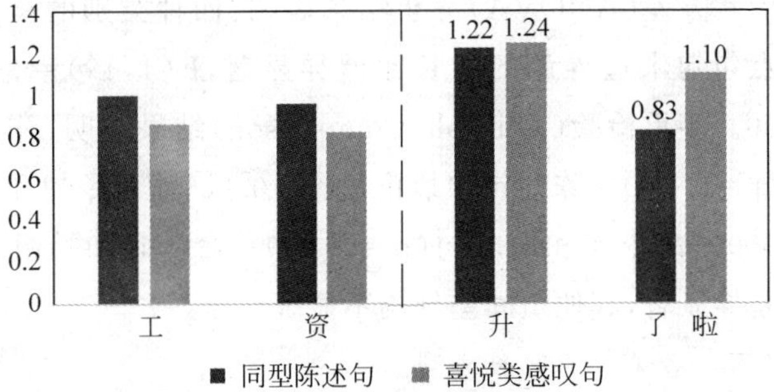

(a) 喜悦类

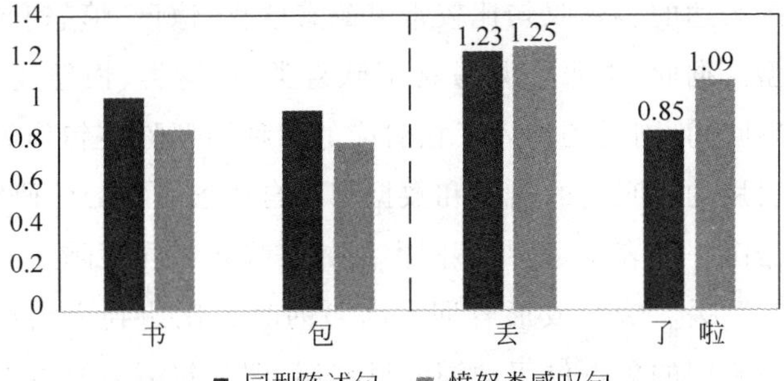

(b) 愤怒类

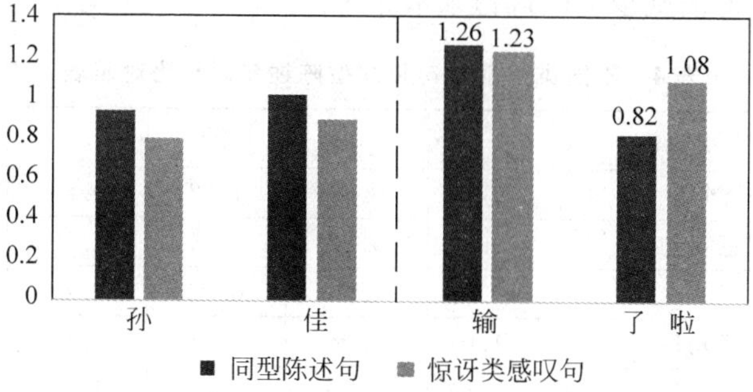

(c) 惊讶类

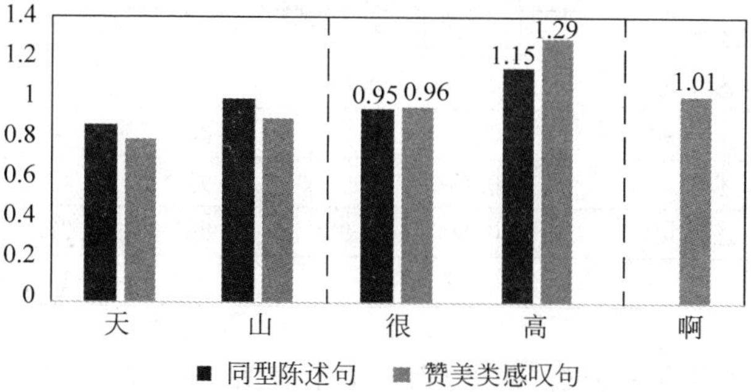

(d) 赞美类

图 4　不同类别感叹句和同型陈述句的时长比对照

陈述句的语气助词相比增幅更大，喜悦类、愤怒类和惊讶类的增幅分别为 0.27、0.24、0.26。语气词的连用会产生许多“合音”的语气词，如“啦＝了＋啊”（齐沪扬 2003）。这就可以解释为什么“啦”的时长会显著大于“了”。综合感叹句中负载焦点信息的动词和形容词，以及感叹语气词的时长比表现，喜悦类和赞美类的感叹语气调的阈值偏高，愤怒类和惊讶类阈值偏低。表 4 反映了感叹句的整体时长分布特点：和同型陈述句相比，感叹句后面的增加量（正值)和前面的减少量(负值)基本相等。

表 4 不同类别感叹句和同型陈述句时长比对照表

感叹句类型	1	2	3	4	5
同型陈述句	1	0.96	1.22	0.83	
喜悦类感叹句	0.86	0.82	1.24	1.10	
差值	−0.14	−0.14	0.02	0.27	
同型陈述句	1.01	0.95	1.23	0.85	
愤怒类感叹句	0.86	0.80	1.25	1.09	
差值	−0.15	−0.15	0.02	0.24	
同型陈述句	0.93	1.01	1.26	0.82	
惊讶类感叹句(短)	0.80	0.89	1.23	1.08	
差值	−0.13	−0.12	−0.03	0.26	
同型陈述句	0.87	1	0.95	1.15	
赞美类感叹句	0.80	0.90	0.96	1.29	1.01
差值	−0.07	−0.10	0.01	0.14	

单因素方差分析(ANOVA)结果表明:在 0.05 的水平上,喜悦类感叹句的感叹词和同型陈述句的语气词差异显著[F(1,11)=6.423,p=0.030],愤怒类感叹句的感叹词和同型陈述句的语气词差异显著[F(1,11)=7.097,p=0.024],惊讶类感叹句的感叹词和同型陈述句的语气词差异显著[F(1,11)=11.925,p=0.006],其他组间差异均不显著。

5.3.6 排比句的时长表现

这里所引用的排比句的语料和数据来自张金爽(2015)的研究。

图 5 和表 5 反映出排比句的时长分布情况。具体来说,排比

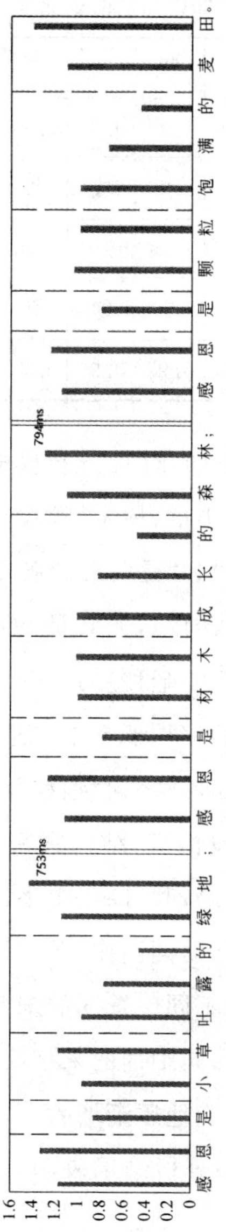

图 5　排比句的时长比（空白条标示句间停顿）

表5　排比句的时长比表

首句	感	恩	是	小	草	吐	露	的	绿	地	；
时长比	1.17	1.33	0.86	0.96	1.17	0.96	0.77	0.46	1.14	1.43	
中句	感	恩	是	材	木	成	长	的	森	林	；
时长比	1.12	1.27	0.78	1	1.02	1.01	0.82	0.48	1.10	1.30	
末句	感	恩	是	颗	粒	饱	满	的	麦	田	。
时长比	1.15	1.24	0.80	1.04	0.99	0.99	0.74	0.45	1.10	1.40	

句中的每个分句都呈现相同的时长分布模式，即：句末词＞句首词＞"是"之后的第1个词（小草、树木、颗粒）＞"是"之后的第2个词（吐露的、成长的、饱满的）和"是"，综合各个词的时长，句首词和句末词都大于1，句中词多小于1，尤其是"的"字，在0.5以下。首句后（753毫秒）和中句后（794毫秒）的停顿时间相近。

各分句的词内部多是后字时长最长，这可以看作是词边界的表现。但也有例外情况。如，二字词"颗粒"，其首字的时长大于后字，这可能与词的结构（颗粒饱满，结构紧密，类似四音词）有一定关系。另外，带"的"字的定语，其首字、中字、末字的时长比依次递降。因为末字"的"作为结构助词读作"轻声"，所以时长比最小，中字是过渡，首字最大。比较不同位置词的末字时长比，句末词的末字最大，句首词的末字其次，句中词的末字最小。这可以看作是随着边界等级的提高，时长相应地逐渐增大。

单因素方差（ANOVA）分析结果表明：首句，不同位置词的末字[①]差异显著，F(4,19)＝38.165，p＝0.000。多重检验(Multiple Comparison)结果表明，1和2(p＝0.000)、1和4(p＝0.000)、2和3(p＝0.004)、2和4(p＝0.000)、2和5(p＝0.000)、3和4(p＝0.000)、3和5(p＝0.013)、2和4(p＝0.000)、4和5(p＝0.000)差异显著。中句，不同位置词的末字差异显著，F(4,19)＝4.761，p＝0.011。多重检验(Multiple Comparison)结果表明，1和4(p＝0.000)、1和3(p＝0.011)、2和5(p＝0.008)、3和5(p＝0.021)、4和5(p＝0.002)差异显著。末句，不同位置词的末字差异显著，F(4,19)＝41.493，p＝0.00。多重检验(Multiple Comparison)结果表明，1和2(p＝0.000)、1和3(p＝0.009)、1和4(p＝0.000)、2和3(p＝0.035)、2和4(p＝0.001)、2和5(p＝0.000)、3和4(p＝0.000)、3和5(p＝0.000)、4和5(p＝0.000)差异显著。其他组间差异均不显著。

各个分句间相比较，末字时长比能够反映句边界的时长表现，具体来说，首句略大于末句，中句最小，末句居中。相对于首句和中句的末字，末句的末字作为全句的结束，其边界的等级更高，但时长比的数值却不是最大的，这表明排比句的句边界标志除了延长之外，还有停顿。首句、中句和末句的末字分别大于平均值0.43、0.3、0.4，它们分别高出自然焦点句陈述句的句末边界调0.23、0.1、0.2，这是在边界调之上的排比句的语用调表现。

5.4　结语

本研究以“语调层级系统”的设想为基础，采用时长比的计算

① 因为每个分句涉及的词较多，为方便起见，我们按照顺序将不同位置的词命名为1(如“感恩”)、2(“是”)、3(如“小草”)、4(如“吐露的”)、5(如“绿地”)。

方法，对不同语调层级的语句时长表现进行了细致的分析和比较。通过比较对照，归纳出它们的时长分布模式。

（1）自然焦点陈述句：词和句子都发生了边界前的延长，词内各字时长呈现递增趋势，末字的时长达到最大，是词边界或句边界的表现。句首词和句末词的末字延长程度一致，即时长比并没有随着边界等级的提高而增加，因为句边界除时长延长以外，还有停顿，二者共同完成句边界的标示作用。

（2）强调焦点句：与自然焦点陈述句相比，焦点词各个字音的时长普遍会增加，其中末字增加的幅度最大，句首词末字增加 0.12，句中词末字增加 0.13，句末词末字增加最多，为 0.15，增加的部分就是叠加在边界调之上的焦点调的表现。与平均值相比，末字的增幅为 0.28—0.35。非焦点词，尤其是紧邻焦点词其后的非焦点词，字音的时长普遍偏低，和焦点词形成显著的长短对比，这是凸显焦点的又一种方式。

（3）语调疑问句：疑问语气的表达主要由句末最后一个非轻声音节来承载，时长上表现为大幅度延长。与自然焦点陈述句相比，句末字的增幅为 0.36，可以看作是叠加在边界调之上的疑问语气调的表现。其他字音的时长比都普遍小于陈述句，而且和句末字相邻的三个字音时长比的降幅最大，可以看作是凸显句末的疑问语气的时长表现。相对于平均值，句末字时长比的增幅为 0.51。

（4）祈使句：祈使语气的表达主要由动词或动词修饰成分来承载，动词是全句的焦点所在，表现为动词的时长比为整句的最大值。整个句子的时长结构都是以动词为中心，围绕在动词周围的其他字音的时长都会有一定程度的降低，凸显焦点。通过与自然焦点陈述句的边界调的比较，本研究得到了四种祈使语气调的时长差量表现，命令句为0.52，禁止句为0.21，劝阻句为0.12，请求句为0.04。总的来说，不同类别祈使句的时长表现和语气强弱成正比关系。

(5) 感叹句：从整体的时长分布来看，作为谓语的动词和形容词，以及句末的感叹语气词时长比都大于1，其他位置字音的时长比都小于1。动词或形容词的时长比普遍达到全句最大值，同时，动词和形容词之后的感叹语气词对于感叹语气的表达至关重要。和同型陈述句相比，感叹句中动词和形容词的时长比大体一致。和同型陈述句的句末语气词相比，感叹句末语气词的增幅显著，喜悦类、愤怒类和惊讶类的增幅分别为0.27、0.24、0.26，这是边界调之上的感叹语气调的表现，同时也说明对于感叹语气的表达，感叹语气词的作用更大，动词或形容词与感叹语气词二者可以看作是联合焦点。另外，我们还发现：相对于同型陈述句，感叹句后半段时长的增加量(正值)和前半段时长的减少量(负值)基本相等，这是感叹句的整体时长分布的重要特点。前半段的时长减少，凸显出后面的动词和形容词的作用。

(6) 排比句：每个分句都呈现相同的时长分布模式，即句末词最高，句首词较高，句中词偏低，而且首句(753毫秒)和中句(794毫秒)的停顿时间相近。各个分句内部，词调域大部分是后字时长最长，可以看作是词边界的表现。但也有例外情况，这与词的结构和轻声有密切关系。分句内部，随着边界等级的提高，时长逐渐增大，即句末词的末字时长最长，其他位置词的末字时长较小。分句之间，不同位置分句的末字时长并没有随着边界等级的提高而逐渐增大，即末句的末字作为全句的结束，其边界的等级最高，但时长比的数值却不是最大。这说明排比句的句边界标志除了延长之外，还有停顿。首句、中句和末句的末字分别比自然焦点陈述句末字的边界调高出0.23、0.07、0.2，这是排比句在边界调之上的语用调的表现。

边界位置字音反映的韵律变化最明显，表现的韵律特征最充分，具有典型的代表性。据此，本研究对不同语句类型的边界字音的时长进行了单因素方差分析。单因素方差（ANOVA）分析结果表明，不同语句类型的边界字音的时长比总体差异显著，$F(5,47)=3.164$，$p=0.016$。多重检验（Multiple Comparison）结果表明，强调焦点句和祈使句（$p=0.012$）、强调焦点句和感叹句（$p=0.010$）、疑问句和感叹句（$p=0.049$）差异显著。其他语句类型的组间差异均不显著。

根据上述结果，我们看到语调研究的核心问题就是"焦点"问题（石锋、王萍2017:3），语调层级系统中的"基式"是自然焦点陈述句，作为"变式"的功能语气句、强调焦点句以及排比句分别是语气焦点句（语气调）、语义焦点句（语义调）和语用焦点句（语用调）。通过研究，我们分别归纳出它们各自的时长分布特点、焦点所在位置、叠加在边界调之上的焦点调、语气调、语用调在时长上的边界和辖域，以及它们之间的排列次序。这些表现共同构成了汉语普通话不同语句类型的时长分布模式。具体来说，相对于时长平均值，边界调、焦点调、语用调、语气调的时长分布呈现阶梯状的增长；语气调内部，根据功能语气的不同，按照陈述句、感叹句、疑问句（语调疑问句）、祈使句（强祈使句：命令句和禁止句）的顺序渐次增长；祈使句内部，按照语气由弱到强的顺序，即请求句、劝阻句、禁止句、命令句渐次增长；感叹句内部，按照情感色彩不同，时长呈现规律性分布，喜悦类和赞美类的感叹语气调的阈值较高，愤怒类和惊讶类阈值偏低。根据时长表现，不同焦点类型的语句呈现规律性的差异，语气焦点（疑问句、祈使句和感叹句）和语义焦点（强调焦点句）均表现为焦点位置的局部凸显，语用焦点（排比句）则表现为整体的平行结构模式。

完整的语调研究应该包含音高、音长和音强三个方面。本研究只涉及了时长这一个方面，还要结合分析语调基式和变式的音高、音强分布模式，与这里得到的音长模式进行互补整合，找到它们内部之间的联系和规律，进而形成系统完整的语调研究。

附　录

陈述句和不带疑问词的质疑问句实验句：

张忠斌//星期天//修收音机。/?

吴国华//重阳节//回阳澄湖。/?

李小宝//五点整//写讲演稿。/?

赵树庆//毕业后//到教育部。/?

李金宝//五点半//写讲话稿。/?

李小刚//五时整//写颁奖词。/?

祈使句的实验句：

命令句：你给我出去！你给我回来！你给我走开！你给我站好！

禁止句：不准大声说话！不得临时停车！不许随地吐痰！不要随便用火！

请求句：请您登记一下！请您研究一下！请您品尝一下！请您设想一下！

劝阻句：您少喝几杯吧！您少来几次吧！您少买几条吧！您少挣几百吧！

感叹句和同型陈述句的实验句：

喜悦类：工资升啦！/了。男排赢啦！/了。首长醒啦！/了。快递到啦！/了。考试过啦！/了。

愤怒类：书包丢啦！/了。前程没啦！/了。老板跑啦！/了。电话坏啦！/了。小偷跑啦！/了。

惊讶类：孙佳输啦！/了。王龙来啦！/了。李想走啦！/了。陆浩病啦！/了。柳毅疯啦！/了。

赞美类：天山很高啊（"哇"）！/天山很高。蓝莓很甜啊（"哪"）！/蓝莓很甜。语感很好啊（"哇"）！/语感很好。电视很棒啊（"啊"）！/电视很棒。

排比句的实验句：

感恩是小草吐露的绿地；感恩是材木成长的森林；感恩是颗粒饱满的麦田。

青春是滋味甘醇的美酒；青春是意境深远的油画；青春是旋律优美的曲谱。

勤奋是浇灌智慧的清泉；勤奋是学有所进的根本；勤奋是披荆斩棘的利剑。

奋斗是点燃智慧的火花；奋斗是实现理想的阶梯；奋斗是创造财富的方舟。

六、汉语普通话不同语句类型的音强分布模式[①]

6.1　引言

构建语调的语言成分包括频域（音高）、时域（时长）和量域（音强）。量域就是音强的强弱变化，它会随着不同语句类型（变化模式）的升级，即语气、焦点和情感等因素的介入，表现越来越显著。赵元任（1979），石佩雯（1980），罗常培、王均（1981）等学者对于语调的语音特征持相同观点，他们都认为语调包括区分各种功能句型的全部语音特征，即音高、音长和音强三个方面。胡明扬（1987）提出，北京话的句终语调和音高、音长、音强都有关系。贺阳、劲松（1992）通过实验的方法证明，音高、音长和音强都是北京话语调的构成要素。曹剑芬（2002）认为，语调在声学上实现为各种韵律要素包括音高、音长和音强等协调变化的综合效应。石锋、王萍（2014）提出，时域、频域和量域是语调分析的不同维度，从语调的基本形式（基式）到变化形式（变式），这三个维度都会发生不同程度的变化。Bolinger（1989）认为，广义的语调不仅跟句子的音高变化有关，而且跟其他超音段成分也密切相关。Crystal（1972）主张，语调不是单一的音高曲线或者音高等级系统，而是声音的高低与重音、节奏、速度等别的韵律要素密切相关的复合体。

以上学者的研究表明：作为语调的构成要素之一，音强也发挥着重要的作用。根据语句类型的不同，音强的作用方式和作用程

① 原文发表于《南开语言学刊》2020年第2期，作者王萍、石锋。

度会呈现规律性的变化。纵观整体的汉语语调研究，学界普遍关注音高和时长的参数变化，对于音强的考察则相对薄弱。

基于此，我们以石锋、王萍(2014b)“语调层级系统”的架构为基础，采用“音量比”的计算方法，对语调层级中不同语句类型的音强表现进行分析和系统比较，归纳出它们的音强分布特征和排序等级，进而得到语气、焦点和句法手段的介入对于音强的影响范围和程度。具体来说，涉及的语句类型包括：基本模式（自然焦点陈述句）和变化模式。变化模式就是在基本模式的基础上增加语气、焦点以及句法手段得到的语句类型，它们分别为：疑问句（语调疑问句）、感叹句、祈使句（队列口令句）、强调焦点句、“不”字否定句。

6.2 实验说明

6.2.1 数据说明

本研究选用的陈述句、疑问句（语调疑问句）、强调焦点句的数据来自谢中仁(2018)的研究，发音人是 50 位北京话母语者（25 男、25 女），年龄为 18—28 岁；感叹句的数据来自范自霞、成瑶(2018)的研究，发音人是 4 位北京话母语者（2 男、2 女），年龄为 20—22 岁；祈使句（队列口令句）的数据来自石锋、焦雪芬(2016b)的研究，发音人是 4 位大学国防生；“不”字否定句的研究（许峰 2018)，发音人是 8 位北京话母语者（4 男、4 女），年龄为 20—25 岁。

6.2.2 实验和统计工具

利用南开大学自主研发的“桌上语音工作室”(Mini-Speech-Lab)可以自动测量到幅度积的数值，数据的统计计算采用 SPSS2.0 和 Excel。

6.2.3 音量比的计算方法

音量比的计算是以音节的幅度积为基础，将其进行归一化得到的。具体的计算方法如下：

语句中某音节的音量比＝该音节的幅度积/全句各音节幅度积的平均值。如果音量比大于1，则该音节的强度增强，反之，则音节的强度相对较弱。

6.3 不同功能语气句的音强表现

6.3.1 自然焦点陈述句的音强表现

自然焦点句[①]的音强表现如图1所示。图1为6组陈述句音量比的平均值。图形下方的例句是为了方便比较对照，实际是6组语句的集合（图1—图6均采用与此相同的原则作图）。

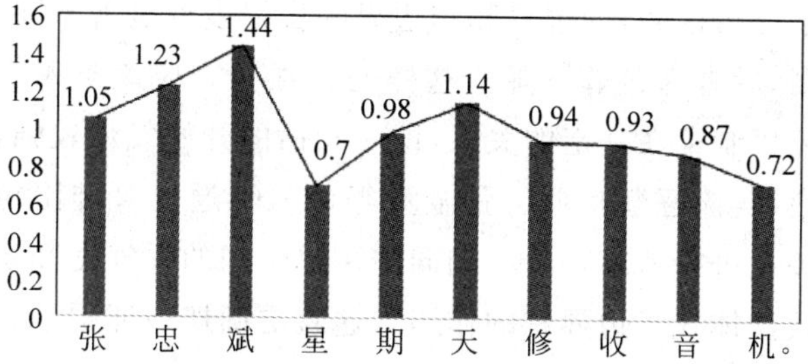

图1　自然焦点陈述句各字音的音量比

图1显示：陈述句的整体音量比分布为句首词最高，句中词其次，句末词最小，整体的音强分布呈现以词为单位阶梯式下降。句

① 自然焦点陈述句、不带疑问词的质疑问句、强调焦点句的实验句是在沈炯(1985)实验语句基础上适当修改而成的。祈使句、感叹句、“不”字句的语料是根据研究内容设计的。语料的设计既考虑了语句的自然度和可接受性，又照顾到声调的全面性。句子中相同位置字音，主要是关键位置，分别包括阴平、阳平、上声和去声四个声调，这样可以最大程度地降低四声的不同对音强造成的影响，进而得到具有稳定性和代表性的结果。具体语料详见附录。

首词和句中词内部，字音的音量比渐次提高，末字的音量比在整个词中达到最大（第 3 字和第 6 字），比平均值增加 0.44 和 0.14，这是词边界调的音强表现。句末词各字音则渐次下降，末字（第 10 字）达到最小，比平均值减小 0.28，这是句边界调的音强表现。因有句后停顿而使句末音强作用降低。

单因素方差分析结果表明：句首词末字（第 3 字）、句中词末字（第 6 字）、句末词末字（第 10 字）总体差异显著[F(2,17)=18.523，p=0.000]；Post-Hoc 检验结果为：句首词末字、句中词末字、句末词末字，三者之中两两差异显著（sig.=0.027，sig.=0.000，sig.=0.003）。

以上分析说明：词边界和句边界的音强表现显著不同，前者为显著提高，后者为显著下降。这样的音强分布应该与人说话时整体的气流机制存在一定的关系，即一句话的开始气流较强，随着句子的结束，气流逐渐减弱。张金爽等（2016）通过对排比句音强和呼气的关系进行考察，发现：相同韵律单位间的呼气度和音量比变化的一致性体现了边界调的作用。这就更确切地证明了音强是韵律边界的一个重要标志。

6.3.2　不带疑问词的语调疑问句的音强表现

疑问句的音量比参见表 1。

表 1　疑问句和陈述句音强对比表（谢中仁 2018）

语气类别	1	2	3	4	5	6	7	8	9	10
陈述句	1.05	1.23	1.44	0.70	0.98	1.14	0.94	0.93	0.87	0.72
疑问句	0.96	1.17	1.47	0.65	0.94	1.15	0.87	0.85	0.87	1.08
差值	−0.09	−0.06	**0.03**	−0.05	−0.04	**0.01**	−0.07	−0.08	0	**0.36**

表1显示：(1)疑问句都是词的末字、句的末字，即词的边界位置、句边界位置音强值较大，它们分别超过平均值0.47、0.15和0.08。(2)与陈述句相比，非边界位置的音强值普遍降低，边界位置的音强值则不同程度地增加，其中句尾末字的增加幅度最大，为0.36。这个增量可以看作是叠加在边界调之上的疑问语调的音强表现。(3)整体的音强分布呈现阶梯式下降。

单因素方差分析(ANOVA)结果表明：在0.05的水平上，句末词的末字(第10字)[F(1,23)＝53.115，p＝0.000]与陈述句对应字音的音量比差异显著，其他位置字音差异均不显著。统计结果说明疑问句和陈述句的音强差异集中体现在末字。

6.3.3　祈使句的音强表现

命令句是祈使句中语气较强的一个小类，这里选择了命令句中的一种特殊形式，即队列口令句。队列口令一般用于军事上的队列训练，句子的长度都比较短。前面是预令，末字是动令。根据字音的数量，分别考察了两字组、三字组、四字组、五字组口令句。

图2a，两字组队列口令句共11个，结构比较多样。其中包括动宾结构(如“报数”)、动补结构(如“立正”)、偏正结构(如“踏步”)、联合结构(如“起立”)等。但无论何种结构，音强多是前字偏低，后字很高，高于平均值0.39。和陈述句的句末边界调(0.72)相比，末字动令的音量比增加0.67。

图2b，三字组队列口令句共8个，都是偏正结构，如“向前看”“正步走”。整体的音强呈现阶梯状上升，末字的音强达到最高，高于平均值0.34。和陈述句的句末边界调相比，末字动令的音量比增加0.62。

图 2c，四字组队列口令句共 5 个，都是偏正结构，如“向右看齐”“向右转走”等。整体的音强分布为首字和第 3 字居中，中间第 2 字最低，末字最高，高于平均值 0.52。和陈述句的句末边界调相比，末字动令的音量比增加 0.8。

图 2d，五字组队列口令句共 6 个，都是偏正结构，如“向前三步走”“后退两步走”。和四字组相似，整体的音强分布为中间第“3”字最低，末字达到最大，高于平均值 1.12。和陈述句的句末边界调相比，末字动令的音量比增加 1.4。

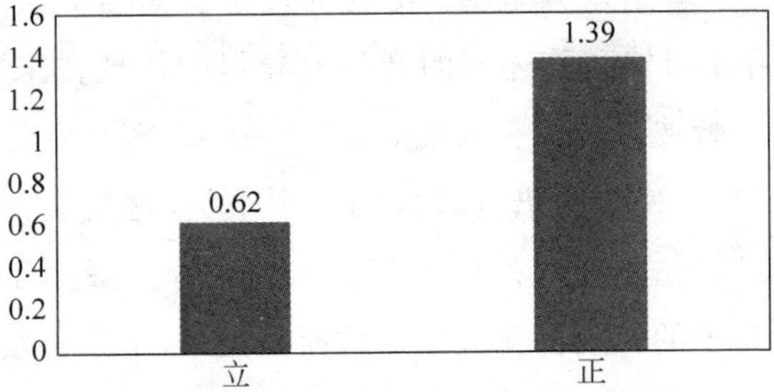

(a) 两字组

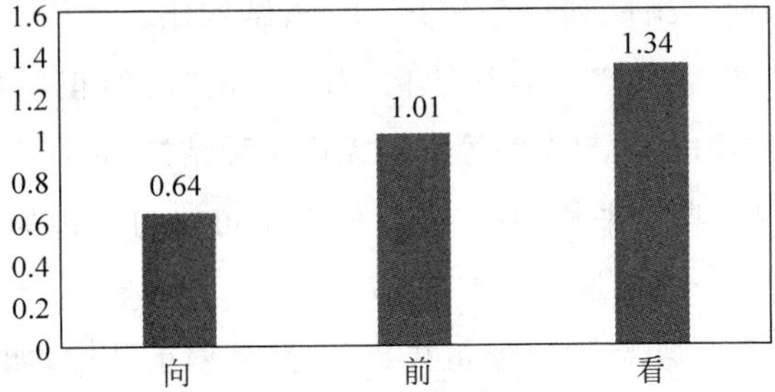

(b) 三字组

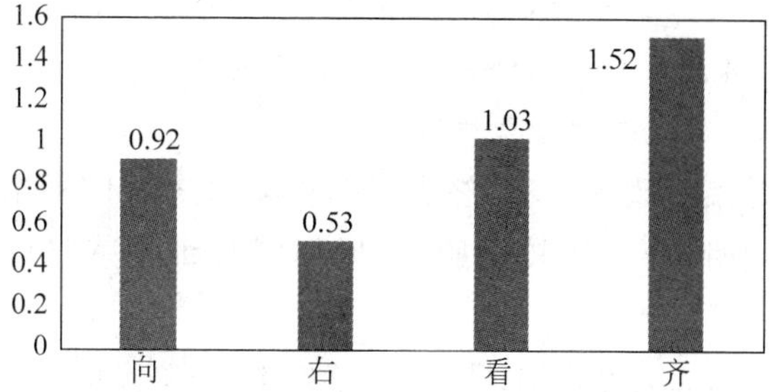

(c) 四字组

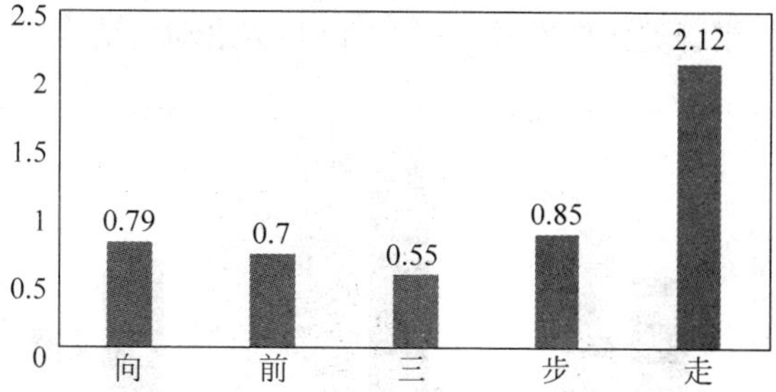

(d) 五字组

图 2　队列口令句各字音的音量比

综合长短不同的队列口令句的表现，它们都是句末字动令的音强值达到最大，而且显著高于其他位置的字音，所以它的音强分布为“尾高”型。和陈述句的句末边界调相比，末字的增量为 0.62—1.4，可以看出随着口令句长度的增加（尤其是 4 字组、5 字组），前面预令字音与末字动令字音的相对音量差别在加大。

单因素方差（ANOVA）分析结果表明：四组队列口令句和陈述句的句末边界调的音量比总体差异显著［$F(4,25)=10.430$，$p=0.000$］。多重检验（Multiple Comparison）结果表明：陈述句分别与二字组（$p=0.006$）、三字组（$p=0.008$）、四字组（$p=0.001$）、五字组(p＝0.000)差异显著;二字组、三字组、四字组分别与五字组(p＝0.004、p＝0.003、p＝0.017)差异显著。

6.3.4 感叹句的音强表现

这里考察了欣喜类、愤怒类、惊讶类、赞美类四种主要类型的感叹句。同时,为了比较对照,还增加了与每种感叹句同型的陈述句。

根据图 3 和表 2 可知,欣喜类、愤怒类、赞美类的感叹句和陈述句,都是谓语动词或形容词("开""低""高")的音量比达到最大值,为焦点信息。惊讶类比较特殊,它的主语和谓语动宾结构的宾语部分,

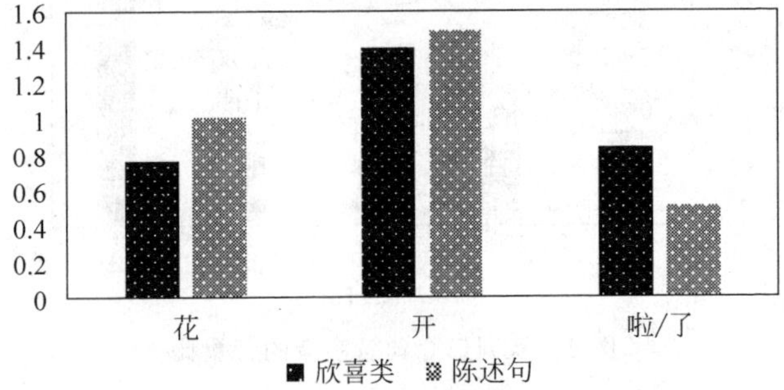

(a) 欣喜类

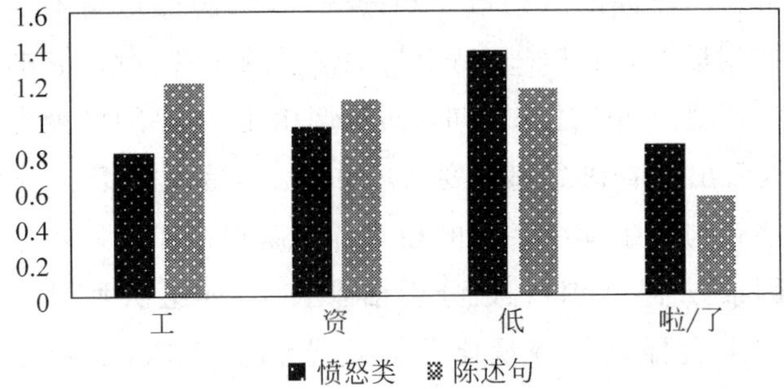

(b) 愤怒类

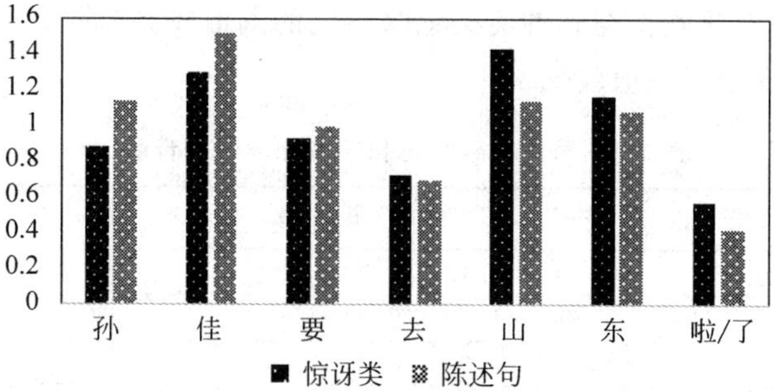

(c) 惊讶类

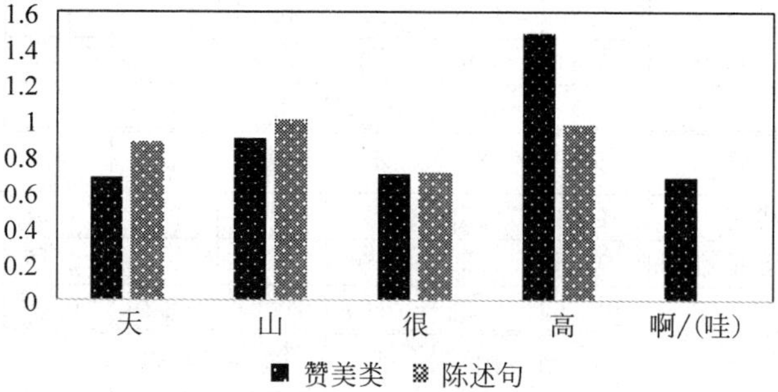

(d) 赞美类

图 3　不同类别感叹句和同型陈述句的音量比对比图

音强值都比较高。这是因为实验句偏长,位于焦点的宾语和感叹语气词的音强都显著增加,动词变化却不显著。

与同型陈述句相比,感叹句的音强增量都位于句子的后半部分,即谓语和感叹语气词。具体来说,欣喜类感叹语气词(啦)的音量比高出陈述句 0.34;愤怒类感叹句的谓语和感叹语气词分别高出陈述句 0.22 和 0.3;惊讶类的动宾短语和感叹语气词音量比分别高出陈述句 0.29 和 0.15;赞美类的谓语高出陈述句 0.54。高于陈述句的音量比增量就是祈使语气的音强表现。根据增量数值，可以判断欣喜类和赞美类感叹语气的阈值较高，愤怒类和惊讶类的感叹语气阈值较低。

表 2　不同类别感叹句和同型陈述句的音量比

欣喜类	花	开	啦/了				
同型陈述句	1.01	1.49	0.50				
欣喜类感叹句	0.76	1.40	0.84				
差值	−0.25	−0.09	0.34				
愤怒类	工	资	低	啦/了			
同型陈述句	1.20	1.10	1.16	0.55			
愤怒类感叹句	0.81	0.95	1.38	0.85			
差值	−0.39	−0.15	0.22	0.30			
惊讶类	孙	佳	要	去	山	东	了/啦
同型陈述句	1.14	1.52	1	0.69	1.14	1.08	0.42
惊讶类感叹句	0.88	1.30	0.93	0.72	1.43	1.17	0.57
差值	−0.26	−0.22	−0.07	0.03	0.29	0.09	0.15
赞美类	天	山	很	高	啊(哇)		
同型陈述句	0.99	1.13	0.80	1.09			
赞美类感叹句	0.77	1.01	0.79	1.67	0.77		
差值	−0.22	−0.12	−0.01	0.58			

根据上述表现可知，欣喜类主要通过感叹语气词来表达感叹语气，愤怒类、惊讶类和赞美类则通过感叹语气词和谓语中心词的协同作用完成感叹语气的表达。齐沪扬(2003)认为感叹语气词“啦”是“了”和“啊”的合音。这可以解释为什么感叹语气词“啦”的强度大于陈述句语气词“了”。“啦”就是陈述语气“了”与感叹语气“啊”的音量的叠加。那高出来的二者的差值，就是感叹语气的音量表现。

6.4　强调焦点句的音强表现

图 4 和表 3 显示出不同位置强调焦点句的音强分布，以及参照自然焦点陈述句的对比变化。

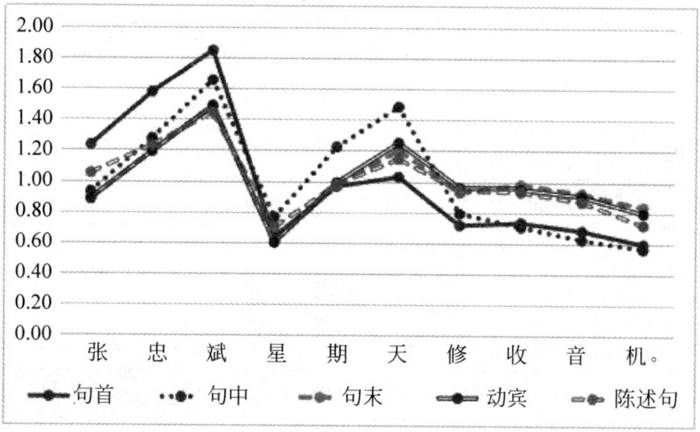

图 4　不同位置强调焦点句音量比对比图(谢中仁 2018)

图 4 和表 3 表明：(1)相对于陈述句，焦点词的各个字音的音强值都不同程度地提高，词边界(第 3 字和第 6 字)和句边界(第 10 字)的提升幅度最大。不同位置焦点词的末字音强增加幅度不同，句首增加 0.41、句中增加 0.34、句末增加 0.11 和 0.07。增加的部分是叠加在陈述句(边界调)之上的焦点调的表现。(2)非焦点词的表现是，焦点后各字音的音强值均显著下降，而焦点前字音的音强值没有一致性的表现，即有升有降。(3)就焦点句本身而言，焦点词音强值的显著上升，和焦点后字音的音强值显著下降，二者形成了强烈的峰谷对比，是凸显焦点的音强手段。音强凸显强调焦点的方式和音高(陈怡等 2011)、时长(孙颖等 2012)是一致的。所

以,强调焦点可以看作是音高、时长和音强共同作用的结果。(4)强调焦点句的整体音强分布并没有改变阶梯式下降,这是语句发音和整体的气流机制作用的结果。虽然句中和句末焦点没有达到全句的最大值,但是跟陈述句相同位置的差值却是很显著的。

表 3　不同位置强调焦点句①各字音音量比对比表(谢中仁 2018)

焦点位置	1	2	3	4	5	6	7	8	9	10
陈述句	1.05	1.23	1.44	0.70	0.98	1.14	0.94	0.93	0.87	0.72
句首	1.23	1.58	1.85	0.63	0.96	1.03	0.71	0.73	0.68	0.59
差值	0.18	0.35	0.41	−0.07	−0.02	−0.11	−0.23	−0.2	−0.19	−0.13
句中	0.93	1.28	1.65	0.76	1.22	1.48	0.79	0.70	0.62	0.56
差值	−0.12	0.05	0.21	0.06	0.24	0.34	−0.15	−0.23	−0.25	−0.16
句末	0.88	1.19	1.49	0.60	0.98	1.20	0.93	0.98	0.92	0.83
差值	−0.17	−0.04	0.05	−0.1	0	0.06	−0.01	0.05	0.05	0.11
动宾	0.88	1.19	1.49	0.60	0.99	1.25	0.96	0.95	0.90	0.79
差值	−0.17	−0.04	0.05	−0.1	0.01	0.11	0.02	0.02	0.03	0.07

单因素方差分析(ANOVA)结果表明:在 0.05 的水平上,句首焦点句的第 1 字[F(1,61)=5.024,p=0.029]、第 2 字[F(1,61)=17.628,p=0.000]、第 3 字[F(1,61)=22.264,p=0.000]、第 6 字[F(1,61)=5.666,p=0.020]、第 7 字[F(1,61)=24.632,p=0.000]、第 8 字[F(1,61)=22.800,p=0.000]、第 9 字[F(1,

① 通过不同的引导问句来获得不同位置的强调焦点句。例如:谁星期天修收音机?张忠斌什么时候修收音机?张忠斌星期天修什么?张忠斌星期天做什么?使回答句的强调焦点分别位于句首韵律词、句中韵律词、句末韵律词和句末的动宾短语部分。

61)＝6.627，p＝0.013]分别和陈述句相同位置字音的音量比差异显著；句中焦点句的第5字[F(1,61)＝15.904，p＝0.000]、第6字[F(1,61)＝47.532，p＝0.000]、第7字[F(1,61)＝12.669，p＝0.001]、第8字[F(1,61)＝32.542，p＝0.000]、第9字[F(1,61)＝25.542，p＝0.000]、第10字[F(1,61)＝10.895，p＝0.002]分别和陈述句相同位置字音的音量比差异显著；句末焦点句的末字(第10字)[F(1,61)＝5.980，p＝0.013]分别与自然焦点句对应字音的音量比差异显著。上述检验结果证明，强调重音在音强上的作用辖域是焦点词和焦点之后的非焦点词。

6.5　"不"字否定句的音强表现

"不"字否定句的音强数据来自许峰(2018)的研究。选取了两种形式的"不"字句：(1)"S＋V"型，比如，"他不走"；(2)"S＋V＋O"型，比如，"他不写词"。图5和图6为这两种"不"字句的音强分布图，同时为了比较对照，增加了相对应的同型肯定句。

图5是"S＋V"型"不"字句，整个音强分布呈现"尾高"型。具体来说，句末谓语动词的音量比达到全句最高值。和同型陈述句相比，句首主语的音量比增加0.12，句末谓语动词增加0.16。由此可见，"S＋V"型"不"字句，其主语和谓语动词的音强值都得到了提升，但谓语动词的增量更大，同时，谓语动词的音量比又是全句最大值，所以它应该是全句的焦点，也是否定的焦点。

图6是"S＋V＋O"型"不"字句，整个音强分布呈现"尾高"型，即句末谓语动词的音量比达到全句最高值。和同型肯定句相比，句首主语、动词和宾语分别增加0.12、0.01和0.10，即句首主语和宾语的增量相当。许峰(2018)的研究表明："S＋V＋O"型肯定句和否定句中的主语在音高和时长上无明显差异，而谓语和宾语

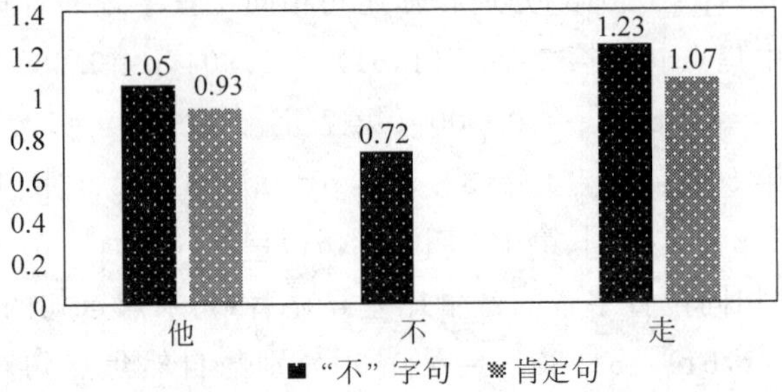

图 5　"S+V"型"不"字句和同型肯定句音量比对比图

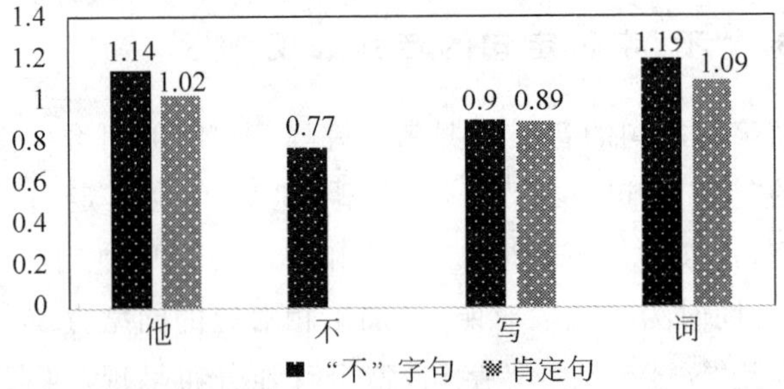

图 6　"S+V+O"型"不"字句和同型肯定句音量比对比图

在音高、时长、音强方面都出现了 5%至 18%的变化。综合来看，"S+V+O"型"不"字句的焦点，也是否定的焦点，应该落在宾语上。同时，我们也看到，音强和音高、时长的变化在某些语句类型中会存在不同步的情况，所以需要三者综合比较判断。

单因素方差分析（ANOVA）结果表明：在 0.05 的水平上，"S+V+O"型的否定句和肯定句的主语（第 1 字）[F(1,3)=25.000，p=0.038]、否定句和肯定句的宾语（第 4 字）[F(1,3)=27.769，p=0.034]差异显著。

这个研究结果支持了吕叔湘(1987)、胡建华(2007)、袁毓林(2000)等学者的观点,即否定的辖域由否定词之后的成分构成,且否定焦点与否定辖域重合。

6.6 结语

我们以"语调层级系统"的框架为基础,采用"音量比"的计算方法,对不同类型语句的音强表现进行分析和比较。得到以自然焦点陈述句(基本模式)为参照,增加语气、强调和句法手段的不同语句类型(变化模式)的音强变化方式、程度以及排列次序。这些要素构成了汉语普通话不同语句类型的音强分布模式。

综合比较不同语句类型,我们发现:句子的长短是影响语句整体音强走势的重要因素。长句的音量比遵循阶梯式下降的分布模式,短句则以语气或焦点(音量比的峰值)为核心呈现高低起伏的分布。

长句的音量比分布表现为阶梯式下降。具体来说,陈述句、疑问句和强调焦点句,它们都是"主语+时间状语+动宾结构谓语"的 10 字长句,惊讶类感叹句为相同结构的 7 字中长句。当加入语气(疑问语气、感叹语气)和强调之后,相对于同型陈述句,疑问句表现为句尾末字音强的显著提升,强调焦点句为焦点词的音强显著上升,焦点后的词的音强显著下降,即鲜明的"峰谷"对比,但是整体音强分布呈现阶梯式下降,这是语气、强调重音与整体的气流机制交互作用的结果。张金爽(2015)对于汉语普通话排比句言语呼吸的研究证明:相同韵律单位间的呼气度和音量比变化存在一致性,排比块之间音量比和呼气度都是"下降趋势"。这说明:音量比和呼气度具有很强的对应关系,长句的呼吸曲线以韵律词为单位,呈现阶梯式下降的趋势,加入语气和焦点等因素之后,会对下降的程度进行再调节，但不会改变下降的整体走向。

短句都是 2—5 字组成的，它们的音强曲线呈现为：以语气或焦点为核心的峰值分布。比如，队列口令句的祈使语气主要由句尾末字来承担，所以它表现为尾高。欣喜类、愤怒类、赞美类的感叹句，它们的谓语（“开”“低”“高”）是焦点，感叹语气的表达是通过感叹词和谓语中心词的协同作用完成的，所以表现为中高。

自然焦点陈述句（基本模式）位于“语调层级系统”句调的最底层，功能语气句、强调焦点句以及加入语法手段的“不”字句，它们是以“基本模式”为平台，经过语气、重音和语法手段等因素的再调节而形成的“变化模式”。那么，通过和陈述句这个基础平台相比较（主要依据边界位置的增量），就可以得到以上因素的作用方式、辖域以及排列次序。具体来说，“不”字句（0.1—0.16）＜强调焦点句（0.07—0.41）＜功能语气句（0.22—1.4）。由此可见，语法手段“不”对于音强的影响最弱，强调重音对于音强的影响其次，语气表达对于音强的影响最强。语气调内部，根据功能语气的不同，按照陈述句＜感叹句（欣喜类、愤怒类、惊讶类）＜疑问句（不带疑问词的质疑问句）＜感叹句（赞美类）＜队列口令句的顺序渐次增长。感叹句内部，按照情感色彩不同，音强呈现规律性分布，欣喜类和赞美类的感叹语气调的阈值较高，愤怒类和惊讶类阈值偏低。不同类型语句的音强排列次序和时长排列次序（王萍等 2019）基本一致。

这里所涉及的语句类型只是部分单句实验的结果，今后希望能有更多的实验数据来修正和补充这里的初步认识，进而构建出相对完整的汉语语句的音强分布模式。

附　　录

陈述句和不带疑问词的质疑问句实验句：

张忠斌//星期天//修收音机。/?

吴国华//重阳节//回阳澄湖。/?

李小宝//五点整//写讲演稿。/?

赵树庆//毕业后//到教育部。/?

李金宝//五点半//写讲话稿。/?

李小刚//五时整//写颁奖词。/?

队列口令句的实验句：

二字组：报数、蹲下、礼毕、立正、起立、稍息、踏步、出列、入列、敬礼、跨立

三字组：便步走、跑步走、踏步走、正步走、向后转、向左转、向右转、向前看

四字组：向后转走、向右看齐、向左看齐、向右转走、向左转走

五字组：单面向右转、单面向左转、后退两步走、向前三步走、右跨两步走、左跨五步走

感叹句和同型陈述句的实验句：

喜悦类：花开啦！/了。鱼熟啦！/了。首长醒啦！/了。雨小啦！/了。树绿啦！/了。

愤怒类：工资低啦！/了。前程没啦！/了。老板跑啦！/了。速度慢啦！/了。

惊讶类：孙佳要去山东啦！/了。王龙要去合肥啦！/了。李想要去海口啦！/了。陆浩要去大庆啦！/了。

赞美类：天山很高啊（“哇”）！/天山很高。蓝莓很甜啊（“哪”）！/蓝莓很甜。语感很好啊（“哇”）！/语感很好。电视很棒啊（“啊”）！/电视很棒。

"不"字句：

S+V 肯定句/否定句：他走/他不走。茶凉/茶不凉。我去/我不去。路通/路不通。

S+V+O 肯定句/否定句：他写词/他不写词。猴上树/猴不上树。我除草/我不除草。树开花/树不开花。

第二章 信息与焦点

一、汉语的信息结构和语调模式[①]

1.1 引言

汉语[②]的声调和语调的关系传统上被概括为三个形象的比喻，即“橡皮带”“大波浪小波浪”和“代数和”（赵元任 1929，1932，1933）。总的来看，这种观点可以被称为“叠加观”（superposition view），在语调研究中占据了主流，尽管“叠加”的是调形还是调阶，意见并不统一（沈炯 1985，Xiao-nan Shen1989，吴宗济 1996，曹剑芬 2002，江海燕 2010）。

不管是调形的叠加还是调阶的叠加，在语调面貌问题上的着眼点都是声调和声调的组合（变调），从线性的角度看，不可否认，局部的音高会对句子整体的音高面貌产生影响，以至于不容易从音高上将字调和语调离析开来；而从韵律层级（prosodic hierarchy）的角度看，声调和语调的音系归属和区分是十分清楚的，即声调是音节的超音段特征，语调是语调短语的超音段特征。每一层韵律单位的定义都根据其特定的参数，音节的定义根据音

① 原文发表于《南开语言学刊》2017 年第 2 期，作者秦鹏。

② 如无特别说明，本研究所说的“汉语”指的是现代汉语普通话。

段的响度，语调短语定义则根据的是信息结构（张洪明 2014，Hongming Zhang 2017）。

另一方面，作为超音段特征的语调必然是音高、音长和音量三位一体的综合韵律效应。过去的研究在音高方面用力最深，成果斐然。但由于音长和音量受多种因素影响，不易看出规律，所以在这两个方面的研究相对是不足的。

我们在前人研究的基础上，依据语调格局的方法，从音高、音长和音量的角度出发，假设汉语语调的韵律表现取决于信息结构而非声调组合，并通过声学实验证明。基本思路是，如果语调和声调之间存在一对一的组合关系，那么，同一种信息结构下不同的声调组合应该会产生不同的语调模式；如果信息结构对语调有决定作用，则是同一种声调组合条件下不同的信息结构会产生不同的语调模式①。

1.2 实验说明

1.2.1 材料设计

本研究设计两组共 9 句发音材料（以下分别称“组一”和“组二”），这两组实验句各音节的声调组合情况不一样：

组一：

（1）张超今天吃烧鸡。（2）王豪昨晨尝炸鱼。

（3）李宝每晚点烤笋。（4）赵昊后夜做炖肉。

（5）李超每天吃烤鸡。

组二：

（6）李超每夜点炸鸡。（7）张昊昨晚做烤肉。

---

① 该实验思路得益于张洪明教授的启发，谨致谢忱。

(8) 王宝今晨尝炖鱼。(9) 赵豪后天吃烧笋。

组一(1)至(4)每句话每个音节的声调分别都一样,同序位的四个字(如"张、王、李、赵")可以形成一个聚合,通过声调聚合可以得到调域,因上上前字变调为阳平,故添加(5)作为补充。组二每句话不再是单一的声调,而是四个声调都有,且乱序排列,但为了得到调域,(6)至(9)句的每个音节位置上保证形成四个声调的聚合。

上述句子的语法结构一致,语义内容类似,特定的环境中,句子中每一个成分都可能被强调而负担全句最关键的信息,即焦点(focus)。不同的信息组配形成不同的信息结构。录音时,组一和组二每个句子都按照不同的信息结构(焦点位置[①])来录制,主要有六种,以"张超今天吃烧鸡"为例:

(1) 自然焦点。以平叙句说出,不附加任何语义或情感色彩。

(2) 句首焦点。是对问句"谁今天吃烧鸡?"的回答。

(3) 句中焦点。是对问句"张超什么时候吃烧鸡?"的回答。

(4) 句末焦点。是对问句"张超今天吃什么?"的回答。

(5) 动宾焦点。是对问句"张超今天干什么?"的回答。

(6) 全句焦点。是对问句"刚才说什么?"的回答。

---

① 语言最基本的功能就是交际,交际中说出的每一句话所传达的信息一般不是地位等同的,总是有些信息比较重要,或者是新的,或者是说话者着重强调想让听话者注意的;而有的信息就不那么重要,或者是交际双方的共识,或者是已经知道的信息。信息结构(information structure)就是说话者对于话语所表达的不同信息的组配、包装方式。简单地说,句子的信息结构可以被理解为"预设"(presupposition)和"焦点"(focus)之间的语用关系(罗仁地、潘露莉 2005)。所以,下文所说的不同焦点位置实际上就是不同的信息结构,二者在本研究中看作是同义词。

1.2.2 录音和数据提取

发音人均为在校研究生，2 男 2 女，年龄 26—28 岁。来自北方方言区，普通话水平二级甲等以上，发音吐字清楚、饱满自然。采用正常语速。每个句子读 2 遍，共得到 432 个样品句(9 个句子×6 种焦点位置×4 位发音人×2 遍)，数据分析采用 4 位发音人的平均结果。

录音在安静的语音实验室进行，录音设备为笔记本电脑、专业外置声卡和麦克风，用 Cool Edit Pro 2.1 软件录制，采样率为 11025 赫兹，采样精度 16 位，单声道。录音样本质量较好。用 Mini-Speech-Lab 软件提取音高(基频)、音长和音量(幅度积)数据，数据统计分析在 Excel 和 SPSS2.0 中进行。

1.2.3 参数考察

本研究所指的“语调模式”不是单一的，而是立体的，包括音高模式、音长模式和音量模式三个方面。这三个模式的考察分别依据一定的参数①：

音高模式，即句子内部调域的分布和起伏状况，所涉及的参数包括：(1)调域上线(top line)，即调域音高最大值；(2)调域下线(bottom line)，即调域的音高最小值；(3)调域跨度(tonal range)，即调域上线减下线的差值；(4)起伏度(undulating scale)，即相对化的调域宽窄和起伏关系。

音长模式，即句子内部时长的分布和变化关系，所涉及的参数是时长比(duration)，也就是音节的相对时长。

---

① 起伏度的计算方法可以参考《汉语普通话陈述句语调的起伏度》(石锋、王萍、梁磊 2009)；时长比的计算方法可以参考《汉语普通话陈述句语调的停延率》(石锋、梁磊、王萍 2010)；音量比的计算方法可以参考《普通话两字组的音量比分析》(梁磊、石锋 2010)。起伏度以百分比为单位，时长比和音量比本质上都是一种比例关系。

音量模式，即句子内部音强的分布和变化关系，所涉及的参数是音量比（intensity ratio），也就是音节的相对音量，由幅度积得到。

1.3　音高模式

语调的音高模式包括两个方面：一是通过调域上、下线及其跨度反映的调域静态分布模式，二是通过起伏度反映的调域动态变化模式。

1.3.1　调域对比分析

语调通过超音段特征表达后词汇（post-lexical）或句子层面的语用意义（D. R. Ladd 1996），所以，句子的语调音高分布模式直接表现在词调域的分布上。图 1 是两组焦点句的字调域和词调域图形的对比情况[①]，反映的是句首、句中和句末词调域的相对位置（分布）关系。

总体上看，同一组实验句在不同焦点位置条件下，其句首、句中和句末词调域跨度和分布都表现出明显的差别；同一种焦点条件下，组一和组二的调域跨度和分布模式却大致相同。

---

① 陈怡、石锋（2011）研究不同焦点句的音高起伏时对数据进行了归一化处理，选取所有句子的调域最大值设定为 100%，最小值设定为 0，所有的调域数据统一放到这个标度下进行对比，以观察焦点的音高凸显量，所以会看到有些焦点的句调域跨度不足 100%的情况。本研究也进行对比，但所重视的不是不同焦点在音高凸显上的数值差异具体是多少，而重在看每个句子内部词调域的分布模式是否相同，也就是说，每个句子在对比时都自成系统，其句调域跨度都设定为 100%，只是看各句内部不同的词调域是如何在各自句调域系统中分布的。这样做并不改变词调域的分布模式，只是把词调域的跨度放大，更容易进行对比。

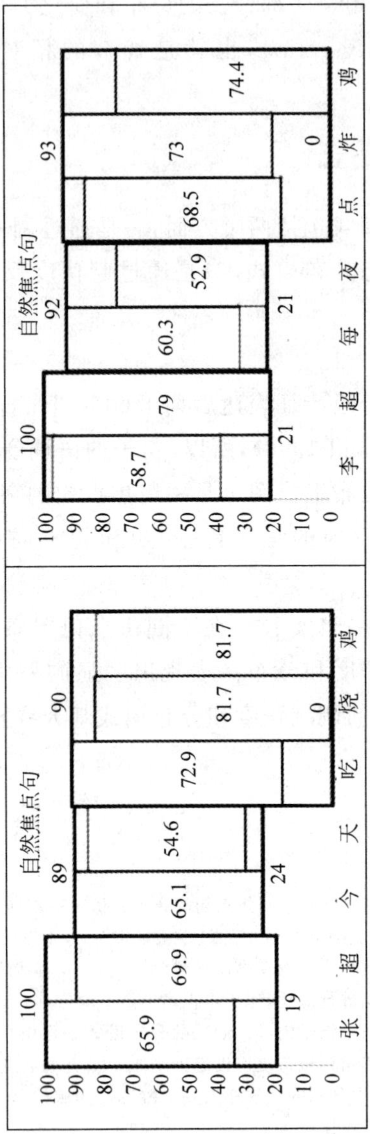

自然焦点句
100
58.7
79
21
92
60.3
52.9
21
93
68.5
73
0
74.4
李
超
每
夜
点
炸
鸡
自然焦点句
100
65.9
69.9
19
89
65.1
54.6
24
72.9
90
81.7
0
81.7
张
超
今
天
吃
烧
鸡
100
90
80
70
60
50
40
30
20
10
0

(a) 自然焦点句

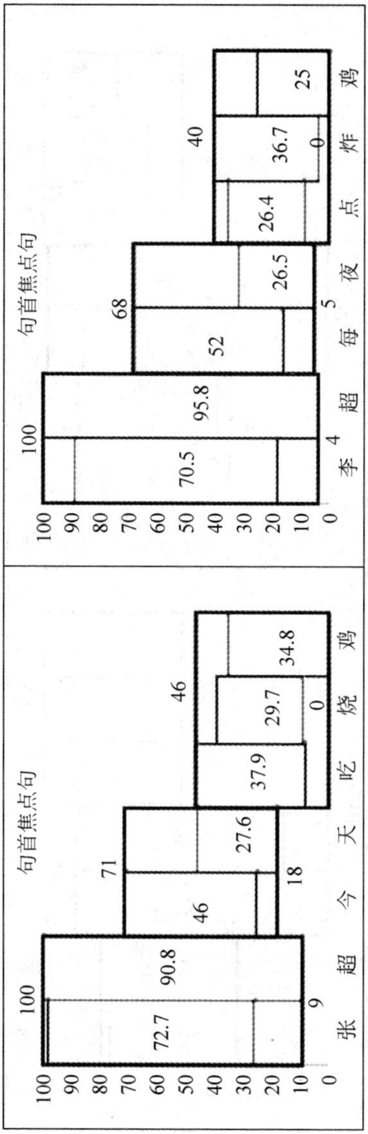
句首焦点句
100
90
80
70
60
50
40
30
20
10
0
100
71
46
72.7
90.8
9
46
18
27.6
37.9
29.7
0
34.8
张
超
今
天
吃
烧
鸡
句首焦点句
100
68
40
70.5
95.8
4
52
5
26.5
26.4
36.7
0
25
李
超
每
夜
点
炸
鸡

(b) 句首焦点句

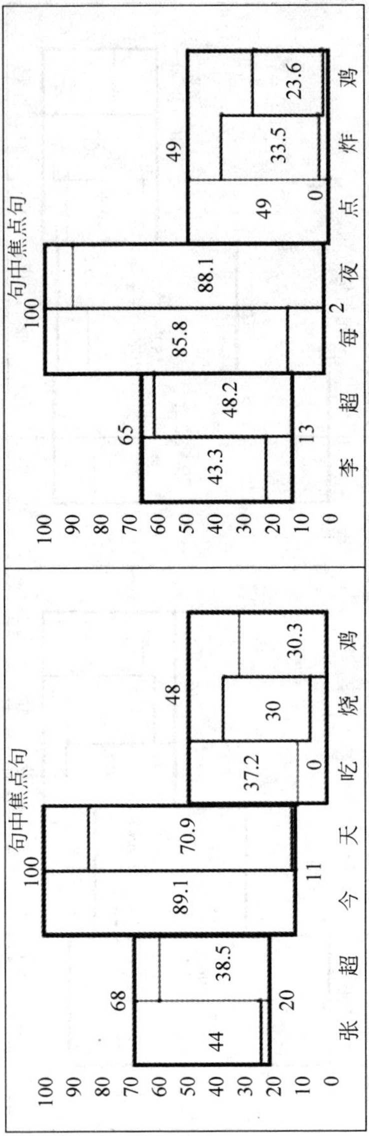
句中焦点句
100
90
80
70
60
50
40
30
20
10
0
68
44
20
38.5
100
89.1
11
70.9
48
37.2
0
30
30.3
张
超
今
天
吃
烧
鸡
句中焦点句
100
90
80
70
60
50
40
30
20
10
0
65
43.3
13
48.2
100
85.8
2
88.1
49
49
0
33.5
23.6
李
超
每
夜
点
炸
鸡

(c) 句中焦点句

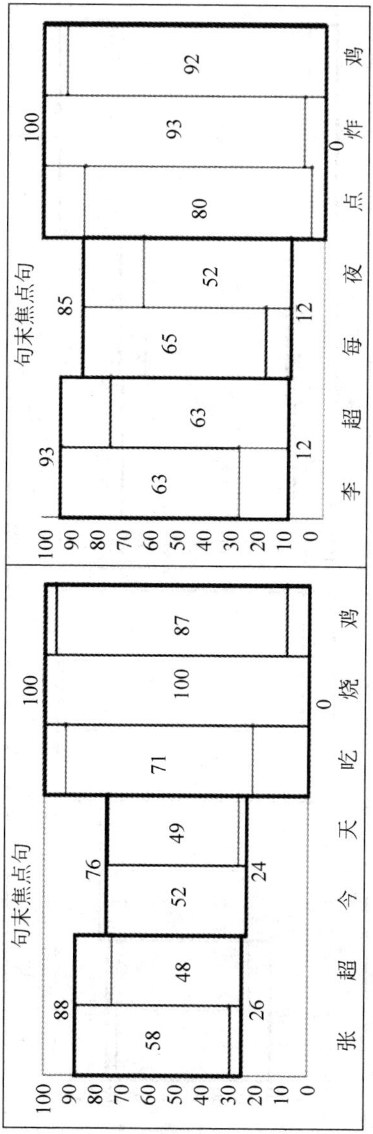
句末焦点句
张 超 今 天 吃 烧 鸡
88 76 100
58 48 52 49 71 100 87
26 24 0
句末焦点句
李 超 每 夜 点 炸 鸡
93 85 100
63 63 65 52 80 93 92
12 12 0

(d) 句末焦点句

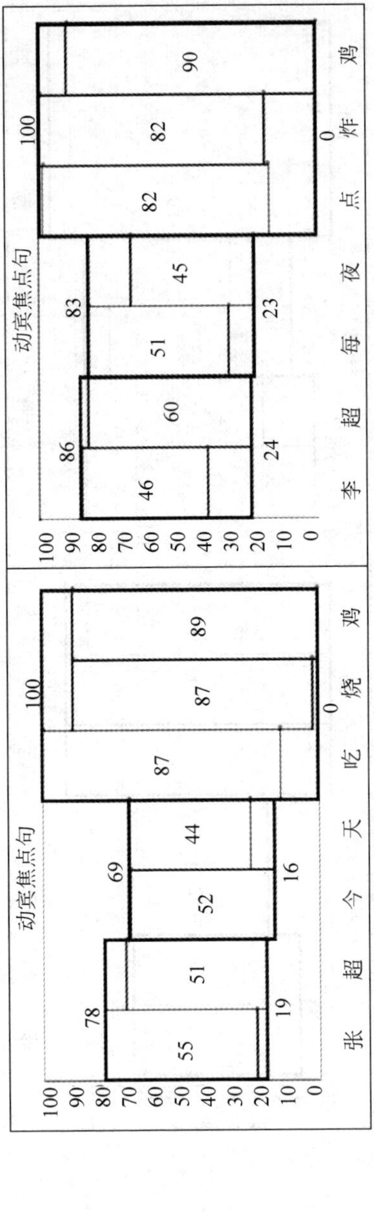

动宾焦点句
100
90
80
70
60
50
40
30
20
10
0
张 超 今 天 吃 烧 鸡
78 55 19 51 69 52 16 44 87 100 87 0 89
动宾焦点句
100
90
80
70
60
50
40
30
20
10
0
李 超 每 夜 点 炸 鸡
86 46 24 60 83 51 23 45 82 100 82 0 90

(e) 动宾焦点句

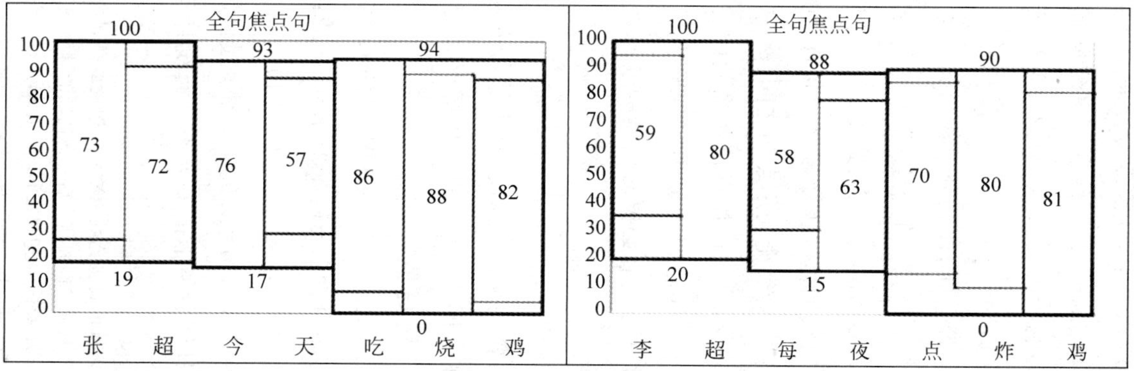

(f) 全句焦点句

图 1　组一和组二字/词调域对比[①]（单位：百分比）

① 细线框代表字调域，粗线框代表词调域，方框内的数字代表字调域跨度，粗线框上、下的数字分别代表词调域的上、下线百分比，组一在左，组二在右；横轴分别以组一/组二的某个例句标识，但实际上是每组句子的平均结果，下同。

方差分析表明：在 0.05 水平上，在焦点位置固定的情况下，同样位置上，组一和组二词调域的上线、下线和跨度之间的差异都没有统计学意义［上线：$F(1,34)=0.052, p=0.820$；下线：$F(1,34)=0.709, p=0.406$；跨度：$F(1,34)=0.404, p=0.529$］。在组别固定的情况下，不同的焦点位置之间，词调域上线的差异表现出了显著性［$F(5,30)=2.760, p=0.036$］，但下线和跨度的差异仍分别不显著［下线：$F(5,30)=0.698, p=0.629$；跨度：$F(5,30)=1.042, p=0.412$］，事后分析表明，上线的差异主要来自于句首、句中和句末焦点句两两之间，以及它们与自然、全句焦点句之间（$p<0.05$）。

所以，从词调域的静态分布上看，焦点位置之间的差异表现出大于组间差异的趋势，但统计检验似乎还不足以断言信息结构是语调音高模式的决定因素，因此，有必要对语调的动态音高变化模式（即起伏度）进行考察。

1.3.2 起伏度对比分析

起伏度反映了语句内各词调域的动态变化趋势和幅度，反映在图 1 上就是各句词调域之间上/下线的升降情况。起伏度计算依据词调域的百分比，量化用 Q 值代表①。

方差分析表明：在 0.05 水平上，组一和组二的 Q 值都没有表现出显著性差异［起点 Q0：$F(1,34)=0.003$；$p=0.957$；句中 Q1：$F(1,34)=0.007$；$p=0.932$；句末 Q2：$F(1,34)=0.006$；$p=0.938$；全句 Q：$F(1,34)=0.000$；$p=0.984$］。说明起伏度在组一和组二之间表现一致，其具体数值上的差异不具有统计学意义，也

---

① 基本计算思路是前一词调域的百分比数值减后一词调域得到的差值，其中，Q0 是调域起始点，Q1、Q2……代表从前一词调域到后一词调域的升降（起伏）程度（百分比），Q 为全句起伏度，实际上是 Q1、Q2……的代数和。正值表示音高下降，负值表示音高上升。计算过程可参考《汉语普通话陈述句语调的起伏度》（石锋、王萍、梁磊 2009）。

就是说，不同的声调组合不足以形成不同的语调音高变化模式。

不同的焦点位置只有在起点 Q0 上差异不显著[F(5,30)=0.247; p=0.938];在句中 Q1、句末 Q2 和全句 Q 值上的差异都是显著的[句中 Q1:F(5,30)=3.271; p=0.018;句末 Q2:F(5,30)=3.750; p=0.009;全句 Q:F(5,30)=3.804; p=0.009]。说明起伏度在不同焦点位置之间的差异具有统计学意义，即不同的焦点位置造成了不同的语调音高变化模式。

1.4　音长模式

这里所说的音长指的是句子中各音节的相对时长，即时长比。由时长比反映的语调的音长模式也有静态和动态之分:静态的时长分布模式即句子中每个音节的时长比在数值上的差异，在图 2 上表现为条形图;动态的时长变化模式即从句首到句末，音节时长比的起伏变化情况，在图 2 上表现为条形图上的折线。在进行差异比较时，前者可以通过方差分析来说明;后者则可以通过相关性分析来解释。

1.4.1　组间差异

从图 2 可以看到，在相同的焦点情况下，组一和组二各句相同位置上音节的时长比数值相差不大，并基本遵循一致的分布模式。组一和组二的时长比都基本以韵律词为边界上下起伏，时长比峰值一般就是焦点所在。

组间的差异体现在具体的数值上，但以组别为因子对各音节时长比进行单因素方差分析，结果表明，焦点位置相同的情况下，组一和组二在同样音节位置上的时长比数值差异并不显著①。也

① 方差检验结果显示，各音节 p 值浮动范围在 0.446—0.883 之间，都大于 0.05，不具备统计学意义。

就是说，组别间时长的静态分布模式具有一致性。

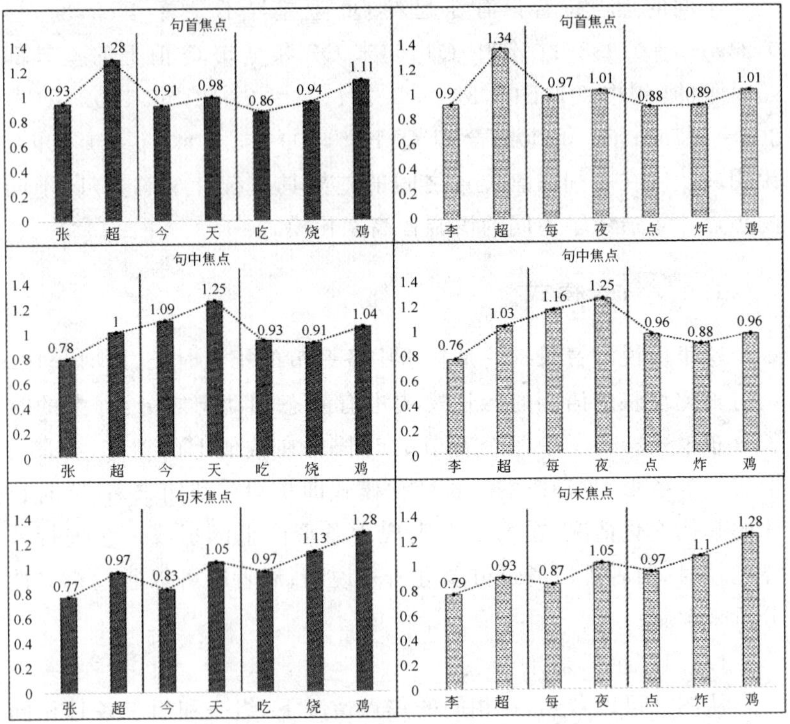

图 2　组一和组二平均字长对比例示[①]

图 2 中时长比的起伏折线反映了句子内部动态的时长变化模式。如果组一和组二的变化模式一致，那么同焦点的两条折线之间应该具有很强的正相关关系，反之则反是。相关分析证明了这

① 左侧三个图是组一各音节的时长比，相应右侧的是组二各音节的时长比。垂直线标识句内韵律词边界。为节省篇幅，只列出句首焦点、句中焦点和句末焦点三种信息结构的情况。下文图 3 的说明同此。

个假设，如表1所示，同一焦点条件下组一和组二的相关系数都在0.9—1之间，属于极强的正相关水平。也就是说，组一和组二在相同焦点条件下的时长比动态变化确实遵循相同的模式。

表1　组一和组二时长比(字长)Pearson相关系数(r)①

r	自然焦点	句首焦点	句中焦点	句末焦点	动宾焦点	全句焦点
组一 vs 组二	0.944	0.923	0.958	0.991	0.973	0.970

所以，统计分析证明了对图2的观察，无论从音节时长比的数值的静态分布还是从它们在句中的动态变化上，相同焦点条件下，不同组别之间表现出一致的时长模式。

1.4.2　焦点位置差异

从图2上看，同一组实验句，在不同的焦点位置条件下，时长比分布和变化模式好像有一定相似之处，但总体上看，相似是局部的，差异是主要的。

焦点位置之间的"相似/不相似"也可以通过统计检验来说明，从时长比静态分布上看，方差分析结果表明，不同焦点条件下，各音节的时长比数值分布呈现出显著的差异性(各音节方差检验p值均小于/等于0.001)，说明字长在不同焦点位置之间的分布差异具有统计学意义。

对于时长比的动态变化模式，可以把同一组内不同焦点情况下的时长比起伏折线叠加，两两比较它们的相关性，如果不同焦点位置之间也表现出了表1那样整齐的高度相关，就说明不同焦点位置之间也遵循同样的时长变化模式，反之则反是。

---

①　变量之间的相关关系用相关系数(r)表示，取值在－1到＋1之间，绝对值越大，相关性越强。也就是说，相关系数越接近1，就具有越强的正相关关系；越接近－1，就具有越强的负相关关系。表中的相关系数都在0.9以上，相关性极强。

结果如表 2 所示，无论组一还是组二，自然焦点句、句末焦点句、动宾焦点句和全句焦点句的时长比之间两两具有很高的相关性（表 2 中粗体）；而句首焦点句和句中焦点句时长比两两之间，以及与其他所有不同焦点句之间相关性都不大。这说明，焦点位置之间的相对时长分布模式尽管局部存在一致的情况，但总体上并不成系统，不同焦点位置之间的差异仍然是主要的。

表 2　不同焦点位置时长比 Pearson 相关系数①

相关系数	自然焦点	句首焦点	句中焦点	句末焦点	动宾焦点	全句焦点
自然焦点	1.000	0.472	0.535	**0.934**	**0.771**	**0.990**
句首焦点	*0.280*	1.000	0.185	0.331	0.006	0.455
句中焦点	*0.466*	*0.305*	1.000	0.323	0.379	0.425
句末焦点	***0.853***	*−0.026*	*0.106*	1.000	**0.825**	**0.967**
动宾焦点	***0.795***	*−0.107*	*0.228*	***0.713***	1.000	**0.786**
全句焦点	***0.957***	*0.174*	*0.235*	***0.925***	*0.751*	1.000

1.5　音量模式

与音长类似，由音量比（相对音量）反映的语调音量模式也包括两个方面：一是静态的音量分布模式，即句子中每个音节的音量比数值分布，在图 3 中表现为条形图；二是动态的音量变化模式，即从句首到句末，音节的音量比的起伏变化情况，在图 3 中表现为条形图上的折线。音量的分析仍然从组间差异和焦点位置差异两个方面分别来看。

① 该表是把组一和组二各种焦点位置两两相关的情况合在一张表中，以灰度的绝对相关系数 1 为界，右上部是组一的数据，左下部是组二的数据，为示区别，组二数据以斜体标出。下文表 4 的说明同此。

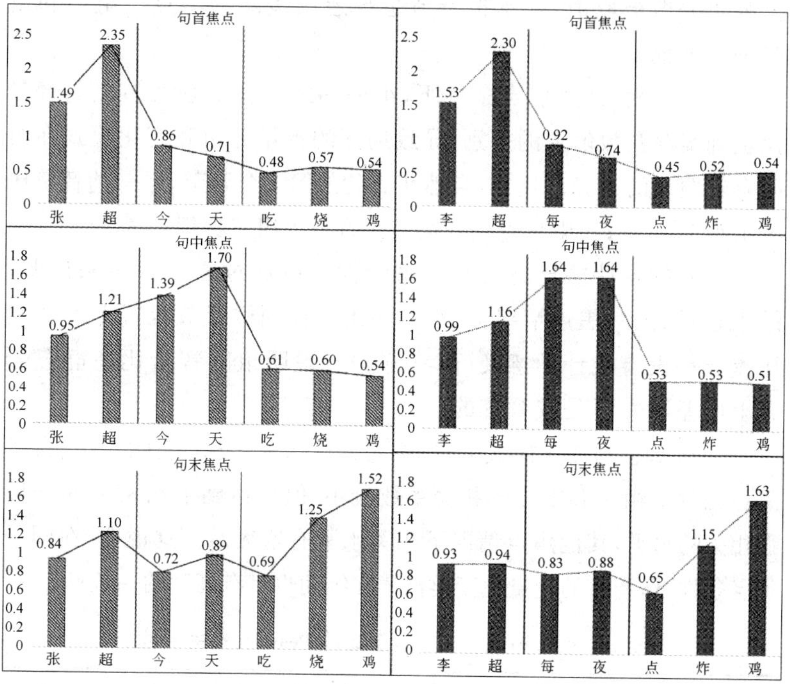

图 3　音量分布和变化模式对比例示

1.5.1　组间差异

一方面，同一种焦点位置下，组一和组二各个音节的音量比在静态分布模式和动态变化模式上，都具有较高的一致性。

自然焦点条件下，组一和组二的字音强度都被证明存在边界前增强和以词为界的音量递减的趋势（石锋 2017），这可以看作是无焦点条件下音量分布和变化的普遍表现，是一种“平衡”状态。当句子中的某一部分被强调而成为焦点时，这种“平衡”就被打破了。突出表现为焦点处音量的急剧上升和焦点后音量的急剧下降（焦点前的音量变动相对不大），焦点之后的各个词边界前的音量增强也一般被取消,基本按音节呈现递次缓降的特点。组一和组二都是如此。

另一方面,某些焦点条件下,组一和组二在个别音节上的音量比也确实存在数值上的差别,导致局部的音量分布和变化模式在组间有较明显的差异。比如,自然焦点句的第 2 个音节,组一的音量比大出组二 17%;句中焦点句在第 3 个音节上组二比组一大了 25%。

组间的这些差异是否具有系统性可以通过方差分析来说明,结果显示,同一焦点情况下,组一和组二在同样音节位置上的音量比差异都没有统计学意义(p>0.05)。说明组间音量比在静态分布上的差异并不是成系统的。

而从动态的变化模式上看,相关分析结果(表 3)表明,虽然自然焦点条件下组一和组二的相关系数最小,但也达到了 0.858,属于极强相关的水平,其他焦点情况下相关水平有增无减。这说明,在同一焦点条件下,音节的音量比变化模式在组间也具有高度的一致性。

表 3 组一和组二音节音量比的 Pearson 相关系数

r	自然焦点	句首焦点	句中焦点	句末焦点	动宾焦点	全句焦点
组一 vs 组二	0.858	0.998	0.978	0.939	0.968	0.942

所以可以说,同一焦点条件下,组一和组二的音量比不管在静态的分布模式还是在动态的变化模式上都是高度一致的。

1.5.2 焦点位置差异

同组别但不同焦点位置的实验句,音量比在音节之间的分布和变化模式则有明显不同。

自然焦点句音量比峰值在句首词后字,并以词为界递降,句末有微升,但升幅低于句中词的水平;句首焦点句音量比峰值也在句首词后字,焦点后音量骤降,全句音量呈现先骤降后缓降的趋势;

句中焦点句在句中词后字音量最大，全句形成先升后降的格局，只不过相对而言，前半部分是缓升而后半部分是骤降；句末焦点句在句末词之前的部分与自然焦点句相当，都是以词为界缓降，但从动词到句末词，音量急剧上升，全句形成先缓降后急升的模式；动宾焦点句最突出的特点是在动词上的音量凸显，全句以动词为界，音量模式呈现先缓降，次上升，再缓升的特点；全句焦点句的音量模式与自然焦点句最相似，区别在于前者句末处音量上升幅度更大，超过句中词，接近句首音节水平。

从音量比数值的静态分布上看，方差分析结果表明，不同焦点条件下，各音节的音量比数值分布呈现出显著的差异性（$p<0.05$），说明字音的音量在焦点位置之间的分布差异具有统计学意义。

从音量比的动态变化上看，两两比较同一组内不同焦点情况下的音量比的相关性，结果（表 4）发现，自然焦点句、句首焦点句和全句焦点句两两之间都具有很高的相关性（表 4 中粗体）；动宾焦点句和句中焦点句之间音量比变化趋势近似于相反；除此之外，它们与其他焦点位置以及其他焦点位置互相之间都没有表现出整体的强相关关系。也就是说，焦点位置之间的音量变化模式在局部有相似之处，但总体而言差异是主要的。

表 4　不同焦点位置音节音量比 Pearson 相关系数

相关系数	自然焦点	句首焦点	句中焦点	句末焦点	动宾焦点	全句焦点
自然焦点	1.000	**0.941**	0.371	0.151	−0.290	**0.920**
句首焦点	***0.835***	1.000	0.320	−0.048	−0.338	**0.814**
句中焦点	*0.586*	*0.336*	1.000	−0.460	**−0.765**	0.272
句末焦点	*−0.106*	*−0.186*	*−0.426*	1.000	0.622	0.430
动宾焦点	*−0.620*	*−0.322*	***−0.832***	*0.445*	1.000	−0.216
全句焦点	***0.751***	***0.736***	*0.206*	*0.452*	*−0.092*	1.000

1.6 信息结构决定语调模式

通过上述音高、音长和音量的分析可以发现，无论是在静态的分布模式，还是在动态的变化模式上，同一信息结构条件下，不同声调组合实验句的语调模式的差异基本都没有统计学意义；而同一声调组合条件下，不同的信息结构对语调的韵律表现却产生了显著性影响。但尽管如此，在某些类型的信息结构之间也确实表现出了一些韵律变化上的相似性，这些相似性能否对前面提出的信息结构决定语调音量表现的假设构成挑战还需要进一步说明。

焦点位置之间语调模式的相似，音高上体现在自然焦点句和全句焦点句之间；音长上体现在自然焦点句、全句焦点句、句末焦点句和动宾焦点句之间；音量上体现在自然焦点句、全句焦点句和句首焦点句之间。

自然焦点句和全句焦点句在音高、音长和音量模式上的相似性来源于它们信息结构的相似性。自然焦点句的焦点基本位于树形图中递归分支的最内嵌位置，在汉语中一般是句末位置(L. Xu 2004)，此时句末位置一般也就是新信息所在，这种信息的组配符合最一般的由旧到新的认知顺序，这类焦点又被称为“常规焦点”(张伯江、方梅 2014)。但与其说是“焦点”，不如说只是一般的“话题—述题”结构(罗仁地、潘露莉 2005)，因为虽然其句末位置是句子的新信息所在，但新信息不能直接与焦点画等号，其句末的调域扩展更多的是边界调的表现(F. Shi & P. Wang 2014)，而不是要造成该处的信息凸显。全句焦点句是典型的宽焦点结构，其焦点辖域是整个句子，当要造成整个句子的信息凸显的时候，也就无所谓哪一部分信息更加重要了，其结果是，全句焦点句只是自然焦点句的一种增量[①]重复，所以音高上，全句焦点句的词调域分布模式与自然焦点句类似，区别在于全句焦点句整体的音高水平更高；音长和音量模式上二者之间也都具有极高的相似性。

句末焦点句、动宾焦点句和自然/全句焦点句在音长模式上的相似性也来源于它们信息结构上的相似性。这几类焦点句的焦点信息（或重要信息）都被放置在句末位置，如果笼统地把它们归在一起，可以归为"广义"的"句末位置"焦点句。但是，句末焦点句的焦点辖域是句末词，属于典型的窄焦点结构，和自然/全句焦点句相比，虽然它的时长比峰值也是在句末音节上，但其焦点时长的延长程度更大：实验发现，组一句末焦点句的句末词前后两个音节分别比自然焦点句延长了 12.2%和 5.5%，比全句焦点句延长了 10.4%和 8.3%；组二则分别比自然焦点句延长了 13%和 13.2%，比全句焦点句延长了 12.8%和 6.2%。动宾焦点句是与它们比较接近的另一类焦点位置，但其在时长上最大的特点是动词的显著拉长，动词在组一和组二中都占据了动宾焦点句时长比的峰值，这一表现与自然/全句焦点句有明显区别，所以它与这二者的相关性较句末焦点句就明显弱一些（表 2）。

句首焦点句和自然/全句焦点句的信息结构有明显差别，但它们两两之间却在音量变化模式上表现出了极高的相关性。其原因

① 这里的"量"指的是"绝对音量"，在实验中发现，每一位发音人读全句焦点句时都会更加用力，其绝对音量一般都会明显大于自然焦点句（相对音量则不一定）。音量和音高之间被发现是一种非可逆的强相关关系，音量大则音高必然高，反之不成立。全句焦点和自然焦点相比突出的表现就是全句音量更大，所以整体音高水平更高（石林等 2015）。

可以从音量变化的"平衡模式"上看，在无标记的自然焦点句中，句子内部音量变化被证明存在边界前增强和以词为界的音量递减的趋势，一般来说是音量峰值在句首，后部有起伏，总趋势是降的，这种"平衡模式"有其发音理据。焦点的加入则打破了这种平衡，句中、动宾和句末焦点句分别在句中词、动词和句末词处音量达到峰值，与音量递降的"平衡模式"相去甚远，而句首焦点句的音量峰值仍然是在句首，虽然句首词音量比远大于同样位置的自然焦点句，但其后部起伏、总体下降的一般趋势与自然焦点句的"平衡模式"并无二致。它们之间音量起伏的高度相关实际上是因为发音特点的偶合。

综上所述，除了句首焦点句和自然/全句焦点句因发音特点的偶合造成音量模式相似之外，自然焦点句、全句焦点句、句末焦点句和动宾焦点句表现出的局部音高、音长和音量模式上的相似性来源于它们在信息结构上的相似性，所以，这些相似之处非但没有对信息结构决定语调韵律模式的假设构成挑战，反而进一步证明了这个假设。

1.7　结语

以往的语调研究多着眼于字调和语调的音高叠加关系，认为语调存在于字调中，在讨论语调的音高表现时忽略了音长和音量因素。

这里提出的假设是，决定汉语语调表现模式的不是声调组合条件，而是信息结构条件，即交际中地位不等的各类信息在句子或话语中的组配包装方式。并从音高起伏度、时长比和音量比三个方面，对语调表现出的静态分布模式和动态变化模式进行声学实验和统计考察，结果发现：

音高、音长和音量之间具有良好的匹配度。总体上，同一种信息结构条件下，不同的声调组合的实验句表现出相同的语调音高、音长和音量模式；同一组声调组合的实验句在不同的信息结构条件下却产生了不同的语调音高、音长和音量模式，局部的相似性或来源于信息结构的相似，或是发音特点的偶合。实验结论支持信息结构决定语调模式的假设。

二、赵元任“橡皮带”效应的实验考察[①]

2.1　引言

在汉语字调和语调的关系研究中，赵元任提出了三个著名的比喻：“橡皮带”“代数和”和“大波小浪”（赵元任 1922，1929，1932，1933，1935），在此基础上形成了汉语字调和语调关系模型中的“叠加观”。但“叠加”的是调形还是调阶，仍有不同的看法（吴宗济 1982，1993，1996a；沈炯 1985；Xiao-nan Shen 1989；曹剑芬 2002；江海燕 2010）。

“橡皮带”的比喻出现得最早，用它比喻语调对字调的影响非常形象。在半拉紧的橡皮带上画的四条声调曲线实际上就是单字调的声调格局，作为对比参照的画在透明玻璃纸上的五线谱标出

① 初稿曾在国际中国语言学会第 25 届年会上宣读，原文发表于《中国语文》2019 年第 2 期，作者秦鹏。

了单字调的调域。字调和语调叠加时，音程[①]发生相应的变化：(a)↑音高水平整个提高；(b)↓音高水平整个降低；(c)↕音高范围扩大；(d)⫲音高范围缩小(赵元任 1933)。这可以看作“橡皮带”效应的四种调节形式(沈炯 1985)。

但是，赵元任(1933)又指出：“当这些变化改变音高范围时，我们还没有证据说音高变化也会发生等比的改变，仿佛橡皮带上的图形会随着橡皮带的伸展而放大。”的确，“在当时的实验条件下，要解决这个相当复杂的问题是困难的”(吴宗济 1996a)。

现在，在已有语调研究成果的基础上，我们可以通过设计语音实验，对这一问题进行量化研究。问题的实质是，在语调的影响下，声调如何变化？具体来说，就是考察语调(调域)变化和每个声调变化之间的关系，这种关系是不是成一定比例的；如果不是，那么将会是怎样表现的。

2.2 实验设计

2.2.1 “等比例”假设

沈炯(1985)指出：“假如声调的音域特征是按比例或者接近按比例的方式分布在音域之中，那么，知道了音域就可以推出音高特征的实际音高。换一句话说，当语调对音域做出调节后，由特征决定的声调音高也就确定了。”顺着这个思路，我们可以假设语调和声调变化之间存在一种“等比例”关系，即声调的音高随着调域的

① 赵元任(1935)指出“语调里最要紧的变化就是音程跟时间的放大跟缩小”，这里所说的音程，连同下面提到的音高水平和音高范围，应该理解成音域(沈炯 1985)，也就是调域。本研究遵循沈炯(1985)提出的语调模型，将语调变化在声学上表征为调域的变化。

升降伸缩而发生相应比例的共变。当然，这种等比例状态的界定要遵循一种宽泛的理解，即作为一种粗略的、大致的趋势，而不是绝对的。因为即使在单字调的格局中，普通话四个声调的分布都不是一条线，而是一条带状的声学空间（石锋、王萍 2006），每个声调在这个空间内都有一定的自由度。单字调进入组合往往发生变调，尤其在句子的层面上，在各种语言学因素和非语言学因素的作用下，单字调条件下的调形状态通常很难保持不变。不过我们知道，汉语语调对于声调的调节在于“基调”（调阶）的差别，而非调形曲线（Chao 1968，吴宗济 1996b），因此，我们可以用特征点及其浮动来代表语调影响下的声调变化。

2.2.2 实验材料

吴宗济（1982）指出：“普通话的句调由单字调、二字调（包括轻声）作为它的‘建筑材料’，亦即基本单元。”实验考虑从字、词到句子的连贯性，设计了三组语料：单字、双字词和由双字词组成的陈述句（表 1 至表 3）。单字是从双字词中挑出的部分字；双字词考虑了不同的调类搭配情况，所选都是一些同音异序词；陈述句设计了 5 个句子，采用同样的句型结构和类似的语义内容，每句包含句首、句中和句末三个双音节词和一个单音动词，并考虑到声调在句子中每个音节位置上的聚合分布。

表 1 发音字表

阴平	攀、脱、青、痴、刷、生、发、开、乡、心、欢、登、金、积、车
阳平	黄、房、毛、楼、别、情、虫、鞋、逃、皮、和、实、阁、齐、节
上声	喜、水、缓、整、讲、井、彩、胆、导、火、礼、感、演、产、海
去声	互、宦、社、现、气、上、带、动、奋、大、替、放、害、向、垫

表 2　发音词表

阴平		阳平		上声		去声	
在前	在后	在前	在后	在前	在后	在前	在后
安心 攀登	心安 登攀	牙刷 黄金	刷牙 金黄	喜欢 累积	欢喜 积累	互相 宦官	相互 官宦
脱逃 青年	逃脱 年轻	毛皮 楼阁	皮毛 阁楼	缓和 整齐	和缓 齐整	现实 气节	实现 节气
刷洗 生产	洗刷 产生	情感 言语	感情 语言	讲演 井水	演讲 水井	上马 上海	马上 海上
发奋 开放	奋发 放开	年少 虫害	少年 害虫	胆大 导向	大胆 向导	代替 意愿	替代 愿意

表 3　语句表①

a)	张超今天吃烧鸡。
b)	王豪昨晨尝炸鱼。
c)	李宝每晚点烤笋。
d)	赵昊后夜做炖肉。
e)	李超每天吃烤鸡。

上述语料都读两遍，提取数据时取平均值。需要说明的是，考虑到不同的焦点位置，读语句时分了四种情形：自然焦点句（不带任何强调）、句首焦点句（强调句首词）、句中焦点句（强调句中词）

① 为了得到每个音节位置上的调域（四声聚合），a)—d)每句话的所有音节声调都分别一致，因为上上相连前字发生调位性变调，变为阳平，这种情况要排除，故添加e)作为补充，以考察上声的非调位性变体，即"半上"的情况。实验室语句和真实话语还有较大不同，日常口语中很少有每句话所有音节的声调都一样的情况，但这并不影响调域的分布模式，因为音质对于音高的影响极为有限（沈炯 1985），且决定调域分布模式的因素被证明不是声调及其组合方式，而是信息结构（秦鹏 2017）。

和句末焦点句(强调句末词)。强调焦点信息用特殊问句引导出,比如,“张超今天吃烧鸡”这句话,如果要回答“谁今天吃烧鸡?”,则强调“张超”,为句首焦点句;如果要回答“张超什么时候吃烧鸡?”,则强调“今天”,为句中焦点句;如果要回答“张超今天吃什么?”,则强调“烧鸡”,为句末焦点句①。

2.2.3　录音和数据提取

发音人均为在校研究生,2 男 2 女,年龄 26—28 岁。来自北方方言区,普通话水平二级甲等以上,发音吐字清楚、饱满自然。采用正常语速。数据分析采用 4 位发音人的平均结果。

录音在安静的语音实验室进行,录音设备为笔记本电脑、专业外置声卡和麦克风,用 Cool Edit Pro 2.1 软件录制,采样率为 11025 赫兹,采样精度 16 位,单声道。录音样本质量较好。用 Praat 软件修改基频曲线,每条音高曲线等距离提取 10 个基频点数据。数据统计分析在 Excel 中进行。分析时先将原始音高赫兹值(Hz)转换为对数标度的半音值(st)②,然后在半音值的基础上进行相对化处理。

2.2.4　计算方法

观察调域变化时,基本按照“橡皮带”的思想,将单字调的调域

① 一般来说,句子中的焦点就是说话者试图表达的最重要的信息,最无标记的信息结构是按照从旧到新的顺序编排,最新的(往往也是最重要的,虽不总是)信息一般被放置在句末位置,这种情况下产生的焦点被称作常规焦点(方梅 1995),也叫自然焦点。而如果不是为了引入新信息,而是说话人为了让听话人特别注意某个地方而特意强调,使其带上一些语音的、形态的或者语法的凸显标记,这种情况可以被笼统地称为强调焦点。逻辑上,句子中的任意位置都可能被强调而成为焦点,焦点信息和非焦点信息的不同组配就形成不同的焦点结构,本质上是不同的信息结构。

② 公式为:$st=12\times lg(f/fr)/lg2$。其中,st 是半音值,f 是要转换的赫兹值,fr 是参考频率,男生取为 55 赫兹,女生取为 64 赫兹(王萍、石锋 2011)。

作为参照标尺，设定其上限为100%，下限为0，其他情况下调域的变化统一叠加到这个标尺上进行对比。这样，如果调域上限大于100%，下限大于0，就说明发生了调域提高；如果上限小于100%，下限小于0，说明发生了调域降低；如果调域跨度（上限减下限）大于100%，说明发生了调域扩大；如果调域跨度小于100%，说明发生了调域缩小（如图1所示）。

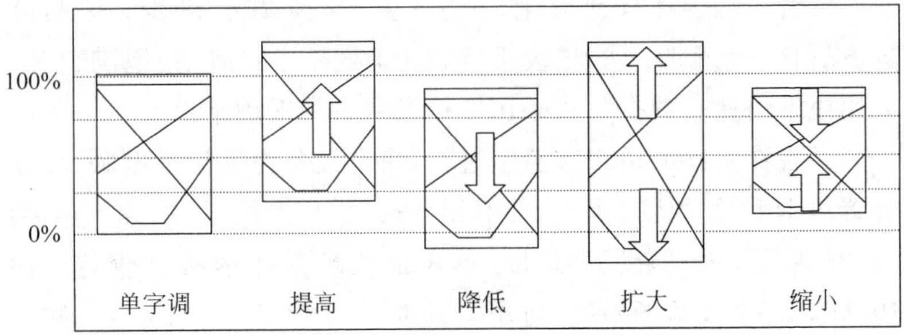

图1　“橡皮带”变化示意图

调域发生上述“橡皮带”式变化时，每个声调的音高受其影响发生一定变化，变化幅度（在本研究中指用特征点[①]表示的调阶高低）可以用一个简单的公式说明：

$$V = P_i - P_j$$

V表示某个声调的音高变化幅度，P_i 表示在调域发生了提高、降低、扩大、缩小等变化后，某个声调在其中的相对位置，P_j 表

① 承担一个声调调位信息的是由特征点构成的特征段（石锋、王萍 2006）。本研究用特征点为代表来说明各个声调的音阶（调阶）起伏情况。但特征点的选择标准参照的不是大样本声调的声学分布，而是定义每个声调的音系本质：阴平是高平调，可以选择音高曲线的中点作为其特征点；上声是低平调，选取其最低点作为特征点；阳平和去声分别是升调和降调，都选取其起点和终点作为特征点。需要说明的是，特征点反映的主要是声调的调阶高低特征而不是其曲拱特征。

示某个声调在作为对比参照的单字调调域(变化前的调域)中的相对位置。如果 V 为 0,则说明声调的相对调阶位置在调域变化前后保持不变;如果 V 为正数,则说明调阶在调域变化后提高了;反之则是降低了。V 的绝对值越大,说明语调影响下的声调音高变动的幅度越大。考察"等比例"假设是否成立的关键就就是要看调域上、下限的变化和每个声调特征点变化之间的关系。

2.3　"橡皮带"效应对声调音高的影响

语流中,调域变化模式相同时,变化幅度并不一定相同。为了保证可比性,有必要对数据进行相对化处理,而使用百分比是一种简便明了的方法。图 2 至图 5 分别是调域发生提高、降低、扩大和缩小时各个声调的音高变动情况简示[①],空心箭头表示调域上/下限变动的方向,实线框表示变化前的调域(单字调状态),虚线框表示变化后的调域,粗实线表示单字调的相对音高位置,阴影是调域变化后声调音高变动的范围,表 4 列出了调域上、下限和各声调变动幅度的数据。具体来看:

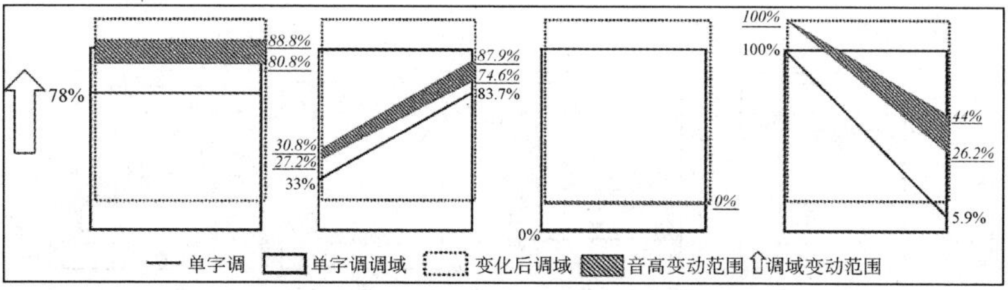

图 2　调域整体提高时的音高变动幅度

---

① 本研究中,调域的伸缩升降和声调调阶的提高降低都是相对于单字调状态为对比基准来看的。

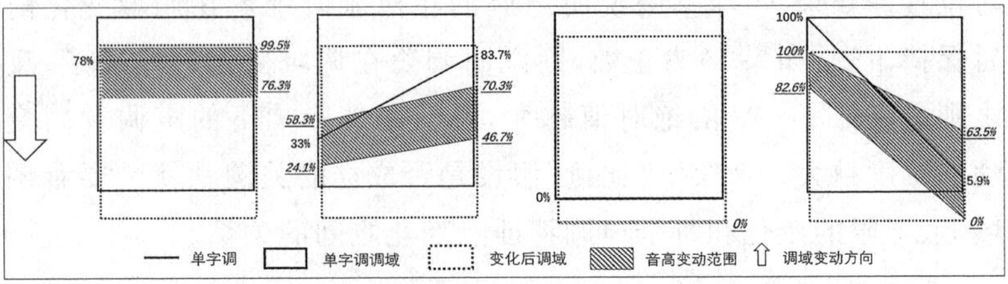

图 3 调域整体降低时的音高变动幅度

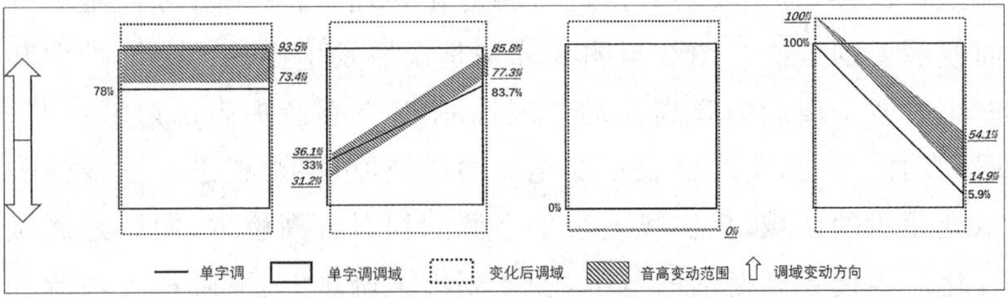

图 4 调域范围扩大时的音高变动幅度

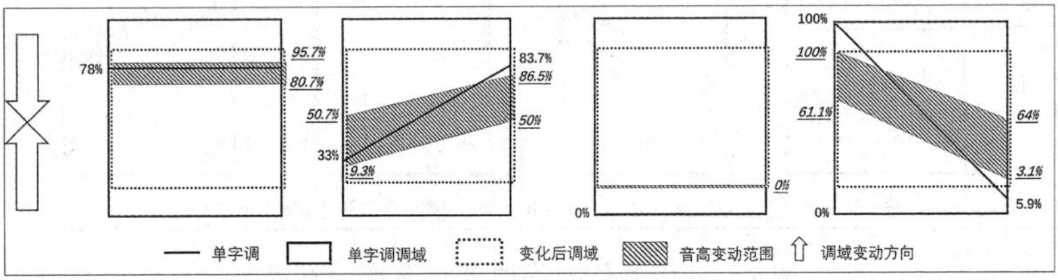

图 5 调域范围缩小时的音高变动幅度

表 4　调域和各声调的变化幅度①（单位：百分比）

调域变化	位置	调域上限	调域下限	阴平	阳平		上声	去声	
				中点	起点	终点	低点	起点	终点
调域提高	双字词前字	+15.3	+5.1	+2.8	−2.2	−9.1	0	0	+20.3
	句首焦点句·句首前字	+11	+12.7	+10.8	−5.8	+4.2	0	0	+38.1
调域降低	自然焦点句·句中前字	−24.6	−1.7	+17.1	+12.1	−16.7	0	0	+50.1
	自然焦点句·单音动词	−28.8	−4.2	+16.4	−1.5	−14	0	−7.9	+32.3
	自然焦点句·句末前字	−27.1	−5.1	+16	+12.7	−37	0	−17.4	+36.5
	自然焦点句·句末后字	−36.4	−30.5	+21.5	+14.7	−13.4	0	−9.9	+24.7
	句首焦点句·句中前字	−27.1	−7.6	−1.7	+24.9	−34.2	0	−12.6	+34.1
	句首焦点句·单音动词	−55.9	−14.4	−0.5	+16.3	−21.4	0	0	+30.3
	句首焦点句·句末前字	−66.1	−15.3	+7.3	+15.3	−30.3	0	−3.4	+40.7
	句首焦点句·句末后字	−78.8	−20.3	+10.8	+7.8	−32.7	0	0	+41
	句中焦点句·单音动词	−46.6	−7.6	+9.5	+25.3	−24	0	−6.9	+27.4
	句中焦点句·句末前字	−59.3	−16.1	+12.3	+19.2	−34.4	0	−14.9	+37.4
	句中焦点句·句末后字	−68.6	−26.3	+18.3	+11.1	−19	0	−16.2	+23.5
	句末焦点句·单音动词	−18.6	−0.8	+16.3	0	−13.6	0	−4.1	+54.9
	句末焦点句·句末前字	−4.2	−1.7	+11.6	−8.7	−18.5	0	0	+57.6
	句末焦点句·句末后字	−2.5	−0.8	−0.4	−8.9	−36.3	0	0	−5.9

① “+”表示上升，“−”表示下降，0 表示不变。

续表

调域扩大	双字词后字	+8.5	−11	−4.6	−1.8	−6.4	0	0	+9
	句首焦点句·句首后字	+15.3	−16.1	+15.5	+3.1	+2.1	0	0	+27
	句中焦点句·句中前字	+25.4	−9.3	+9.4	+2.8	−3.8	0	0	+48.2
调域缩小	自然焦点句·句首前字	−15.3	+20.3	+4.2	−13.3	−0.8	0	0	+13.8
	自然焦点句·句首后字	−27.1	+2.5	+17.2	+9.2	−13.8	0	−8.4	+26.6
	自然焦点句·句中后字	−28	+12.7	+17.7	−1.6	−28	0	−37.1	+1.2
	句首焦点句·句中后字	−49.2	+5.1	+5.3	+17	−33.7	0	−38.9	−0.3
	句中焦点句·句首前字	−17.8	+19.5	+9.2	−0.6	+2.8	0	0	+36
	句中焦点句·句首后字	−28.8	+11	+15.7	+17.7	−14.7	0	−1.4	+39.2
	句中焦点句·句中后字	−8.5	+18.6	+12.1	−3.9	−7	0	−25.6	−1.2
	句末焦点句·句首前字	−11	+25.4	+2.7	−23.7	−2.4	0	0	+20.8
	句末焦点句·句首后字	−22.9	+13.6	+16	+17.7	−14.4	0	−1.3	+58.1
	句末焦点句·句中前字	−12.7	+7.6	+5.5	+5.3	−19.9	0	0	+50.5
	句末焦点句·句中后字	−23.7	+22	+14.2	+6.1	−21.2	0	−29.7	−2.8

2.3.1 调域整体提高时

调域整体提高时，其上、下限都提高，这种情况位于双字词前字和句首焦点句的句首词前字位置，前者调域上限提高15.3%，下限提高5.1%；后者调域上限提高11%，下限提高12.7%。而且在双字前字位置上还伴随调域的扩大，在句首焦点词前字上则伴随调域缩小。

调域整体提高时，阴平调阶随之整体提高：在双字词前字位置上提高了2.8%；在句首焦点句的句首词前字位置上提高了10.8%。阳平则以下降为主：在双字词前字位置上起点下降了2.2%，终点下降了9.1%；在句首焦点句的句首词前字位置上，起点下降了5.8%，终点上升了4.2%。上声在调域提高前后都位于调域下限(0)，其相对调阶未发生变化。去声的起点在调域提高后仍位于调域上限(100%)，但其终点在双字词前字和句首焦点词前字上则随着调域的整体提高而分别提高了20.3%和38.1%。

可见，虽然随着调域上、下限的提高，阴平、去声表现出一定的抬高趋势，但总体来说，调域的上/下限和声调调阶的共变趋势并不能从所有声调中被发现，调域和声调调阶的变动幅度之间也并不成等比例。

2.3.2 调域整体降低时

调域整体降低时，其上、下限都降低，降幅在不同的位置上都有较大差别：上限最大降幅位于句首焦点句的句末词后字，达到78.8%，下限的最大降幅位于自然焦点句的句末词后字，为30.5%；上限的最小降幅位于句末焦点句的句末词后字位置，仅有2.5%，下限的最小降幅也出现在该位置，以及句末焦点句的单音动词处，都是0.8%。在调域整体降低时，总是伴随调域跨度的缩小(赵元任1933)。

阴平并不总是随调域降低而下降，而是有升有降：最大升幅为21.5%，位于自然焦点句的句末词后字，最大降幅为1.7%，位于句首焦点句的句中词前字。阳平的起点也是有升有降：最大升幅为25.3%，位于句中焦点句的单音动词，最大降幅为8.9%，位于句末焦点句的句末词后字；终点则都降低了，最大降幅为37%，位于自然焦点句的句末词前字，最小降幅为13.4%，位于自然焦点句的句末词后字。上声在调域整体降低时仍然总是占据调域下限，相对位置不发生改变。去声的起点在自然焦点句的句中词前字、句首焦点句的单音动词和句末词后字，以及句末焦点句的句末词前、后字上，都位于调域上限，其他位置上则都发生了不同程度的降低，最大降幅位于自然焦点句的句末词前字，为17.4%；终点除在句末焦点句的句末词后字上降到调域下限外，其他位置都有不同程度的提升，其中在句末焦点句的句末词前字升幅最大，为57.6%。

可见，调域上、下限的降低和每个声调调阶的变动之间并不存在稳定的共变关系，比如本应对调域上限变动敏感的阴平并未随着上限的降低而降低，反而总体呈现升势，本应对调域下限敏感的去声终点也总体是上升的，未随着下限的降低而降低。调域和各声调调阶的变动幅度之间也未发现成规律的等比例关系。

2.3.3　调域范围扩大时

调域范围扩大时一般上限提高，下限下降，其中，上限升幅最大为25.4%，位于句中焦点句的句中词前字，最小为8.5%，位于双字词后字；下限降幅最大为16.1%，位于句首焦点句的句首词后字，最小为9.3%，位于句中焦点句的句中词前字。

此时，阴平调阶有升有降，最大升幅为15.5%，位于句首焦点句的句首词后字，最大降幅为4.6%，位于双字词后字。阳平同样有升有降，起点和终点的最大升幅都位于句首焦点句的句首词后字，分别为 3.1％和 2.1％；最大降幅都位于双字词后字，分别为 1.8％和 6.4％。上声调阶仍是占据下限位置不变。去声则是起点位于调域上限不变；终点都提高了，最小升幅为 9％，位于双字词后字，最大升幅达到 48.2％，位于句中焦点句的句中词前字。

可见，调域范围扩大时，其上、下限和各声调调阶变化之间是相对独立的，比如接近调域上限的阴平并未总是随着调域上限的提高而提高，反而有降低的情况；接近调域下限的去声终点并未随着下限的降低而降低，反而都提高了。而且，调域的变动幅度和各声调调阶的变动幅度之间也不是成等比例的。

2.3.4　调域范围缩小时

调域范围缩小时一般上限下降，下限提高，上限的降幅和下限的升幅分别在不同的位置上有较大差别，上限最大降幅为 49.2％，位于句首焦点句的句中词后字；下限最大升幅为 25.4％，位于句末焦点句的句首词前字。

虽然调域上限下降，但阴平调阶却都提高了，最大升幅为 17.7％，位于自然焦点句的句中词后字；最小升幅为 2.7％，位于句末焦点句的句首词前字。阳平则有升有降，起点在句中和句末焦点句的句首词后字升幅最大，都上升了 17.7％，在句末焦点句的句首前字降幅最大，下降了 23.7％；终点以下降为主，最大降幅为 33.7％，位于句首焦点句的句中词后字，仅在句中焦点句的句首词前字有微升，幅度为 2.8％。上声的相对位置在调域缩小前后都是位于下限，不发生变化。去声起点随着调域缩小而下降是主流，最大降幅为 38.9％，位于句首焦点句的句中词后字，个别句首位置上不变；去声终点则有升有降，以升为主，最大升幅为 58.1％，位于句末焦点句的句首词后字，最大降幅为 2.8％，位于句末焦点句的句中词后字。

可见，当调域范围缩小时，只有去声整体表现出了起点随上限降低而降低，终点随下限提高而提高的趋势，但这种情况并不能在所有声调中被发现，且调域上、下限和各声调调阶变动幅度之间的仍不是成等比例的。

综合以上分析，我们可以说，在词和句子的层面上，前文假设的语调和声调变化之间的“等比例”关系并不能够被证明。

首先，从每个声调调阶本身及其与调域变化之间的关联来看，当调域发生“橡皮带”式变动时，在不同的因素（下倾、降阶、节奏、焦点等）的作用下，声调调阶并不总是随着调域上、下限的升降而抬高或降低；在调域变化后，它们在其中的相对位置可以分别叠加成一个个宽窄不等的“带”，其变动幅度和调域上、下限的变动幅度之间也均未发现整齐的成比例关系。

其次，就不同声调聚合来看，因语义的加强调节调域上限，节奏结构调节调域的下限（沈炯 1985），这两种作用力并不平衡，使得不同调域的上、下限的变动幅度之间也不存在“等比例”的关系。

2.4 声调在调域变化中的音高特点

语调（调域）变化和声调变化之间的“等比例”假设并不能够被证明，且各声调在调域变化中表现各异。在普通话声调系统中，涵盖了四种基本的典型对立：高—低、升—降。它们在音系特征上的差异应该是影响其在调域变化时表现不同的关键因素，从它们各自具体的表现中，也能看到一些影响变动比例的线索。

2.4.1 阴平

阴平是一个高平调，主要的音系特征是“高”（H），在单字调格局中处在调域偏上的位置，但一般不承担调域的上限，调域的下限对阴平的调节作用很小(沈炯 1985)。阴平在语流中具有稳定性(邓丹 2010)。这种"稳定性"表现在调形上,也表现在调阶上:调形上,单字、双字词和句子里各个位置上的阴平基本都保持平直的调形;调阶上,局部的降阶和句子整体的音高下倾都对阴平的具体音高值影响不大,基本上平均在 20 半音左右浮动,随着句子音高的整体下倾(表现为调域下降、缩小),调阶稳定的阴平逐渐承担起负载调域上限的功能。这就是为什么当调域降低或缩小时,上限降低,但阴平在调域中的相对位置却提高了的原因。而且,阴平的这种相对的上升往往是越靠近句末越明显,焦点所在位置上的阴平都被显著抬高,非焦点位置上则被显著压低,但放到调域中来看,阴平始终是以平调的基本调形占据或接近调域的上限位置。

2.4.2　阳平

阳平的音系特征是"升"(LH),单字调状态下阳平的起点位于调域中部或偏下,终点一般接近调域上限位置,句子中因节奏结构的保持而使其起点变动幅度有限,调域对于阳平的作用主要看上限对其调尾部分(终点)的调节。在没有强调焦点的自然状态下,阳平调尾在音高自然下倾的作用下逐渐降低,使其曲拱斜率逐渐减小,这种音高衰减的作用在强调焦点之后表现得更为明显;而当某处负载强调焦点而发生调域扩展时,阳平的曲拱也会因上限的提高而被"拉长"。曲拱的陡缓可能因影响要素的不同而异,但基本上都是从低向高穿过调域,这一点是稳定的。邓丹(2010)的研究认为,阳平动态性较明显,在语流中容易发生变化。这种动态性应该是其表层调形曲拱上的量变,而不是其底层音系特征系统的范畴性质变。

2.4.3　上声

上声的本质是低平调(石锋、冉启斌 2011),主要的音系特征是“低”(L)。因为变调的作用,单字调与词或句子中的调形差异很大,但有一点是稳定的(这也是上声在调域变化中表现出不同于其他三声的显著特点),即不管调域怎么变,上声[①]低点始终负担调域的下限,也就是说,它在调域中的相对位置不发生改变。所谓上声在语流中的变化也具有稳定性(邓丹 2010),应该是就这个方面来说的。

在声调的特征几何树上,音区(register,即调阶)特征和调拱(contour,即调形)特征处于不同层次:调阶特征处在与载调单位直接相连的根节点层次上,其下才是调形节点层次,在定义声调时,调阶特征优先于调形特征(Zhang 2017)。声调的高低是相对的,普通话四声中只有上声和去声具有低音区特征,虽然传统调值把去声记作 51,但实际去声的终点并不总能达到调域的下限,尤其在语流中更是如此,这在前文的分析中也能看到。所以,普通话四声先是通过调阶区分出上声和非上声的二元对立,然后再根据调形区分其他三声。作为四声中唯一只通过低阶来定义的声调,上声也就成了调域下限的稳定承担者。

2.4.4 去声

去声的主要音系特征是“降”(HL),单字调状态下去声起点总是承担调域上限,终点则接近调域下限。进入组合以后,特别是在句子中,节奏单位局部的降阶和整个句子的音高下倾对去声的影响很大,在本研究中,去声句设计为所有音节都是这一个声调,降阶和音高下倾的作用尤其明显:在不负载强调焦点的地方,词内部前一音节结尾的低音特征明显压低了后一音节开头的高音特征,句子内部词和词之间也基本如此,在这一作用下,去声起点逐渐被

---

① 这里排除上声变调为阳平的情况。

压低，而失去承担调域上限的功能（该功能转由阴平来承担），尤其在节奏单元的右边界，即词末和句末位置上，去声起点的压低更加明显，这也就解释了这些情况下调域上限和去声起点变动不成比例的原因。在焦点处，调域扩展，语义强调的作用压制了音高下倾和降阶的作用，去声起点恢复承担调域上限的功能，而调域的下限是由上声承担，所以，去声终点往往不必随调域下限降低而降低，无论是高降还是全降，都可以作为可以接受的去声变体，只是"降"的特征是稳定的，降得多一点少一点，都是表层输出上的量变。

通过以上分析，可以看到，所谓"稳定性"和"变动性"，实际上是两个层面上的事情，"稳定性"是在底层音系特征上的稳定，从这个角度看，普通话阴平、阳平、上声、去声在语流中的表现都是稳定的；"变动性"是在表层语音输出上的量变，变动的结果是形成了不同的曲拱变体。"稳定性"保证了"字调在语调中仍旧保持其区别意义的作用"（吴宗济 1996a），"变动性"反映了调域对声调音高的调节。

2.5　结论

赵元任提出的"橡皮带"效应的比喻生动概括了普通话语调的四种基本的作用模式，并指出了声调在语调影响下近似的、相对的变化趋势。但受不同环境因素的影响，无论是从每个声调本身来看，还是从不同声调聚合来看，声调和语调变化之间都没有发现成"等比例"的关系。

另一方面，声调在语调中表现出"稳定性"和"变动性"交织的特点，前者是就底层音系特征而言的，保证了声调在语调中的别义作用；后者是就表层语音输出而言的，反映了语调对声调音高的调节。

三、强调焦点和对比焦点区分的韵律证据[①]

3.1 引言

从语义角度对于汉语焦点进行分类，学者们有不同的见解(方经民 1994，刘鑫民 1995，刘丹青、徐烈炯 1998，张斌 1998，张伯江、方梅 1996，范开泰、张亚军 2000，张豫峰 2002，董秀芳 2003，徐烈炯 2005，祁峰 2013)。焦点分类的名目看似纷繁复杂，却存在很大的重合性。刘丹青、徐烈炯(1998)提出的[±突出]和[±对比]两对语义特征[②]实际上为归纳焦点类别提供了一个简明可行的思路，据此可以将几种主要的焦点分类大致整合如下：

尽管名目可能不一，外延或有不齐，大多数研究都可以将焦点根据语义特征一分为二，笼统地归入“对比性焦点”和“非对比性焦

---

① 原文作者秦鹏。原文为信息焦点，为跟本书术语一致，改为强调焦点。

② 徐杰(2001)指出[±突出]和[±对比]存在四个问题：(1)焦点性质不因背景呈现方式而有实质性不同；(2)“突出”和“对比”作为两个对立特征不兼容；(3)该分类系统缺乏一个共同的语法特征使三类焦点“物以类聚”成一类；(4)“突出”和“对比”不是处在一个层面的，前者是结果，后者是过程。我们部分同意((3)和(4))上述观点。但对[±突出]和[±对比]采取一种宽泛的理解：“突出”是相对于背景(非焦点)的突出，但背景不局限于小句内还是小句外，也就是说，所有的焦点其实都是“突出”的，只是突出的手段可以有所不同。这样，[+突出]即作为一种“物以类聚”的特征把焦点整体聚合在一起，以区别于[−突出]的“背景”。而[±对比]则作为“突出”的一种下位手段对焦点进行再分类。根据这种理解，“话题焦点”因其[−突出]而不应算作一种焦点分类。此外，一种科学的分类系统应该对内一致(遵循一种分类标准)，对外排他(徐杰 2001，祁峰 2013)。“标记焦点”显然和“自然焦点”“对比焦点”遵循的标准不一样，因此也不宜把它们并列在一起。

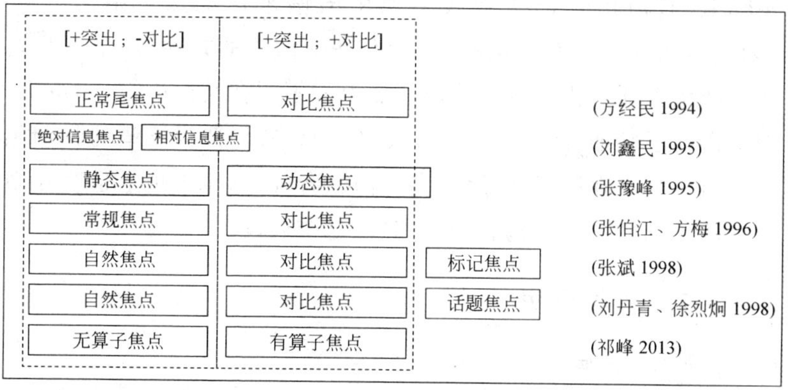

图 1　主要焦点类型归纳

点”(刘丹青 2008)两大类,后者又被称为“信息焦点”[①](徐烈炯 2001,2005),我们通常又称为“强调焦点”。徐烈炯(2005)指出区分二者的必要性,并介绍了“并列结构测试”和“否定结构测试”两种方法,从句法和语义上区分二者。他(Xu 2004)还指出,汉语最大可能用句法手段标记焦点,音系手段[②]只是一种补偿,而在以往的研究中强调焦点和对比焦点容易相混的一个重要原因就是它们都可以用同一种方式表达,比如语调、重音(徐烈炯 2005)。

我们赞同区分强调焦点和对比焦点的必要性,但不认为语音手段(主要通过韵律特征的凸显)只能作为句法的补偿手段存在。

---

① 文献中,“信息焦点”又被称为“常规焦点”“自然焦点”“非对比焦点”“呈现性焦点”等,指的是传达新信息的焦点,是“呈现性”焦点(方梅 1995)。

② 韵律研究中常常不区分韵律结构和韵律特征,前者是音系学的研究范畴,后者是语音学的研究范畴(Ladd & Cutler 1983,Vogel 2009),这里的“音系手段”实际上是指焦点的韵律凸显,而不是韵律单位的音系作用规则,因此说成“语音手段”可能更为合适。

实际上，有声语言都或多或少地用语调来标记焦点结构（Van Valin & Lapolla 1997），这可以看作焦点表达的共性（石锋 2017）。而强调焦点和对比焦点在韵律凸显上的不同在其他语言（如英语）中也得到了验证（Katz & Selkirk 2011）。我们假设汉语的强调焦点和对比焦点在韵律特征（音高、音长、音强）凸显表现上也存在系统性的差别，并通过语调实验来验证这个假设。

3.2 实验说明

3.2.1 语调格局

本研究要通过语调的表现来看强调焦点和对比焦点的差异，方法采用“语调格局”（石锋 2013，2017）的声学实验范式，要考察的韵律特征包括音高、音长和音强三个方面及其相互关系。音高方面，考察语句调形起伏格式构成的调域宽窄和高低位置关系（即“起伏度”）；音长方面，考察语句中各字音的相对音长（即“时长比”）构成的分布模式；音强方面，考察语句中各字音的相对音量（即“音量比”）形成的分布模式[①]。

3.2.2 发音材料设计

实验所使用的发音材料基于下面四个句子：

a. 李超每夜点炸鸡。　　b. 张昊昨晚做烤肉。

c. 王宝今晨尝炖鱼。　　d. 赵豪后天吃烧笋。

每个句子有同样的语法结构和类似的语义内容，每个音节位

---

① “起伏度”的计算可参考阎锦婷等（2014）。“停延率”（时长比）即句子中某一音节的绝对音长与所有音节平均音长的比值，具体计算方法可参考石锋、梁磊、王萍（2010）。“音量比”（相对音量）即句子中某一音节的幅度积与所有音节平均幅度积的比值，幅度积是即某个语音片段的振幅曲线包络在时长维度上占据的面积，具体计算方法考参考梁磊、石锋（2010）。

置上可以保证形成四声聚合的调域。在语用功能上，强调焦点和对比焦点的根本区别在于预设的不同，强调焦点是呈现性的，强调“有 A”；对比焦点是指别性的，强调“是 A 而非 B”。这两种焦点分别对应两类特指问句：与“什么(谁/何时/何地)＋N”对应的是呈现性的强调焦点，与“哪个＋N”对应的是指别性的对比焦点(方梅 1995)。这启发我们可以用不同的问句引导出不同的焦点类型，稍有不同的是，在引导对比焦点时，我们采用的是指别性更明显的纠正性[①]问句(表 1)，设置句首、句中和句末三种焦点结构。以“李超每夜点炸鸡”为例，采用问答式引导，引导的问题不给发音人呈现，发音人只需要根据手中的卡片(印有实验句)对实验者的问题进行回答：

表 1 强调焦点和对比焦点的引导方式示例

焦点结构	强调焦点引导方式	对比焦点引导方式
句首焦点	回答“谁每夜点炸鸡?”	回答“孙佳每夜点炸鸡吗?”
句中焦点	回答“李超什么时候点炸鸡?”	回答“李超偶尔点炸鸡吗?”
句末焦点	回答“李超每夜点什么?”	回答“李超每夜点烤肉吗?”

3.2.3 录音和数据采集

实验选取 8 名发音人，4 男 4 女，平均年龄 27 岁。来自北方方言区，普通话水平二级甲等以上，无言语和听力障碍，采用正常语速。每个句子乱序出现 2 次，共得到 384 个合格的样品句。数据分析前对个体差异进行检验，排除离群值，采用 8 位发音人的平均

① 很多研究中，对比焦点被称作“纠正性焦点”(corrective focus)，原因是在文献中“对比焦点”经常被用作“窄焦点”的同义词而容易产生混淆(Gussenhoven 2004，Chen 2006)。本研究中，实验设计的对比焦点是“纠正性”的。但严格来说，对比焦点内部也可以分为不同的类，纠正性焦点是其中的一类，关于对比焦点内部的再分类将另文探讨，不作为本研究分析的内容。

结果。

录音在安静的语音实验室进行，录音设备为笔记本电脑、专业外置声卡和麦克风，用 Cool Edit Pro 2.1 软件录制，采样率为 11025 赫兹，采样精度 16 位，单声道。用 Mini-Speech-Lab 软件提取音高、音长和音量数据，数据统计分析在 Excel 和 SPSS2.0 中进行。

3.3　实验结果：韵律分布模式对比①

3.3.1　音高模式对比

图 2 是两类焦点的音高分布模式对比，细实线框表示字调域，方框内的数字表示其跨度；粗实线框表示词调域，方框上、下方的数字分别标识其上、下限，二者之差即为词调域的跨度。横轴以其中一个例句为例，标识音节位置（下同）。实验句较短，韵律边界基本等同于句法边界，只是句末的动宾短语看作一个韵律词。音高模式主要看词调域的表现。

焦点在音高上的作用表现在两个方面：一是焦点词本身的调域扩张，包括调域上限提高和跨度增大；二是非焦点词的调域收敛（包括调域上限的降低和跨度的缩小），从而与焦点词形成"落差"。调域下限变化与句子节奏结构有关，对焦点不敏感。强调焦点和对比焦点在音高上的差别是凸显程度的差别，而且主要体现在非焦点词的调域收敛上。

---

①　对比的前提是要有一个共同的参照标尺，因此有必要把两类焦点的数据进行归一化和相对化处理。具体操作是：音高的对比要把所有实验句的音高数据放到一起，从中选取字调域上限的极大值和下限的极小值，分别作为 100% 和 0，这作为音高对比的统一标尺，其他数据将分布在这两极值构成的空间中。音长和音量比较特殊，极易受到诸多因素影响导致数据之间的差异较大，对比前，将同样焦点结构的对比焦点句和强调焦点句的所有字音时长/幅度积数据放在一起取平均值，这个值作为求停延率/音量比的分母。这样的归一化和相对化处理可以保证数据的规律性和可比性。

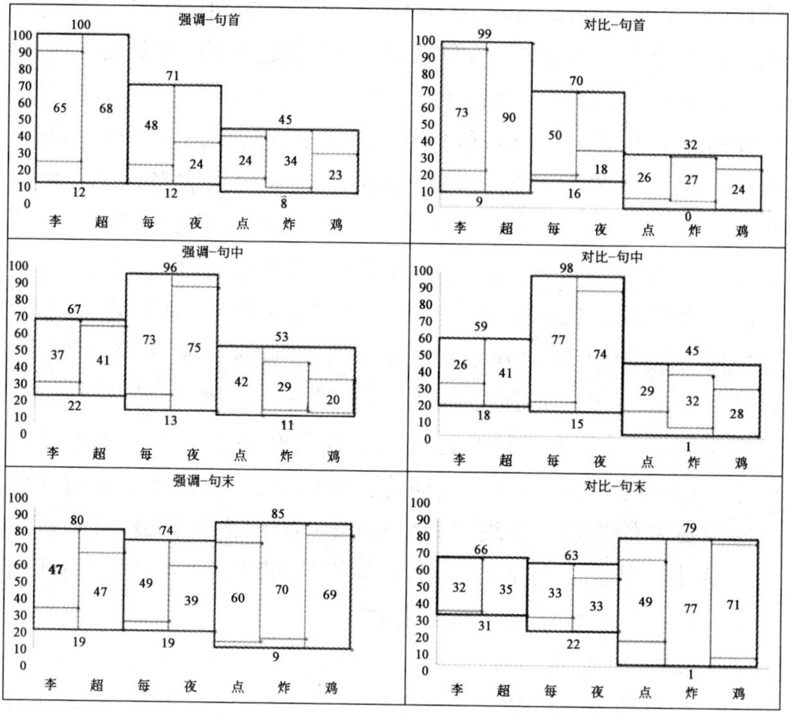

图 2　强调焦点和对比焦点音高模式对比（单位：百分比）

因为，仅从焦点词本身来看，在句首和句中焦点结构里，两类焦点的焦点词本身的音高模式相差很小，上限及跨度的差值大致都在 2%—3%之间；句末焦点结构里，虽然强调焦点词调域整体略高，但它们的跨度也仅相差 2%，这个差别很难说具有什么语言学意义。

但是，从焦点词和非焦点词的音高“落差”上看，强调焦点和对比焦点的差别就显现出来了。表现在两个方面：一是焦点后压缩（Post-Focus Compression，PFC）（Xu 1999），二是焦点前压缩

(Pre-Focus Compression,PrFC)[①],两种效应都可一直作用到句子边界。在句首焦点结构中,只有 PFC 单独起作用,强调焦点和对比焦点的音高上限分别依次下降了 29%—55%和 29%—67%,跨度则分别缩小了 29%—51%和 36%—58%。在句中焦点结构中,既有 PFC 的作用,也有 PrFC 的作用:焦点前,强调焦点和对比焦点的词调域上限分别下降了 29%和 39%,跨度分别缩小了 38%和 42%;焦点后,强调焦点和对比焦点的词调域上限分别下降了 43%和 53%,跨度分别缩小了 41%和 39%。在句末焦点结构中,只有 PrFC 单独起作用,强调焦点和对比焦点的音高上限分别依次下降了 5%—11%和 13%—16%,跨度分别缩小了 15%—21%和 37%—43%。

很明显,强调焦点和对比焦点在音高凸显上的差别不在焦点词本身,而在焦点词和非焦点词的音高落差上,对比焦点具有比强调焦点更强的焦点后压缩(PFC)和焦点前压缩(PrFC)效应,且以 PFC 为主。从这个角度可以说,在同样的焦点结构条件下,对比焦点的音高凸显程度比强调焦点更大。

3.3.2 音长模式对比

音长指的不是以毫秒为单位的绝对音长,而是相对音长,即时长比,本质上是一种比值。图 3 是两类焦点音长分布模式的对比,条形图代表的是音节的时长比,垂直线标识句内韵律词边界(下同)。在此基础上,可以把词内所有音节的停延率加以平均,来代表这个词的时长比,得到表 2。两类焦点音长分布模式的对比可以更简明地从词的时长比上得到体现。

---

① 通过对语调音高的研究,在世界很多语言中都发现了焦点后压缩(PFC)的效应(Xu 1999,2011;Wang & Xu 2011),但一般认为焦点前的成分受焦点影响较小,因此文献中并没有"焦点前压缩"的专门术语和简称。本研究从音高、音长和音强三个方面,证明汉语中焦点后压缩和焦点前压缩同时存在,并仿照 Xu(1999)的提法,将焦点前压缩(Pre-Focus Compression)缩写为 PrFC。

表 2　词的相对音长分布对比

焦点结构	焦点类型	句首词	句中词	句末词
句首焦点	对比—时长	**1.25**	0.66	0.76
	强调—时长	**1.26**	1.11	1.04
句中焦点	对比—时长	0.70	**1.20**	0.78
	强调—时长	1.00	**1.36**	1.05
句末焦点	对比—时长	0.59	0.66	**1.03**
	强调—时长	1.04	1.15	**1.35**

与音高类似，焦点在音长上的作用也体现为两个方面：一是焦点词本身的时长相对延长，二是非焦点词时长的相对缩短，与焦点词之间形成音长上的落差。根据焦点结构的不同，这两个方面的作用机制也各有差别。

从焦点词本身的相对时长延长上看，句首焦点结构中，两类焦点句的焦点词几无差别，强调焦点的焦点词的相对时长仅比对比焦点句多1%；句中焦点结构中，这个差距扩大到16%；句末焦点结构中，则进一步扩大到32%。也就是说，强调焦点句的焦点词本身的时长延长程度比对比焦点句更大，而且随着焦点位置在句子中的后移，这个差距有逐渐增大的趋势。

从焦点词和非焦点词之间的时长落差上来看：句首焦点结构中，强调焦点句的焦点词到句末边界，时长相对依次缩短了15%—22%；而对比焦点句中则依次缩短了49%—59%。句中焦点结构中，强调焦点句的焦点词到句首边界，时长相对缩短了36%，到句末边界，时长相对缩短了31%；对比焦点句的焦点词到句首、句末边界的时长减幅则分别达50%和42%。句末焦点结构中，强调焦点句的焦点词到其句首边界的相对时长依次缩短了20%—31%；而对比焦点句中，这个差距依次为37%—44%。上述表现可以看作PFC和PrFC效应在音长上的表现，而且，在三种焦点结构中，强

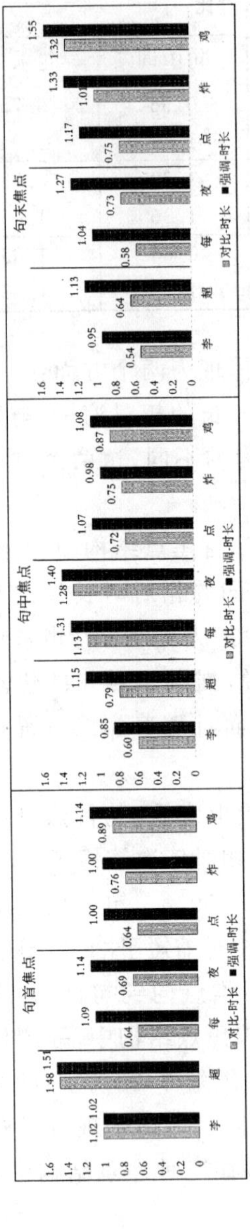

图 3　强调焦点和对比焦点的时长比对比

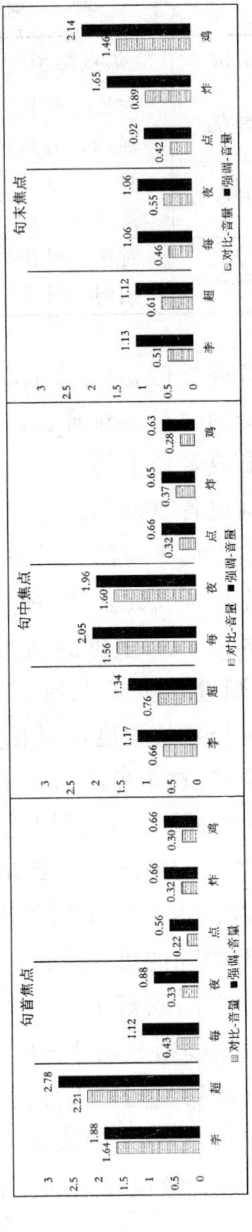

图 4　强调焦点和对比焦点的音量比对比

调焦点都有在 PFC 和 PrFC 效应上弱于对比焦点的趋势。

因此，在音长方面，两类焦点比较，似在凸显焦点策略上有不同的倾向：强调焦点更强调焦点词本身的音长延长，而对比焦点则更强调焦点词和非焦点词在音长上的落差。

3.3.3　音强模式对比

音强指的是相对音强，即音量比，也是一种比值，计算原理和时长比类似，表征方法也大致相同。图 4 为两类焦点在三种不同的焦点结构中的音量比对比。在此基础上，以词的所有音节的音量比平均值作为该词的音量比值，可以得到句子中词的音量比分布情况，见表 3。

表 3　词的相对音强分布对比

焦点结构	焦点类型	句首词	句中词	句末词
句首焦点	对比—音量	**1.93**	0.38	0.28
	强调—音量	**2.33**	1.00	0.63
句中焦点	对比—音量	0.71	**1.58**	0.32
	强调—音量	1.25	**2.00**	0.65
句末焦点	对比—音量	0.56	0.51	**0.92**
	强调—音量	1.12	1.06	**1.57**

类似地，焦点在音强上的作用也可以从两个方面来看：一是焦点词本身的音量相对增强；二是非焦点词音量的相对减弱，与焦点词形成音量上的落差。强调焦点和对比焦点之间的差别在这两个方面都有体现。

从焦点词本身的音量增强上来看，强调焦点的焦点词的音量增强程度均大于对比焦点，且有随着焦点位置后移而差距逐渐增大的趋势：在句首焦点结构中，差值为 40%；在句中焦点结构中，差值为 42%；在句末焦点结构中，差值为 65%。

从焦点词和非焦点词之间的音量落差上看，句首焦点结构中，从焦点词到句末，强调焦点句的焦点词到句末边界，音量相对依次骤减133%—170%，而对比焦点的减幅依次为155%—165%。句中焦点结构中，强调焦点句的焦点词到句首边界的音量落差为75%，到句末边界的音量落差为135%；而在对比焦点句中则分别为87%和126%。句末焦点结构中，强调焦点和对比焦点的焦点词到句首边界的音量落差依次分别为45%—51%和36%—41%。由此可见，PFC和PrFC效应在音强的分布模式中也有反映，而且PFC效应的作用要大于PrFC效应。在句末焦点句中，强调焦点的音量落差比对比焦点均略大10%左右，这个差距和音量变化动辄倍增或倍降来说比较小。总的来说，在音强分布上，强调焦点的音量增强程度大于对比焦点，而音量落差却是从句首、句中到句末，对比焦点的优势逐渐减弱至消失。

综上，在同样的焦点结构条件下，强调焦点和对比焦点表现出类似的韵律分布模式，即焦点成分韵律特征凸显和非焦点成分韵律特征收敛。它们之间的差别是焦点凸显程度的差别，而且在音高、音长和音强这三个要素中分别侧重不同的凸显策略，作用并不完全一致。

在焦点词本身的韵律凸显程度上，强调焦点有大于对比焦点的趋势，在音高、音长和音强方面都是如此，这源于这类焦点本身是"呈现性"的，也就是说，强调焦点凸显的作用主要由焦点词本身来承担。而在焦点词和非焦点词之间的韵律凸显落差上看，对比焦点有大于强调焦点的趋势，尤其在音高和音长方面，这可以看作"对比性"在韵律凸显上的表现，即对比焦点主要通过焦点和非焦点成分的对比"落差"来实现[①]。

---

① 音强上的不同表现不足以成为这条结论不成立的证据。原因有二：首先，在音强凸显落差上，强调焦点在句末虽有大于对比焦点约10%的趋势，但这个差距对于音强动辄超过一倍的变化来说太小了；其次，有的研究显示，音高、音长和音强对于韵律凸显的作用并不是等权重的，音高作用最大，音长次之，音强作用最小(石锋2018)。

3.4　韵律匹配

如果把语调仅仅看作是音高现象，那么本研究可以支持前人“对比焦点的语音凸显效应强于强调焦点”的结论（Selkirk 2008，Katz & Selkirk 2011）。但如果考虑到语调作为音高、音长和音强的综合韵律的韵律效应，提出上述结论就应当慎重。

早期关于韵律特征的一些研究已经注意到，音高、音长和音强乃至音段特征之间存在内在的联系，而不是各自孤立（Lindblom 1968，Vaissièr 1983）。近期关于汉语陈述句语调的一项研究用“韵律匹配”表现音高、音长和音强的联系（石林等 2015），思路是通过相关分析考察音高、音长和音强两两之间的关联。其中，时长比（音长）和音量比（音强）的计算方法相似，数据表现相同，计算相关系数比较容易，但音高涉及调域上限、下限和跨度三个参数，石林等（2015）的做法是在“音高 vs 音长”中看调域跨度与时长比的相关性，而在“音高 vs 音量”上则是看调域上限和音量比的相关性，但没有说明这样做的理据。

我们考虑到参数的一致性，音高上只采用调域跨度这一个参数（实际上调域跨度和上、下限都有关）。具体是用每个音节的字调域跨度值与这个句子所有音节调域跨度的平均值相比，得到一个类似于音量比的“调域比”（邓文靖 2016），然后拿这个调域比代表音高来与音长和音量之间进行相关性计算，这样就能把音高（调域比）、音长（时长比）和音量（音量比）的共变折线放在一起，从中可以更清楚地看到它们之间的匹配关系。图 5 显示这种匹配关系在强调焦点和对比焦点的表现，表 4 列出的是具体的 Pearson 相关系数。

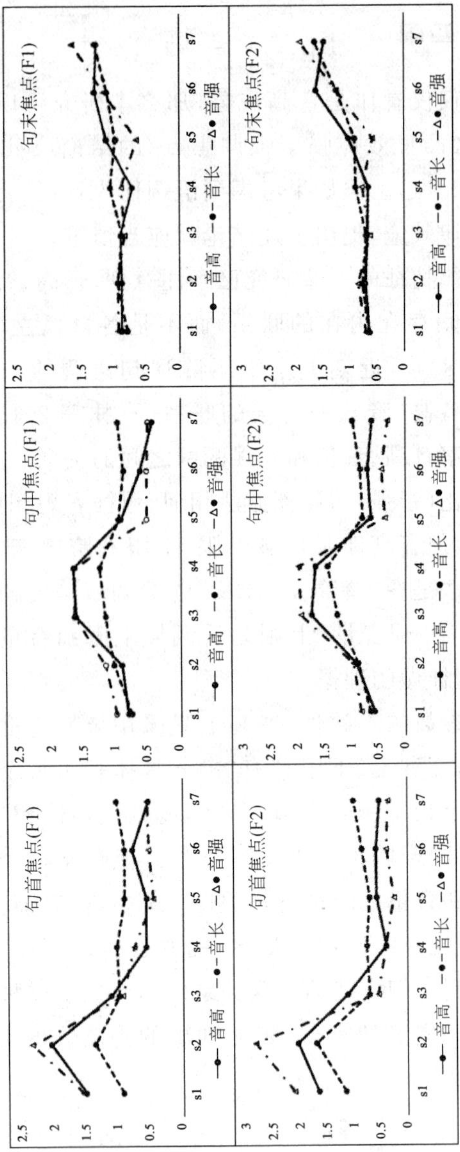

图5　强调焦点(F1)和对比焦点(F2)的韵律匹配关系

表 4　韵律匹配相关系数

相关系数 (r)	强调焦点			对比焦点		
	句首焦点	句中焦点	句末焦点	句首焦点	句中焦点	句末焦点
音高 vs 音长	0.676	0.799*	0.633	0.819*	0.915**	0.879**
音高 vs 音量	0.969**	0.910**	0.583	0.953**	0.958**	0.772*
音长 vs 音量	0.780	0.720	0.775*	0.915**	0.821*	0.938**

注：* 在 0.05 水平（双侧）上显著相关；** 在 0.01 水平（双侧）上显著相关。

可以看到，在同一种焦点结构中，不管是强调焦点还是对比焦点，都表现出音高、音长和音强变动模式的相对一致性：它们都对焦点的位置敏感，均在焦点处有明显的提升，非焦点处则有所抑制，PFC 和 PrFC 效应的作用在三种韵律要素中都存在，且当二者共存时，都是 PFC 效应的作用更大一些。句子中，音高、音长和音强内在的这种整体的共变关系也可以通过它们两两之间呈现的高度相关（表 4）得以证明。可以说，韵律匹配关系的量化考察有力地证明了语调是一种综合的韵律效应，而不仅仅是一种音高现象。

当然，整体变动模式的相对一致性并不代表三种韵律要素的作用完全相同，比如，音高上，句内词边界一般会出现音高重置（pitch reset），而音长上则会在词边界和句边界都出现末字的延长（final lengthening），这些都可以作为标记边界的线索。而音强则无类似的明显规律。强调焦点和对比焦点的区别也可以在韵律匹配上有所体现，从表 4 看到，对比焦点在三种焦点结构中，其音高、音长和音强之间的韵律匹配相关度都要比强调焦点更大一些。

3.5　结论

在汉语的焦点研究中，区分强调焦点和对比焦点这两个不同的焦点类型是必要的，但是我们不同意在区分焦点时，语音手段只是作为句法手段的补偿而存在，通过语调实验，综合考察不同焦点的韵律分布特点，可以看到这两类焦点在韵律凸显机制上侧重于不同的策略。

单从音高上，可以说对比焦点的焦点凸显作用更大，但结合音长和音强来看，这种说法就不一定完全。相对来看，强调焦点主要通过焦点成分本身的"呈现性"来凸显焦点信息，且主要通过音长和音强来实现，即强调焦点的焦点词本身和对比焦点相比时长延长程度更大，音强增加程度更强，这一趋势在音高也有微弱体现。而对比焦点用来凸显焦点信息的策略主要是通过"对比性"，即对比焦点在焦点词和非焦点词之间的韵律凸显落差上有大于强调焦点的趋势，尤其是在音高和音长方面。

尽管两类焦点采用的韵律凸显策略各有侧重，但焦点的韵律凸显效应都是通过焦点词本身的韵律特征凸显和与非焦点成分的韵律特征收敛形成的落差这两个方面来体现的。本研究还发现，汉语中不但存在焦点后压缩（PFC）效应，还存在焦点前压缩（PrFC）效应，且这二者都不仅仅是音高的作用，在音长和音强方面同样有效。通过音高、音长和音强内在的韵律匹配（相关）的考察，也佐证了语调是一种综合的韵律效应的观点。

四、汉语轻声字音韵律表现的多样性[①]

4.1　引言

轻声是汉语中一种重要的语音现象。在传统音韵学中，没有

---

① 原文发表于《语言文字应用》2019年第1期，作者黄靖雯、石锋。通讯作者石锋此次做了增删修订。

“轻声”这一概念，最早提出“轻声”概念的当属赵元任。他在《国语罗马字研究》(1922)中使用“轻音”的名称，对轻声的读音做了描述。后又在《新国语留声机片课本》(1934)中正式使用“轻声”的术语来代替“轻音”，并一直延续下来。对于轻声的定义已经有很多种，但大同小异，大都定义为四声的一种特殊音变现象，而并不是四声之外的第五种声调，即在一定的条件下读得又短又轻的调子。一般来说，四种声调的字，在一定的条件下，都可以失去原来的声调，变读为轻声(黄伯荣、廖序东 2011)。《现代汉语词典》：“说话的时候有些字很轻很短，叫作轻声。”国内外大多数学者认为现代汉语的轻声只有一种形式，即一般所谓的一种读得又轻又短的音节形式。

自赵元任用“轻声”代替“轻音”这一术语之后，有人把“轻声”和“轻音”混同起来。从 20 世纪 80 年代，开始有了“轻声”和“轻音”两分的说法。徐世荣(1980)指出，轻声和轻音的概念不一样，“轻声”是一种变化了的声调，发音时“肌肉松弛，不用力，气流很弱，音波‘振幅’就小，就是轻音(弱音)”。沈炯(1985)认为，轻声是重音系统里一种特殊的轻音，它没有声调属性，而轻音则是语素音节的声调特征暂时性丢失，仍保留声调属性。路继伦、王嘉龄(2005)主张分别使用“轻声”和“轻音”这两个术语，“轻音”表示重音层面上的非重读音节，而“轻声”则表示声调层面上的中和声调。由此可见，对于“轻声”和“轻音”的划分上升到声调与语调不同层面的划分，我们支持将“轻声”和“轻音”归为不同层面。

此外，赵元任还曾提出“活轻音”的概念，指出“有些词儿的轻音是一定的，有些是活动的”。林焘后来提出的“可轻声”与赵元任的“活轻音”概念异曲同工，都指向了那些不具有辨义功能的轻声音节。对此，林焘(1962)提出“语调轻音”和“结构轻音”两个分类。

对于轻声的分类，还有很多，鲁允中(1995)将轻声归为两大类，有封闭特性的有规则轻声和数量大的不规则轻声。魏钢强(2000)分为调值的轻声和调类的轻声。王志洁(1999)将轻声词分为无本调轻声词、失本调轻声词和带本调轻声词三类。

实际上，轻声词按照类别来划分，包括结构助词，时态助词，语气助词，方位词，趋向动词，动词重叠式，亲属称谓重叠式，人名重叠式，一子、一儿、一头等词缀，这些不同类别的轻声表现的程度各不相同。另外，轻声中还包括习惯性轻声一类，例如“玻璃、棉花、老实、客气”等，范围不很确定，轻读程度也各不相同。因此在正常重音和完全轻声之间的可轻声或活轻音，有着相当大的空间。这种可轻声除了轻读程度的差异外，还可能包括有时轻声，有时不轻声；有人轻声，有人不轻声。而它们进入句子语流之后，受到边界效应和焦点作用等影响，是语调韵律分析中不可忽视的一个重要方面。

从“轻声”的概念来看，实际上是一个短而弱的字音，这里只反映出音长缩短和音强减弱的特征。实际上，轻声字音节的变化与语音的四种物理属性都有关系。北京话的轻声，从声学角度看，给人的明显听感是音高幅度的压缩和持续时间的缩短，还有音强的减弱，常常伴随着韵腹元音的央化。在以耳听为主要手段的情况下，对轻声的认识可以分为一元论和多元论两种：一元论认为轻声的主要语音特征是音量，多元论主张轻声的语音特征与音高、音长和音量甚至音质都有关系。赵元任首开先河，指出轻声字音的音高、音长、音强以及音质与重读字音之间存在差异。罗常培、王均(1957)也指出，轻声不仅跟音高有密切关系，并且跟长短强弱和音质都有关系。

苏联语音学家扎多延柯(1958)和斯茬式涅夫(1959)最早对汉

语轻声进行了实验分析。国内对轻声的实验研究是 20 世纪 80 年代开始的，这方面的研究有：高玉振（1980）、林茂灿等（1980，1984，1990）、林焘（1985）、曹剑芬（1986）、王韫佳（1996）等。这些研究成果推进了学界对轻声本质的认识。轻声音高由前面字音的声调类型决定。轻声字音时长平均为对应非轻声字音时长的 45%（林茂灿等 1980，1990；林焘，1983；Lee 2003）或者 60%（曹剑芬 1986，Chen and Xu 2006）。关于音强与轻声字音的关系，多认为音强不是轻声的本质特征，轻声音强不一定比非轻声弱（林焘 1983，曹剑芬 1986，林茂灿、颜景助 1990）。林茂灿等（1980，1984）考察北京话两字组发音能量，得出同一字音轻读时的能量比重读时减弱。梁磊、石锋（2010）采用同样原理的音量比指标测试普通话轻声两字组的表现，得到轻声后字的音量比平均值为 0.49。除低调的上声外，其余三调后面的轻声字音的音量比都远远小于前字。

根据已有研究，我们提出一个假设，即从正常字音到完全轻声是一个连续统，不是截然分开的两类。已有的对轻声语音的实验研究多是在单念的轻声词条件下，且研究对象多选择典型的轻声，对不同类型的轻声音节在句子语流中的表现很少考虑。我们将从语调韵律的角度（石锋 2017）入手，考察句子层面上轻声音节的韵律表现。

我们以沈炯（1982）对普通话语调音高的分析为基础，采用沈炯（1982）研究中的轻声陈述句为发音表①，选择 8 位老北京人为发

① 实验句：

I 哥哥桌上搁着新的玻璃杯。— · — · — ·—·—· — 。

II 爷爷楼上藏着蓝的格子呢。/ · / · / ·/·/·/ 。

III 姐姐手上有个纸的喇叭筒。V · V · V ·V·V· V 。

IV 弟弟被上放着碎的木头块。\ · \ · \ ·\·\· \ 。

音人①，利用 Praat 语音软件进行录音②和语音数据提取，得到句中各字音的音高（Hz）、音长（ms）和音强（幅度积）的原始数据，经过数据统计将原始数据转换为相应的起伏度、时长比和音量比③的百分比数值，从而考察陈述句中不同轻声音节的音高、时长和音强交互作用的表现模式，在句调域、词调域和字调域三个层级上考察带有轻声的陈述句的韵律分布模式。

4.2 轻声音节音高的分布模式

轻声句的语调音高模式既可以通过其调域上线和调域下线及调域跨度来反映调域的静态分布模式，又可以通过语句起伏度来反映调域的动态变化模式。本次实验，我们将发音人按性别分为两组，分别求出男生和女生的半音平均值。我们在实验中将男生和女生全部实验句的半音值数据整合在一起，进行归一化处理，分别选择男生和女生半音值中的最大值和最小值作为各自的调域两极，即 100%和 0。这样得到男生和女生各自的轻声陈述句调域百分比值，并据此作出各自的调域起伏图（图 1）以进行对比分析。

图中包括由 11 个细线构成的小框和 5 个由粗线构成的大框。小框中的数字为字调域跨度的百分比值，大框上方和下方的数字分别表示词调域上线和下线的百分比值。图形下方的例句为 4 个

---

① 发音人信息：实验有 8 位发音人，4 男 4 女，均为老北京人，平均年龄 23 岁，无生理和心理疾病，均为右利手。被试承诺并乐于参加录音实验。

② 实验录音在安静的房间内进行，录音采样率为 22050 赫兹，16 位，单声道。发音人以自然平稳的状态发音，无语义强调和感情色彩。每个实验句读 2 遍，句与句之间间隔 3 秒，共得到 4×8×2＝64 个样品句。

③ 起伏度的具体测算方法可参考石锋、王萍、梁磊（2009），时长比（停延率）的具体测算方法可参考石锋、梁磊、王萍（2010），音量比的具体测算方法可参考梁磊、石锋（2010）。

实验句的代表句，实际数据是 4 个实验句的集合。实验将四个轻声陈述句同序位的四个音节组成一个聚合，同一聚合的四个字，为不同的四声字时，即为全调域；同一聚合上为四个典型的轻声字时，即为单调域。实验中我们不探讨每种声调音高后的轻声音高曲线模式，只考察轻声音高和调域的表现。

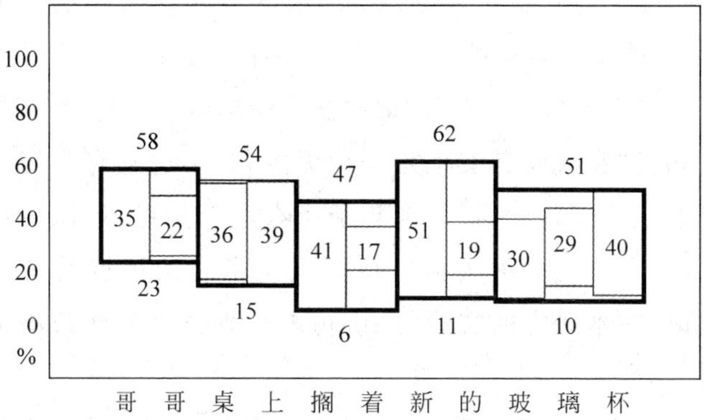

(a) 男

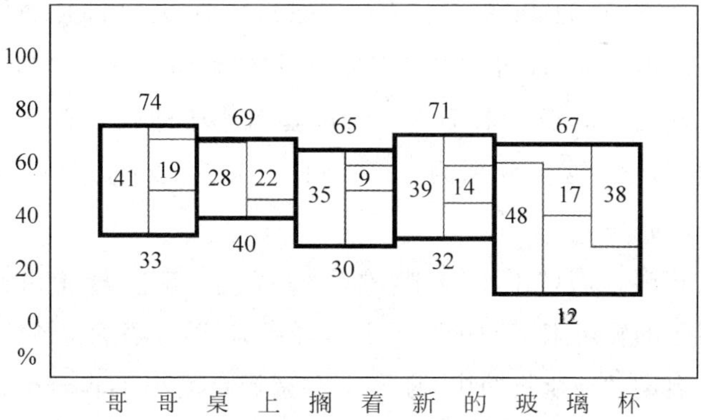

(b) 女

图 1　普通话轻声陈述句调域起伏图(百分比标度)

表 1 普通话轻声陈述句调域半音值

	男	女
调域上限	19.03	25.88
调域下限	9.46	12.78

本实验中的实验句为存现句。存现句不是基本的主谓陈述句,而是一种特殊的句式。结构上一般有三段,即处所段+存现动词+存现宾语。吕叔湘在《汉语语法分析问题》中说:“存现句属于非主谓句。”“存现句其实也是一种无主句,不过它有个假主语在头里。”在正常交际中,每一个句子都有一个焦点,用以传递新信息。因此,存现句的语法结构特征决定了它的焦点就是句末的存现宾语,在本研究的实验句中,句末存现宾语的修饰语也加入了焦点。

从字调域的表现来看,男生的全句最大字调域跨度在句末修饰语首字(“新”),为 51%;女生的全句最大字调域跨度在句末名词首字(“玻”),为 48%。各双音节词调域中,几乎都是非轻声首字调域跨度最大,且句首词(“哥哥”)、句中动词(“搁着”)与句末修饰语(“新的”)的轻声末字调域跨度显著小于非轻声首字调域跨度,差量较大,男生分别为 13%、24%、32%,女生分别为 22%、26%、25%。

句首第二词(“桌上”)中,女生的首字与末字跨度相差只有 6%,男生的轻声末字调域则大于非轻声首字,二者有 3%的差量。在句末名词(“玻璃杯”)中,轻声中字调域跨度小于非轻声首字和末字调域;轻声中字(“璃”)与非轻声前字(“玻”)差量依性别不同,男生几乎无差异,女生前字跨度则比中字大 31%,差异显著;轻声中字（“璃”）与非轻声后字（“杯”）跨度差量都比较大（女生21%，男生11%）。

分别比较男、女生组内的各轻声字调域跨度，句首第二词轻声（“上”）调域跨度最大（男生39%，女生22%）；句首词叠音亲属称谓轻声后字（“哥”）与句末名词轻声中字（“璃”）调域跨度其次，二者差量较小，且男女表现稍有不同（男生前者小于后者，女生前者大于后者）；句末修饰语中轻声结构助词（“的”）调域跨度稍大于句中动词的轻声时态助词（“着”）的调域跨度，均小于前两种轻声字的调域跨度。

在调域上线和调域下线的表现上，男生句末修饰语（“新的”）的首字调域上线（62%）为全句最高；句中动词（“搁着”）的首字调域下线（6%）为全句最低。女生的全句最高值在句首词（“哥哥”）首字位置（74%）；句末名词（“玻璃杯”）首字调域下线（12%）为全句最低。沈炯（1982）指出，语调对音域的上、下限分别起调节作用，上限的表现与语义的加强有关，下限的表现与节奏结构的完整性有关。根据焦点辅重原则，辅助或者附加成分做焦点是弱标记现象，句中若有修饰语，多在焦点位置，所以男生的全句最高值在修饰语处（“新的”），突出语义特征。

在词调域上，男生的句末修饰语（“新的”）调域跨度最大（51%），女生的句末名词（“玻璃杯”）调域跨度最大（55%）。男生的句首词（“哥哥”）调域跨度最小（35%）；女生的最小词调域跨度（29%）位于句首第二词（“桌上”）。考察轻声陈述句的起伏度，对从句首词依序到句末词的调域上线和调域下线的差量做出量化描写。差量为正值表示音高下降，差量为负值表示音高上升。

如图1,以句首词为基准,男、女生的句首第二词调域上线和下线的差量分别为4%和8%、5%和-7%。句中动词和句首第二词相比,男、女生调域上线和调域下线的差量分别为7%和9%、4%和10%。依序,句末修饰语和句中动词相比,男生和女生调域上线和调域下线差量分别为-15%和-4%、-6%和-2%。句末名词与句末修饰语相比,男生、女生调域上线和下线的差量分别为11%和1%、4%和20%。总体上看,除句末修饰语("新的")之外,句中词音高多有弱化表现,以句首词跟句末名词的调域上线和下线的起伏度来得出全句音高变化趋势,男生和女生句中的词调域起伏度表现出语句的音高下倾,且下线降幅(13%、21%)明显大于上线降幅(7%、7%)。

从轻声陈述句起伏图上可以直观看出,男生的句末修饰语("新的")调域上线是全句上限(62%);句中动词("搁着")调域下线是全句下限(6%),全句调域跨度为56%。女生的句首词调域上线为全句上限(74%);句末名词调域下线为全句下限(12%),全句调域跨度为62%。女生的句调域上下限和跨度均比男生大,其中上限差量为12%,下限和跨度差量均为6%。

为与沈炯(1982)的研究结果进行比较,我们用同样的方法对其中五位播音员的D值数据进行百分比相对化处理,得到每位播音员的轻声陈述句的调域图(图2)。由于播音员的声调和语调都经过训练,具有风格上的特点,所以因人而异,不按性别分组。

对比普通人的轻声陈述句起伏图,可以看出,播音员在具有其独特风格的同时,也具有与普通人共同的音高分布特征:

(1)普通人的轻声陈述句中轻声字的调域跨度大多是小于非轻声字的调域跨度。轻声音节中,句首第二词的轻声方位词

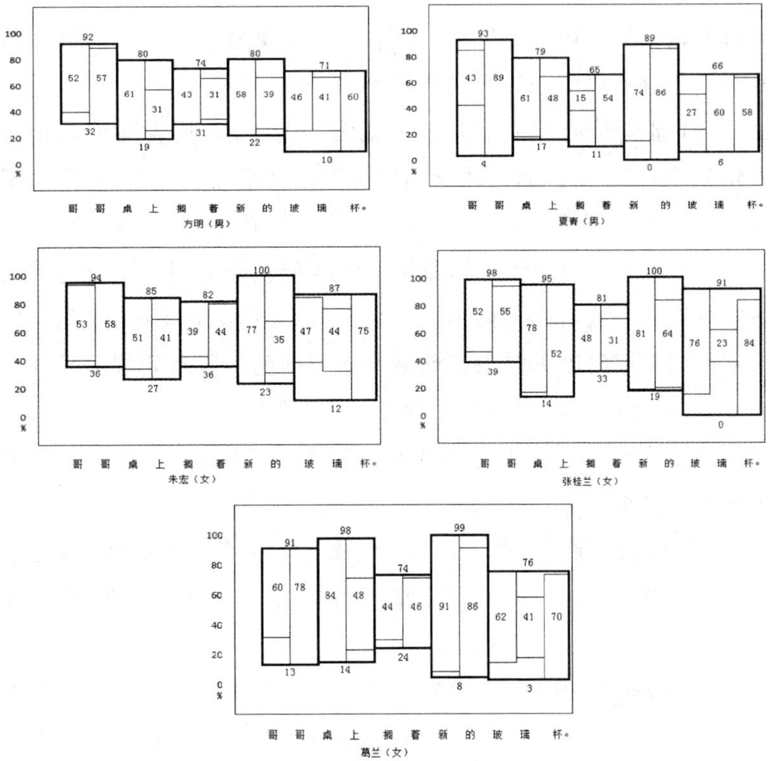

图 2 沈炯(1982)五位播音员轻声陈述句调域图(百分比标度)

(“上”)调域跨度最大,男生的轻声音节调域跨度甚至大于前面非轻声音节调域跨度,句首词叠音亲属称谓轻声后字(“哥”)与句末名词轻声中字(“璃”)的调域跨度其次,句末修饰语与句中动词的轻声助词(“的”“着”)调域跨度最小;而在播音员的表现中,个别轻声字的调域跨度大于非轻声字的调域跨度,且每位播音员句首词中轻声后字(“哥”)的调域跨度都大于非轻声前字,出现边界前的调域扩展现象，各轻声音节的调域跨度比较也并未表现出普通人中孰大孰小的规律性特征；但总体上都表现为轻声音节的调域跨度小于各自前面的非轻声音节的调域跨度。

（2）播音员的句末字调域下线为全句下限（夏青除外），出现边界前的降低，而普通人的全句调域下限并不在句末字，男生位于句中动词首字调域下线，女生位于句末名词首字下线。

（3）普通人和播音员都是句中跨度最大的词调域位于句末名词（"玻璃杯"）或者句末修饰语（"新的"），均属于句末的存现宾语。句末名词调域跨度大是由于调域在边界前的扩展及调域下线的下延；句末修饰语（"新的"）为凸显语义，其调域上线会出现提升，扩展了调域跨度。句中动词（"搁着"）位于句子中心位置，调域跨度几乎全句最小。

（4）根据句首词与句末名词调域上线和下线的起伏度，可以看出轻声陈述句词调域从句首到句末表现出音高下倾的共同特征。

（5）普通人的轻声陈述句总体相对位置偏低，从总调域中下部向上延伸至75％左右；而播音员的轻声陈述句则从总调域底部延伸至总调域顶部，这也体现了播音员饱满的语调风格。总体上看，轻声陈述句与基式陈述句的调域表现相似，都占据调域底部的位置。

在普通人和播音员各组内进行性别比较，我们发现，女声的词调域上线大于男声相应的词调域上线；普通组中女声的各词调域下线都大于男声的相应词调域下线，播音员则是互有参差，表现并不显著。但从总体上讲，男、女发音人在轻声音高表现的方式上比较一致，都表现出轻声音节调域压缩的特点，只在局部存在细微差异，而播音员的个人播音风格色彩较浓，使性别差异淡化。

4.3 轻声字音时长的分布模式

这里的时长参数用时长比指标来表示，具体为某音节时长/本句音节的平均时长。通过时长比数值，我们可以看到句中各音节在时长上的声学表现，又能了解语句语调在时长上的波动变化情况。时长比数值大于1或大于参照句对应位置字音的数值则表明音段发生延长（石锋、梁磊、王萍 2010）。将所有发音人的轻声陈述句时长比进行平均计算，得到不同性别的时长比均值，具体见下图。

根据轻声陈述句时长比图及数据，我们可以清楚地看到：句首词（“哥哥”）、句中动词（“搁着”）和句末修饰语（“新的”）中均表现为非轻声首字大于轻声末字，三个韵律词的轻声末字均未出现边界前的延长；其中，除女生句中动词（“搁着”）的非轻声首字未发生延长外，女生另外两个韵律词及男生三个韵律词的非轻声首字均有延长，且男生三个韵律词首字时长比大于女生相应音节的时长比。

句首第二词（“桌上”）的两音节均有延长，且非轻声首字时长比小于轻声末字时长比；男生首字时长比大于女生相应音节时长比，男生末字时长比小于女生相应音节时长比，即女生句首第二词（“桌上”）的轻声音节时长与非轻声音节时长差量更为显著。句末名词（“玻璃杯”）中非轻声末字时长比最大，出现语句韵律边界前的延长，轻声中字时长比最小，非轻声首字居中。

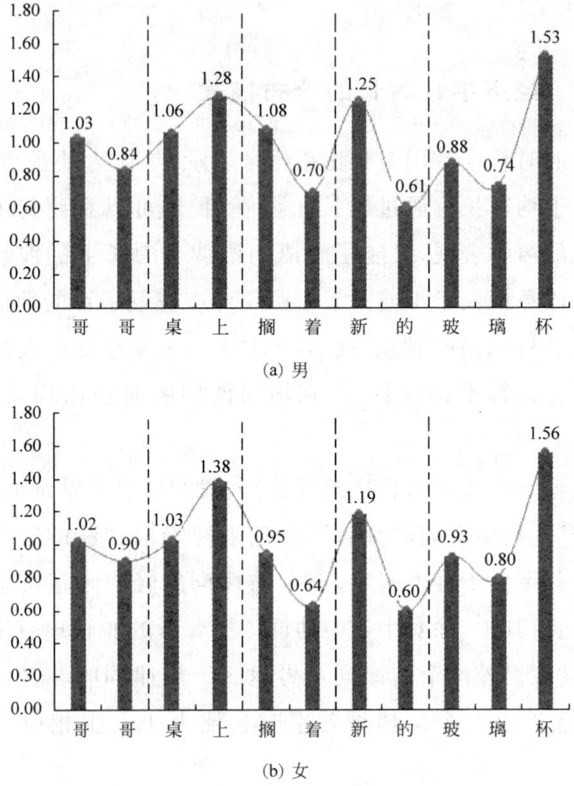

图 3 普通话轻声陈述句时长比图

表 2 普通话轻声陈述句音节平均时长(单位:毫秒)

	音节平均时长
男	199.0
女	194.5

全句轻声音节中，除句首第二词的轻声（“上”）有延长外，其他轻声音节均无延长；各轻声音节的时长比排序为句首第二词的轻声（“上”）时长比最大，句首第一词叠音亲属称谓的轻声后字（“哥”）和句末名词的习惯性轻声中字（“璃”）时长比次大，句中动词轻声时态助词（“着”）和句末修饰语轻声结构助词（“的”）时长比最小。

全句非轻声音节中，除句末名词首字（“玻”）和女生的句中动词首字（“搁”）的音节未发生延长外，其他非轻声音节均有延长；男、女生均表现为句末字（“杯”）停延最大，出现语句边界前的延长，其次为句末修饰语首字（“新”），句末名词首字（“玻”）的时长比最小。整个轻声陈述句中，全句最大时长比为全句的非轻声末字（“杯”），句首第二词（“桌上”）的轻声末字位居其次；全句音长最短的音节为句末修饰语中轻声结构助词（“的”）。比较男声和女声各音节时长比，全句除句首词末字、句首第二词末字及句末名词各音节表现为男声小于女声外，其他音节均为男声大于女声；但总体上，男、女发音人的轻声音节时长表现没有显著差异，除个别音节外，都共同体现出轻声音节时长缩短的特征。

4.4　轻声音节音强的分布模式

对于音强，我们用某音节幅度积/本句音节平均幅度积来计算音量比数值。如果音量比数据大于 1 或大于参照句对应位置字音的数值，就表明出现了音强的增强（梁磊、石锋 2010）。将男生和女生发音人的轻声陈述句音量比分别进行平均计算，得到图 4。

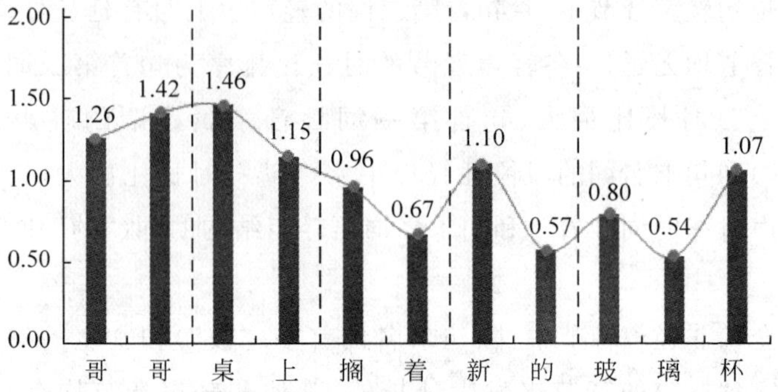

(a) 男

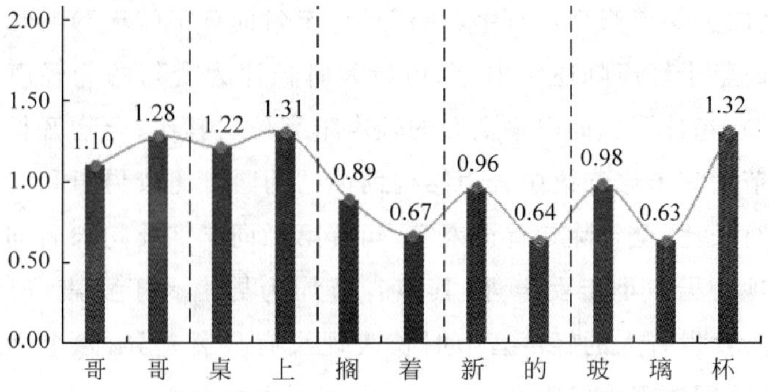

(b) 女

图 4 普通话轻声陈述句音量比图

表 3 普通话轻声陈述句音节平均幅度积

	音节平均幅度积
男	75.8
女	77.8

根据图 4，轻声陈述句中，除句首词（“哥哥”）及女生的句首第

二词（“桌上”）轻声末字音量比大于非轻声首字外，其他所有韵律词中的轻声音节音量比均小于前面非轻声音节音量比。句首词（“哥哥”）和句首第二词（“桌上”）内各音节和句末字（“杯”）音量比都大于1，出现不同程度的音量增强。

从图中可见，男生的最大音量比位于句首第二词的非轻声首字（“桌”），句首词轻声音节（“哥”）音量比与之只有4%的差值，最小音量比在句末名词轻声中字（“璃”）；女生的最大音量比位于全句末字（“杯”），句首第二词轻声末字（“上”）与之只有1%的差值，句首词轻声末字（“哥”）与之只有4%的差值，最小音量比位于句末词轻声中字（“璃”）。男生句末修饰语首字（“新”）音量比大于1，超过其前后韵律词的音量比；女生句末修饰语首字（“新”）音量比接近1，且与句末名词首字音量比相近，大于前面句中动词首字（“搁”）；表明在男、女生各自句中均有相对凸显。

比较男生和女生，非轻声音节中，除句末名词外，男生的各非轻声音节音量比均大于女生；轻声音节中，除句首词末字（“哥”）和句中动词末字（“着”）外，男生的各轻声音节音量比均小于女生，且男生句首词末字的幅度积大于女生，而句中动词末字的幅度积小于女生；但总体上，男、女发音人的轻声音节音强表现没有显著差异，除个别音节外，都体现出轻声音节能量减弱的特征。整体看来，轻声陈述句表现出从句首向句末音量递减的趋势，与音高表现相呼应，除句首词的轻声有特殊表现外，句中其他位置的轻声音节均未出现音量的增强。

4.5　讨论及结论

通过上述对轻声陈述句字调域、词调域和句调域三个层级单元上音高、音长和音强的考察，我们发现，轻声陈述句中的轻声音节的音高、音长和音强三个要素之间有表现一致的地方，也有表现不同之处。

轻声陈述句的句末字与一般陈述句的韵律模式相似，也出现了调域扩展的情况，且末字表现出调域下线的明显下延，多达到总调域的最低值。此外，考察轻声陈述句的起伏度情况，可以看出从句首词到句末词的音高下倾现象，伴随音高下倾出现的是从句首到句末的音量递减，而音长方面则并没有表现出这一特征。

根据焦点辅重原则，辅助或修饰成分做焦点是弱标记现象，若句中有修饰语，则多成为焦点。沈炯(1982)指出，语调的变化对音域的上限和下限分别起调节作用，上限的调节和语义的加强有关，下限的调节和语句节奏结构的完整性有关。轻声陈述句中，句末修饰语(“新的”)首字上线的提升及其调域的扩展，则体现了突出语义特征的需求，将修饰语置于焦点位置。

比较轻声陈述句中各轻声音节的表现，在调域上线方面，男生表现为句首第二词轻声末字(“上”)调域上线最高，句首词和句末名词的轻声字(“哥”和“璃”)调域上线居中，结构助词(“的”)和时态助词(“着”)调域上线最低；女生表现为句首词和第二词的轻声末字(“哥”和“上”)调域上线相同，为全句轻声音节的最大值，时态助词(“着”)和结构助词(“的”)的调域上线相同，在全句轻声音节调域上线中居于第二位，句末名词轻声音节(“璃”)为全句轻声音节调域上线最低值。女生各轻声音节的调域上线表现出音高下倾的特点。

总体上，靠近句首的轻声音节调域上线高于靠近句末的轻声音节调域上线。调域跨度方面，句首第二词轻声末字(“上”)调域跨度最大；句首词和句末名词的轻声字(“哥”和“璃”)调域跨度其次；结构助词(“的”)和时态助词(“着”)调域跨度最小。男生调域上线和调域跨度的表现较为一致。时长方面，与轻声音节调域跨度表现相似，句首第二词轻声末字（“上”）的时长比最大，句首词和句末名词的轻声字（“哥”和“璃”）时长居中，时态助词（“着”）和结构助词（“的”）的时长最短。音强方面，轻声陈述句中各韵律词内轻声整体表现为音强由句首向句末递减。

整体考察轻声陈述句，句中轻声音节调域跨度大多小于相应词内的非轻声字，句首词和第二词的轻声字除外。句中动词（“搁着”）、句末修饰语（“新的”）和句末名词（“玻璃杯”）中的轻声字在各自词内均未出现调域扩展，而时长和音强出现大幅度的缩减。句首词和第二词的轻声字则有不同表现。句首词轻声末字（“哥”）相比于词内非轻声字出现较大幅度调域压缩，时长缩短，音强则增强。男生句首第二词轻声末字（“上”）相比于词内非轻声音节的音强明显减弱（差量为 31%），调域和时长则均有扩大；女生的这个字则表现为调域压缩，而时长和音强均有增加。可见，在句首词的轻声末字上，男生和女生均通过音高和音长的缩减来体现轻声的特点；在句首第二词轻声末字上，男生通过音强的缩小来表现轻声，女生则通过音高调域的压缩来表现轻声。

整体实验结果符合轻声字音三分（王志洁 1999），语流中的结构助词（“的”）和时态助词（“着”）是无本调轻声，表现出音高较低，调域压缩、时长和音强大幅度缩减的语音特征。三字组中的轻声字（“璃、叭 、—子、—头”）是失本调轻声，也表现出相应的音高、音长和音强减弱的现象，但从其调域和时长的表现来看，轻化程度小于结构助词和时态助词。句首词和第二词的轻声字音（“哥、爷、姐、弟”和“上”）是带本调轻声，没有表现出音高、音长和音强缩减。句首词是叠音亲属称谓，后字轻声表现出音强的增强，这是省略后面“的”字的结果。句首第二词是方位结构做存现句主语。这里表现出主谓边界前的时长延长(刘叔新、石锋 1995),男生有调域跨度的扩展,女生有音量比的增加。这两种带本调的轻声,在实际发音时为"可轻声"。可见,从正常字音到完全轻声应是一个连续统:

无本调轻声—失本调轻声—带本调轻声(可轻声)—常态字音。

轻声的级别不同,在音高、时长、音强上的轻化表现也不同。

这里的实验还表明轻声字音的韵律表现具有性别差异。同时,受过训练的播音员表现各异,没有规律。这也说明,除非专门考察播音语体特征,播音员不是合适的发音人。实验结果再次证明,语流中音高、音长和音强韵律三要素并不是同步变化,三者不可偏废,需要同时考察,才能得出正确结论。

第三章　特定句式

一、“被”字句和“把”字句的韵律分布模式①

1.1　引言

王力(1943)将“被”字句定义为“叙述词所表示的行为为主体所遭受者”，并将“被”字句与“把”字句加以比较，发现二者“形式虽然不同，而其所叙述行为的性质却大致相同”，二者都能表示处置。陆俭明(2016)也将“被”字句当作和“把”字句一样可表示处置的一类句式。不过，薛凤生(1994)提出了不同的看法，他将“被”字句的结构抽象为“A 被 B＋C”，语义表述为“由于 B 的关系，A 变成了 C 所描述的状态”，而不是“A 如何被 B 处置”。那么，“被”字句是否能表示被处置，如果能，又如何实现，这是我们的研究目的之一。

此外，“被”字句的焦点也是存在争议的问题。温锁林(2001)认为“被”字句非焦点成分前移是为了“凸显句尾焦点”；张谊生(2004)指出被字句所描述的是动作与结果，表达的焦点在于造成的结果；王振来(2004)、游舒(2005)、刘云(2003)等也持相同看法。与“被”字句焦点在动词短语的观点不同，邵敬敏、赵春利(2005)认为作为后置标记的“被”凸显的是动作在逆方向对事物的被动性影

---

① 原文发表于《南开语言学刊》2017 年第 2 期，题为《“被”字句和“把”字句中处置义的差异——韵律分布模式的证据》，作者谢郴伟。

响;张昕(2010)指出“需要突出被动者时用被动句”,他们都认为动作行为所影响的对象是“被”字句的焦点。那么,“被”字句的焦点究竟是哪里,其焦点又是如何表现的,这也是我们的研究目的之一。

沈家煊(2017)指出,“汉语的韵律语法是(大)语法的一个子集”,“韵律本身就是汉语的一种重要的语法形态手段”。韵律成分就是超音段成分,即音高、音长、音强构成的特征(石锋 2017)。因此,本研究以语调格局的思路(石锋 1999)为指导,分别采用起伏度(石锋、王萍、梁磊 2009)、时长比(石锋、梁磊、王萍 2010)和音量比(梁磊、石锋 2010)三个参量,对结构形式为“S 被 O—V 了”的“被”字句的音高、音长和音强进行定量分析,并对比“主—谓—宾”式的参照句,得出韵律分布模式,考察焦点位置,探求其中处置义的实现,在此基础上,与“把”字句的韵律分布模式进行比对,考察二者在韵律分布模式、信息结构以及焦点表现上的异同。

1.2 实验说明

1.2.1 语料设计及发音人

为了探求“被”字句韵律分布的具体表现,这里共设计了三组实验句,分别为“主—谓—宾”式的参照句(后文简称参照句)、“把”字句和“被”字句,每组句式均包含四句不同调类的句子,共 3×4=12 句实验句。具体实验语料如下:

(1) 参照句:	(2)“被”字句:	(3)“把”字句:
张三喝鸡汤了。	鸡汤被张三喝了。	张三把鸡汤喝了。
王龙拔虫牙了。	虫牙被王龙拔了。	王龙把虫牙拔了。
李晓剪彩纸了。	彩纸被李晓剪了。	李晓把彩纸剪了。
赵四卖电视了。	电视被赵四卖了。	赵四把电视卖了。

每个实验句除“被”和“了”字以外,均为同一声调的字词,例如阴平句“张三喝鸡汤了”除“了”以外都是阴平字,这样设计的目的是为了便于考察不同句式不同位置字词的调域以及全句的调域范围。

本研究共8位发音人，4男4女，均为南开大学非中文系在校研究生，平均年龄为25岁，普通话水平为二级甲等。语音录制在南开大学语音实验室进行，录音软件为Cool Edit，采样率11025赫兹，16位，单声道录制。每位发音人都以自然状态、平稳语速发音，不出现语义强调和感情色彩。每个实验句读3遍，句与句之间间隔4秒，共得到12×8×3=288个样品句。

1.2.2 实验数据的处理方法

语调是在人们的话语音流中，以音高的起伏程度表现的调域的高低宽窄与时长的增减和音量的强弱共同构成的有序变化（石锋2017）。利用南开大学“桌上语音工作室”（Mini-Speech-Lab）对录音语料进行测算，得到各字音的音高（Hz）、音长（ms）和音强（幅度积）①的原始数据，通过公式分别将其转换为对应的起伏度②、时长比③和音量比④数值。

对于“被”字句韵律分布模式的考察，以自然焦点、常规语序的主谓宾式陈述句这样的基式句作为参照，即通过比对参照句在音高、音长和音强上的异同得出“被”字句的韵律分布模式。关于“把”字句韵律分布模式的具体结果和详细论述请参看谢郴伟（2017），后文仅列出相关的主要结论。

1.3 “被”字句与参照句对比分析

1.3.1 音高分析

音高参数采用起伏度指标表示，起伏度指标能较为直观地展

① 幅度积的大小与所选语音段的强度和时长成正比，可通过“桌上语音工作室”软件测量得出。

② 起伏度的具体测算公式参看石锋、王萍、梁磊（2009）。

③ 时长比的具体测算公式参看石锋、梁磊、王萍（2010）。

④ 音量比的具体测算公式参看梁磊、石锋（2010）。

示语调音高的特点(石锋、王萍、梁磊 2009,陈怡、石锋 2011)。将所有发音人分为男生组和女生组,分别求出男生和女生的半音值均值。同时,为了将参照句和“被”字句放在同一水平上进行比较分析,整合男生和女生这两组实验句的所有半音值均值数据来做归一处理,选择各自的最大值和最小值作为调域的极值,即 100% 和 0,以此来计算百分比值。据此,可得到男生和女生的起伏度数值,并作出语调音高起伏度图,具体如图 1 所示:

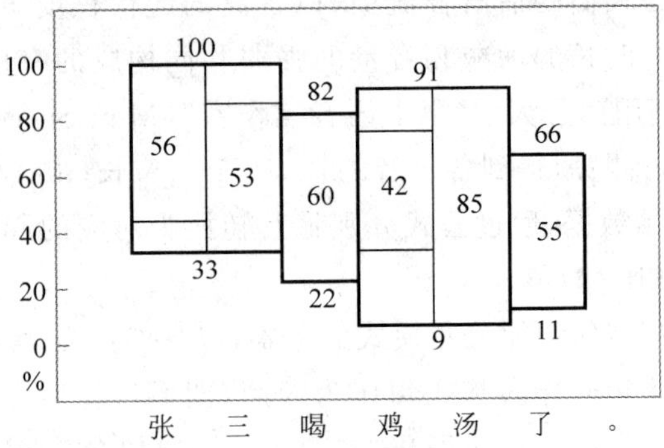

(a) 男生参照句

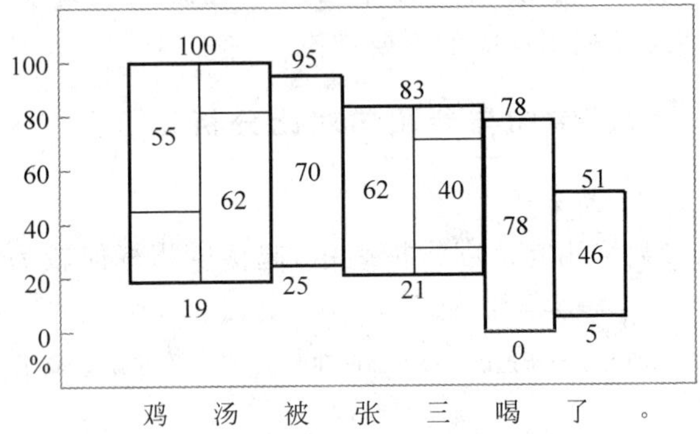

(b) 男生“被”字句

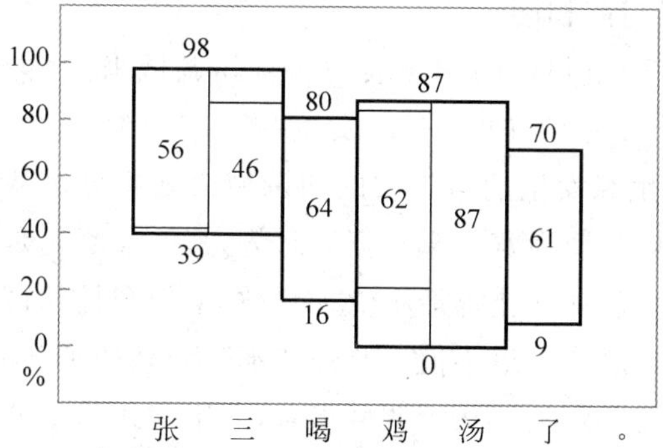

(c) 女生参照句

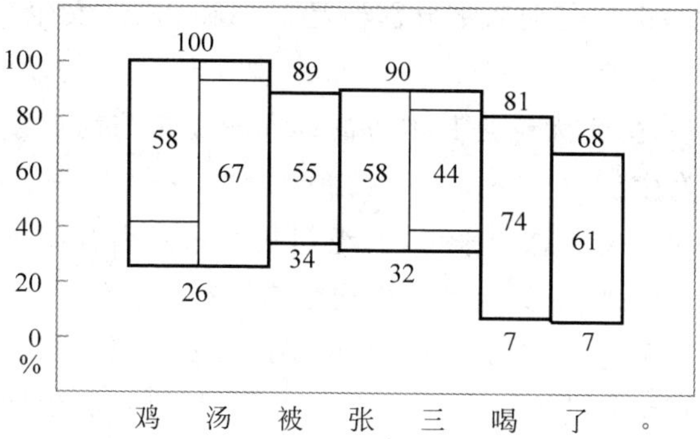

(d) 女生“被”字句

图 1　性别分组起伏度图

图 1 的小框分别表示单字调域，并用数字标示出来，大框表示的是主语、宾语的词调域，并用数字标示出上线和下线的具体数值，字调域、词调域和句调域分别都由各自的上线和下线决定。图中以阴平句为例标示，实际每个单字包含了四个声调调型，后文图例与此相同。“被”字句中“被”和“了”字为专调域，其余各处为全调域，四声俱备，因此单独计算“被”和“了”的上线、下线和调域，后

文音长和音强与此相同。

首先来看两组句式的调域表现。从句调域来说,男生“被”字句为 100%,大于参照句的 94%,女生“被”字句为 93%,小于参照句的 98%,男生和女生两组句式的句调域表现相异。从词调域来看,两组句式均表现为宽—窄—宽的态势,其中参照句是宾语获得词调域的最大值,动词获得最小值,而“被”字句则是动词获得词调域的最大值,宾语获得最小值。此外,“被”字句除“了”字的词调域以外,男生均大于女生。从字调域来看,两组句式的字调域最大值均落在倒数第二字上,其中参照句为宾语后字,“被”字句为动词处,男生为 78%,与前后字分别相差 38%和 32%,女生为 74%,与前后字分别相差 30%和 13%。可见,就“被”字句的动词、主语和“被”字来说,男生无论是其本身的词调域还是与前后字的差值上都要大于女生。

再看起伏度。总的来说,两组句式均未脱离音高下倾机制的作用。就上线来说,男生和女生均是参照句主语触及句调域上线,并在动词处下降,又在宾语处抬升,最终在宾语后字形成一个小高峰。而“被”字句的上线从主语到宾语再到动词,男生和女生都大致表现为依次降低的态势;但在“被”字和动词处,男生上线较前字有所提升,女生上线则较前字略有下降。就下线来说,男生和女生参照句都是从主语到宾语依次降低,并在宾语处降至最低。“被”字句的“被”字处下线略有提升,动词处下线则大幅降低,男生和女生都是在动词处达到句调域下线。可见,“被”字句通过下线的大幅降低来实现动词词调域的扩展,从而获得最大词调域,其中男生降低幅度要大于女生,且男生在动词处上线较前字上升,女生则略有下降。

1.3.2 音长分析

音长参数采用时长比指标表示，时长比指标能清晰地反映语调时长特点，描述说话人在语调时长上的声学表现，时长比数值大于1为延长（石锋、梁磊、王萍 2010，孙颖、石锋 2012）。通过平均计算，可以得到男生和女生的时长比均值，具体如图2所示：

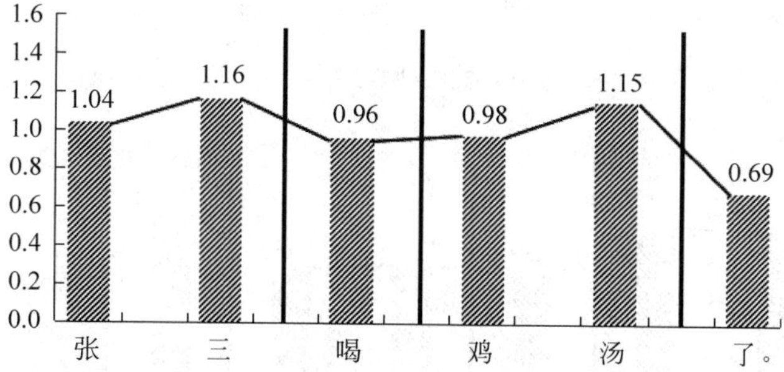

(a) 男生参照句

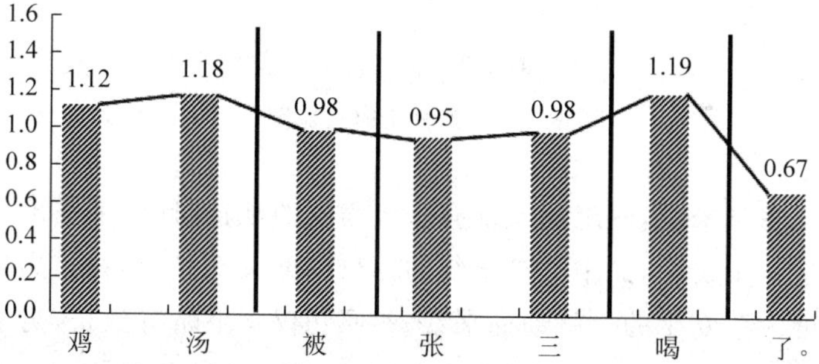

(b) 男生“被”字句

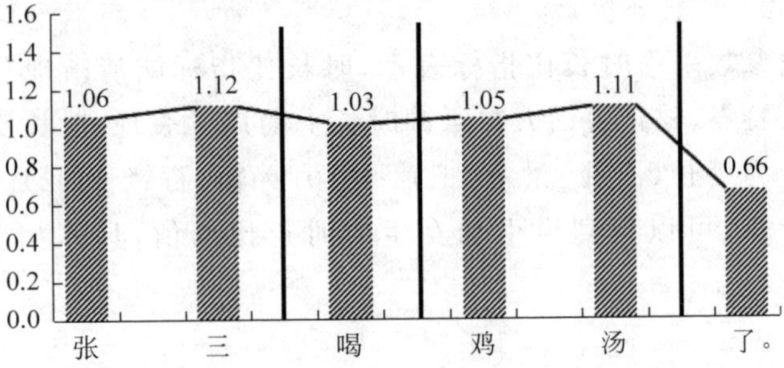

(c) 女生参照句

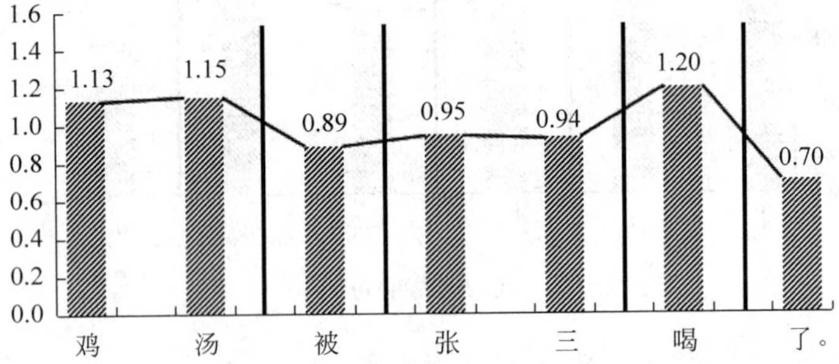

(d) 女生“被”字句

图 2　性别分组时长比图

就主语来说，两组句式都有一定程度的延长，且后字在前字基础上进一步延长，其中“被”字句的延长幅度大于参照句的，男生延长幅度大于女生的。就动词来看，参照句仅女生略有延长，男生并未延长，而“被”字句的动词是全句相对时长最长的，男生延长19%，较前字增幅21%，女生延长20%，较前字延长26%。就宾语来看，参照句宾语前字男生略有缩短，女生则略微延长，后字男女生均表现为延长，“被”字句宾语则呈现一定程度缩短，且女生后字较前字进一步缩短，男生后字微有增幅但时长比数值依旧小于1。

两组句式“了”字相对时长相差不大。可见，就音长来说，“被”字句和参照句的主要差别落在动词和宾语上，且在“被”字句动词延长的具体表现上，女生较男生更为凸显，无论是在其本身的延长幅度上还是较前字的增幅上均如此。

1.3.3　音强分析

音强参数采用音量比指标表示，音量比指标能将语调音强参数量化展示，具有较强的操作性，音量比数值大于 1 为增强（田野 2010，梁磊、石锋 2010）。通过平均计算，可以得到男生和女生的音量比均值，具体如图 3 所示：

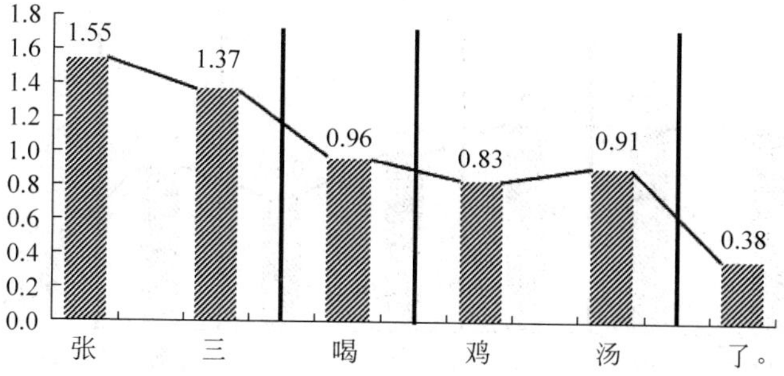

(a) 男生参照句

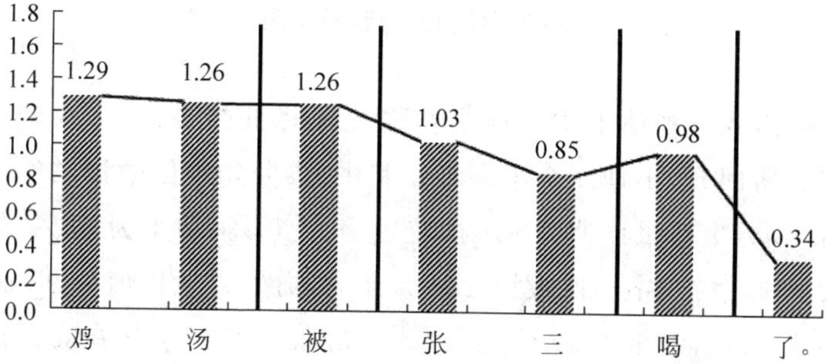

(b) 男生“被”字句

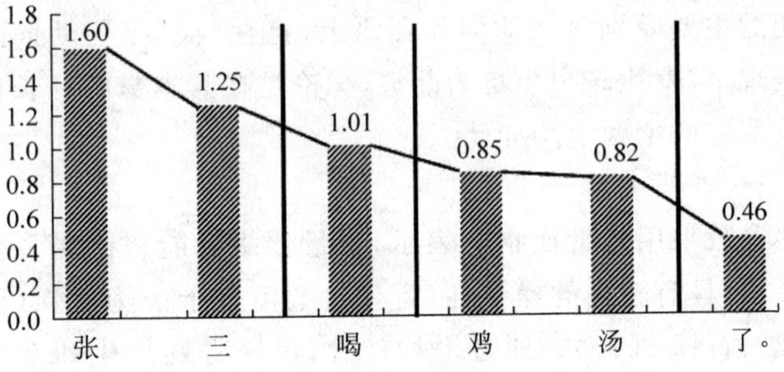

(c) 女生参照句

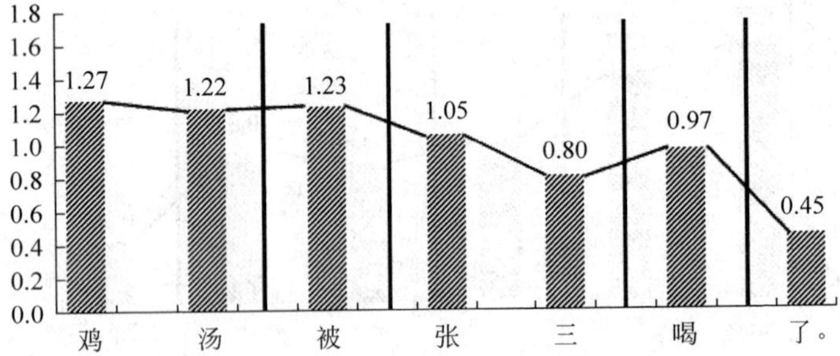

(d) 女生“被”字句

图 3　性别分组音量比图

两组句式整体上均表现出音强逐渐降低趋势，且多在倒数第二字有所回升，出现一个小高峰。其中，参照句中倒数第二字为宾语后字，男生音量比值为 91%，较后字大 53%，女生为 82%，较后字大 36%；“被”字句倒数第二字为动词，男生音量比值为 98%，较后字大 64%，女生为 97%，较后字大 52%。“被”字句在宾语后字出现一个低谷，男生音量比值为 85%，较前后字分别小 18%和 13%，女生为 80%，较前后字分别小 25%和 17%。另外，两组句式在主语处的表现大不相同，参照句远远大于“被”字句的，而男生“被”字句又略大于女生。可见，“被”字句除“了”字以外，男生的音强都略大于女生。

1.3.4　小结

将男生和女生的结果进行平均计算，整合参照句和“被”字句的语调音高、音长和音强数据，得到总体韵律分布模式，具体如图 4 所示：

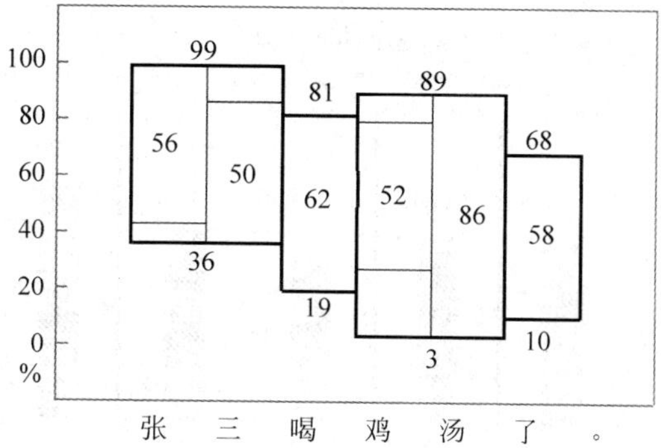

(a) 参照句起伏度图

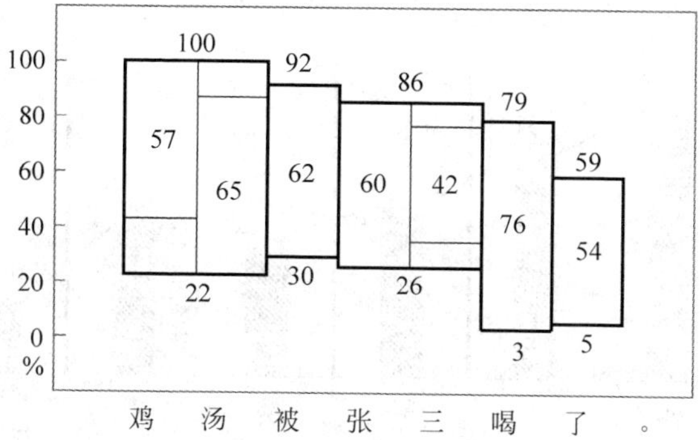

(b) “被”字句起伏度图

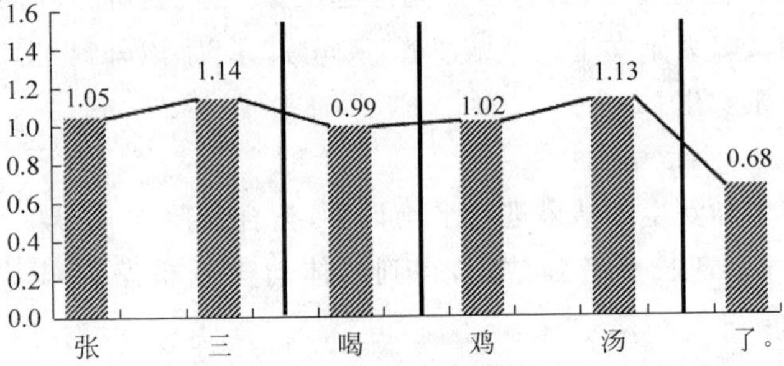

(c) 参照句时长比图

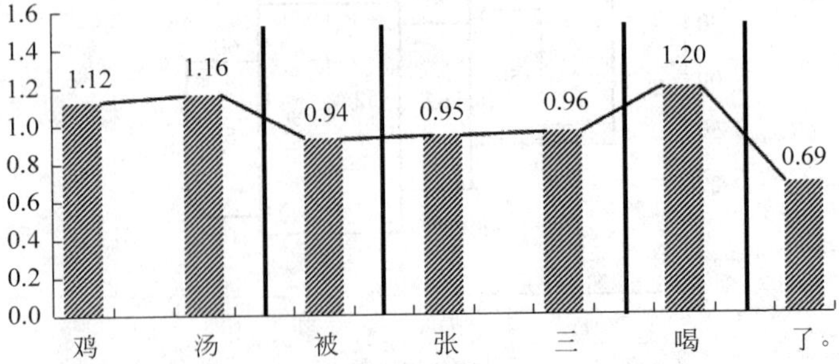

(d) “被”字句时长比图

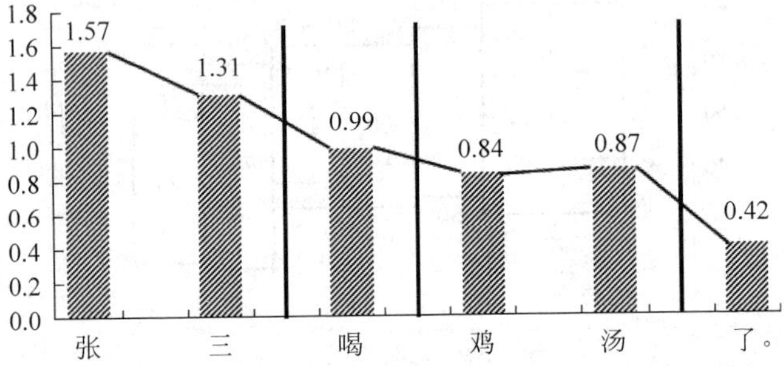

(e) 参照句音量比图

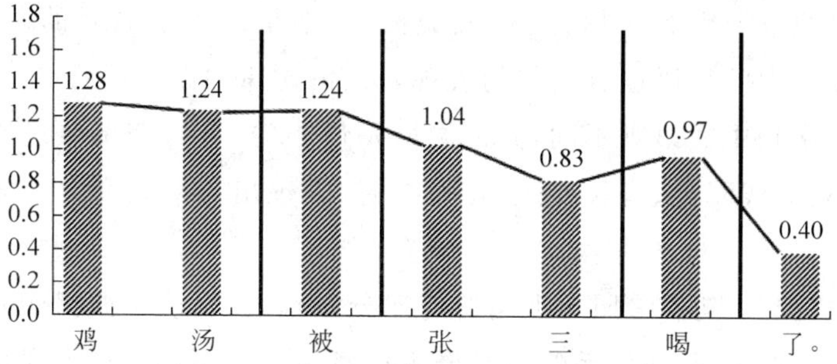

(f)“被”字句音量比图

图 4　参照句和“被”字句的韵律分布模式

主语位置上，两组句式在音高、音长和音强上的表现不尽相同。从词调域来看，“被”字句主语调域为 78%，参照句为 63%，“被”字句主语的词调域比参照句的大 15%；从音长来看，“被”字句主语后字延长 16%，较前字增幅 4%，前后字时长比均值为 114%，参照句主语后字延长 14%，较前字增幅 9%，前后字时长比均值为 110%，“被”字句主语及其后字的延长幅度略大于参照句，且两组句式主语后字受边界调的影响较前字均有所增幅（石锋、王萍 2014）。从音强来看，“被”字句主语前字增强 28%，后字增强 24%，参照句分别为 57%和 31%，“被”字句主语的音强增强幅度远远小于参照句的。“被”字句在音高、音长和音强上的复杂匹配与其语义语用地位相关，后文我们将对这一点做详细讨论。

两组句式在动词和宾语上的韵律分布表现出正好相反的态势。参照句动词的调域宽窄居中，音长既未延长也未缩短，音强既无增强也无减弱，而“被”字句的动词，其词调域是最宽的，起伏上线较前字有所提升、音长最长、音强呈现出小高峰的态势，参照句中的宾语也有类似的表现，符合“尾重原则”（石锋 2017）。“被”字句中宾语则不同，其词调域是最小的，且后字调域进一步缩小、上线降低、音长变短、音强减弱，表现出与动词完全相异的态势。

“被”字句和参照句不同的韵律分布模式，反映出两组句式不同的焦点表现，所传递的语义语用信息也因此不同。焦点在韵律分布上有其相对稳定的表现，Xu（1999）和陈怡、石锋（2011）都通过语调实验发现，汉语的焦点主要是通过调域的扩展来实现。此外，沈炯（1994）还发现调域上线与语义（重音凸显）有关，在语义凸显的强化下，上线会有所提升。而在音长和音强方面，孙颖、石锋（2012）发现焦点处的音长会有所延长，田野（2010）发现焦点处的音强会有所增幅。可见，主谓宾式参照句的焦点在宾语处，所强调突出的是动作行为的受事，而“被”字句则不同，其动词具有焦点的语音表现，所强调突出的是动作行为及其结果（陆俭明 2016）。不过，“被”字句的焦点不仅仅局限于动词，下面将通过与“把”字句的比较对这一点进行详细讨论。

1.4 “被”字句与“把”字句对比分析

结构形式为“S 把 O—V 了”、语法意义表处置的“把”字句和“被”字句一样，蕴含强影响性，所表达事件的受影响语义较主谓宾句更彻底（张伯江 2001）。这里将二者的音高、音长、音强的韵律分布模式汇总列出，具体如图 5 所示：

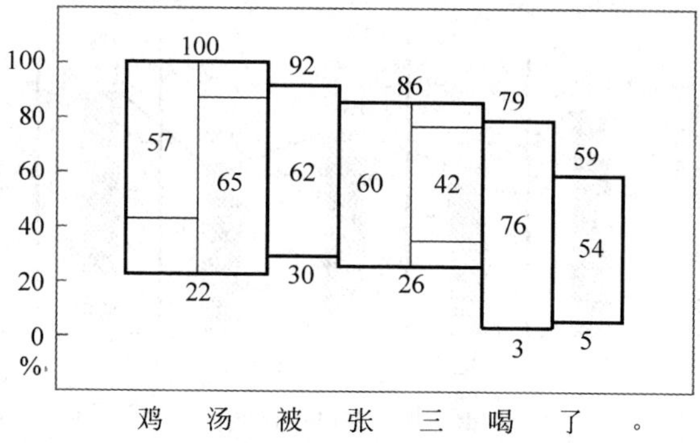

(a)“被”字句起伏度图

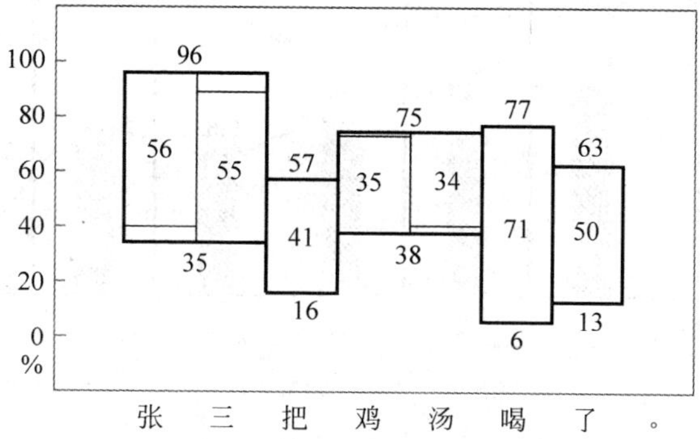

(b)“把”字句起伏度图

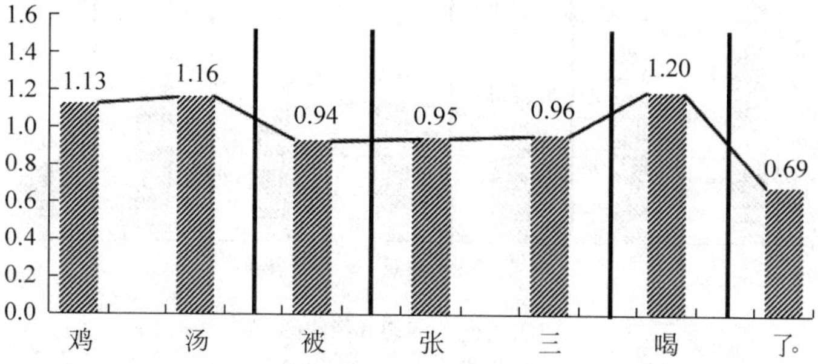

(c)“被”字句时长比图

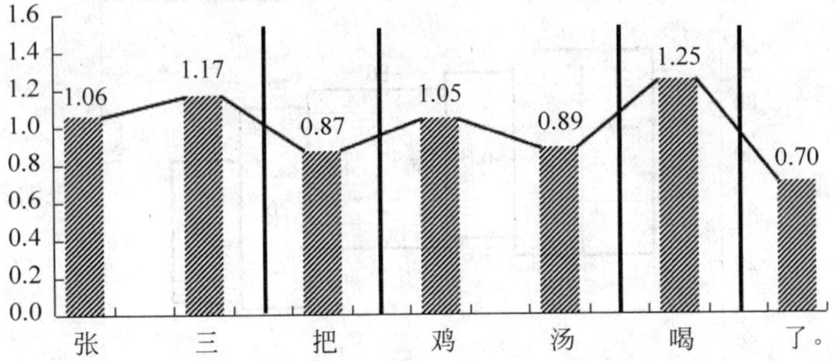

(d) “把”字句时长比

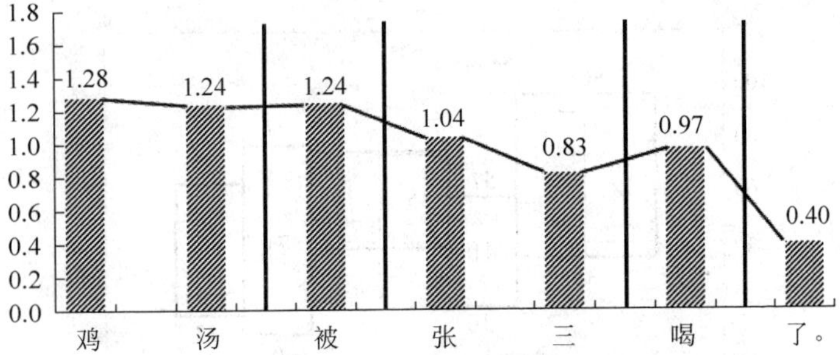

(e) “被”字句音量比图

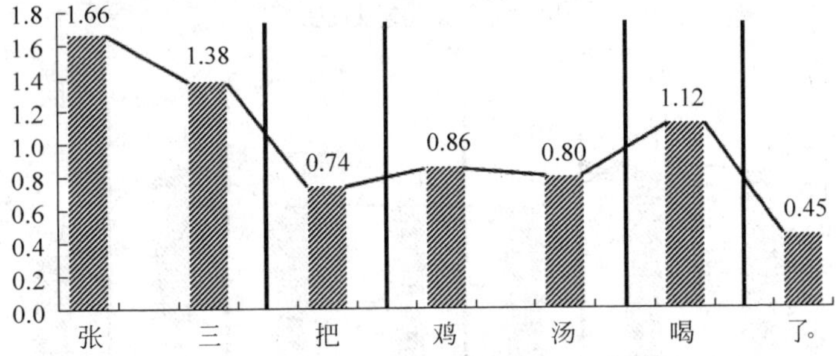

(f) “把”字句音量比图

图 5　“被”字句和“把”字句的韵律分布模式

总的来说,“被”字句和“把”字句的韵律分布模式大致相同,音高调域上都呈现出宽—窄—宽的态势,音长上都呈现出长—短—长的态势,音强上都呈现出强—弱—强的态势,且都表现出动词的调域为词调域的最大值,起伏上线较前字有所提升,音长延长至最大,音强较前后字有所增幅呈现小高峰态势。可见,动词同为“被”字句和“把”字句的焦点所在,二者的语义重心均是强调处置的方式和结果(陆俭明 2016)。

不过,“被”字句和“把”字句的韵律分布模式也存在一些差异。主语位置上,“被”字句除了与参照句不一样以外,也表现出与“把”字句不一样的特点。音高上,“被”字句的词调域明显大于“把”字句和参照句的;音长上,“被”字句和“把”字句以及参照句相差不大;音强上,“被”字句的音量比数值小于“把”字句和参照句的。“被”字句的主语在韵律三要素上的复杂表现受到两个因素的影响:一方面“被”字句的主语是有定的(张潜 1999),就信息强度来说,要弱于“把”字句和参照句的,而一个语言成分的语音充盈度跟它所负载意义内容的实在程度和所传递的信息量相互对应(石锋 2017),所以其音强增强幅度有限;另一方面,“被”字句的主语词调域的显著扩大是互补焦点的表现(石锋 2017),后文将对互补焦点详细说明。同样,“被”字句中“被”字也具有互补焦点的特征,其调域因受调型单一限制暂且不论,但其音量比数值在全句中仅小于句首音节居第二位,说明其音强凸显,表现出互补焦点的特性。

石锋(2017)根据焦点表现的韵律成分将焦点分为“完全焦点”和“互补焦点”。其中,完全焦点是“音高、时长和音强三者都有凸显”。本研究“被”字句的动词就是在音高、音长和音强上都显著突出，这不仅仅表现在动词本身的调域、时长比和音量比数值上，也反映在与前后字之间的差值上。互补焦点是“某一成分凸显一个方面，而另一成分凸显其他方面”。本研究“被”字句的主语仅词调域在全句最大反映了这一点，而“被”字仅在音强上凸显也反映了这一点，二者均属于互补焦点。同时，石锋(2017)根据焦点的构成方式又将焦点分为“独立焦点”和“联合焦点”。其中，联合焦点是“两个或多个成分合作构成焦点”，常表现为互补焦点。这里参照句仅在宾语处凸显其音高、音长和音强，“把”字句也仅在动词处凸显韵律三要素，二者都是独立焦点，也都是完全焦点。但“被”字句不同，其动词是完全焦点，而主语和“被”字则是互补焦点，同时三者共同构成联合焦点。

“被”字句与“把”字句不同韵律分布模式所表现的不同类型的焦点特征与其自身的信息结构相关。邵敬敏、赵春利(2005)指出，“把”和“被”都是“标记体”，不同的是“把”属于“前置标记”，跟宾语相联系；“被”属于“后置标记”，跟受事主语相联系。在现代汉语普通话中，前置标记是普遍的、无标记的、弱势的，后置标记是非普遍的、有标记的、强势的，因此，作为强势标记“被”字本身也是可以进入焦点表现。此外，“被”字句强调的是受事主语所受处置的结果，其受事主语作为处置结果的承受者，也是被强调的一部分，而施事宾语作为可删去的成分，是难以作为句子的语义重点的。因此，被字句中受事主语和动词同为焦点，且“被”作为强势标记连接二者共同构成联合焦点。“被”字句通过“被”字将施事后移、受事前移，从而使得受事主语、“被”字和动词协同组成联合焦点，以此来实现被处置的语法意义，强调受事所遭受的处置结果。

此外,"被"字句和"把"字句宾语的调域、音长和音强都较小,尤其是后字,这是因为宾语后字恰好位于动词前,二者都通过压缩其调域、缩短其音长和减弱其音强来凸显后接动词的焦点效果;但"把"字句宾语的词调域要比"被"字句的更小,且其后字音长和音强的降幅大于"被"字句,去重音程度更显著。"把"字句宾语为已知信息,信息强度最弱,在韵律分布上也处于弱势地位,而"被"字句的施事宾语虽可省略,但只要出现就传递了一定的信息量,所以并不像"把"字句那样处于韵律分布中的弱势。

1.5　结论

在语调格局思路的指导下,通过与主谓宾句和"把"字句的比较,本研究对结构形式为"S 被 O—V 了"的"被"字句韵律分布模式进行了考察。结论有三点:

(1)"被"字句和"把"字句一样也表示处置,其动词的词调域最宽、音长最长、音强有所增幅,具有焦点重音的特征。不过,与"把"字句独立焦点不同,"被"字句中动词为完全焦点,主语和"被"字为互补焦点,三者共同构成联合焦点。

(2)"被"字句通过"被"字将施事后移、受事前移,从而使得受事主语、"被"字和动词协同构成联合焦点,以此来强调受事所遭受的处置结果,实现被处置的语法意义。

(3)男生和女生"被"字句的韵律分布模式略有不同,男生在动词的音高调域和上线起伏以及音强增幅上凸显程度强于女生,在主语词调域和"被"字音量比数值上也大于女生,而女生则在动词音长延长幅度上的凸显程度强于男生。

附录 1　音高、音长、音强绝对数值

		例句	鸡	汤	被	张	三	喝	了
“被”字句	男生均值	上线(st)	17.5	15.5	16.9	15.7	14.4	15.1	12.2
		下线(st)	11.5	8.7	9.4	9	10.1	6.7	7.3
		音长(ms)	275	289	243	234	243	294	167
		幅度积	276	273	279	227	183	210	74
	女生均值	上线(st)	26.1	25.4	25	25	24.3	24.1	22.7
		下线(st)	19.8	18.1	19	18.7	19.6	16.1	16
		音长(ms)	288	292	229	241	238	304	181
		幅度积	294	286	289	250	185	227	108
参照句		例句	张	三	喝	鸡	汤	了	
	男生均值	上线(st)	17.5	16	15.6	14.9	16.6	13.9	
		下线(st)	11.4	10.3	9.1	10.3	7.4	7.9	
		音长(ms)	250	283	232	238	278	169	
		幅度积	341	295	210	182	202	79	
	女生均值	上线(st)	25.9	24.6	24	24.3	24.7	22.9	
		下线(st)	19.8	19.6	17.1	17.6	15.3	16.2	
		音长(ms)	279	293	270	276	290	175	
		幅度积	356	272	223	188	183	112	

附录 2　音高、音长、音强归一化数值

		例句	鸡	汤	被	张	三	喝	了
“被”字句	男生	上线(%)	100	81	95	83	71	78	51
		下线(%)	45	19	25	21	31	0	5
		时长比(%)	112	118	98	95	98	119	67
		音量比(%)	129	126	126	103	85	98	34
	女生	上线(%)	100	94	89	90	83	81	68
		下线(%)	42	26	34	32	39	7	7
		时长比(%)	113	115	89	95	94	120	70
		音量比(%)	127	122	123	105	80	97	45

续表

参照句		例句	张	三	喝	鸡	汤	了	
	男生	上线(%)	100	86	82	76	91	66	
		下线(%)	44	33	22	33	6	11	
		时长比(%)	104	116	96	98	115	69	
		音量比(%)	155	137	96	83	91	38	
	女生	上线(%)	98	86	80	83	87	70	
		下线(%)	42	39	16	21	0	9	
		时长比(%)	106	112	103	105	111	66	
		音量比(%)	160	125	101	85	82	46	

二、双音节动词"把"字句的焦点考察[①]

2.1　引言

"把"字句的研究在学界长久不衰,而其焦点问题也一直存在争议。以徐杰、李英哲(1993)和金立鑫(1997)等为代表的学者认为"把"字句的焦点在宾语,例如"张三把鸡汤喝了"这句话中的焦点在"鸡汤"上。另一种观点则认为"把"字句的焦点在动词短语上(宋玉柱 1981,崔希亮 1995,陆俭明 2016,张慧丽、段海凤、潘海华 2017)。此外,还有学者认为"把"字句的焦点既在宾语上又在动词短语上(刘培玉 2002)。可见,"把"字句中焦点的配置,目前的研究还不够充分(祁峰 2012),还存在诸多争议,且前人多是从语法语义角度来考察这个问题。

① 原文发表于 *International Journal of Chinese Linguistics*, Vol 5:2(2018),作者谢郴伟。

实际上，焦点在韵律中多实现为重音，二者之间存在着密切的联系（冉启斌、段文君、贾媛 2013）。所谓韵律就是超音段成分，即韵律三要素音高、音长、音强构成的特征，即在人们的话语音流中，以音高的起伏程度表现的调域的高低宽窄与时长的增减和音强的强弱共同构成的有序变化（石锋 2017）。焦点重音所在音节的调域会明显扩展，调域上限大幅提升（沈炯 1994，Jin 1996，Xu 1999，陈怡、石锋 2011）；焦点重音处音节时长会普遍拉长（林茂灿等 1984，Jin 1996，贾媛、熊子瑜、李爱军 2008，孙颖、石锋 2012）；焦点重音处音节的能量则会有所加强（林茂灿等 1984，田野 2010）。谢郴伟（2017）对单音节动词"把"字句焦点的研究对此有所印证，而本研究将在此基础上，以构词形式为并列式、偏正式、动补式、动宾式等六组双音节动词的"把"字句为考察对象，进一步分析"把"字句的焦点表现。

胡建华（2017）指出，新描写主义是一种实证主义的研究路向。语音作为人类语言的物理载体，具备了具体、变异的特性，不再像以往概念化似的那般抽象（胡方 2017）。本研究正是基于新描写主义的理念，以韵律分布模式的语音实验方法，对六组不同构词形式的双音节动词"把"字句的语调音高、音长和音强，分别采用起伏度（石锋、王萍、梁磊 2009）、时长比（石锋、梁磊、王萍 2010）和音量比（梁磊、石锋 2010）三个参量进行定量分析，同时结合对应"主—谓—宾"式的参照句进行对比考察，对"把"字句韵律分布的具体表现进行深度刻画和描写，提供确凿数据材料，进而探讨"把"字句的焦点表现。在此基础上，本研究也希望能揭示出语音、语法、语义、语用之间的相互关系。

2.2　实验说明

2.2.1　语料设计及发音人

为了全面探求动词为双音节"把"字句的韵律分布模式的具体表现，通过检索"北京语言大学语料库中心"研制的 BCC 语料库[①]中所有双音节"把"字句，共得到 3994 条语料，在分析这些语料的基础上，根据可出现动词的构词形式，共设计了六组实验句，其动词形式分别为并列式（如"装修"）、偏正式（如"清蒸"）、补语为动词的动补式（如"推翻"）、补语为形容词的动补式（如"清空"）、动宾式及物动词（如"打包"）和动宾式不及物动词（如"装箱"），其中前五类分别包括对应的"主—谓—宾"式参照句（后文简称参照句）和"把"字句，不及物动词动宾式仅设计"把"字句。具体实验语料如下：

（1）并列式

1）参照句：	2）"把"字句：
张三装修新居了。	张三把新居装修了。
王鹏拦截敌人了。	王鹏把敌人拦截了。
李凯处理喜酒了。	李凯把喜酒处理了。
赵四替换证件了。	赵四把证件替换了。

（2）偏正式

1）参照句：	2）"把"字句：
张三清蒸猪腰了。	张三把猪腰清蒸了。
王鹏活埋黄牛了。	王鹏把黄牛活埋了。

① 语料库具体请参看 http://bcc.blcu.edu.cn/（荀恩东、饶高琦、肖晓悦、臧娇娇 2016）。

李凯水煮锦鲤了。	李凯把锦鲤水煮了。
赵四贱卖电视了。	赵四把电视贱卖了。

(3) 补语为动词的动补式

1）参照句：	2）“把”字句：
张三推翻书桌了。	张三把书桌推翻了。
王鹏移除毒瘤了。	王鹏把毒瘤移除了。
李凯吵醒女友了。	李凯把女友吵醒了。
赵四挂断电话了。	赵四把电话挂断了。

(4) 补语为形容词的动补式

1）参照句：	2）“把”字句：
张三清空书包了。	张三把书包清空了。
王鹏延长行程了。	王鹏把行程延长了。
李凯剪短彩纸了。	李凯把彩纸剪短了。
赵四扩大事业了。	赵四把事业扩大了。

(5) 动宾式及物动词

1）参照句：	2）“把”字句：
张三打包晚餐了。	张三把晚餐打包了。
王鹏出版作品了。	王鹏把作品出版了。
李凯转手股票了。	李凯把股票转手了。
赵四落实责任了。	赵四把责任落实了。
顾海投诉社团了。	顾海把社团投诉了。

(6) 动宾式不及物动词

1）“把”字句：

张三把电脑装箱了。

王鹏把员工停职了。

李凯把女友毁容了。

赵四把麋鹿灭种了。

顾海把秋粮入库了。

每组实验句都是以语料库中检索到的实际语料为基础稍作修改设计的。前四组中每个实验句除“把”和“了”字以外，均为同一声调的字词，例如阴平句“张三装修新居了”除“了”以外都是阴平字，这样设计的目的是为了便于考察不同句式不同位置字词的调域以及全句的调域范围。后两组因受声调搭配的限制，都设计了五句实验句来实现不同位置的全调域。这样共得到 4×2×4+5×3=47 个实验句。

本研究共 8 位发音人，4 男 4 女，均为南开大学在校研究生，平均年龄为 25 岁，普通话水平为二级甲等。语音录制在南开大学语音实验室进行，录音软件为 Cool Edit Pro 2.0，采样率 11025 赫兹，16 位，单声道录制。每位发音人都以自然状态、平稳语速发音，不出现语义强调和感情色彩。实验句采用正序和乱序两种版本分为两组给不同发音人，以此进行组间平衡。每个实验句读 3 遍，句与句之间间隔 4 秒，共得到 47×8×3=1128 个样品句。

2.2.2　实验数据的处理方法

利用“桌上语音工作室”（Mini-Speech-Lab）对语音样品句进行声学测量，得到各字音的音高（Hz）、音长（ms）和音强（幅度积）的原始数据，通过公式计算，运用 Excel 程序分别将以上三种参数转换为相应的起伏度、时长比和音量比数值。

音高参数采用起伏度指标表示，首先把赫兹标度的音高数据转换为半音标度[①]，然后以半音数值为基础计算词调域上线、中线

① 以赫兹标度的音高数据转换为半音标度，计算公式为：$st=12\times lg(f/fr)/lg2$。其中，f 表示需要转换的赫兹数值，fr 表示参考频率，一般女声设为 64 赫兹，男声设为 55 赫兹（王萍、石锋 2011）。

和下线的百分比数值，过滤不同发音人在基频高低和调域宽窄方面的差异，从而具有可比性。为了将各式参照句和“把”字句放在同一水平上进行比较分析，在做归一处理时统合了每位发音人这两组实验句的所有半音值数据，选择其中的最高点和最低点作为调域的极值，即 100% 和 0，以此来计算百分比值，其中动宾式不及物动词“把”字句与动宾式及物动词“把”字句为一组进行测算。起伏度指标能较为直观地展示语调音高的特点（石锋、王萍、梁磊 2009，陈怡、石锋 2011）。

音长参数采用时长比指标表示，需测算出语句中各个字音的绝对时长（ms）和每个语句的绝对时长（ms），在此基础上利用时长比计算公式计算。时长比指标能清晰地反映语调时长特点，描述说话人在语调时长上的声学表现（孙颖、石锋 2012）。

音强参数采用音量比指标表示，语音强度很容易受到多种因素的影响，通过字音幅度值之间的比值计算音量比数值能消除偶然因素，使其相对化具有可比性（梁磊、石锋 2010）。音量比指标能将语调音强参数量化展示，具有较强的操作性（田野 2010）。

2.3 参照句与“把”字句的对比分析

对于各式双音节动词“把”字句韵律分布模式的考察，以所对应的自然焦点、常规语序的主谓宾式陈述句作为参照，通过比对参照句在音高、音长和音强上的异同得出“把”字句的韵律分布模式，动宾式不及物动词“把”字句则以动宾式及物动词“把”字句作为参照。通过测算，可以得到每位发音人动词为不同结构的六组参照句和“把”字句的韵律分布模式，经平均计算，得到全体发音人结果，这里以并列式的韵律分布模式为例进行说明，其余五组在附录列出。

图 1 中起伏度图反映的是音高的分布模式，小框分别表示单字调域，并用数字标示出来，大框表示的是各韵律词的词调域，并分别标示出其上下线，字调域、词调域和句调域分别都由各自的上线和下线决定。图中以阴平句为例标示，实际上每个单字处均包含了四个声调调型，取其最高点和最低点能得到各字位置的上线、下线和调域。"把"字句中"把"和"了"字为专调域，其余各处为全调域，四声俱备，因此单独计算"把"和"了"的上线、下线和调域。

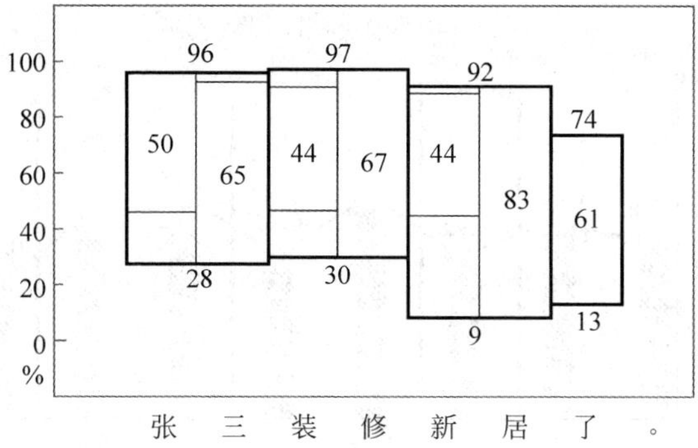

(a) 参照句起伏度图

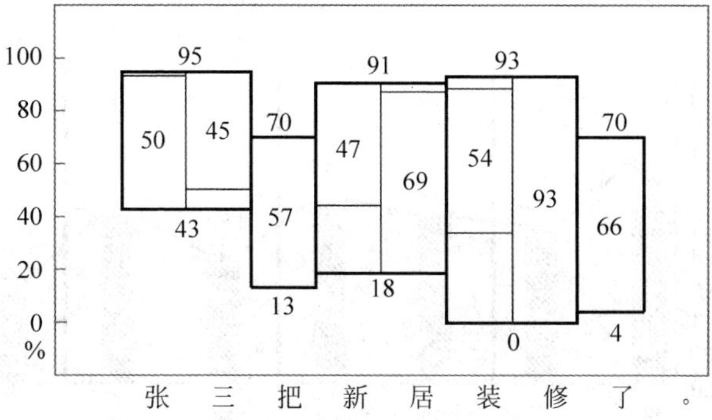

(b) "把"字句起伏度图

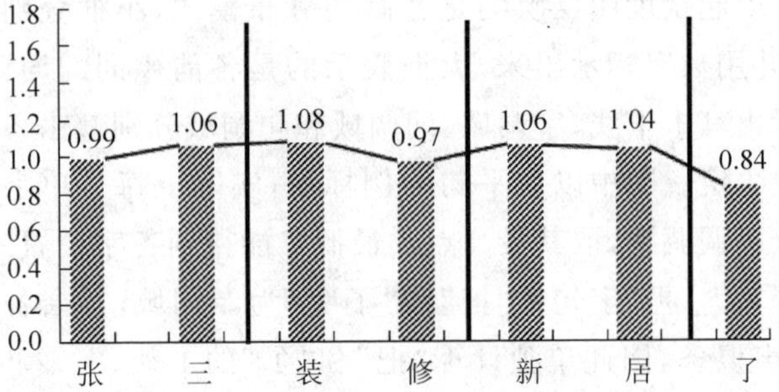

(c) 参照句时长比图

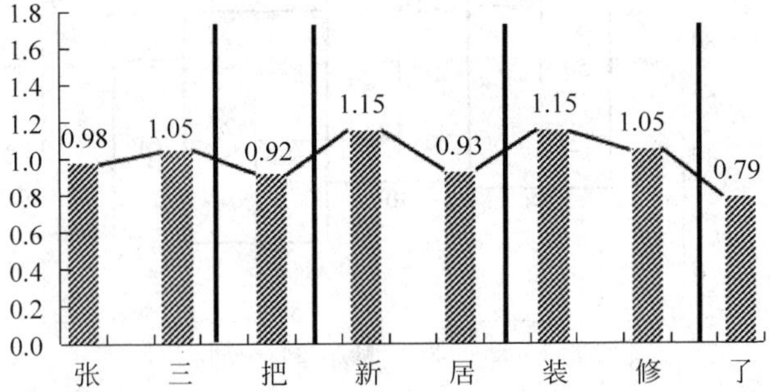

(d) “把”字句时长比图

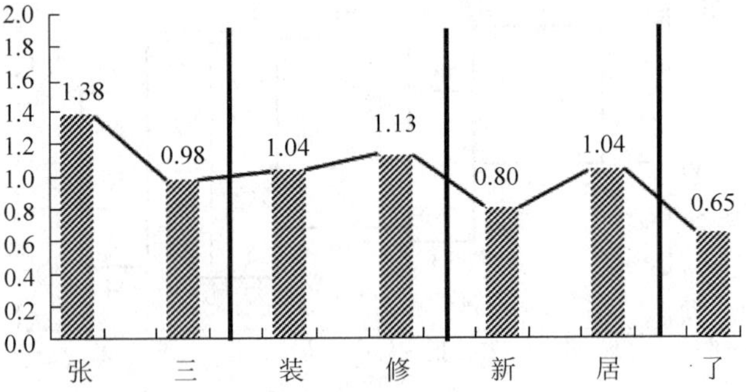

(e) 参照句音量比图

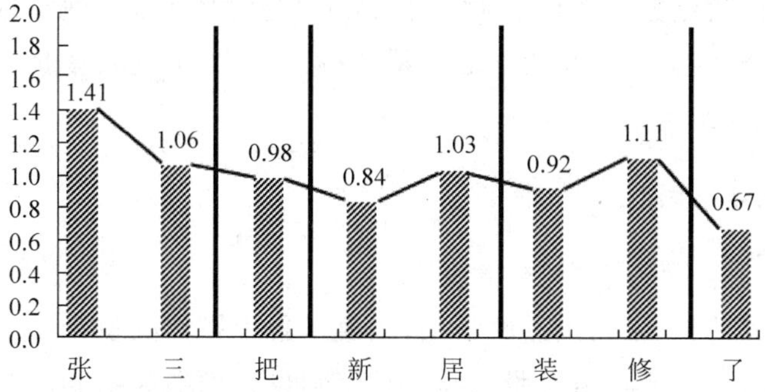

(f)“把”字句音量比图

图 1　并列式动词参照句和“把”字句的韵律分布模式

时长比图和音量比图分别反映的是音长和音强的分布模式，以阴平句为例标示，但各字处反映都是四个声调的时长比和音量比数值的均值，若二者数值大于 1，则说明该处音长延长，音强增强，小于 1 则说明音长缩短、音强减弱。

从图 1 中可以看出，主语位置上，并列式双音节动词参照句的音高调域明显大于“把”字句的，这主要是由于二者在主语后字的不同走势造成的，参照句主语后字下线大幅降低，而“把”字句则略有回升。而在音长和音强的分布上，两组句式的主语均表现出后字的小幅延长和音量比数值的大幅回落。两组句式韵律分布模式的不同主要反映在动词和宾语上。参照句中词调域的最大值是在宾语处，其下线大幅下降，前后字音长均有所延长，后字音强较前字增幅 24%。而在“把”字句中，词调域的最大值是在动词处，其下线大幅下降触及全句下限，上线也略有抬升，前后字音长均有所延长，后字音强较前字增幅 19%。另外还有两点值得一提，一是两组句式的动词和宾语均表现出后字调域和音量比数值大于前字，而时长比数值则小于前字的态势；二是“把”字处下线呈现出低谷状，作为上声字，其调型的低特征得到强化，不过其音长和音强均未表现出增幅。

2.4 讨论

2.4.1 “把”字句的焦点

关于“把”字句焦点的争议，主要是集中在焦点位于宾语还是动词短语上，而六组参照句和“把”字句也分别在宾语和动词的不同位置获得全句的词调域、时长比最大值，以及音量比的较大增幅，这往往关涉着焦点的韵律分布表现。为了直观反映六组参照句和“把”字句的动词和宾语在音高、音长和音强上的韵律分布，将其具体表现列表汇总，具体如表1所示。

表1 动词和宾语的韵律分布

“把”字句	语言单位	上线抬升	调域最大	音长延长	音强增幅
单音节	动词	+	+	+	+
	宾语	−	−	−	−
并列式	动词	+	+	−→+	+
	宾语	−	−	−	±
偏正式	动词	+	+	−→+	−
	宾语	−	−	−	±
补语为动词动补式	动词	+	+	+	−
	宾语	−	−	−	+
补语为形容词动补式	动词	+	+	+	+
	宾语	−	−	−	±
动宾式及物动词	动词	−	+	+	−
	宾语	−	−	+	−
动宾式不及物动词	动词	+	+	+	−
	宾语	−	−	−	+

表1中也加入了单音节动词“把”字句的韵律分布模式的特征，其数据来源于谢郴伟(2017)，文章已通过其韵律分布模式初步论证了单音节“把”字句的焦点落在动词上，即动词处出现上线的抬升、调域的最大值、音长的延长和音强的增幅，宾语则恰好表现出与动词相反的特点，并非焦点所在。不难发现，六组不同构词类型的双音节动词“把”字句与单音节动词“把”字句在宾语和动词上的韵律分布模式大致相同，均大多是在动词处出现上线的抬升、调域的最大值、音长的延长和音强的增幅，而宾语则多表现为相反的情况，动词在韵律分布上的强势以及宾语的弱势足以说明双音节动词“把”字句的焦点落在动词上，而非宾语。不过双音节动词的“把”字句也存在一些具体情况，这里一一说明。

在并列式动词“把”字句中，动词后字的时长比数值虽然表面上看起来是有所减幅的，表现出音长较前字的缩短，但实际上前后字的时长比数值均大于1，且与参照句中动词相比，整体上均有增幅，故也标记为音长延长。值得注意的是，参照句中的动词也是表现为后字较前字缩短，当其处于“把”字句中的焦点位置时，依旧保留了这种在后字音长上的减幅，也就是说，焦点作用并未改变其本身固有的韵律分布模式①。偏正式中动词的音长也具有同样表现，做相同处理。

并列式动词“把”字句中宾语后字的音量比数值较前字有所增幅，最终在音强上表现为增强，表面上似乎应直接标记为音强增幅。但实际上，单句范围内音强的整体走势是减弱的(石锋2017)，而处于“把”字句句中位置宾语的音量比数值却与处在参照

① 不过，这种情况在补语为形容词的动补式动词“把”字句中并未发生，参照句中后字较前字音长的缩短在“把”字句中却表现为延长。

句句末位置宾语的音量比数值几乎等值，也就是说，“把”字句中宾语音强并未表现出整体的增幅。不过，参照句的焦点在宾语上，宾语的音强或许已然经过增幅，从这个角度来说，与参照句宾语音量比数值相近的“把”字句宾语或许也已产生增幅。这两种情况都有可能，但都还需要更广泛的证据支持，故对于并列式动词“把”字句的宾语做两可标记。偏正式、补语为形容词动补式中宾语的音强也是同样的表现，做相同处理。

纵观六组双音节动词“把”字句，其动词均在调域上获得最大值，在音长上获得延长，但是与单音节动词“把”字句不同的是，偏正式、补语为动词动补式、动宾式及物动词和不及物动词这四组“把”字句，在音强上并未获得相应的音强增幅表现。也就是说，这四组“把”字句的动词仅在音高和音长两项参数上的韵律分布形成重音凸显，重音凸显作用并未发生在音强的韵律分布上，是不完全的重音凸显，其动词也是焦点所在。张慧丽、段海凤、潘海华(2017)指出，“把”字句是“焦点结构驱动下的句法调整和韵律调整行为，句法操作是宾语提前，谓语动词位于句尾成为焦点，韵律操作是谓语部分能够拿到重音”，本研究通过语音实验证实了“把”字句的焦点在动词上，且动词成为焦点需要韵律语音操作。有人认为焦点的实现上重音是不必要的(Xu 2004，Li 2009)，这种看法至少在汉语普通话单双音节动词的“把”字句的韵律分布上没有得到证实。

2.4.2 双音节动词的韵律分布

这里所设计的六组实验句包含六组不同构词类型的双音节的动词，张洪明(2014)指出，“语调短语和韵律话语的构成受语义、信息结构、语用等影响”，六组双音节动词的“把”字句具有相同的信息结构，均是将动词置于句末获得焦点的韵律分布凸显，所以几乎都表现出相同的调域最大值、音长延长和音强增幅。不过，六组双音节动词内部的韵律分布模式还是存在差异的，这里将六组参照句和“把”字句中动词后字较前字的特点汇总列出，如表2所示：

表2　双音节动词后字的韵律分布

动词类别	句式	调域扩大	音长延长	音强增幅
并列式	参照句	+	−	+
	“把”字句	+	−	+
偏正式	参照句	+	−	−
	“把”字句	+	−	−
动词为补语动补式	参照句	+	+	−
	“把”字句	+	+	−
形容词为补语动补式	参照句	+	−	−
	“把”字句	+	+	+
及物动词动宾式	参照句	−	+	+
	“把”字句	+	+	+
不及物动词动宾式	“把”字句	+	+	−

从表中可以看出，六组动词就音高调域来说，除了动宾式及物动词参照句表现为后字较前字的略微缩小以外，其余均表现为后字较前字调域的扩大。在音长方面，并列式和偏正式的动词在两组句式均表现为后字较前字的缩短，而动词为补语动补式和两组动宾式都表现为后字较前字的延长。在音强方面，并列式和动宾式及物动词表现为后字较前字的增强，而偏正式、动词为补语动补式和动宾式不及物动词都表现为后字较前字的减弱。形容词为补语动补式的动词在参照句和“把”字句表现相异，参照句中后字较前字音长缩短和音强减弱，“把”字句中则是后字较前字音长延长和音强增幅。六组结构不同的动词在韵律分布模式上的差异，是否直接或间接受到本身构词形式的影响，又或者是由于其他诸如

音节自身固有的超音段特征所影响，又或者是受句调层面因素的影响，这是一个复杂的问题。另一方面，六组动词在韵律分布模式上的无规律似乎又某种程度上说明，汉语词层面的韵律表现属于词库本身固有属性，与具体构词形式无关，但这都还需要更多材料的证明。

2.4.3 “把”的韵律分布

纵观六组“把”字句中的“把”，都基本一致地在音高下线上表现出大幅降低的态势，而且这种降低不仅仅反映在“把”字本身，其前面的主语后字以及后面的宾语前字都表现出抬升的态势，使得在“把”字处形成明显的低谷，甚至在补语为动词的动补式“把”字句中触及调域的0。“把”字为上声调，上声调在窄焦点位置时，会降低其调阶(林茂灿 2011)，“把”似乎处在被发音强化的境况。谢郴伟(2017)指出“把”字获得的这种类似焦点韵律分布表现的特征，是为了对比强化其后作为已知信息宾语的去重音化，是源于语音上的驱动而非语义信息强度上的驱动。

黄正德、李艳惠、李亚非(2013)从句法的角度总结了“把”的五种形态—句法属性，简要转引如下：(1)Hashimoto(1971)认为“把”是一个动词；(2)Chao(1968)和吕叔湘(1980)等认为“把”是一个介词；(3)黄正德(1982)等认为“把”是一个无语义的纯赋格成分；(4)Sybesma(1992)从事件语义学角度指出“把”是一个填充成分，当不发生动词提升时，它填充致使短语的中心语位置；(5)Zou(1995)认为“把”是一个基础生成的功能语类的中心语。作者认为“把”已经语法化了，已不像动词，第一类观点缺乏吸引力。第二类观点和第三、四、五类观点的区别在于，前者认为“把”后NP与VP不应该构成一个单位，而后者则认为“把”后NP与VP构成一个单位，“把”是其中心语。他们赞同后一类观点，并将“把”字句的结构归纳为[$_{把P}$ Subject [$_{把'}$ 把 [$_{vP}$ NP [$_{v'}$ V [$_{VP}$ V XP]]]]]]，认为“把”是赋格成分，且不指派论旨角色。本研究赞同这种观点，“把”是一个无语义的纯赋格成分，其音高上表现出的类似重音的特征并非源于语义上的驱动，而是受其后宾语去重音韵律特征的协调作用影响，在音长和音强上的未增幅表现也说明了这一点。

另外值得一提的是 Sybesma 的观点，他认为“把”字结构只不过是完结 VP 结构的一个变体，是致使结构中心语在事件结构致使短语中，动词提升过程为“把—插入”所替代。就本研究结果来看，或许从句法角度来说，“‘把’字结构并不独特”，但从韵律分布来看，“把”字句与参照句分属不同的模式，因为二者所反映的信息结构并不相同，“把”字句有其自身不同于主谓宾句式的特殊语义语用效果。

2.5　结论

新描写主义主张使用某一语言学工具去深度挖掘一些微观语言事实（胡建华 2017）。这里采用韵律格局的语音实验方法，对六组不同构词形式的双音节动词“把”字句的韵律分布模式进行了考察。结果发现，六组不同构词形式的双音节动词“把”字句均一致表现为动词调域获得最大值，音长得到延长，多处表现为音高上线的抬升和音强的增幅，说明双音节“把”字句的焦点在动词上，“把”字句借助句法操作使得动词位于句末成为焦点，借助语音操作使动词获得焦点重音的韵律分布表现，从而凸显处置义。此外，本研究还发现不同构词形式的双音节动词内部在韵律分布模式上存在差异，且“把”字处存在音高下线大幅下降等现象，这为相关问题的继续深入讨论提供了定量的语音数据材料。

附录 偏正式、动补式、动宾式等五组语句的韵律分布模式图

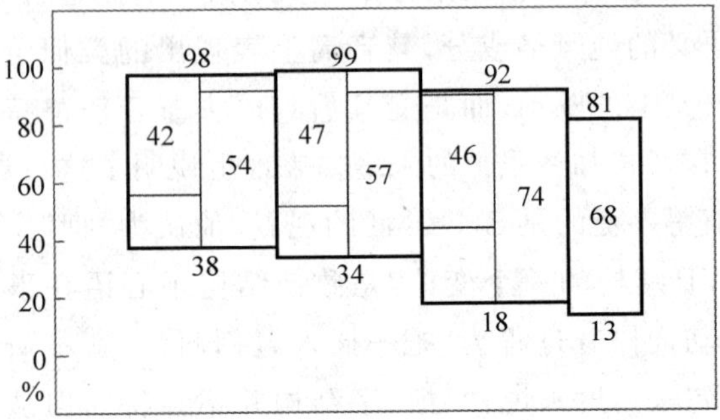

张 三 清 蒸 猪 腰 了 。

(a) 参照句起伏度图

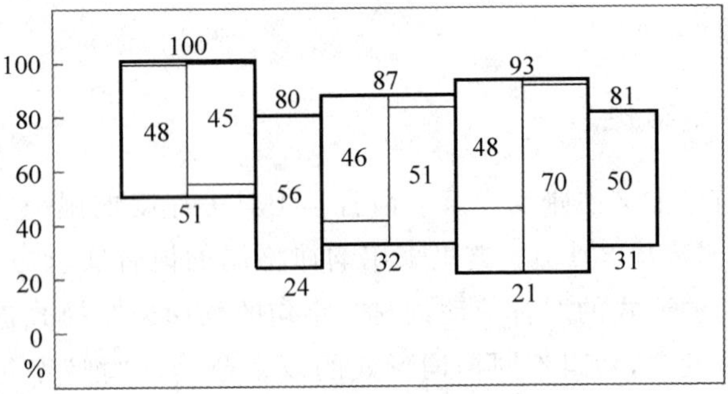

张 三 把 猪 腰 清 蒸 了 。

(b) “把”字句起伏度图

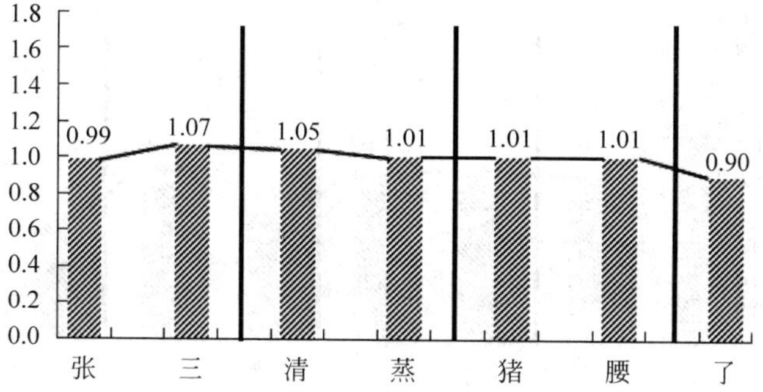

(c) 参照句时长比图

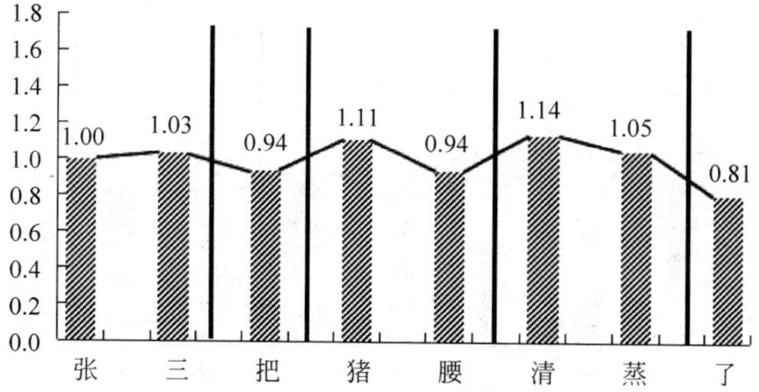

(d) “把”字句时长比图

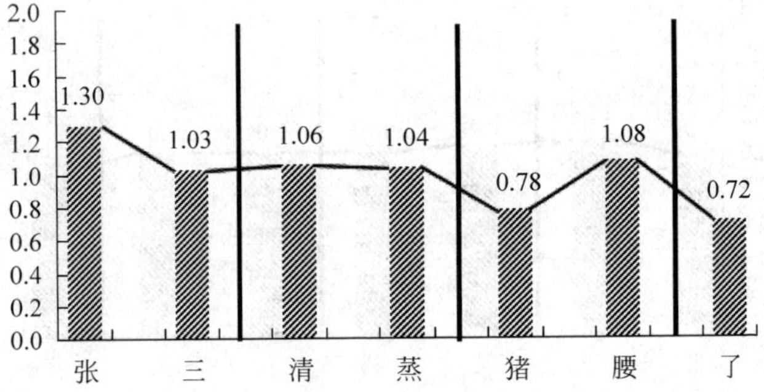

(e) 参照句音量比图

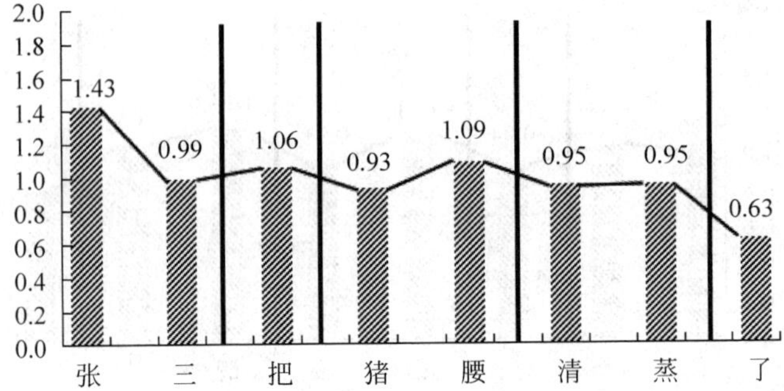

(f) “把”字句音量比图

图 2　偏正式动词参照句和“把”字句的韵律分布模式

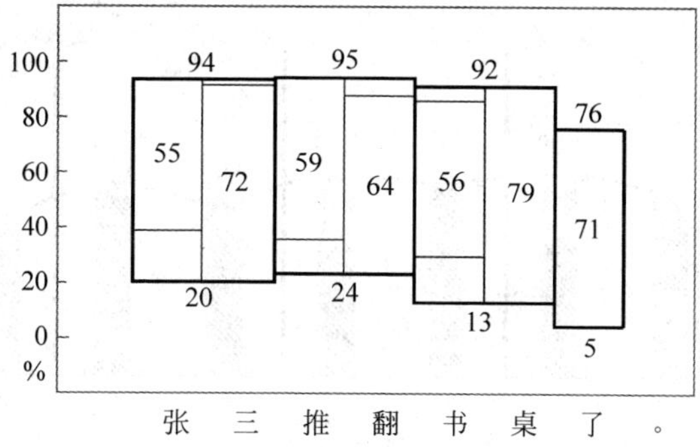

(a) 参照句起伏度图

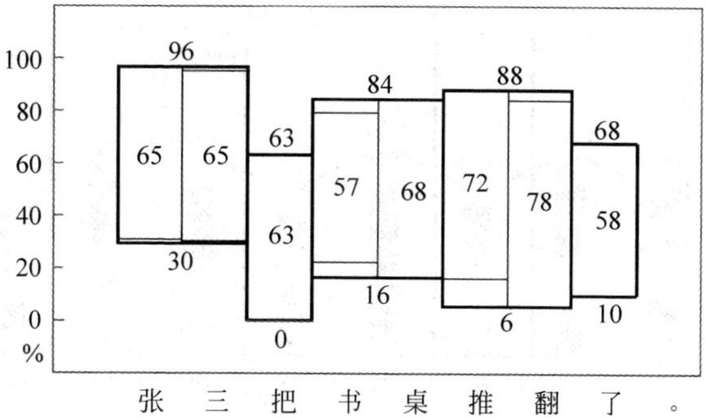

(b) “把”字句起伏度图

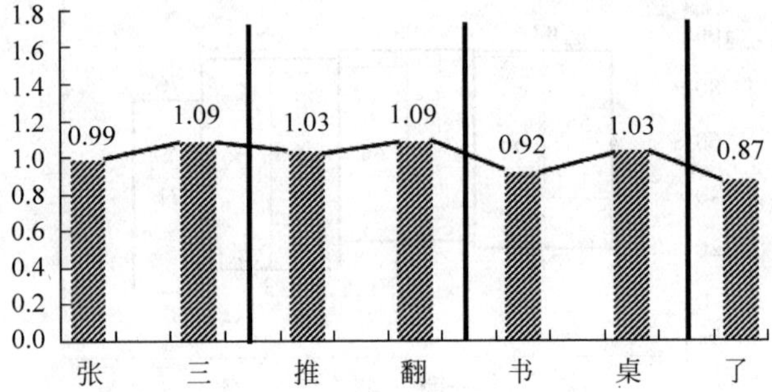

(c) 参照句时长比图

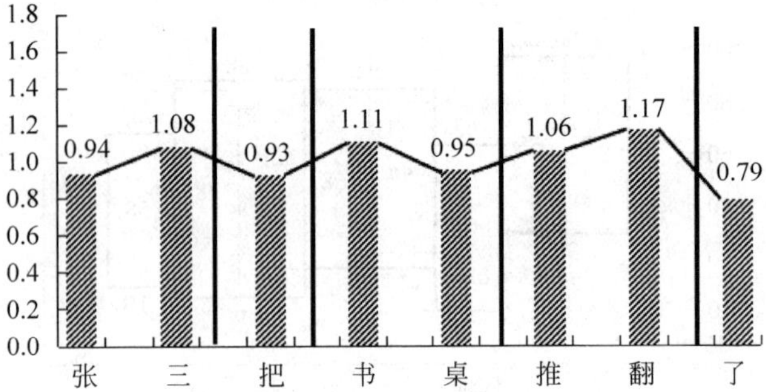

(d) “把”字句时长比图

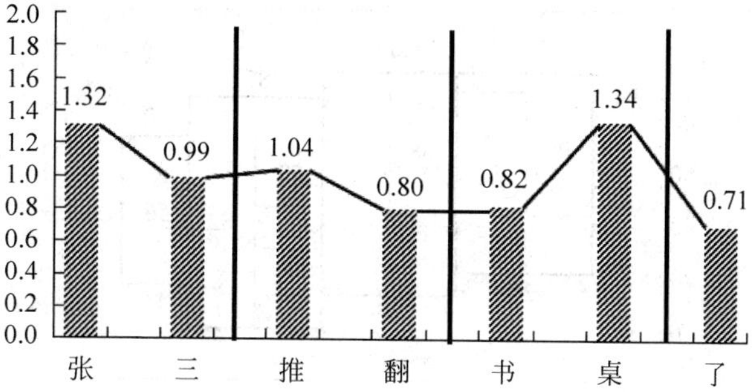

(e) 参照句音量比图

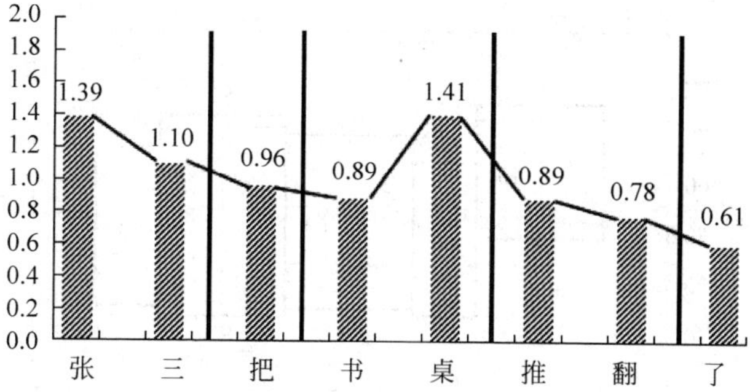

(f) “把”字句音量比图

图 3 补语为动词的动补式动词参照句和“把”字句的韵律分布模式

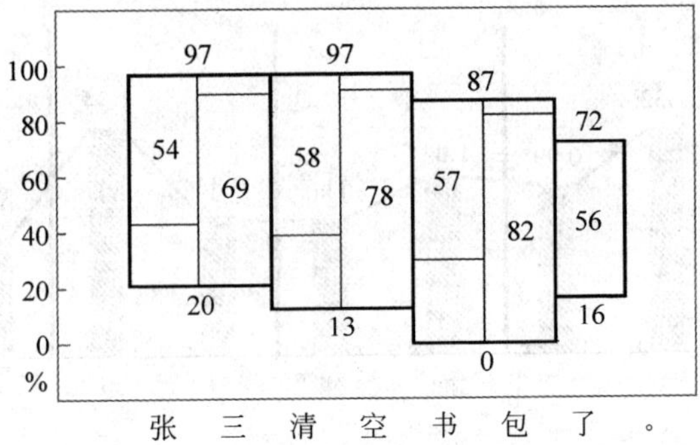

(a) 参照句起伏度图

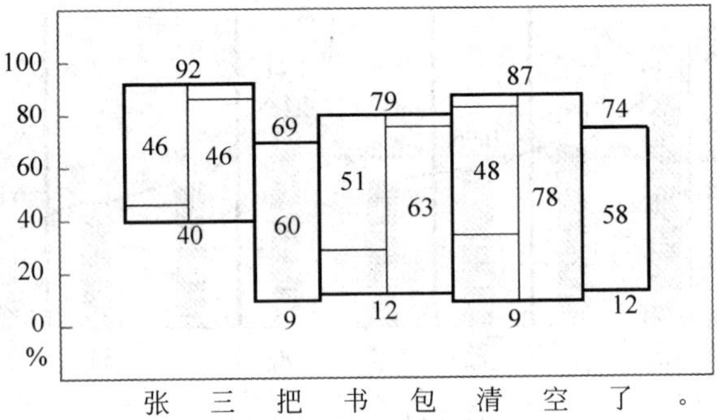

(b) “把”字句起伏度图

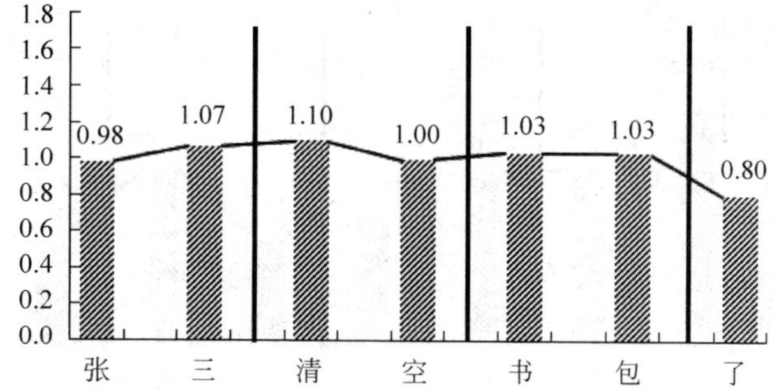

(c) 参照句时长比图

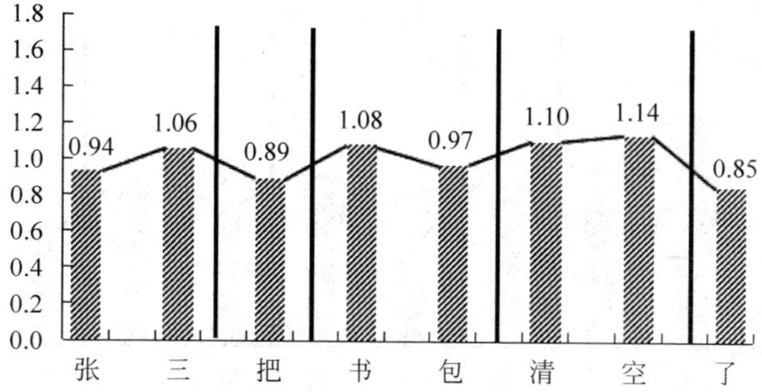

(d)“把”字句时长比图

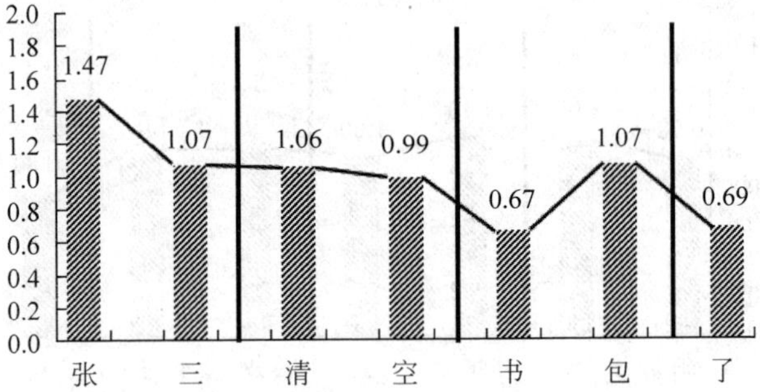

(e) 参照句音量比图

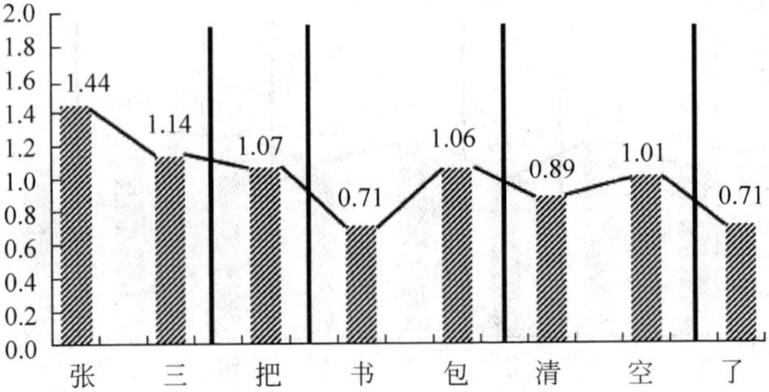

(f) “把”字句音量比图

图4　补语为形容词的动补式动词参照句和“把”字句的韵律分布模式

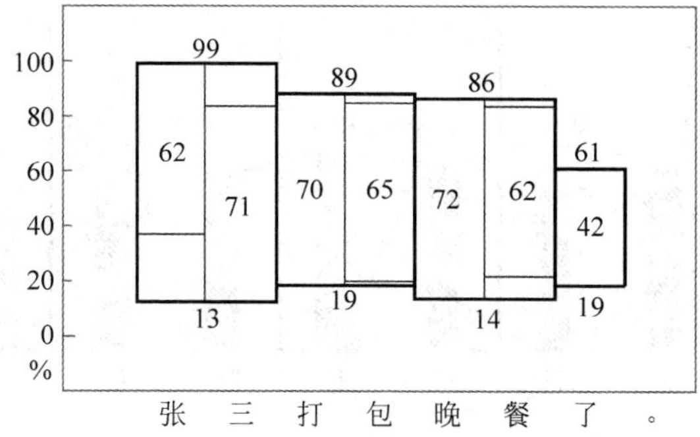

(a) 参照句起伏度图

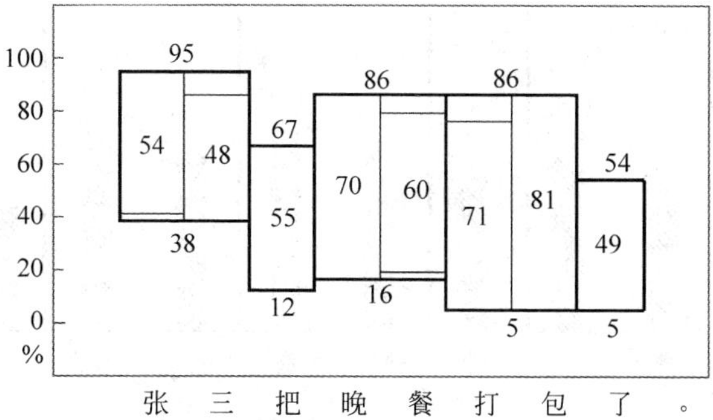

(b) “把”字句起伏度图

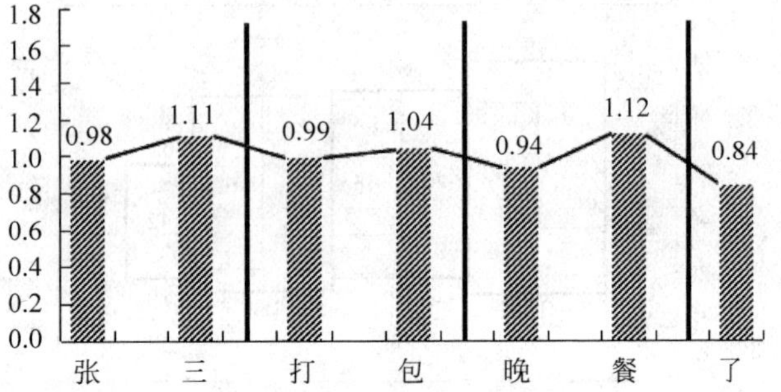

(c) 参照句时长比图

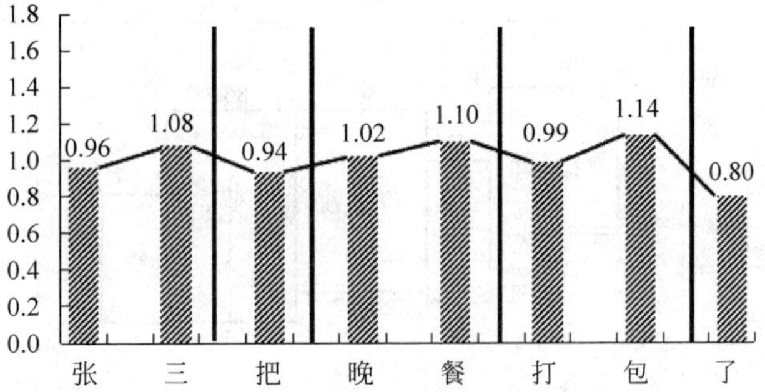

(d) “把”字句时长比图

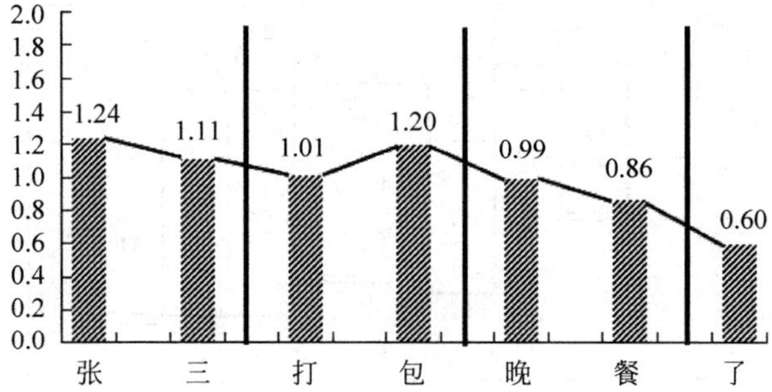

(e) 参照句音量比图

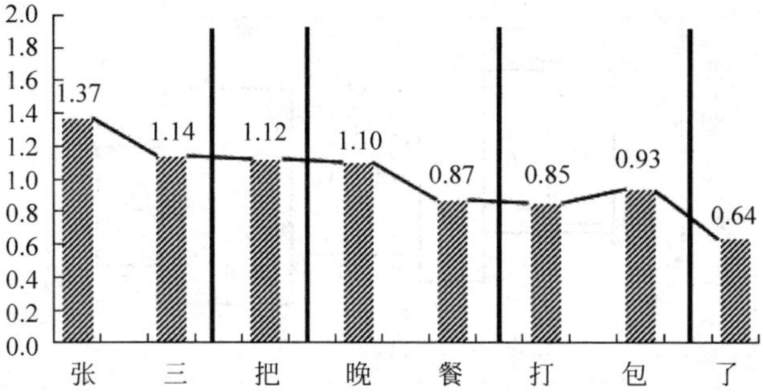

(f) “把”字句音量比图

图 5　动宾式及物动词参照句和“把”字句的韵律分布模式

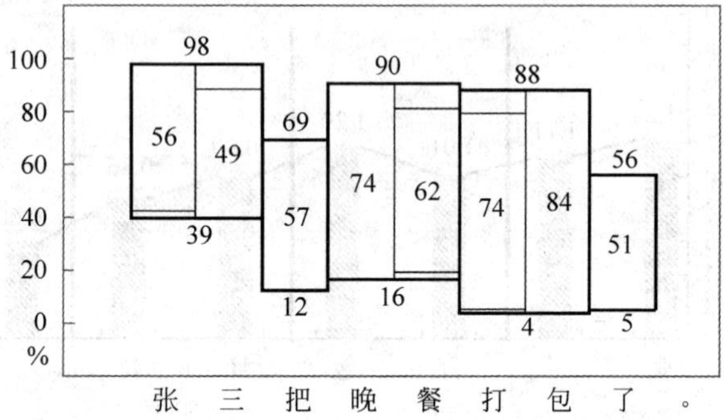

(a) 及物动词“把”字句起伏度图

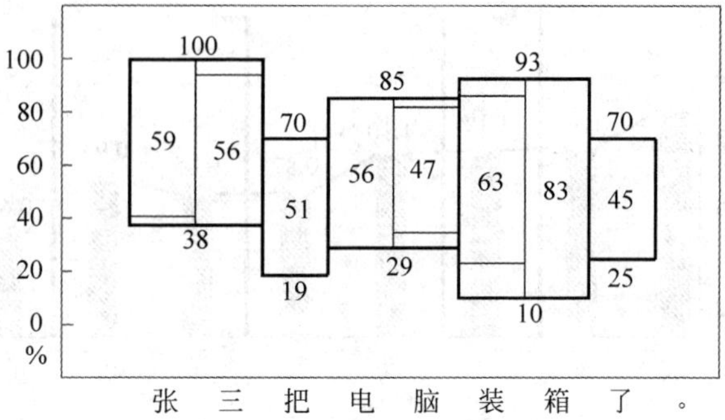

(b) 不及物动词“把”字句起伏度图

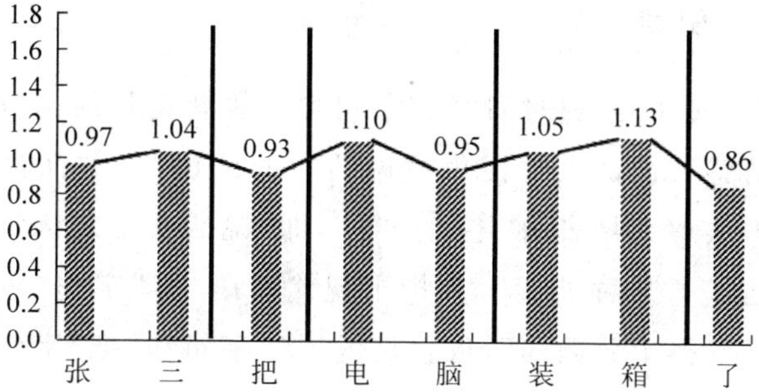

(c) 及物动词“把”字句时长比图

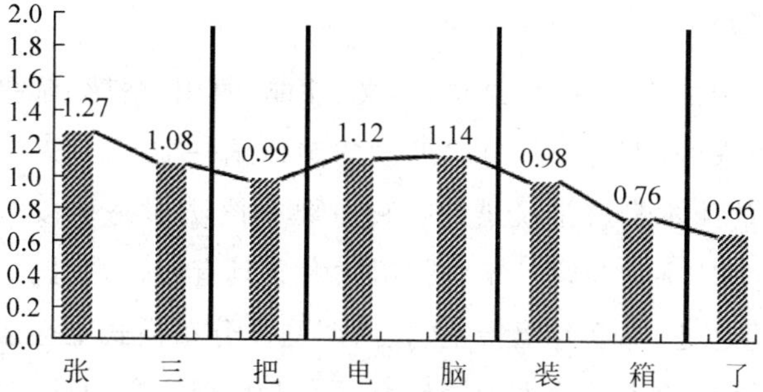

(d) 及物动词“把”字句音量比图

图 6　动宾式不及物动词“把”字句的韵律分布模式

三、“将”字句的韵律分布模式[①]

3.1 引言

沈家煊(2002)通过对“把”字句和一般动宾句的比较，从“说话人的情感”“说话人的视角”“说话人的认识”三方面论证“把”字句的语法意义是表示“主观处置”，即“说话人主观认定主语甲对宾语乙作了某种处置”，并指出现代汉语“将”字句“主观性的程度已经变得十分微弱”，也就是说“将”字句和“把”字句都可以表示处置，但是存在主观性的差异。此外，“将”字句与“把”字句在语体上(吕叔湘 1980)、简练程度上(陶红印 1999)也存在一定差异。

语言中的一切内容(结构、语义、功能、语用、情感)都是通过语音表现出来的(石锋 2017)，“汉语的韵律语法是(大)语法的一个子集”，“韵律本身就是汉语的一种重要的语法形态手段”(沈家煊 2017)。“将”字句和“把”字句的语法意义具有相似之处，但又有微妙的不同之处，那么在语音上、在语调韵律分布模式上会表现出什么样的特点，前人在这方面的研究基本上呈现出空白状态，我们就是要针对这些问题进行考察。

石锋(2017)指出韵律成分就是超音段成分，即韵律三要素音高、音长、音强构成的特征，而语调是在人们的话语音流中，以音高的起伏程度表现的调域的高低宽窄与时长的增减和音量的强弱共

① 原文发表于《汉语学习》2018 年第 6 期，作者谢郴伟。

同构成的有序变化。语调能够标示韵律单位，传递信息内容，表达说话语气，体现语用效果，传达情绪和情感。语调是一个系统，语调格局是语调系统的表现，运用语调格局的思路和方法能系统化深层次地展示语调的表现。

我们以语调格局的思路（石锋 1999）为指导，从音高、音长和音强三个语调参数出发，对结构形式为“S 将 O—V 了”、语法意义表处置的“将”字句的韵律分布模式进行定量分析，通过对比考察希望能达到以下三个目的：一是“将”字句与主谓宾句式在韵律分布模式上的不同表现，二是“将”字句与“把”字句在韵律分布模式上的异同，三是在“将”字句韵律分布模式的基础上希望能揭示出语音、语法、语义、语用之间的交互关系。

3.2　实验说明

3.2.1　实验语料及发音人

本研究共设计了三组相关实验句，分别为“主—谓—宾”式的参照句（后文简称参照句）以及同型“将”字句以及“把”字句，以此来探求“将”字句韵律分布表现。其中，每组句式都兼有四种不同调类的句子，共 3×4＝12 句实验语料。具体如下所示：

(1) 参照句：	(2)“将”/“把”字句：
张三喝鸡汤了。	张三将/把鸡汤喝了。
王龙拔虫牙了。	王龙将/把虫牙拔了。
李晓剪彩纸了。	李晓将/把彩纸剪了。
赵四卖电视了。	赵四将/把电视卖了。

每个实验句中除“将”“把”和“了”字以外，都是同一个声调的字词，例如阴平句“张三将鸡汤喝了”，除“将”和“了”字以外，其余

均为阴平字。这样设计能得到各组句式不同位置字词的调域情况，以及全句的调域跨度。

本研究共 8 位发音人，4 男 4 女，南开大学非中文专业研究生，平均年龄 25 岁，普通话水平为二级甲等。在南开大学语音实验室利用 Cool Edit Pro 2.0 软件录音，采样率 11025 赫兹，16 位，单声道。语音录制时，要求发音人语速平稳，不带有任何感情色彩，语义上不出现任何强调。每个实验句录制 3 遍，每句均间隔 4 秒，共得到 12×8×3＝288 个实验样品句。

3.2.2 实验数据的测算方法

本研究中各实验句各字音的音高、音长和音强原始数据，通过南开大学“桌上语音工作室”（Mini-Speech-Lab）测量获得，并运用 Excel 程序，通过公式分别将赫兹、毫秒和幅度积①单位转换为相应的起伏度、时长比和音量比数值。其中，起伏度指标②表示音高参数，它能清晰表现音高起伏特点（石锋、王萍、梁磊 2009，陈怡、石锋 2011）。为了能够在同一水平上对参照句、“将”字句和“把”字句做分析比较，在进行归一处理时，将八位发音人三组实验句各字音中所有半音值的最大值和最小值作为调域的最高点和最低点，即 100％和 0，以此来计算音高调域和起伏走势。采用时长比指标③表示音长参数，它能直观展示时长停延特点（石锋、梁磊、王萍 2010，孙颖、石锋 2012）。采用音量比指标④表示音强参数，它能

① 幅度积数值可通过“桌上语音工作室”软件自动得出，其大小与所选语音段的强度和时长成正比。

② 起伏度数值的计算公式请参看石锋、王萍、梁磊（2009）。

③ 时长比数值的计算公式请参看石锋、梁磊、王萍（2010）。

④ 音量比数值的计算公式请参看梁磊、石锋（2010）。

将语调音强参数量化展示(田野 2010,梁磊、石锋 2010)。

3.3　"将"字句与参照句对比结果

3.3.1　音高结果

采用起伏度指标测算音高参数,通过平均计算,可以得到男性发音人、女性发音人的起伏度均值,并作出语调音高格局图,如图 1 所示:

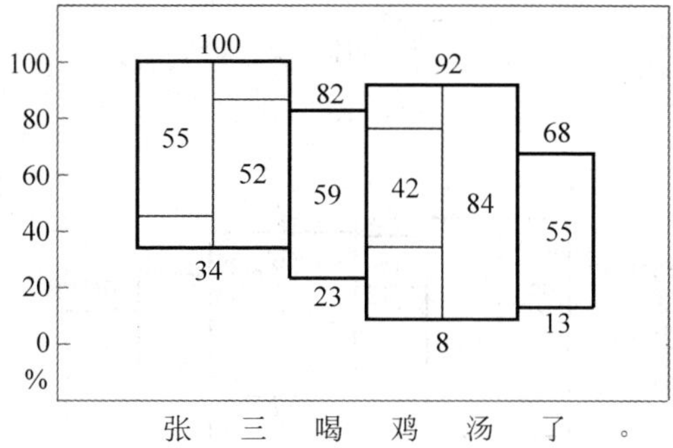

(a) 男性参照句

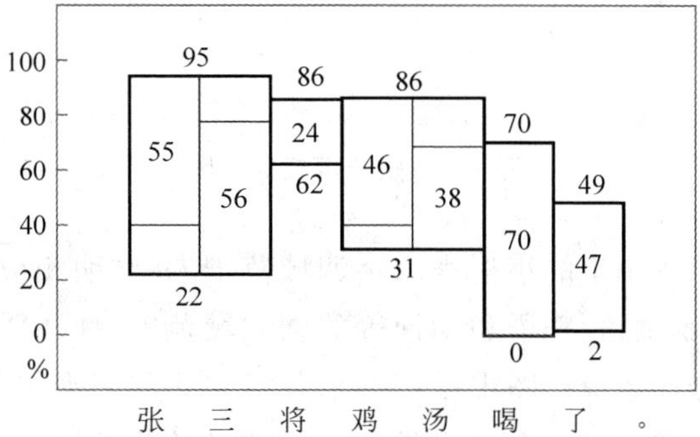

(b) 男性"将"字句

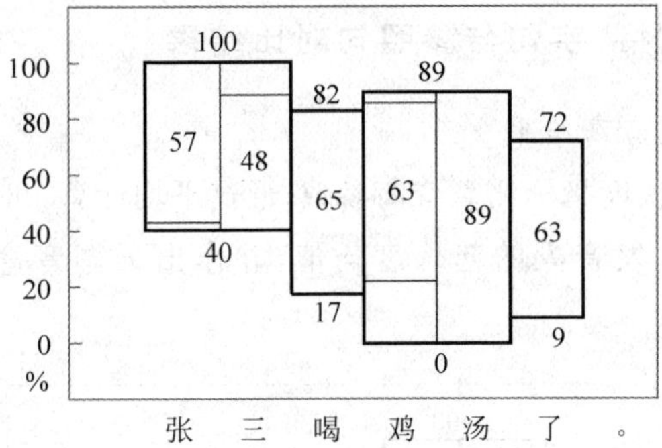

(c) 女性参照句

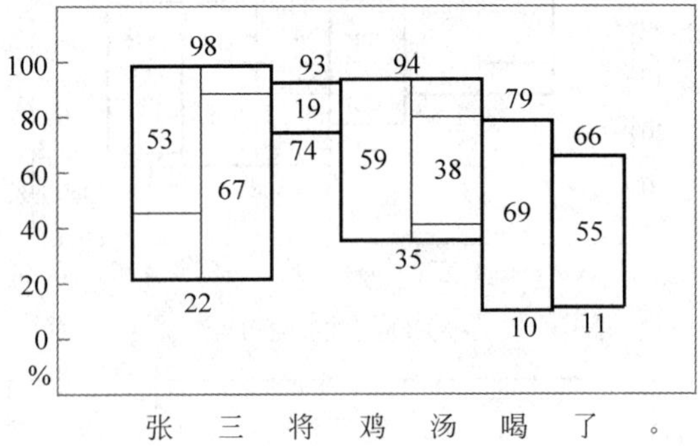

(d) 女性“将”字句

图 1　性别分组起伏度图

图 1 中各单字的小框表示字调域范围，并注明相应百分比跨度，大框表示主语、宾语和动词等的词调域范围，并注明相应上线和下线百分比数值。图中虽仅标示各组句式的阴平句，但实际每个单字位置包含了四个声调调型，后文图表也做相同处理。

首先来看两组句式的调域表现。从句调域来说，两组句式相差不大，男生“将”字句为95%，略大于参照句的92%，女生“将”字句为88%，小于参照句的100%。从词调域来看，两组句式的词调域最大值所在位置正好相反，参照句是宾语获得词调域的最大值，动词调域居中，而“将”字句则是动词获得词调域的最大值，宾语调域居中。从字调域来看，两组句式的字调域最大值均落在倒数第二字上，其中参照句为宾语后字，男生为84%，女生为89%，“将”字句为动词，男生70%，与前后字分别相差32%和23%，女生69%，与前后字相差31%和14%。可见，男生“将”字句动词的调域大于女生的，这不仅表现在动词本身的词调域大小上，也表现在与前后字调域的差值上。

再看起伏度。两组句式整体上都表现出音高下倾的趋势，均是主语词调域上线为句调域上线，其中男生参照句达到100%，“将”字句则达到95%，而女生则分别为100%和98%，男生参照句宾语为调域下线仅8%，“将”字句动词为调域下线为0，女生则分别为0和10%。值得注意的是，参照句动词处下线呈下降态势，男生下降11%，女生23%，而“将”字句宾语处则有所回升，男生回升9%，女生13%。单字起伏度上，两组句式的主要差异集中体现在宾语后字上，参照句中男生女生均表现为上线上升和下线大幅降低，而“将”字句上线男生和女生均表现为降低，下线男生略降，女生则略升。此外，“将”字句动词处上线虽低于宾语，但男女生都表现出与宾语后字持平，未表现下降态势，上线的不同表现与语义焦点有关，后文我们将对这一点进一步分析。

3.3.2　音长结果

音长是韵律研究的重要参量，能凸显重音和区分不同等级的边界，主要通过时长比来表现，时长比数值大于 1 则延长（石锋、焦雪芬 2016）。通过平均计算，可以得到男性发音人和女性发音人的时长比均值，如图 2 所示：

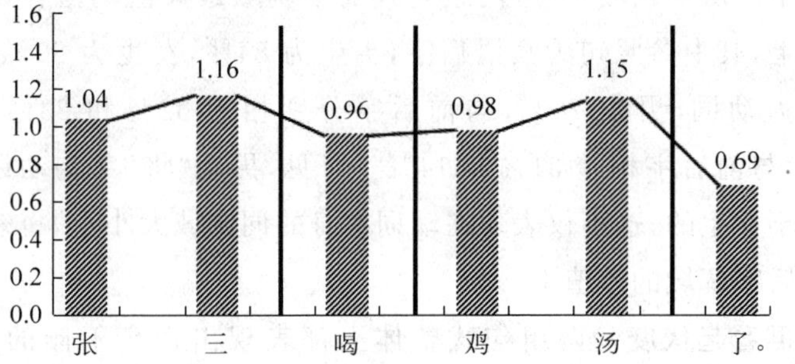

(a) 男性参照句

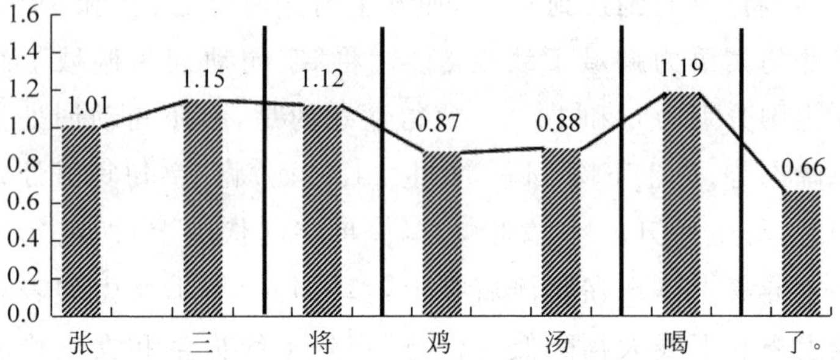

(b) 男性“将”字句

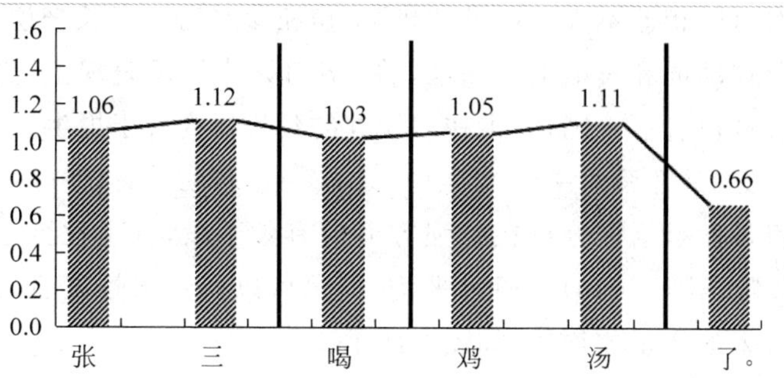

(c) 女性参照句

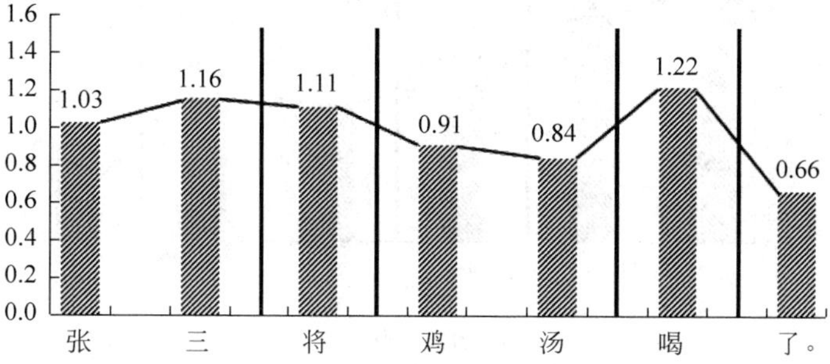

(d) 女性“将”字句

图 2　性别分组时长比图

就主语来说，两组句式都有一定程度的延长，且后字在前字基础上进一步延长，男生参照句延长 12%，“将”字句延长 14%，女生参照句延长 8%，“将”字句延长 13%。就宾语来看，“将”字句宾语呈现一定程度缩短，且女生后字较前字进一步缩短，参照句宾语前字男生略微缩短，女生则略有延长，后字男生和女生一律表现为延长，男生延长 15%，女生延长 11%。就动词来看，参照句仅女生略微延长，男生并未延长，而“将”字句的动词是全句相对时长最长的，男生较前字延长 31%，女生较前字延长 38%。两组句式“了”

字相对时长相差不大。可见,"将"字句和参照句就音长来说,主要差别落在动词和宾语上。而在"将"字句具体延长表现上,男生和女生表现也有所不同,女生在动词处的延长幅度大于男生。

3.3.3 音强结果

音量比是语调分析在音强方面的有效手段,音量比数值大于1为增强(田野 2010)。通过平均计算,可以得到男性发音人和女性发音人的音量比均值,如图3所示:

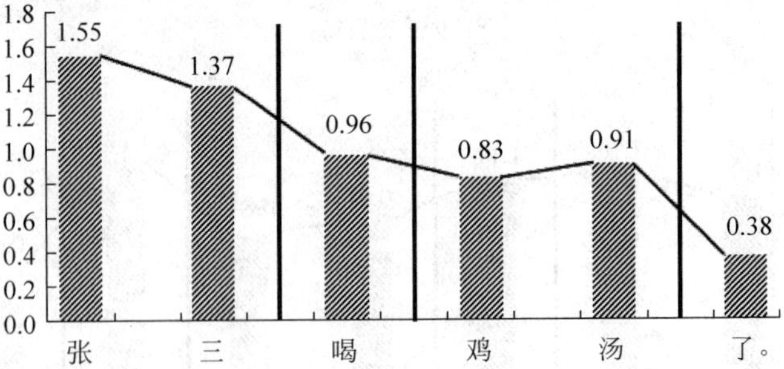

(a) 男性参照句

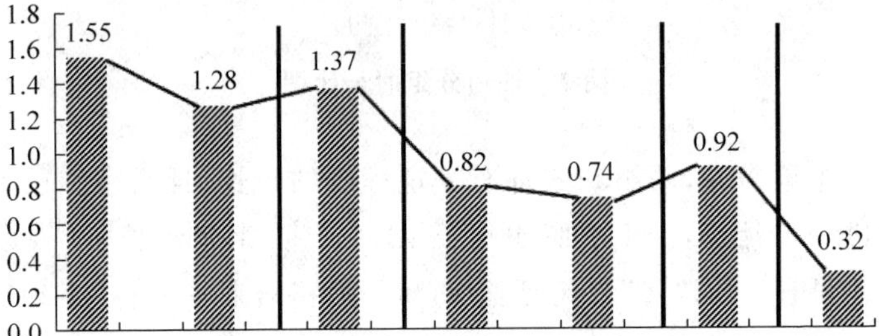

(b) 男性"将"字句

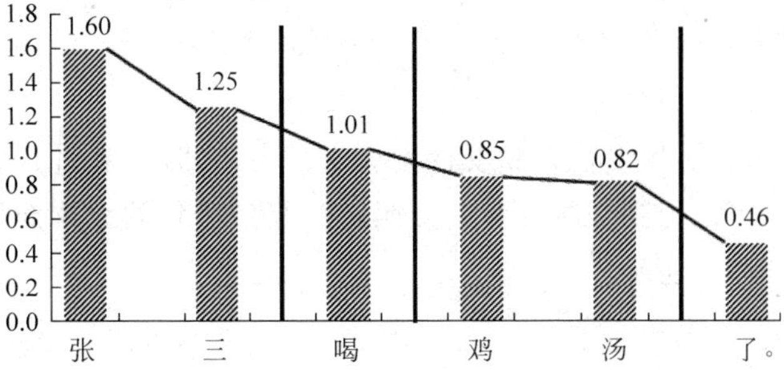

(c) 女性参照句

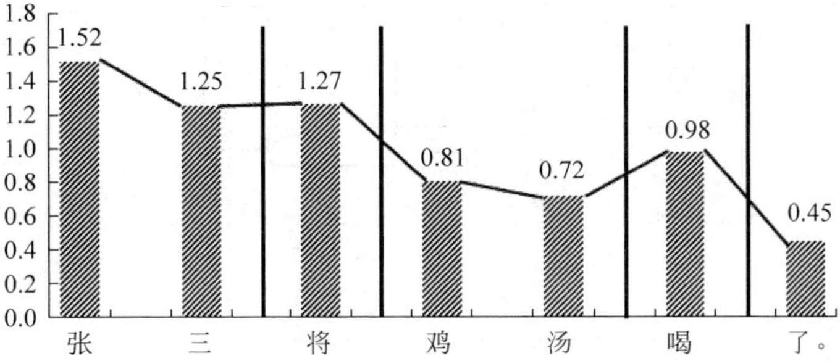

(d) 女性“将”字句

图 3　性别分组音量比图

总的来说，两组句式均表现出音量比逐渐下降的趋势，且多在倒数第二字有所回升呈现出小高峰的态势。其中，“将”字句倒数第二字为动词，男生音量比值为 92%，较后字大 60%，女生为 98%，较后字大 53%；而参照句中倒数第二字为宾语后字，男生音量比值为 91%，较后字大 54%，女生为 82%，较后字大 36%。可见，男生和女生在“将”字句倒数第二字的音量比均有所回升以凸显其动词，但呈现形式略有不同，女生通过强化动词本身，而男生则通过大幅降低后字来实现，参照句则无此表现。

3.3.4 小结

这里将男性发音人和女性发音人的音高、音长和音强结果进行汇总，可以得到全体发音人参照句和“将”字句的总体韵律分布模式，如图 4 所示：

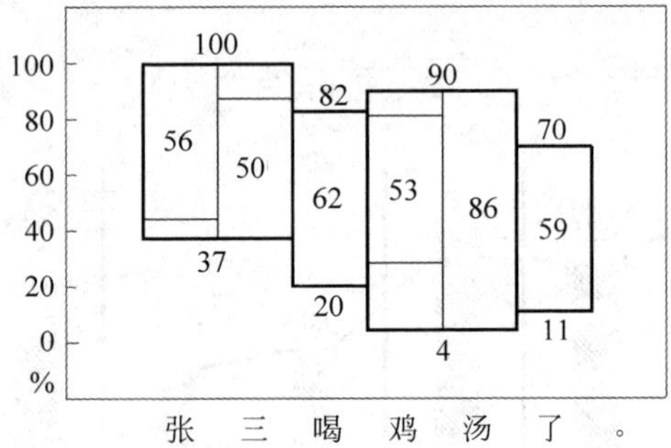

(a) 参照句起伏度图

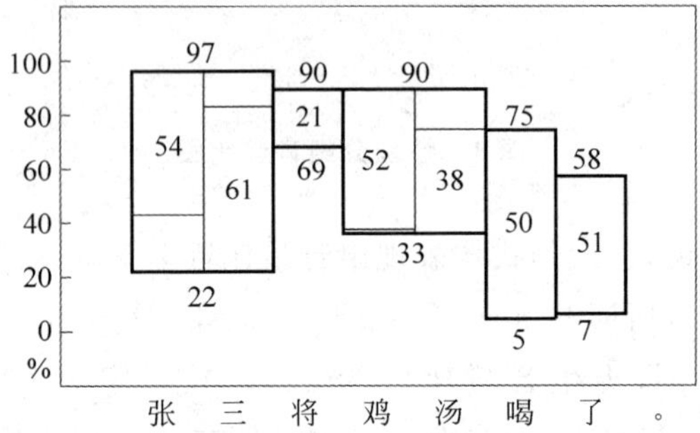

(b) “将”字句起伏度图

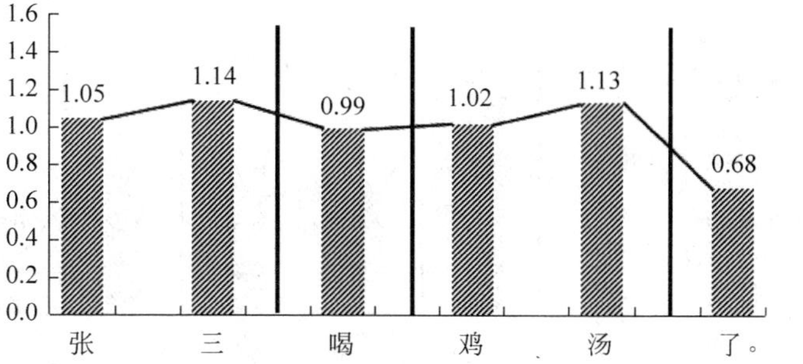

(c) 参照句时长比图

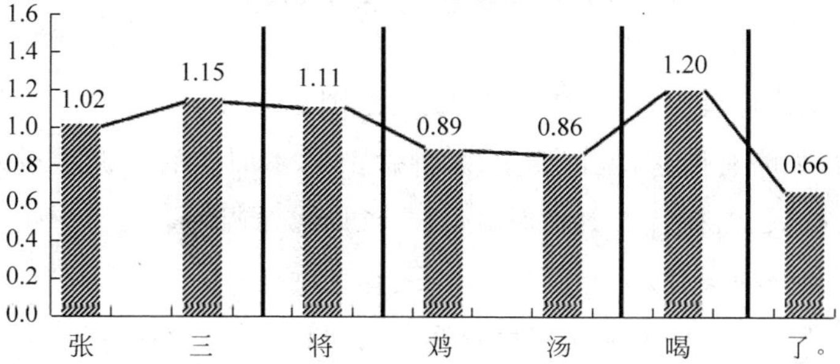

(d) “将”字句时长比图

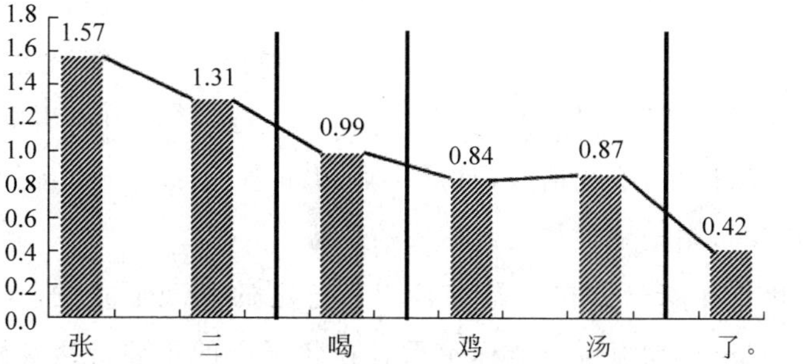

(e) 参照句音量比图

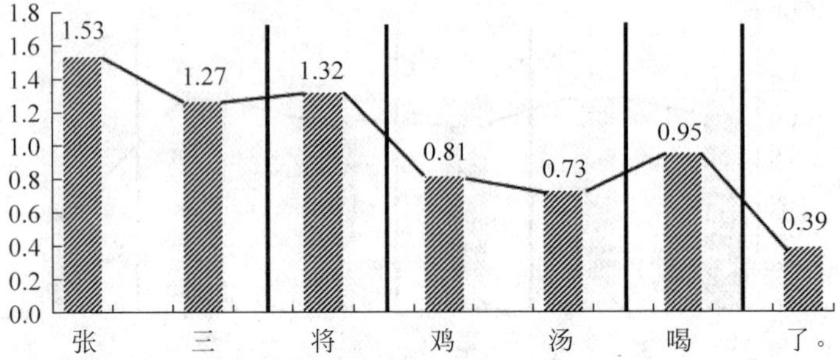

(f)“将”字句音量比图

图 4　全体发音人语调格局图

主语位置上，两组句式表现大致相同，后字调域扩展、音长延长、音强略有回落，但依旧呈现增幅态势，参照句后字调域虽未表现为扩展，但在音长上表现出延长，可见边界调因素总会影响到语调的某一项参数。

两组句式的差异主要反映在动词和宾语上。参照句动词的调域宽窄居中，音长和音强都既无增强也无减弱，而“将”字句的动词，其词调域最宽，起伏上线较前字有所提升，音长最长，音强虽未表现出增强，但既大于前字也大于后字，参照句中的宾语也有类似的表现，符合“尾重原则”（石锋 2017）。“将”字句中宾语则不同，其词调域最小，下线抬升，且后字调域缩小，上线下降，音长缩短，音强变弱，完全呈现与动词相反的态势。

焦点在韵律分布上是有其相对稳定的表现形式的，Bolinger（1978）指出，加宽调域能标示重音在句子中的重要等级和强调力度，汉语的焦点也主要是通过调域的扩展来实现（Xu 1999，陈怡、石锋 2011）。此外，沈炯（1994）指出，上线与语义（重音凸显）有关，在语义凸显的强化下，起伏上线会有所提升。音长方面，孙颖、石锋（2012）发现焦点处的音长会得到延长；音强方面，田野（2010）发现焦点处的音强会得到增幅。“将”字句的动词与此表现完全一致，呈现出焦点重音的语调模式，而宾语则表现出去重音的态势，可见，动词是“将”字句的焦点所在。

不过，需要注意的是，“将”字句的焦点重音表现并非强调焦点，而依旧是自然焦点范畴。音高方面，陈怡、石锋（2011）发现强调焦点句中焦点所在的词调域最大化趋势明显，而“将”字句动词词调域最大化趋势不显著。音长方面，孙颖、石锋（2012）发现强调焦点所在的词末字音延长可达到25％—35％，“将”字句动词延长为20％左右，低于25％。音强方面，田野（2010）发现强调焦点所在韵律词音强会表现为增强，其他韵律词则表现为减弱，而“将”字句动词虽有有所增幅但仍处于音强减弱状态。这里“将”字句语料是在无语义强调和感情色彩的情况下朗读录制的，其句末韵律词调域不能覆盖全部语句调域，音长延长幅度有限，音强有所增幅但并未表现为增强的韵律分布模式是自然焦点语句的有效反映。

3.4　“将”字句与“把”字句对比结果

“将”字句与“把”字句同为表达处置义的两类句式，这里将二者的音高、音长和音强的韵律分布模式结果汇总列出，具体如图5[①]所示：

① 关于“把”字句韵律分布模式更为详细的结果请参看谢郴伟（2017）。

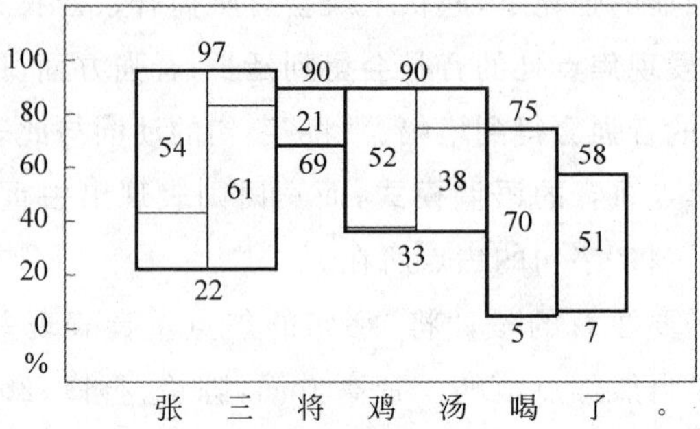

(a) “将”字句起伏度图

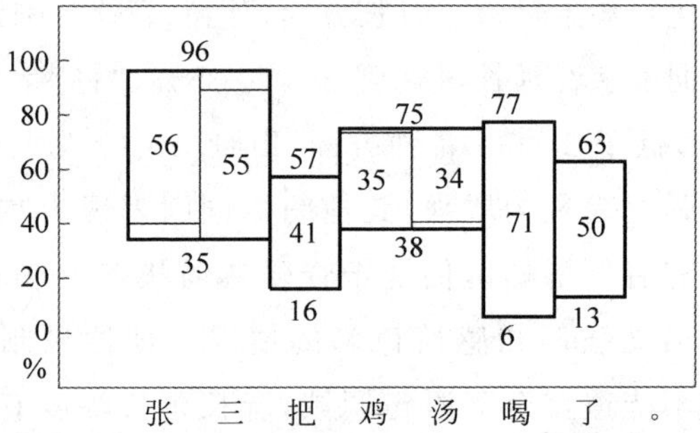

(b) “把”字句起伏度图

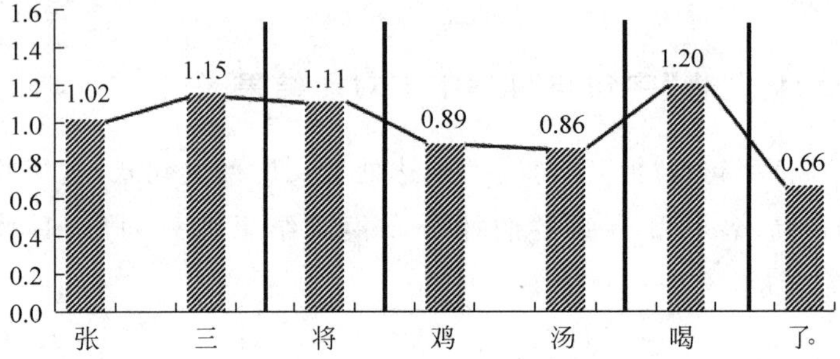

(c) “将”字句时长比图

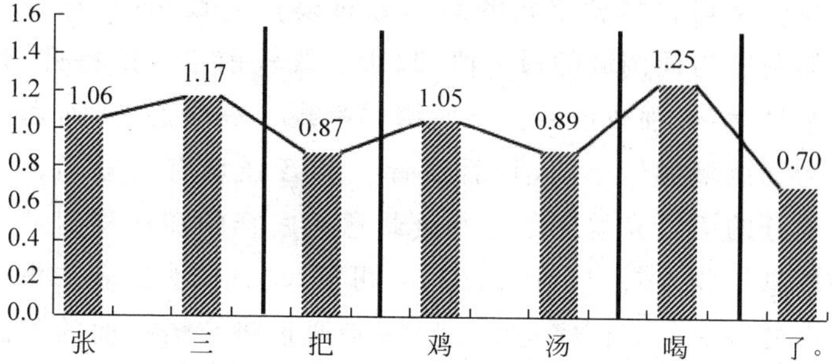

(d)“把”字句时长比图

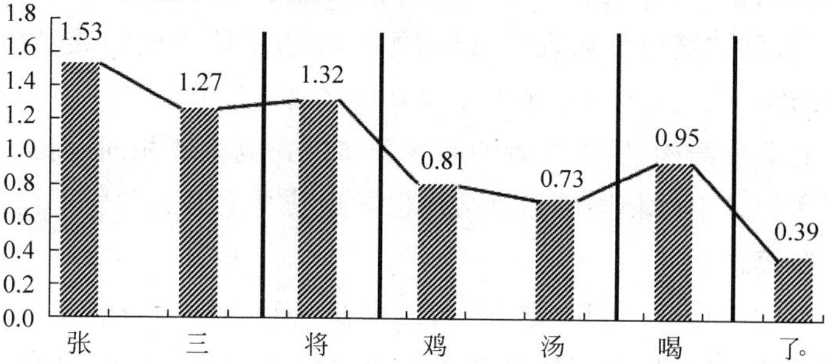

(c)“将”字句音量比图

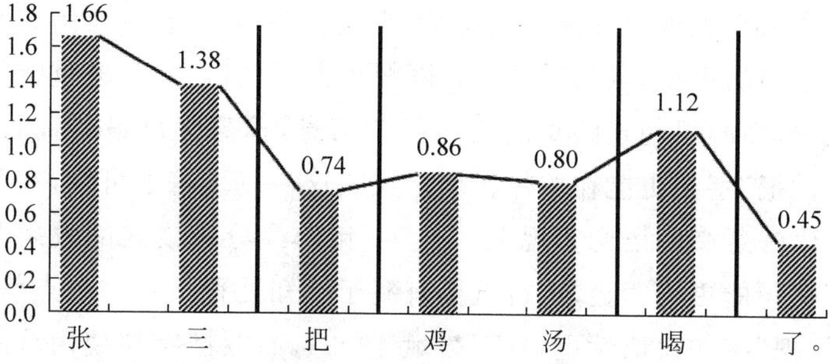

(f)“把”字句音量比图

图 5　“将”字句和“把”字句语调格局图

“将”字句和“把”字句的韵律分布模式大致相同，都表现出动词的调域为词调域的最大值，起伏上线较前字有所提升，音长延长至最大，音强较前后字有所增幅呈现小高峰态势，而宾语的调域为词调域的最小值，且后字音长和音强均有所减幅。一个语言成分的语音充盈度跟它所负载意义内容的实在程度和所传递的信息量相互对应（石锋 2017），可见，动词同为二者的焦点所在。表处置义的“将”字句和“把”字句通过将宾语提前的语法操作把句末位置让渡给动词，从而使动词获得焦点重音，以此来凸显处置的结果（陆俭明 2016），这种情况似乎并非金立鑫（1997）等学者所言的“宾语焦点说”。语调短语和韵律话语的构成受语义、信息结构、语用等影响（张洪明 2014），“将”字句与“把”字句具有相同的信息结构，所以二者的韵律分布模式也大致相同，而二者与主谓宾句式不尽相同的信息结构也导致其与主谓宾句式不同的韵律分布模式。

不过，“将”字句和“把”字句也存在一些差异。“把”字句动词的词调域、时长比和音量比都要大于“将”字句的，可见，在凸显处置结果的韵律表现效果上，“把”字句比“将”字句更明显。两组句式的宾语都表现出去重音的态势，但“把”字句宾语的词调域要比“将”字句的更小，且其后字音长降幅远大于“将”字句，去重音程度更显著，而两组句式的宾语均为已知信息，信息强度最弱，相比较起来，“把”字句更能在韵律实现上反映这一点。综上可知，在凸显处置语法意义的语音实现上，“把”字句韵律分布模式的效果要比“将”字句的更为明显，这也就更有利于感知处置义这一焦点信息，使得“把”字句口语性更强（刁晏斌 1993），而“将”字句使用范围进一步缩小（沈家煊 2002）。

3.5　结论

在语调格局思路的指导下，我们对结构形式为“S将O—V了”、语法意义表处置的“将”字句韵律分布模式从音高、音长和音强三方面进行了考察。结论有三：

(1)“将”字句和“把”字句一样，焦点重音在动词处，表现为词调域最宽、音长最长，音强有所增幅。通过“尾重原则”的语音操作将焦点重音固定在句末韵律词，通过“将”字使宾语提前的语法操作把句末位置让渡给动词，从而使动词获得焦点重音，以此来凸显处置的结果，与“主—谓—宾”句式产生不同的语义语用效果。

(2)本研究中，男生和女生的韵律分布模式也略有不同，男生在动词音高调域上的凸显程度强于女生，而女生则在动词音强增幅程度和音长延长幅度上的凸显程度强于男生。

(3)“将”字句与“把”字句也略有不同，“将”字句的韵律分布模式在凸显处置义时的效果要差于“把”字句，这可能是二者使用范围不同的一个原因。

附录1　音高、音长、音强绝对数值

	例句		张	三	将	鸡	汤	喝	了
“将”字句	男生均值	上线(st)	16.9	15.0	16.0	15.9	14.1	14.2	11.8
		下线(st)	10.9	8.9	13.3	10.9	9.9	6.5	6.7
		音长(ms)	250	286	277	216	221	295	167
		幅度积	304	257	258	163	153	189	72
	女生均值	上线(st)	25.7	24.7	25.1	25.2	23.8	23.6	22.3
		下线(st)	20.1	17.6	23.1	19.0	19.7	16.3	16.5
		音长(ms)	266	300	289	237	217	314	171
		幅度积	376	304	321	195	176	240	120

续表

		例句	张	三	喝	鸡	汤	了	
参照句	男生均值	上线(st)	17.5	16	15.6	14.9	16.6	13.9	
		下线(st)	11.4	10.3	9.1	10.3	7.4	7.9	
		音长(ms)	250	283	232	238	278	169	
		幅度积	341	295	210	182	202	79	
	女生均值	上线(st)	25.9	24.6	24	24.3	24.7	22.9	
		下线(st)	19.8	19.6	17.1	17.6	15.3	16.2	
		音长(ms)	279	293	270	276	290	175	
		幅度积	356	272	223	188	183	112	

附录 2　音高、音长、音强归一化数值

		例句	张	三	将	鸡	汤	喝	了
“将”字句	男生	上线(%)	95	78	86	86	69	70	49
		下线(%)	40	22	62	40	31	0	2
		时长比(%)	101	115	112	87	88	119	66
		音量比(%)	155	128	137	82	74	92	32
	女生	上线(%)	98	89	93	94	80	79	66
		下线(%)	46	22	74	35	42	10	11
		时长比(%)	103	116	111	91	84	122	66
		音量比(%)	152	125	127	81	72	98	45
参照句		例句	张	三	喝	鸡	汤	了	
	男生	上线(%)	100	86	82	76	92	68	
		下线(%)	45	34	23	34	8	13	
		时长比(%)	104	116	96	98	115	69	
		音量比(%)	155	137	96	83	91	38	
	女生	上线(%)	100	88	82	85	89	72	
		下线(%)	43	40	17	22	0	9	
		时长比(%)	106	112	103	105	111	66	
		音量比(%)	160	125	101	85	82	46	

四、“是”字焦点句的语调实验分析①

4.1　引言

现代汉语“是”的语法范畴、意义、功能非常丰富，历来受到学界的关注。邓守信（1979）、方梅（1995）、刘相臣（2004）、周荔（2008）、袁毓林（2003）等多位学者分别对“是”的句法、语义和语用等方面进行过深入探讨。关于“是”的类别，学界已基本达成共识，即根据其语法意义和功能，“是”可以基本分成两大类：判断动词和焦点标记词。前者作为句子的重要组成成分，往往被重读，不可省略，如“阳历七月[是]最热的天气”（吕叔湘 1980）。后者作为焦点标记词，可以起到标记/凸显信息焦点的作用，但它不是句子线性结构的基本要素，不负载实在意义，可以被省略，如“这么干我[是]一百个拥护，一千个赞成”（吕叔湘 1980）。对于焦点标记词“是”的语法性质，以徐杰和李英哲（1993）等为代表的多位学者认为：单纯的焦点标记是不存在的，“是”隶属于一定的词类，如助动词（黄正德 1988）、副词（宋玉柱 1978）、特殊的系词（周国正 2008）、语气副词（周荔 2008）、轻动词（何元建 2010）等，并表现出该词类的语法特点，遵循该词类的语法规则。

关于焦点的分类，Lambrecht（1986，1994，2000）从“焦点辖域”大小的角度把句子的焦点结构分为“宽焦点结构”（broad focus structure，简称 BF）和“窄焦点结构”（narrow focus structure，简称 NF）两大类型。汉语中“是[…XP…]”的焦点句式被称作“分裂句”（cleft sentence）、“准分裂句”（汤廷池 1981）或“聚焦句”（张和

① 原文发表于《汉语学习》2015 年第 3 期，作者王萍。

友 2006)，属于“窄焦点结构”，即对比焦点。关于焦点的表现方式和手段，Jackendoff(1972)提出重音是确定焦点的重要表现形式。Gussenhoven(1983)认为焦点在韵律方面体现为重音凸显，即“焦点—重音理论”(Focus-to-Accent)。

焦点的表示方法在汉语里常见的有三种：语序焦点表示法；焦点标记；重音转移法。温锁林、贺桂兰(2006)将标示焦点所采用的语音、词汇和句法手段分别称作“焦点标记词”“重音”和“焦点结构”。而三种焦点表达法在现代汉语里并不是互相排斥的，而往往是兼容的。“是[…XP…]”的焦点句式就是一个很好的例证，其中焦点的表达同时涉及两种手段：标记词“是”和“焦点重音”。

通过以上分析可知，对于“是[…XP…]”句式的句法、语义层面的探讨已经相对成熟，但从语音学层面，对于这种句式的整体语调结构的特点，以及它所承载的对比焦点的声学表现，以及焦点表达中，标记词“是”和重音的关系，“是”对于焦点重音强度的影响等问题，学界却一直鲜有系统性、专门性的研究。

基于此，本研究对 6 位普通话标准的北京发音人(3 男、3 女)“是[…XP…]”句式的语料进行实验分析，方法包括声学实验和听感实验两种。研究内容：(1)通过对于语句调域中词调域和字调域的相对音高位置、调域跨度等方面的考察，得到该强调句式中整体和局部的语调结构、音高走势以及相互关系。(2)通过与陈述句语料的对比分析，得到其中的焦点作用方式和作用域，以及它所承载的“窄焦点”和陈述句的“宽焦点”的声学界限。(3)通过与不带标记词的强调句的对照，并结合对比焦点和强调焦点两种焦点句的焦点词的重音听感实验，力求揭示：凸显“焦点”的两种手段，标记词“是”和焦点重音，它们的相互关系如何；“是”的有无是否会对焦点重音产生影响；进而回答“是”在焦点表达中的作用程度。

4.2　实验说明

4.2.1　语料设计

这里的实验句是在沈炯(1986)的基础上适当修改而成的，共有以下七组：

Ⅰ. 对照组，不带语气词的陈述句：①

a. 张中斌星期天修收音机。　　b. 吴国华重阳节回阳澄湖。

c. 李小宝五点整写讲演稿。　　d. 赵树庆毕业后到教育部。

e. 李金宝五时整交讲话稿。　　f. 李小刚五点半写颁奖辞。

每个实验句中，第1—3字音为句首韵律词；第4—6字音为句中韵律词；第8—10字音为句末韵律词。

Ⅱ、Ⅲ、Ⅳ对照组，不带标记词的强调焦点句：以Ⅰ为基础，使用不同引导问句，如：谁星期天修收音机？张忠斌什么时候修收音机？张忠斌星期天做什么？使回答的实验句的强调焦点分别位于句首韵律词(Ⅱ)、句中韵律词(Ⅲ)、句末韵律词(Ⅳ)得到强调焦点位置不同的三组实验句。

Ⅴ、Ⅵ、Ⅶ实验组，带标记词"是"的对比焦点句：以Ⅰ为基础，使用不同的引导问句，如：是谁星期天修收音机？张忠斌是什么时候修收音机？张忠斌星期天是做什么？分别得到标记词"是"分别位于句首(Ⅴ)、句中(Ⅵ)和句末韵律词(Ⅶ)之前的三组"是[…XP…]"句式的对比焦点句。

4.2.2　实验程序

发音人共有6位(3男、3女)，他们都是南开大学的学生，在北京

① 设计这6句话的目的是为了找到每位发音人不同位置字音的全调域，进而得到该发音人整个语句的全调域。为解决上声变调的影响，分别用"李金宝、李小刚"替换"李小宝"；用"五点半、五时整"替换"五点整"；用"讲话稿、颁奖辞"替换"讲演稿"，补充两个实验句。

出生、长大，能说标准的普通话。录音在南开大学语音实验室进行，录音软件为 Praat，录音文件格式为单声道、16 位，采样率为 22050 赫兹。每位发音人都以自然状态、平稳语速发音。每个实验句连续说 3 遍，句与句间隔 4 秒，共得到 6×3×7×6＝756 个样品句。

4.2.3　数据测算

语句音高可以用频率、半音、百分比等不同标度。本研究以百分比值为单位，它是在半音(st)基础上转化得到的，优点是可以将不同年龄和性别的发音人、不同语气和口气类型的语句放置在同一空间中对照比较，在可比性的基础上具有可统计性，使语调研究进入量化分析过程，具体的计算方法参见石锋等(2009)。同时，为把七组语句(Ⅰ、Ⅱ、Ⅲ、Ⅳ对照组，Ⅴ、Ⅵ、Ⅶ实验组)放在同一水平上比较分析，将每位发音人这七组语句的所有半音值数据放在一起，选择其中的最高点、最低点分别作为调域的两极，即 100％和 0，计算它们的百分比值。再以百分比值为基础，进行相关计算和分析。

4.3　词调域的音高表现

根据分布位置，在语句调域内部划分出不同的词调域，即句首词调域、句中词调域、句末词调域。通过与自然焦点陈述句、不带标记词的强调焦点句的比较分析，本研究对带标记词“是”的对比焦点句的词调域的音高表现进行细致考察，内容包括：不同位置词调域的分布位置、音高跨度以及相对于以上两种句式的变化方式和定量表现。

4.3.1　带标记词“是”的对比焦点句和自然焦点陈述句词调域的对比分析

为了凸显带标记词“是”的对比焦点词调域的特点，我们将它与陈述句的词调域的音高分布进行了对比分析，具体参见图 1 和表 1。

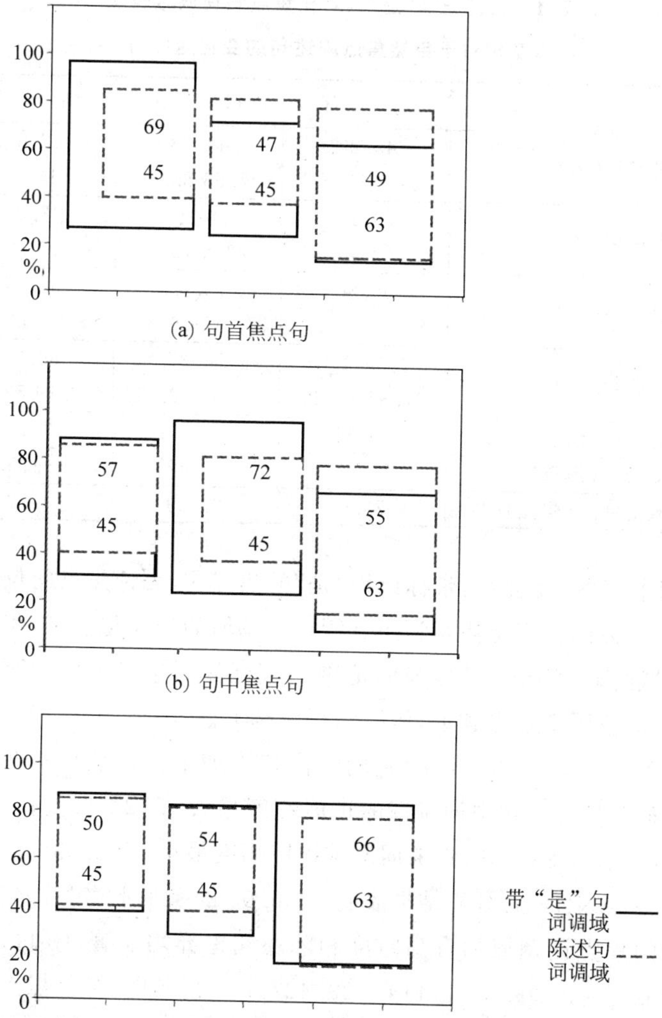

(a) 句首焦点句

(b) 句中焦点句

(c) 句末焦点句

图 1　带标记词“是”的对比焦点句和自然焦点陈述句的词调域分布对比图

注：图形中的数字，上方为带“是”焦点句的词调域跨度，下方为陈述句的词调域跨度。

表 1　带标记词"是"的对比焦点句词调域表现以及相对于自然焦点陈述句的变化量(△)

	句　首	句　中	句　末
自然焦点句(%)	45.23 (40.3-85.53)	44.53 (37.53-82.06)	62.81 (15.64-78.45)
句首焦点句(%)	69.13 (27.04-96.17)	46.6 (23.8-70.4)	48.97 (14.07-63.04)
句中焦点句(%)	56.86 (31.53-88.39)	72.22 (24.11-96.33)	54.84 (8.24-63.08)
句末焦点句(%)	50.1 (37.32-87.49)	54.37 (28.34-82.71)	66.39 (17.19-83.58)
上线提高△(焦点)(%)	10.64	14.27	5.13
下线降低△(焦点)(%)	13.26	13.42	−1.55
词调域扩展△(焦点)(%)	23.9	27.69	3.58

图 1 和表 1 显示:带标记词"是"的焦点句,无论焦点的位置如何,其总体的音高走势均为焦点所在词调域的最大化扩展,焦点后词调域的显著压缩,其压缩的范围一直延伸到焦点之后的所有词调域,而且距离焦点越近,压缩的程度越大。

和陈述句(虚线)相比,它的音高特点如下:(1)焦点所在词调域的显著扩展。句中词调域的扩展幅度最大,为 27.69%;句首词调域次之,为 23.9%,句末词调域扩展幅度最小,为 3.58%。单因素方差(ANOVA)分析结果表明:在 0.05 的水平上,句首、句中焦点句的焦点词调域的音高跨度和陈述句差异均显著,$F(1,11)=52.562, p=0.000$,$F(1,11)=20.427, p=0.001$。句首焦点句和句中焦点句,它们上线上升的幅度和下线降低的幅度比较接近,但句末焦点句上线、下线都为升。单因素方差(ANOVA)分析结果表明:在 0.05 的水平上,句首、句中焦点句,它们的焦点词调域的上线和陈述句的上线差异均显著 F(1,11)＝35.376，p＝0.000，F(1,11)＝15.192，p＝0.003；句首焦点句的焦点词调域下线和陈述句差异显著，F(1,11)＝11.632，p＝0.007，其他各组的组间差异均不显著（p＞0.05）。（2）焦点前词调域（图 1b 和图 1c），其调域跨度小于焦点所在词调域 12.02％—16.29％。但它们均大于陈述句中相同位置的词调域跨度，增加的幅度为 5％—12％，而且越靠近焦点，其增加的幅度越大。（3）焦点后的词调域（图 1a 和图 1b），其调域跨度小于焦点所在词调域 3.46％—15.92％。相对于陈述句中相同位置的词调域，它们的调域跨度更小，减小的幅度为 7.97％—13.84％，而且越靠近焦点的词调域，减小的幅度越大。所以，焦点后的词调域压缩可以看作是除焦点本身调域最大化扩展之外的另一种凸显焦点的方式。

4.3.2　带标记词“是”的对比焦点句和不带标记词的强调焦点句词调域的对照分析

为了更加深入考察标记词“是”的有无是否会对焦点重音产生影响，本研究将带标记词“是”的对比焦点句和不带标记的强调焦点句的词调域进行对比分析。后者词调域的音高数据参见表 2。

比较表 1 和表 2，虽然带标记词“是”的焦点句（前者）和不带标记词的焦点句（后者）在整体语调结构上有相似之处，如，焦点所在词调域在全句中达到最大化扩展，焦点前/后的词调域跨度都显著小于焦点所在的词调域，句末焦点句的语调结构与陈述句最为接近，但它们在局部的语调结构和定量表现上还是存在规律性的差别。（1）前者的句首、句中和句末焦点句，焦点词调域的扩展幅度分别大于后者 10.93％、9.63％、3.09％。单因素方差（ANOVA）分析结果表明：在 0.05 的水平上，带标记词“是”的焦点句和不带标记词的焦点句，它们的句首焦点词调域、句中焦点词调域的音高

表 2　不带标记词的强调焦点句词调域表现
以及相对于自然焦点陈述句的变化量(△)

	句　首	句　中	句　末
自然焦点句(%)	45.23 (40.3-85.53)	44.53 (37.53-82.06)	62.81 (15.64-78.45)
句首焦点句(%)	58.2 (36.06-94.26)	42.7 (27.07-69.77)	54.74 (6.05-60.79)
句中焦点句(%)	44.64 (36.63-81.27)	62.59 (32.47-95.06)	46.67 (12.6-59.26)
句末焦点句(%)	44.53 (42.75-87.28)	43.69 (38.42-82.11)	63.3 (19.94-83.24)
上线提高△(焦点)(%)	8.73	13	4.79
下线降低△(焦点)(%)	4.24	5.06	−4.3
词调域扩展△(焦点)(%)	12.97	18.06	0.49

跨度差异显著，$F(1,11)=6.929$，$p=0.025$，$F(1,11)=5.09$，$p=0.048$。(2)焦点所在词调域上线的升幅，前者为5%—14%，后者为4%—13%，焦点所在词调域下线的降幅(句末焦点句除外)，前者为13%左右，后者为4%—5%。由此可见，除句末焦点句外，不带标记词的焦点词调域扩展主要依靠上线的提高，而带标记词“是”的焦点词调域的扩展，上线的提高和下线的降低均发挥重要作用。(3)焦点前的词调域(句中、句末焦点句)，相对于焦点部分，前者压缩12.02%—16.69%，而后者压缩17.95%—19.61%，即前者的压缩幅度小于后者。(4)焦点后的词调域(句首、句中焦点句)，相对于焦点部分，带标记词“是”的焦点句缩小17.38%—22.53%，而不带标记词的焦点句缩小15.5%—15.92%，即前者的缩小幅度大于后者。

4.3.3　小结

带标记词“是”的焦点句和不带标记词的焦点句相比，(1)焦点所在词调域，前者的扩展程度显著大于后者，且二者的差异度具有统计学的意义。同时，对于焦点词调域的扩展，后者主要依靠上线的提升，而前者上线的提升和下线的降低都很重要。(2)焦点前词调域，前者大于陈述句，后者与陈述句相当，相对于其各自的焦点所在词调域，前者压缩的幅度小于后者 3%—6%。(3)焦点后词调域，二者均普遍小于陈述句，相对于其各自的焦点所在词调域，前者的压缩幅度大于后者 2%—10%。

Ladd(1996)将重音分成了两个级别：核心重音(nuclear accents)，核心前重音(pre-nuclear accents)和核心后重音(post-nuclear accents)，从重音级别上说，核心重音比核心前重音和核心后重音高，且核心后重音与核心重音的连接比核心前重音更紧密。Xu(1999)、Liu & Xu(2005)、Xu & Xu(2005)的研究表明：焦点(非末位)的实现是通过扩展焦点所在词的音高范围，压缩降低焦点后的词的音高范围，但是对于焦点前的词调域产生的影响较小。也就是说，焦点的实现主要在焦点所在词调域和焦点后词调域两部分。总之，带标记词“是”的对比焦点句比不带标记词的焦点句对于焦点重音的凸显程度更高。

4.4　字调域的音高表现

在词调域的基础上，本研究继续对语调的第三个层级——字调域的音高表现进行深入分析。为了得到带标记词“是”的对比焦点句字调域的特点，我们分别将它与自然焦点陈述句和不带标记词的强调焦点句进行对照，具体的图形和数据参见图 2

和表 3、表 4。

4.4.1　带标记词“是”的对比焦点句和自然焦点陈述句字调域的对照分析

为了能够直观表现带标记词“是”的对比焦点句的特点和变化，我们将它与陈述句的字调域进行了叠加，见图 2。

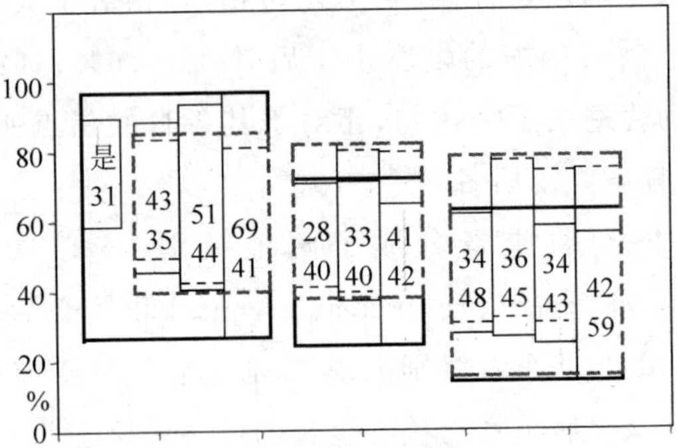

(a) 句首焦点句

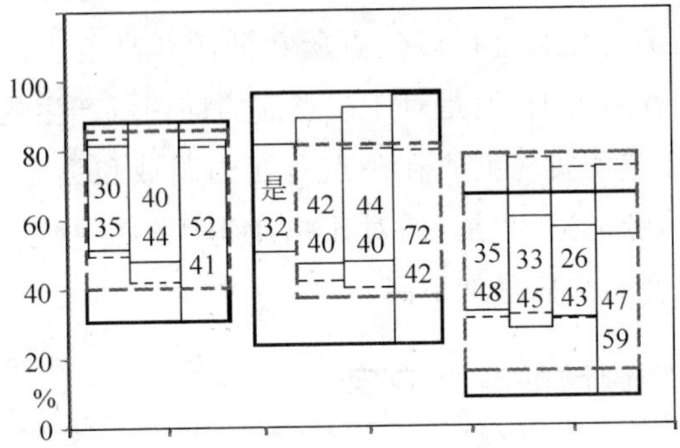

(b) 句中焦点句

根据图 2，焦点词调域内部，标记词“是”的字调域跨度最小(28%—32%)，低于其他字调域 10%—40%。它在句中大多保持

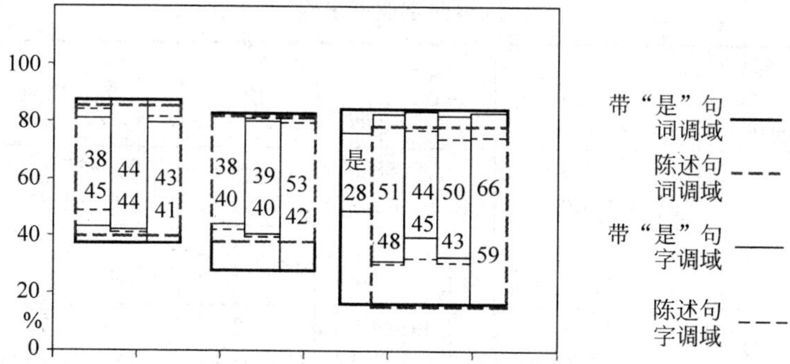

(c) 句末焦点句

图 2　带标记词“是”的对比焦点句和自然焦点陈述句的字调域分布对比图

注：图形中的数字，上方为带“是”焦点句的词调域跨度，下方为自然焦点陈述句的词调域音高跨度。

其“去声”的降调调型，但因用力较小，时长较短，其降幅也相应变小，有时调型会接近阴平。所以根据音高表现，它应该属于“轻音”（赵元任 1922）或“语调轻音”（林焘 1962）的范畴。

为便于量化比较，表 3 将带标记词“是”的对比焦点句和自然焦点陈述句的字调域数据并列呈现。可以从三个方面进行比较。

（1）焦点词调域内部的字调域跨度：基本按照从左到右的顺序依次增大，末字达到最大，即末字是焦点信息的主要承载者。“是”字句中，焦点词调域中的各个字调域跨度均大于陈述句，末字的增幅最大。其中，句首焦点句的增幅为 7%—28%，句中焦点句的增幅为 2%—40%，句末焦点句的增幅为 3%—7%。

表3　带标记词"是"的对比焦点句和自然焦点陈述句字调域表现

字调域 \ 焦点位置	自然焦点句	句首焦点句	句中焦点句	句末焦点句
1(%)	34.7 (49.21-83.91)	42.88 (46.09-88.97)	29.86 (51.85-81.71)	37.69 (43.44-81.13)
2(%)	43.54 (41.99-85.53)	50.87 (42.82-93.69)	40.15 (48.24-88.39)	44.33 (43.16-87.49)
3(%)	41.08 (40.30-81.38)	69.13 (27.04-96.17)	52.53 (31.53-84.06)	43.05 (37.32-80.37)
4(%)	39.99 (42.08-82.06)	28.38 (41.79-70.17)	42 (47.36-89.36)	37.64 (45.07-82.71)
5(%)	40.31 (40.27-80.58)	33.27 (37.13-70.40)	44.09 (47.56-91.65)	39.26 (40.92-80.18)
6(%)	42.3 (37.53-79.83)	40.92 (23.80-64.72)	72.22 (24.11-96.33)	52.56 (28.34-80.90)
7(%)	47.87 (30.58-78.45)	33.72 (28.55-62.27)	29.96 (33.12-63.08)	50.69 (31.72-82.42)
8(%)	44.79 (32.37-77.16)	35.63 (27.42-63.04)	30.76 (28.56-59.31)	43.81 (39.77-83.58)
9(%)	43.14 (31.01-74.15)	33.46 (24.78-58.24)	25.83 (31.51-57.33)	49.85 (32.80-82.65)
10(%)	59.24 (15.64-74.87)	42.43 (14.07-56.49)	46.55 (8.24-54.79)	66.09 (17.19-83.28)

注：标记词"是"没有包括在内。

(2) 焦点前的字调域：与焦点相邻的词调域，其内部首字和中字的调域跨度均小于陈述句1%—5%，而末字却显著大于陈述句10%—11%。焦点前的第2个词调域（句末焦点句的句首词调域），其字调域的跨度和陈述句相近。这表明与焦点相邻的焦点前词调域的末字已经在为焦点所在词调域的最大化扩展做准备了。

(3) 焦点后的字调域：与焦点相邻的词调域中的字调域，其首字的调域跨度在所有字调域中多为最小。相对于焦点词调域的末字，它的降幅在40%左右，这说明它对于焦点的凸显作用非常显著。焦点后每个词调域中的所有字调域跨度均小于陈述句，降幅主要在7%—17%的范围内。这说明焦点的凸显影响到焦点之后的所有词调域。另外，焦点后的词调域以及词调域内部字调域的压缩主要是通过上线的降低完成的。

4.4.2 带标记词“是”的对比焦点句和不带标记词的强调焦点句字调域的对照分析

我们通过比较两种类型的焦点句(带和不带标记词“是”)中焦点词调域的字调域的表现，继续深入考察“是”在焦点表达中的作用和贡献度。

表4和表3相比，带标记词“是”的焦点句(前者)和不带标记词的焦点句(后者)有类似的表现，如焦点所在的词调域扩展，其中末字的扩展程度最大，焦点后的词调域首字的调域显著压缩。同时，它们在字调域的量化表现上有着规律性的差别。

(1) 焦点所在字调域：前者首字、末字的字调域跨度普遍大于后者1%—6%，4%—10%。句首焦点末字上线提高△、下线降低△以及字调域扩展△(相对于陈述句)，前者分别大于后者1.91%、9.02%、10.93%。单因素方差(ANOVA)分析结果表明：在0.05的水平上，二者的末字下线降低△、末字调域扩展△差异均显著，$F(1,11)=6.743$，$p=0.027$，$F(1,11)=8.743$，$p=0.014$；句中焦点末字上线提高△、下线降低△以及字调域扩展△，前者分别大于后者1.27%、8.36%、9.73%。单因素方差(ANOVA)分析结果表明：在0.05的水平上，二者的末字调域扩展△差异显著，

表 4　不带标记词的强调焦点句的字调域表现

字调域＼焦点位置	自然焦点句	句首焦点句	句中焦点句	句末焦点句
1(%)	34.7 (49.21-83.91)	38.62 (51.53-90.15)	39.68 (40.63-80.31)	29.88 (53.72-83.60)
2(%)	43.54 (41.99-85.53)	50.42 (46.17-93.59)	44.62 (36.65-81.27)	41.41 (45.87-87.28)
3(%)	41.08 (40.30-81.38)	58.20 (36.06-94.26)	41.34 (36.63-77.97)	40.81 (42.75-83.56)
4(%)	39.99 (42.08-82.06)	29.24 (40.53-69.77)	40.85 (46.99-87.84)	41.74 (40.35-82.11)
5(%)	40.31 (40.27-80.58)	29.19 (36.92-66.11)	42.37 (48.69-91.06)	36.33 (43.71-80.04)
6(%)	42.3 (37.53-79.83)	37.39 (27.07-64.46)	62.59 (32.47-95.06)	40.51 (38.42-78.93)
7(%)	47.87 (30.58-78.45)	29.33 (29.39-58.72)	29.61 (29.65-59.26)	44.37 (38.87-83.24)
8(%)	44.79 (32.37-77.16)	33.25 (24.00-57.25)	21.67 (32.90-54.56)	48.79 (33.39-82.18)
9(%)	43.14 (31.01-74.15)	33.91 (26.88-60.79)	28.66 (25.45-54.11)	50.96 (29.38-80.34)
10(%)	59.24 (15.64-74.87)	48.74 (6.06-54.80)	39.61 (12.60-52.21)	61.06 (19.94-81.00)

$F(1,11)=6.163$，$p=0.032$；句末焦点末字上线提高△、字调域扩展△，前者分别大于后者2.28%、5.04%。单因素方差(ANOVA)分析结果表明，二者末字的各项参数差异均不显著($p>0.05$)。

（2）焦点前字调域：与焦点所在词调域相邻的焦点前词调域的末字，和陈述句相比，前者字调域扩展10%—11%，下线降低9%—10%，上线上升1%—3%，而且，它的调域跨度会大于其后焦点词调域的首字2%—10%；而后者与陈述句相近，无明显扩展趋势，而且与其后焦点词调域的首字调域跨度接近。

（3）焦点后字调域：和焦点词调域相邻的焦点后词调域的首字，相对于其焦点所在词调域的末字（末字的跨度为整个焦点词调域的跨度），前者压缩的幅度为40%—42%，后者压缩的幅度为28%—33%；焦点后其他的字调域，前者的压缩幅度为25%—46%，后者的压缩幅度为9%—40%，前者焦点后各字调域的压缩幅度显著大于后者。

4.5　带标记词"是"的焦点句和不带标记词的焦点句的重音听辨实验

以上的声学分析表明：尽管带标记词"是"的焦点句和不带标记词的焦点句的整体语调结构相似，但它们的局部定量表现仍存在规律性的差异。具体来说，相对于后者，前者的焦点词调域为更大幅度的扩展，上线的提高和下线的降低对调域的扩展具有同等重要的作用，尤其是焦点词调域的末字，而后者的调域扩展重在上线的提高，下线的降幅较小。所以，二者的差异集中体现在调域的扩展幅度和下线的降幅；焦点前词调域不降反升（相对于自然焦点陈述句），尤其是紧邻焦点的焦点前词调域的末字；虽然焦点后词调域、字调域的压缩贯穿始终，但前者压缩的幅度更大，尤其是紧邻焦点的焦点后词调域的首字。

基于上述声学结果，这里拟从听感的角度继续深入探讨：两种类型焦点句的焦点词调域(句首、句中[①])的声学层面的差异是否会在感知层面有相对应的表现,即两类焦点词调域是否存在重音感知的不同。力求从感知层面揭示:标记词"是"是否会对后面的焦点重音产生影响,如果答案是肯定的,那么影响的具体表现和程度如何?

4.5.1 感知实验的设计程序

被试:共有23位被试参加听感实验,他们都是南开大学学生,男性11位,女性12位,平均年龄22岁,母语均为北方官话,听力正常。

具体实验程序:(1)在已有的6位普通话标准的北京话母语者的语料中,我们随机选择一位男性发音人的语料,将两种焦点句中完全对应的两个句子(除标记词"是"的有无以外,其他部分完全相同)挑选出来,组成最小对比对(minimal pair)。随机排列,句与句间隔4秒。所有刺激句对打乱顺序,随机播放,每组句对播放2遍,句对与句对之间间隔5秒。(2)听辨选择,被判断的焦点词会提前呈现给被试,当被试听完每组刺激句对后,可以三中择一,即前重(前句)、后重(后句)、等重。

4.5.2 实验结果的计算和说明

我们分别统计三类选项中,每一类选项的百分比。具体的计算方法如下:

每类选项的百分比=每类选项的总量/被试个数(23)×播放次数(2)

实验结果,请见表5、表6。

---

① 以上声学研究结果表明:带标记词"是"的对比焦点句和不带标记词的强调焦点句,二者句首焦点句、句中焦点句的差异较显著,而句末焦点句的差异不明显。所以,句末焦点句不作为听感研究的对象。

表 5　句首焦点句的重音选择百分比

	A(%)	B(%)	A=B(%)
张忠斌	32	18	50
吴国华	14	79	7
李小宝	29	32	39
赵树庆	0	86	14
李金宝	7	86	7
李小刚	4	39	57
平均值	14	57	29

表 6　句中焦点句的重音选择百分比

	A(%)	B(%)	A=B(%)
星期天	32	46	21
重阳节	0	86	14
五点整	0	96	4
毕业后	0	71	29
五时整	4	53	43
五点半	4	25	71
平均值	7	63	30

注:A,选择不带标记词的焦点句的焦点词为重。B,选择带标记词"是"的焦点句的焦点词为重。A=B,选择 A、B 等重。

表 5 显示:句首焦点词调域,选择 A 重、B 重和 A—B 等重的情况均有发生。不同调类组合的焦点词,被试对于重音的感知表现可以分为两类(根据百分比的大小):(1)B 重占优势,阳+阳+阳(吴国华)、去+去+去(赵树庆),上+阴+上(李金宝),都超过 70%;(2)A—B 等重占优势,阴+阴+阴(张忠斌),上+阳+上(李小宝),阳+上+阴(李小刚),分别为 50%、39%、57%。从平

均值来看，选择 B 重(57%)的占优势，分别大于 A 重(14%)、A—B 等重(29%)43%、28%。

表 6 显示：句中焦点词调域，选择 B 重的百分比普遍大于 A 重、A—B 等重。不同调类组合的焦点词，被试对于重音的感知表现可以分为两类：(1)B 重占优势，阴＋阴＋阴(星期天)、阳＋阳＋阳(重阳节)、阳＋阳＋上(五点整)、去＋去＋去(毕业后)、上＋阳＋上(五时整)，除“星期天”外，选择 B 重的比例都在 50%以上，大幅度超过 A—B 等重的百分比，且 A 重的百分比大多为 0；(2)A—B 等重占优势，阳＋上＋去(五点半)，为 70%。根据平均值，选择 B 重的百分比为 63%，分别大于 A 重、A—B 等重的百分比 56%、33%。

综上可知：(1)句首焦点句和句中焦点句在三类选项中，B 重均占优势，百分比值在 70%—100%之间，但从平均值来看，后者 B 重的趋势更强。(2)句首焦点句，A—B 等重占优势的情况，百分比都在 60%以下，数值上要小于 B 重占优势的情况；句中焦点句，A—B 等重占优势的情况只包括 1 个焦点词，而且数值上也小于 B 重占优势的情况。

4.5.3　小结

这种听辨结果可以和上文的声学表现相对应。具体来说，和不带标记词的焦点句相比，带标记词“是”的焦点句的声学特点为：焦点词调域的更大幅度的扩展和下线的更大幅度的降低，焦点后词调域、字调域的更大程度的压缩。无论是声学范畴还是听感范畴，带标记词“是”的焦点句都具有更高程度的焦点凸显。

不同的调类组合，对于感知会产生影响。阳平、上声、去声的组合中，感知为 B 重的居多，而阴平的组合，感知为 B 重的比例偏低。石林等(2012)提出“调域负担量”,即:阴平、去声的起点主要负担其所在词调域的上线,去声的终点、上声的折点主要负担其所在词调域的下线。阳平主要位于调域的内部,对于调域的负担功能稍差。词调域重音的主要承载者为末字,如果词调域的末字为上声,凸显其重音的手段是降低下线,即降低上声的折点;如果词调域的末字为阴平,凸显其重音的手段是提高上线;如果词调域的末字为去声,凸显其重音的手段是提高上线和降低下线。本研究的声学结果表明:带标记词“是”的焦点句和不带标记词的焦点句,二者的主要区别在下线,即上声和去声,而上线,即阴平的差别很小。相应地,末字为上声、去声的焦点词,听辨为B重的比例大,末字为阴平的焦点词,无明显的听辨趋向。

4.6　结论

我们对6位普通话标准的北京发音人“是[…XP…]”句式的语料进行了系统研究。通过考察语句调域中词调域和字调域的音高位置、调域跨度,得到该强调句式中整体和局部的音高分布特点、走势以及相互关系。通过与陈述句、不带标记词的强调句的对照,从量化的角度揭示了该句式所承载的“对比焦点”和自然焦点陈述句的声学界限,以及该句式中焦点的作用方式和作用域。以声学结果为基础,结合两种焦点句(带标记词“是”/不带标记词)的重音听感实验,考察标记词“是”对于焦点重音的影响,进而从声学和听感两个层面回答了“是”在焦点表达中的作用和贡献度。

4.6.1　词调域的音高表现

陈述句语调结构为音高下倾,带标记词“是”的对比焦点句表现为:焦点所在词调域的最大化扩展,焦点后词调域的显著压缩,压缩的范围可以覆盖焦点之后的所有词调域,而且距离焦点越近,压缩的程度越大。具体来说,(1)焦点所在词调域的扩展幅度,句中词调域最大,句首词调域次之,且二者与陈述句的差异均具有统计学意义,调域扩展的方式是通过分别提高和降低词调域的上线和下线。但句末词调域与陈述句差异不显著。(2)焦点前词调域,均大于陈述句,而且越靠近焦点,增加的幅度越大。(3)焦点后词调域,其调域跨度均小于陈述句和焦点所在词调域,而且越靠近焦点,减小的幅度越大。

虽然带标记词"是"的焦点句和不带标记词的焦点句的整体语调结构相似,但它们在局部的语调结构和定量表现上还是存在规律性的差别。具体来说,(1)前者,相对于陈述句,其句首、句中和句末焦点句,焦点词调域的扩展幅度分别大于后者,二者的句首、句中焦点句的焦点词调域(音高跨度)的差异具有统计学意义。(2)对于焦点词调域的扩展,前者上线的提升和下线的降低都很重要,后者主要依靠上线的提升,所以二者的差异集中体现在下线。(3)焦点前词调域,前者大于陈述句,后者与陈述句相当,相对于其各自的焦点所在词调域,前者压缩的幅度小于后者。(4)焦点后词调域,二者均普遍小于陈述句,相对于其各自的焦点所在词调域,前者的压缩幅度大于后者。所以,参考 Ladd(1996)对于重音级别的划分,Xu(1999)、Liu & Xu(2005)、Xu & Xu(2005)提出的三区段(tri-zone)焦点音高调节模式,依据两种焦点句式语调结构中不同位置词调域的声学量化表现(主要是焦点词调域和焦点后词调域),结果表明:带标记词"是"的对比焦点句比不带标记词的强调焦点句对于焦点重音的凸显程度更高。

4.6.2 字调域的音高表现

和自然焦点陈述句相比,(1)焦点词调域内部的字调域跨度,普遍按照从左到右的顺序依次增大,末字达到最大,即末字是焦点信息的主要承载者。句首焦点句、句末焦点句中,焦点词调域的末字增幅较大,句末焦点句中焦点词调域的末字增幅较小。(2)焦点前的字调域,与焦点相邻的词调域,其内部首字和中字的调域跨度均小于陈述句,而末字却显著大于陈述句。与焦点不相邻的词调域,其内部的字调域跨度和陈述句相近。(3)焦点后的字调域,焦点后的所有字调域跨度均小于陈述句,字调域的压缩主要是通过上线的降低完成的,这说明焦点的辖域覆盖焦点之后的所有字调域。与焦点相邻的字调域跨度在所有字调域中压缩的幅度最大,这说明它对于焦点的凸显作用非常显著。

带标记词"是"的焦点句和不带标记词的焦点句相比,二者字调域的音高表现存在规律性的差别。具体来说,前者体现为:焦点词调域内部,其末字调域更大幅度的扩展以及下线的更大程度的降低;焦点前词调域,与焦点相邻的字调域的扩展,以及其下线的显著降低;焦点后词调域,各字调域均表现为更大幅度的收缩(相对于焦点词调域),尤其是与焦点相邻的焦点后字调域。由此可见,与词调域的结果一致,字调域的音高表现也同样说明:和不带标记词的焦点句相比,带标记词"是"的焦点句对于焦点重音的凸显程度更高。

4.6.3 两种焦点句的重音听辨实验

和声学结果相对应,带标记词"是"的焦点句和不带标记词的焦点句,二者的焦点词调域的重音听辨结果表明:句首焦点句、句中焦点句,选择前者为重的比例多于后者,且句中焦点句的这种趋势更强。不同的调类组合,对于感知会产生影响。阳平、上声、去声的组合，感知为B重的居多，而阴平的组合，感知为B重的比例偏低。这一现象可以从“调域负担量”（石林等 2012）的理论得到解释，即：阴平、去声的起点主要负担其所在词调域的上线，去声的终点、上声的折点主要负担其所在词调域的下线，阳平主要位于调域的内部，所以不是调域上/下线的主要承载者。本研究的声学结果表明：两种焦点句的主要区别在下线，即主要区别在上声的折点和去声的终点，而上线，即阴平的差别不显著。

根据上述声学和听觉的实证性研究，我们看到：标记词“是”不仅在句法语义上有提示焦点信息的作用，在语音上同样起着强化重音的作用。Bolinger（1978）认为：“如果一个重音在句子中出现，说话人能够通过加宽调域（pitch interval）来标志它的重要等级或是强调的力度。”因此，和单纯依靠重音手段来凸显的焦点信息相比，“是”所标记的对比焦点信息确实具有更宽的调域和更强的重音感知，所以它应比强调焦点位于更高的重音等级。

五、“是”字焦点句的韵律表现①

5.1 引言

现代汉语中“是[…XP…]”的焦点句式被称作“分裂句”（cleft sentence）、“准分裂句”（汤廷池 1981）或“聚焦句”（张和友 2006），属于“窄焦点结构”。多位学者将“是”看作焦点标记词（focus marker），认为它已经发生了语法虚化现象，本身没有实在意义，只担任信息标志的任务，不是句子的必需成分，去掉它句子仍然成

① 原文发表于《语言文字应用》2019年第3期，作者王萍、石锋、熊金津、商桑。

立。“是”字管辖的部分为新知信息，也就是句子的焦点所在，表现为语音的凸显（吕叔湘 1980，Shou-hsin Teng 1979，方梅 1995，刘丹青、徐烈炯 1998，徐杰 2001，张伯江、方梅 2001）。“是”可以将出现在动词前的任何成分焦点化，如“主语焦点”（subject-focus）、“修饰语焦点”（adjunct-focus）和“谓语焦点”（predicate-focus），而且整个句子的语序不发生改变（Lee 2005）。所以“是”具有强化焦点信息的传递和对焦点信息进行定位的双重功能（温锁林、贺贵兰 2006）。

综上可知，分裂句“是[…XP…]”强调句式（以下简称“‘是’字句”）的句法、语义层面的探讨已经比较成熟，“是”所标记的焦点应该属于对比焦点。焦点的表示方法在汉语里常见的有三种：语序焦点表示法、焦点标记、重音转移法。“是”字句的焦点表现包含“焦点标记”和“重音”两种手段。那么，焦点标记词“是”和其后的焦点重音究竟存在怎样的量化互动关系？相对于自然焦点陈述句（基本模式），标记词“是”影响下的“是”字句（变化模式）的重音韵律分布会呈现怎样的特点？以上是本研究要集中讨论的问题。韵律三要素音高、音长、音强之间互动而有序的变化构成了各种焦点类型的韵律分布模式（石锋 2017）。我们拟从广义的语调出发（Bolinger 1989），深入分析和归纳“是”字句的音高、音长和音强三要素的韵律表现和分布特点。

5.2　实验方法和步骤

5.2.1　发音人的选取和语料的设计

这里选取了 5 位北京籍的在校大学生，2 男 3 女，他们都在北京出生长大，能说流利的普通话，年龄为 21—22 岁。

本研究的实验句是在沈炯(1985)的基础上适当修改而成的。其中包括两个部分：Ⅰ对照组，不带“是”的同型陈述句；Ⅱ实验组，“是”字句。具体如下：

Ⅰ对照组，不带“是”的同型陈述句

(1) 张忠斌星期天修收音机。　(2) 吴国华重阳节回阳澄湖。
(3) 李小宝五点整写讲演稿。　(4) 赵树庆毕业后到教育部。
(5) 李金宝五时整交讲话稿。　(6) 李小刚五点半写颁奖辞。

每个实验句中，第1—3字为句首韵律词；第4—6字为句中韵律词；第8—10字为句末韵律词(以下简称“句首词”“句中词”“句末词”)。

Ⅱ实验组，带“是”的焦点句(“是”字句)

以Ⅰ对照组的同型陈述句为基础，使用不同的引导问句，如：**是**谁星期天修收音机？张忠斌**是**什么时候修收音机？张忠斌星期天**是**做什么？得到焦点分别位于句首词、句中词和句末词的三组“是[…XP…]”句式的焦点句。

5.2.2　实验程序

本研究的实验句是在专业的语音实验室录制的，录音软件为Cool Edit Pro 2.0，录音文件的格式为单声道、16位，采样率为22050赫兹。每位发音人都使用普通话以自然状态、平稳语速说出实验句，每个句子连续说3遍，句与句相隔4秒，共得到180个样品句。

5.2.3　数据的测量和计算

语音实验的工具为桌上语音工作室(Mini-Speech-Lab)和Praat，提取语句的音高、音长和音强数据，然后分别将测量得到的原始数据转化为百分比、时长比和音量比数值(具体的计算方法将在下文说明)，最后使用Excel和SPSS2.0进行统计计算。

5.3　“是”字焦点句的音高表现

首先将测量得到的频率值转化为半音值①。考虑到男生和女生由于生理差异而形成的音高差别，本研究将男生和女生分开计算。具体来说，将他们各自的“是”字句和不带“是”的同型陈述句作为一组，分别选取其中的最大值和最小值（半音值）作为语句调域的两极，即100%和0，计算得到男生和女生各自调域的百分比值。然后，将男、女的相同语句的百分比值进行平均，得到“是”字句和不带“是”的同型陈述句的总体平均值。最后，根据结果作出图1②。

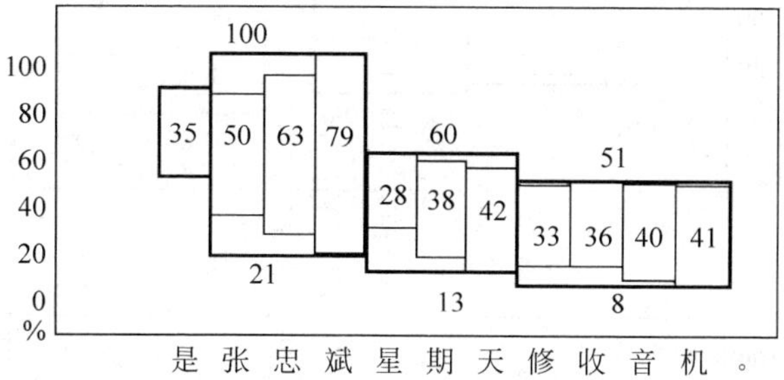

(a) 句首“是”字句的音高表现

① 从赫兹到半音转换公式为：st＝12×lg (f/fr)/lg2（其中“f”表示需要转换的赫兹数值，“fr”表示参考频率，男性设为55赫兹，女性设为64赫兹）。

② 男生的最低值（0）出现在句中“是”字句的句末词下线，女生的最低值（0）出现在句首“是”字句的句末词下线，所以男、女的总体平均值不存在0，最低值为1%。为了便于阅读，图1下方放置了实验语料（6个句子）中的一个例句：（是）张忠斌（是）星期天（是）修收音机。图2—图4也照此处理。

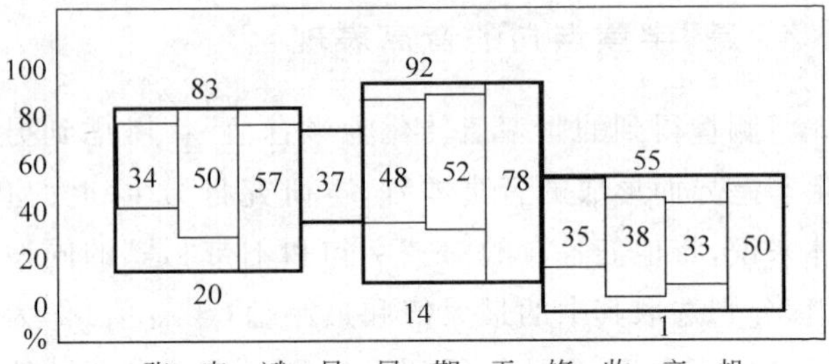

(b) 句中“是”字句的音高表现

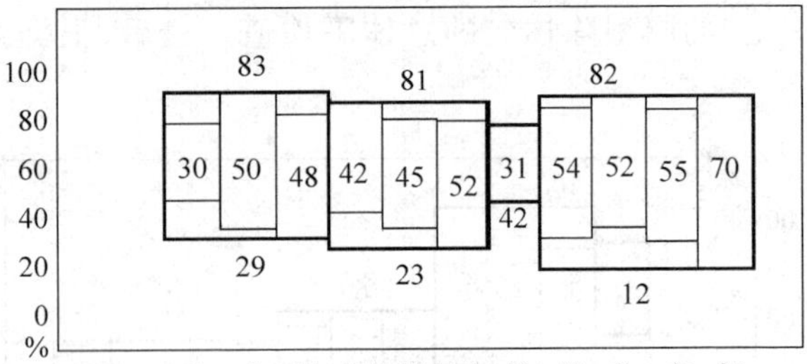

(c) 句末“是”字句的音高表现

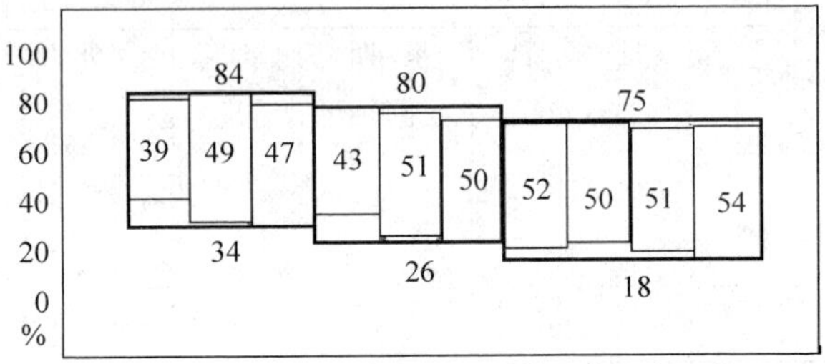

(d) 自然焦点陈述句的音高表现

图 1　汉语普通话“是”字句的音高表现

5.3.1　句首“是”字句的音高表现

句首词的调域跨度最大(79%),其末字的上线为词调域、句调域的上线(100%),其末字的下线为词调域的下线(21%)。句中、句末词调域大幅度压缩。和句首词相比,句中词上线和下线分别下降40%和8%。全句上线和下线都表现为音高下倾,且上线的降幅显著大于下线。

和同型陈述句相比,句首词调域扩展29%,句中和句末词调域分别收缩7%和14%;句调域上线上升16%,下线降低10%,句调域整体扩展26%。由此可知,句首词的调域扩展,句中、句末词的调域压缩是句首“是”字句的主要音高特征。

5.3.2　句中“是”字句的音高表现

句中词的调域跨度最大(78%),句首词次之(63%),句末词最小(54%)。句中词的末字上线分别为词调域、句调域的上线(92%),下线为词调域的下线(14%)。和句首词相比,句中词的上线上升9%,下线下降6%。和句中词相比,句末词的上线和下线分别下降37%和13%。全句上线的音高走势为先升后降,下线为渐次下降。

和同型陈述句相比,句首词、句中词的调域分别扩展13%和24%,句末词的调域收缩3%;句调域上线上升8%,下线降低17%,句调域整体扩展25%。综合来看,句首词调域的微扩展,句中词调域的显著扩展,句末词调域大幅压缩是句中“是”字句的主要音高特征。

5.3.3　句末“是”字句的音高表现

句末词的调域跨度最大(70%),句中词次之(58%),句首词最小(54%)。和句首“是”字句、句中“是”字句不同的是,全句的上线并不是由句末词的末字承载的,而是由位于句首词调的中字

(83%)来承载，这是音高下倾和焦点重音交互作用的结果。

和同型陈述句相比，句首、句中和句末词分别扩展4%、4%和13%。句调域的上线降低1%，下线降低6%，句调域整体扩展5%。句末词调域的最大幅度扩展，全句上线音高的微降趋平，下线的渐次下降，这是句末“是”字句的主要音高特征。

5.3.4 “是”字句和同型强调焦点句的音高比较

为考察标记词“是”的有无是否会对后面的焦点重音产生影响，我们将带标记词“是”的焦点句和不带标记词的同型强调焦点句(邓芳 2017)[①]的音高表现进行比较对照[②]。

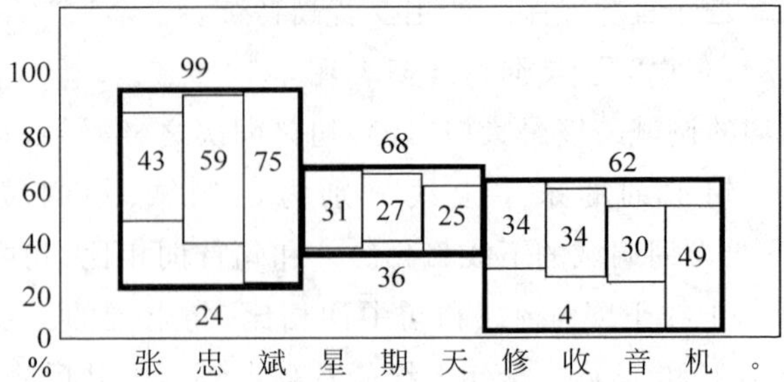

(a) 句首强调焦点句的音高表现

① 邓芳(2017)选取50位(25位男性和25位女性)年龄在18—25岁的北京发音人，采用和本研究同型的实验句，利用大样本的统计方法系统考察了汉语普通话强调焦点句的音高表现。本研究引用的张彤彤(2018)强调焦点句的大样本时长统计数据，与邓芳的音高研究的发音人(50位)和实验句相同，下文不再赘述。

② 王萍等(2017)将汉语普通话陈述句和疑问句的大样本和小样本的实验结果进行比较对照，发现二者总体的表现是一致的，只是在局部细节上(主要是句中词上线和下线的小幅波动)有少量差异。所以本研究将小样本的“是”字焦点句和大样本的强调句进行比较分析是可行的，因为两个结果都具一定的代表性，所以具有可比性。

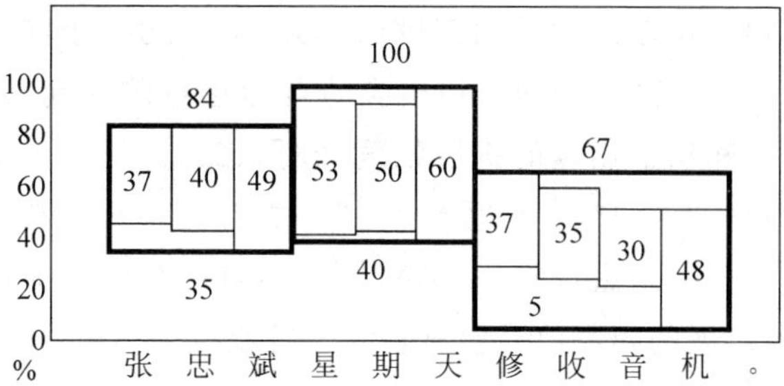

(b) 句中强调焦点句的音高表现

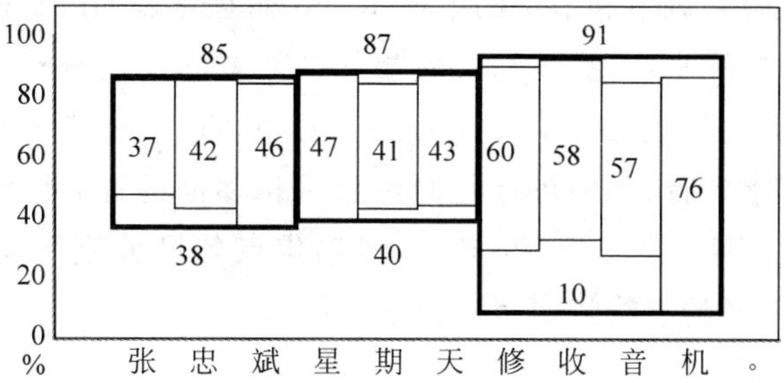

(c) 句末强调焦点句的音高表现

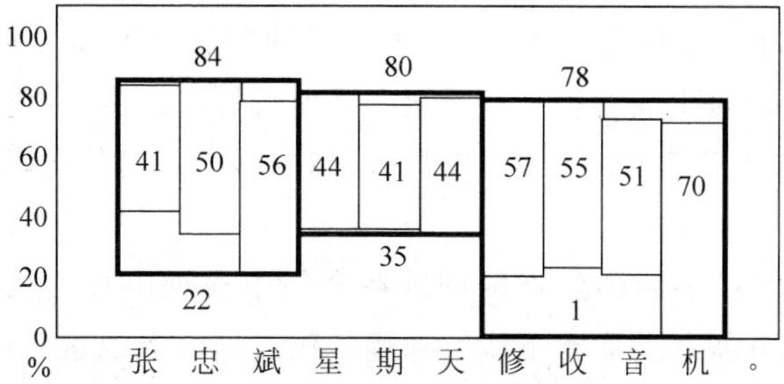

(d) 自然焦点陈述句的音高表现

图 2　汉语普通话强调焦点句的音高表现(邓芳 2017)

比较图1和图2,可以看到,在“是”字句中,“是”字之后的句首焦点和句中焦点词调域的跨度(79%、78%)均大于同型的强调焦点句(75%、60%)。同时,和相应的自然焦点陈述句相比,“是”字句的句首和句中焦点的扩展幅度(29%、24%)显著大于同型的强调焦点句(13%、15%)。虽然“是”字之后的句末焦点词调域跨度(70%)小于强调焦点句(81%),但和各自实验中对应的陈述句相比,前者扩展的幅度(13%)显著大于后者(4%)。

沈炯(1985)提出:“语句音域上限的调节和语义加强相关,语句音域下限的调节和节奏的单位相关。”而且焦点的凸显除了由自身的调域扩展来实现,还和其后相邻词的音高变化有着密切的关系。据此,我们还考察了焦点词之后的相邻词的音高上线变化情况。“是”字句首、句中焦点句的焦点后相邻词的音高上线和焦点词相比,分别下降40%和37%,强调焦点句则分别下降31%和33%,即前者的上线降幅明显大于后者。

5.3.5 小结

总体来看,汉语普通话“是”字句的音高呈现以下特点:

(1) 相对于同型陈述句,三个位置的“是”字句都不同程度地表现为句调域上线的提高和下线的降低,以及句调域的整体扩展。其中句首“是”字句的变化幅度最大,句中“是”字句其次,句末“是”字句最小。

(2) “是”字后的焦点词调域在全句中表现出最大化的扩展,且上线的升幅显著大于下线的降幅。焦点词的上线达到或接近全句调域的上线,这说明焦点重音主要是通过其“上线”的提高来实现的。

(3) 焦点后相邻词的上线和下线均发生了大幅度的降低,但下线的降幅显著小于上线的降幅,词调域大幅度收缩。焦点前的相邻词，其上线和下线与焦点词并没有形成显著的对比落差。这说明，焦点前的词对焦点重音的实现作用较小。

(4) 焦点词调域的末字，其上线和下线分别为词调域的上线和下线，且扩展幅度最大，是焦点重音最重要的承载者。

(5)“是”字句的焦点重音是由焦点词调域上线的显著提升和词调域的最大化扩展，焦点后词调域的上线和下线，尤其是上线的大幅度降低，以及焦点后词调域的显著收缩共同实现的。

(6)“是”为去声字，即调头和调尾分别占据着字调域的高音点和低音点，但其调域跨度很窄，这是轻读导致的音高“弱化”的现象。

(7) 对照“是”字句和强调焦点句的音高表现(焦点词的音高扩展幅度和紧随其后的词的音高上线的降幅)，“是”字句的对比焦点重音比强调焦点句凸显程度更高(焦点调的音高阈值提高)。也就是说，标记词“是”对于其后的对比焦点重音的音高具有强化作用。

5.4 “是”字焦点句的时长表现

以时长比[①]为依据，计算得到汉语普通话“是”字句的时长表现。同时，通过与同型强调焦点句的大样本时长统计结果(张彤彤2018)进行对比，归纳出“是”字句的时长分布特点。

5.4.1 “是”字句的时长分布

根据句首“是”字句、句中“是”字句、句末“是”字句以及不带“是”的自然焦点陈述句的时长比，画出图3。

① 时长比(停延率)的计算公式见石锋等(2010)。

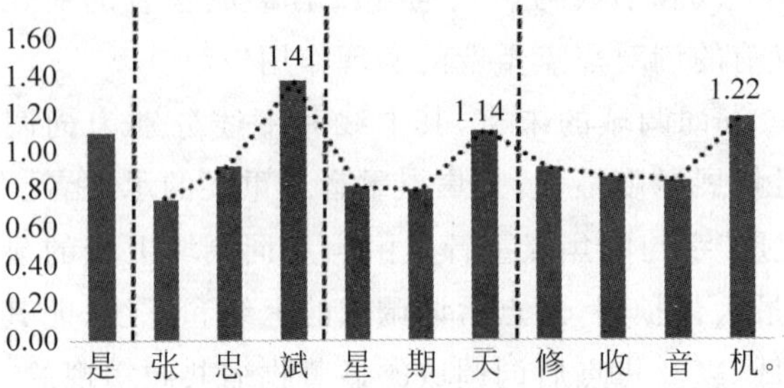

(a) 句首“是”字句的时长表现

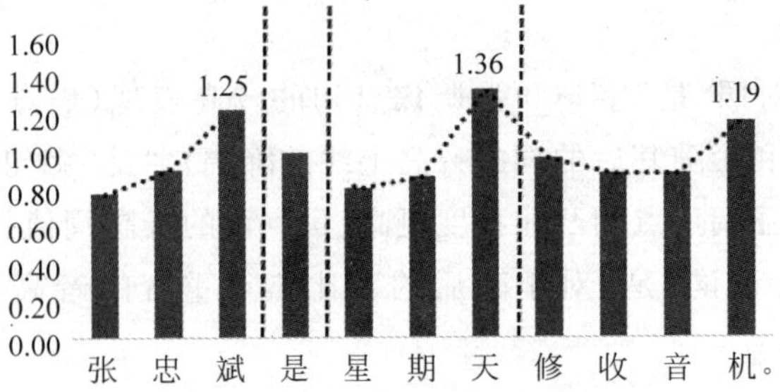

(b) 句中“是”字句的时长表现

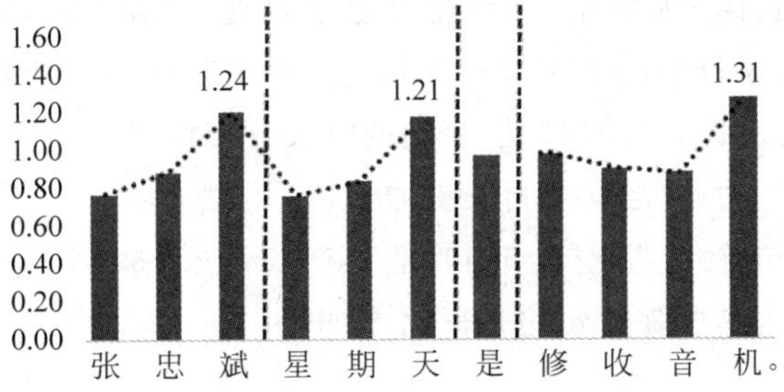

(c) 句末“是”字句的时长表现

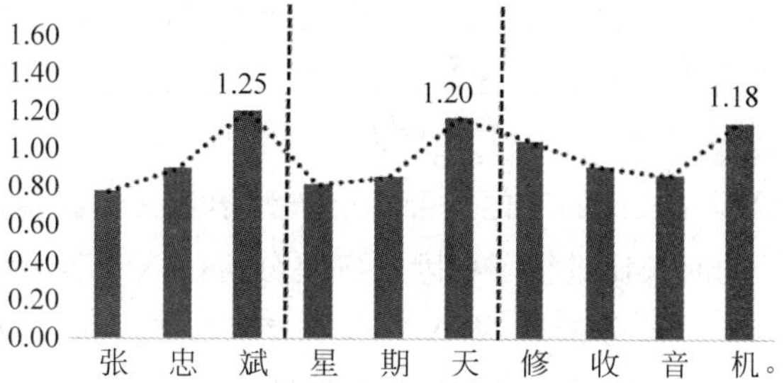

(d) 自然焦点陈述句的时长表现

图 3　“是”字句的时长表现

表 1　不同位置“是”字句和同型陈述句的时长比对照表

	是	张	忠	斌	是	星	期	天	是	修	收	音	机
句首是	1.13	**0.77**	**0.95**	**1.41**		0.84	0.82	1.14		0.94	0.89	0.87	1.22
句中是		0.79	0.92	1.25	1.01	**0.82**	**0.88**	**1.36**		0.98	0.90	0.90	1.19
句末是		0.80	0.92	1.24		0.79	0.87	1.21	1.00	**1.02**	**0.93**	**0.91**	**1.31**
陈述句		0.80	0.93	1.25		0.84	0.89	1.20		1.08	0.94	0.89	1.18

图 3 和表 1 呈现以下规律：(1) 和陈述句相比，“是”字后焦点词的末字增幅最显著，成为全句所有字音时长的最大值，但焦点词的其他字音的时长或小于或近似于陈述句相同位置的字音，所以，焦点词的时长凸显主要集中在末字。焦点词末字的延长是在陈述句边界数值基础上的再增加，增加的部分就是焦点调的表现（石锋等 2014）。句首、句中焦点词的末字均增加 16%，句末焦点词的末字增加 13%，它们是焦点调的时长表现。(2) 非焦点词末字都发生了的一定程度的延长，这可以看作是词边界的表现。和陈述句相比，焦点前的词的字音时长略有缩短，焦点后的词各字音时长显著缩短，这可以看作是凸显焦点的时长手段，和音高表现呈现对应

关系。(3)只有句首的“是”字有一定的延长(13%),句中和句末的“是”字都没有发生延长。这和标记词“是”的音高表现相对应,它在时长上也表现出一定的弱化倾向。

为了检验时长比的变化是否具有统计学意义,我们对边界字音(“是”除外)的时长比进行了单因素方差分析(ANOVA)和 Post-Hoc 检验。单因素方差分析(ANOVA)结果表明:在 0.05 的水平上,四类句子中句首词调域的末字的总体差异显著(sig. =0.003);Post-Hoc 检验结果为句首“是”字句分别与句中“是”字句、句末“是”字句、陈述句差异显著(sig. =0.002,sig. =0.001,sig. =0.002)。四类句子中句中词调域的末字的总体差异显著(sig. =0.000);Post-Hoc 检验结果为句中“是”字句分别与句首“是”字句、句末“是”字句、陈述句差异显著(sig. =0.000,sig. =0.001,sig. =0.000)。其他位置边界字音的组间差异均不显著。以上统计结果表明:句首、句中焦点词的末字时长变化具有统计学意义。

5.4.2 “是”字句和同型强调焦点句的时长比较

比较“是”字句和同型强调焦点句的时长表现(张彤彤 2018),目的是考察标记词“是”是否会对其后焦点重音的时长产生影响。

比较表 1 和表 2,结果表明:(1)焦点部分,“是”字句的句首、句中焦点词的末字时长均显著大于强调焦点句,二者分别相差 14%和 11%。(2)焦点词的末字和后接相邻字音的差值,句首、句中“是”字句明显大于强调焦点句,前者的差值为 57%和 38%,后者的差值为 47%和 24%。(3)和自然焦点陈述句的差值,句首、句中“是”字句大于强调焦点句,“是”字句的差值均为 16%,强调焦点句的差值为 10%和 14%。(4)句末“是”字句和句末强调焦点句的时长表现比较接近。

表 2　不同位置同型强调焦点句的时长比对照表(张彤彤 2018)

	张	忠	斌	星	期	天	修	收	音	机
句首焦点	**0.87**	**1.06**	**1.27**	0.80	0.89	1.09	0.99	0.87	0.92	1.23
句中焦点	0.78	0.98	1.21	**0.84**	**0.97**	**1.25**	1.01	0.87	0.92	1.17
句末焦点	0.79	0.98	1.12	0.77	0.9	1.19	**1.09**	**0.91**	**0.95**	**1.3**
陈述句	0.85	1.00	1.17	0.84	0.91	1.11	1.14	0.89	0.95	1.15

综合来看,和同型强调焦点句相比,标记词"是"对于其后焦点重音的时长具有强化作用,表现为:焦点词的末字和后接相邻字音的差值显著增加,相对于自然焦点陈述句的差值(焦点调的时长阈值),焦点词末字时长的增幅提高。总的来看,"是"对于其后句首、句中焦点词的影响程度较大,对于句末焦点词的影响不明显。

5.5　"是"字焦点句的音强表现

根据句首、句中和句末"是"字句,以及不带"是"的自然焦点陈述句的音量比[①]平均值,画出图 4。

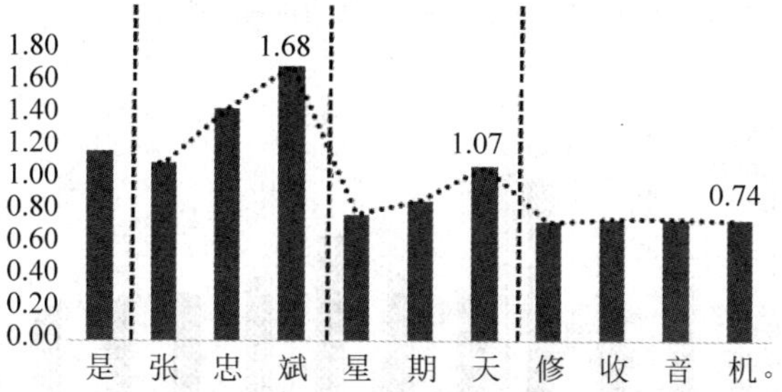

(a) 句首"是"字句的音强表现

① 音量比的计算公式参见梁磊、石锋(2010)。

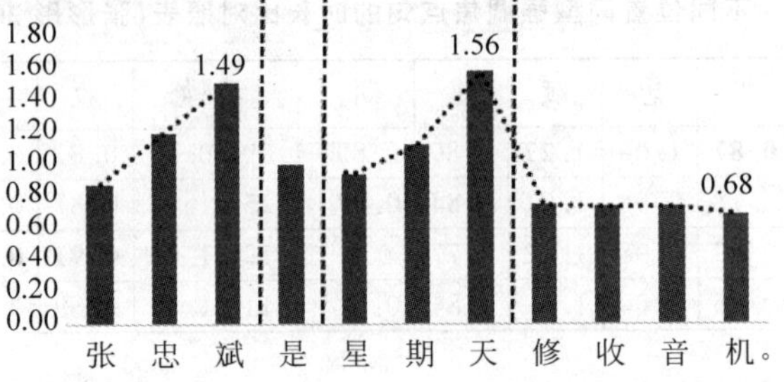

(b) 句中“是”字句的音强表现

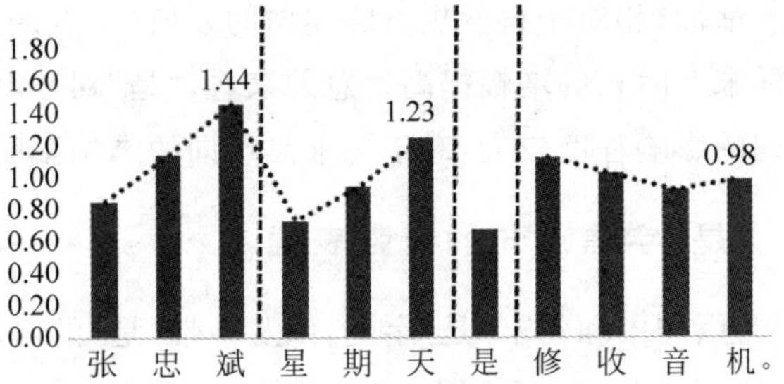

(c) 句末“是”字句的音强表现

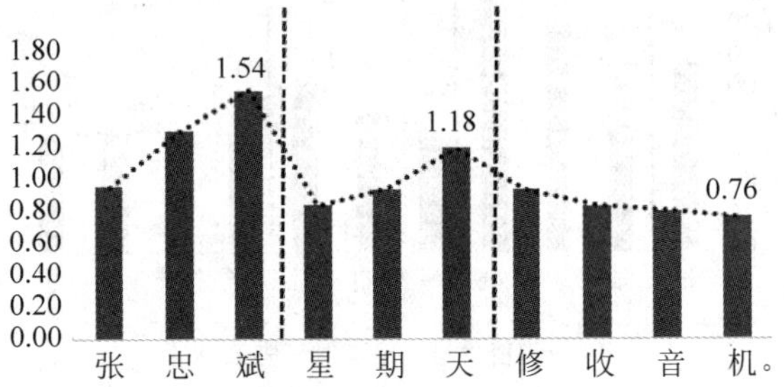

(d) 自然焦点陈述句的音强表现

图 4 “是”字句的音强表现

表 3　不同位置"是"字句和同型陈述句的音量比对比表

	是	张	忠	斌	是	星	期	天	是	修	收	音	机
句首是	**1.16**	**1.09**	**1.42**	**1.68**		0.77	0.86	1.07		0.73	0.74	0.74	0.74
句中是		0.87	1.18	1.49	**0.99**	**0.93**	**1.11**	**1.56**		0.74	0.73	0.73	0.68
句末是		0.85	1.13	1.44		0.72	0.93	1.23	**0.67**	**1.11**	**1.02**	**0.91**	**0.98**
陈述句		0.95	1.28	1.54		0.83	0.93	1.18		0.92	0.82	0.79	0.76

根据图 4 和表 3,"是"字句的音强分布显示出如下规律:(1)句首和句中"是"字句,"是"字后的焦点词末字增幅最大,成为全句所有字音的最大值。句末"是"字句的音强最大值则出现在句首词的末字。和陈述句相比,句首"是"字句的焦点词的每个字音均增加 14%;句中和句末"是"字句的焦点词的每个字音都有所增加,且末字的增幅最大,分别为 38%和 22%。以上增加的部分就是"是"字句对比焦点的音强表现。(2)"是"字句焦点后相邻词的音强值均小于自然焦点陈述句,二者的差值为 2%—19%;而焦点前的词的音强值有升有降。这说明:焦点后词的音强减弱具有显著性,对于凸显焦点的作用更大。(3)只有句首焦点句的"是"字的音强显著增加,增幅为 16%,句中和句末位置的"是"均小于 1。这是"是"的语音弱化在音强上的表现。

为检验时长比的变化是否具有统计学意义,我们对边界字音("是"除外)的音量比进行了单因素方差分析(ANOVA)和 Post-Hoc 检验。单因素方差分析(ANOVA)结果表明:在 0.05 的水平上,四类句子中句首词的末字的总体差异不显著(sig. =0.162);Post-Hoc 检验结果为句首"是"字句和句末"是"字句差异显著(sig. =0.033)。四类句子中句中词末字的总体差异显著(sig. =0.000);Post-Hoc 检验结果为句中"是"字句分别与句首"是"字句、句中"是"字句、陈述句差异显著(sig. =0.000, sig. =0.000, sig. =0.000)。

四类句子中句末词末字的总体差异不显著(sig. =0.006),Post-Hoc检验结果为句末“是”字句分别与句首“是”字句、句中“是”字句、陈述句差异显著(sig. =0.007,sig. =0.001,sig. =0.015)。以上结果表明:焦点词末字的音强变化具有一定的统计学意义。

5.6 结语

我们采用起伏度、时长比和音量比的归一化算法,对汉语普通话“是”字句的音高、音强和音长进行了系统的量化分析,得到了“是”字句的综合韵律表现。

音高方面:(1)和自然焦点陈述句相比,“是”字后的焦点词调域在全句中达到了最大扩展,且上线的升幅显著大于下线的降幅,即焦点重音主要是通过“上线”的提升来实现的。从扩展的幅度来看,句首“是”字句最大,句中“是”字句其次,句末“是”字句最小。焦点词内部,末字的扩展幅度最大,是焦点重音最重要的承载者。句首、句中和句末焦点词的末字分别比自然焦点陈述句扩展29%、24%和13%,这是叠加在边界调之上的焦点调的音高表现。(2)“是”字句的焦点重音是由焦点词调域的最大化扩展,以及焦点后词调域的大幅度压缩共同完成的,且上线的变化起到了关键作用。

音长方面:(1)和自然焦点陈述句相比,“是”字句的焦点词的时长凸显主要集中在末字,表现为末字的增幅最大。其中句首、句中焦点词的末字增幅为16%,句末焦点词的末字增幅为13%,这是叠加在边界调之上的焦点调的时长表现。(2)焦点词的末字时长的显著增加,以及焦点后相邻词的字音时长的大幅缩短,构成了“是”字句焦点重音的时长凸显特点。

音强方面:(1)和陈述句相比,句首、句中和句末“是”字句的焦点词中每个字音的音强值均有提高，且末字的增幅最显著。具体来说，句首、句中和句末焦点词的末字增幅分别为14%、38%和22%，这是叠加在边界调之上的焦点调的音强表现。(2)焦点词的音强显著增加，焦点后相邻词的音强显著降低，二者构成了“是”字句焦点重音的音强凸显特点。

音高、音长和音强的综合表现说明：汉语普通话“是”字句的焦点重音主要是由焦点词和焦点后的相邻词协同作用，焦点前的词的作用较小。“是”字的语音弱化现象较为明显，这可以看作“是”的语法虚化现象在语音上的反映。对于焦点重音，音高和音强均为焦点词中每个字音的提高和增强。与之不同，音长只表现为焦点词的末字的延长，其他字音不会延长或者延长幅度较小。

为了从定量的角度考察普通话“是”字句的音高、音长和音强的相互关系，我们又进行了三个参数之间的相关分析。结果表明：(1)句首“是”字句，音高和音强高度相关($r=0.951^{**}$, sig. $=0.000$)，音长与音高、音强的相关性不显著($r=0.597$, sig. $=0.068$; $r=0.533$, sig. $=0.113$)。(2)句中“是”字句，音高分别与音长、音强高度相关($r=0.764^{*}$, sig. $=0.010$; $r=0.838^{**}$, sig. $=0.002$)，音长与音强相关性不显著($r=0.589$, sig. $=0.073$)。(3)句末“是”字句，音长分别与音高、音强中度相关($r=0.691^{*}$, sig. $=0.027$; $r=0.702^{*}$, sig. $=0.024$)，音高与音强的相关性不显著($r=0.257$, sig. $=0.473$)。相关性分析的统计结果说明：音高的表现相对稳定，和音长、音强两个参数的相关性较高；音长的变化和音高、音强的变化并不是完全同步的。

为了考察标记词“是”对于其后的焦点重音是否会产生影响，进而回答句法手段“是”和其后的焦点重音究竟存在着怎样的互动关系，我们系统比较了“是”字句和同型强调焦点句的音高和时长两个参数的量化表现。结果表明：相对于同型强调焦点句，"是"字句的句首、句中焦点词的音高扩展幅度更大，二者相差4%（句首）和18%（句中）；"是"字句的焦点词的末字时长增幅更大，二者相差14%（句首）和11%（句中）。通过比较焦点调（焦点位置相对于自然焦点陈述句的增幅），"是"字句焦点词的音高和时长的增幅显著大于同型强调焦点句。其中，音高提升10%（句首）和9%（句中），时长提升6%（句首末字）和2%（句中末字）。句末"是"字句焦点词的音高、时长的增幅与同型强调焦点句相近。

以上说明：标记词"是"对于句首、句中位置的对比焦点重音具有显著的强化作用。这种声学上的差别在听感上也有相对应的表现。王萍（2015）利用感知实验的方法证明：被试对于"是"字中句首、句中焦点词的重音感知普遍高于同型的强调焦点句。Bolinger（1978）认为："如果一个重音在句子中出现，说话人能够通过加宽调域（pitch interval）来标志它的重要等级或是强调的力度。"那么，从这个意义上来说，和单纯使用语音手段的强调焦点句相比，由于句法手段"是"的介入，"是"字句的对比焦点重音应该位于更高的重音等级。

第四章　几种构式

一、“连 NP 都 VP”句式中的焦点韵律分析[①]

1.1　引言

焦点，是说话人所说的句子意义的中心，是说话人想要表达的意义的重点。Halliday(1967)最早指出焦点是句子中韵律最突出的部分，反映新信息。Jackendoff(1972)提出焦点包括语调中心的短语，重要表现形式是重音。焦点的主要话语功能是突出和对比。国内外学者对于焦点的分类很多，根据徐烈炯(2009)所记录的有“信息焦点”和“识别焦点”、“信息焦点”和“操作焦点”、“常规焦点”和“自然焦点”等，Konig(1991)将焦点称为考虑焦点(restrictive/exclusive)和包含焦点(additive/inclusive)。我们从语义联系的角度看，将焦点分为自然焦点、强调焦点、对比焦点三种基本类型。

焦点在话语中如何表现，近些年来已经有一些研究成果。TOBI 系统的建立为我们对超音段层面的焦点表现提供了工具。现有研究表明，英语中语调重音是焦点的主要表现手段，汉语是声调语言，在汉语中焦点如何表现？在特定句式中如何实现？需要我们进一步探讨。

---

① 原文发表于《汉语学习》2019 年第 6 期，作者温宝莹、东韡妍。

1.1.1 关于"连""都"的问题

"连"字句是汉语特殊构式研究中的一个重点，常见形式为"连……都/也……"，这其中涉及三个十分重要的词"连""都""也"。"连"作为汉语中的一个虚词，对其词性、语法化过程的研究争议颇多，至今还没有定论；"都"和"也"作为汉语中十分重要的副词，也给这个句式的研究带来了许多复杂的问题。这个构式的语法意义在于强调极性和隐性比较，给人以言外之意，这个观点已经得到学界的基本认同。但在更进一步的研究中，就出现了较大的分歧。宋玉柱(1979)认为"连"字句中"连"字可以省略，且并不影响语法意义表达，因此"都/也"起主要作用。周小兵(1990)、崔希亮(1990)、任芝锳(2007)、刘探宙(2008)认为"连"字句的强调义，不是由"连"单独表现，而是"连……都/也……"这一关联形式共同表现的。

当单纯的语法研究不能解决问题时，学者们进一步从语义和语用等方面进行研究。方梅、张伯江、刘丹青、徐烈炯、温锁林等学者认为"连"是汉语焦点标记词，而徐杰、李英哲、白梅丽等学者则认为"连"不是汉语焦点标记词。张伯江、方梅(1996)通过三条标记词确认原则认定"连"是一个焦点标记词，理由是"连"后的成分有强制性对比重音，而"连"本身不带对比重音，且多数情况下可以省去。徐杰、李英哲(1993)认为"连"是次于"是"的焦点标记，这一观点与贾媛等(2009)通过语音实验的结果一致。任芝锳(2007)则提出，"连"是焦点标记，"都"是焦点敏感算子。白梅丽(1981)认为"连"并非焦点标记，且其后的成分也并非焦点。刘丹青(2005)则认为"连"有话题标记的作用。

1.1.2　关于“连”字后成分的问题

争论的焦点集中在“连”所标记的成分类型，即“连”所引导的NP是焦点还是话题。一般将能不能留接应代词看作话题与焦点的区别，话题在话题化时可以留接应代词，而焦点在焦点化时不能留下接应代词（熊仲儒 2017）。对于这一问题，学界主要有三种观点。

第一种是以曹逢甫（1994）和方梅（1995）为代表，认为“连”所引导的成分是话题。方梅（1995）认为“连……也/都……”是一个对比性话题，用于表现极性对比。

第二种观点是焦点成分，徐杰、李英哲（1993）认为“连”后的成分是对比性焦点；温锁林（2001）认为“连”后成分是对比焦点；蔡维天（2004）认为“连”字句的话题性很有可能是来自预设，是一个焦点成分；袁毓林（2006）认为“连”所引导的焦点是广焦点，受到焦点算子“都”“也”的约束，因而它不是典型的话题，也不是刘丹青、徐烈炯（1998）所提出的“话题焦点”。任芝锳（2007）认为“连”后的成分有[＋对比][＋突出]的特征，基本等同于刘丹青、徐烈炯（1998）提出的“对比焦点”。刘慧娟（2016）从形式语言学的角度对“连”字句进行分析，认为不能单纯从句法分布规律得出“连”字成分是话题的结论，并进一步论证“连”是焦点结构而非话题。

第三种观点是话题焦点，以刘丹青、徐烈炯（1998）为代表，他们通过“连 NP”不能单独成句、其后必须有后续成分的论证强调该结构是话题性的而非焦点，并根据[±突出]和[±对比]两个特征将焦点分为自然焦点（[＋突出][－对比]）、对比焦点（[＋突出][＋对比]）、话题焦点（[－突出][＋对比]）三种，认为“连”所带的成分是话题焦点，不具有[＋突出]的特征，是“只有对比没有突出的焦点”。屈承熹(2003)认为“连”介引的NP成分是话题性质的，应该归为话题，且是具有对比性的话题。

综合上述分析，对于“连”字句的分析和争论大多集中在语法、语义和语用角度，缺少语音角度的分析和描写，而焦点在语音中的表现是一种共时的韵律模式。因此我们试图运用语音实验分析，着眼于焦点类型的韵律表现，探究“连”字句的焦点表现。韵律包括音高、音长、音强等多个要素，它们之间是相互依存、相互补偿的关系。前人的研究多关注音高，而对音长和音强关注较少。我们拟解决以下问题：结构形式为“连NP都VP”的“连”字句的焦点在哪里？“连”字句的焦点是如何通过音高、音长、音强有所体现的，是什么性质？“连”和“都”的作用分别是什么？韵律三要素之间的关系是怎样的？希望通过语音实验来探究语音、语法和语义之间的联系。

1.2 实验说明

1.2.1 发音人及录音过程

本研究共10位发音人，5男5女，均为南开大学在校生，非中文系及相关专业，平均年龄为21岁，来自北方方言区。

录音在南开大学汉语言文化学院津南校区语音实验室进行。录音软件为Praat，采样率11025赫兹，单声道。录音前，发音人有2—3分钟时间熟悉语料。录音时要求以自然平稳的状态朗读句子。每个实验句读3—5遍，句隔5秒，取其中最稳定的3遍作为样品，最终得到10×8×3=240个样品句。

1.2.2 实验语料设计

实验语料共8句话，分为2组，每组4句话。一组为参照句，是无焦点标记、语序为SVO的基本句式；一组为“连”字句，直接将

"连……都……"结构插入无标记结构句式中。每组句式内部结构平行,除了"连"和"都"字外,每个字位四声俱全。

语料内容:

(1) 参照句:	(2)"连"字句:
交际花没有办法。	连交际花都没有办法。
图书馆开设网咖。	连图书馆都开设网咖。
老年人主张革命。	连老年人都主张革命。
汉语系复习托福。	连汉语系都复习托福。

实验句除"连"和"都"外,每句均为7个音节,可划分为三个韵律单位,分别为句首、句中、句末韵律词。句首韵律词为三音节韵律词NP,音节结构为2+1,句中、句末韵律词均为双音节韵律词。

1.2.3 实验过程

我们使用南开大学"桌上语音工作室"(Mini-Speech-Lab)软件,对录制的语料音频进行声学实验分析,测算出音高(Hz)、音长(ms)、音强(幅度积)的数据,分别采用起伏度、时长比、音量比三个参量进行定量分析,并用Excel对数据进行统计和计算。

1.3 实验结果分析

1.3.1 音高数据分析

音高数据通过起伏度进行分析,我们按照性别将发音人分为男生组和女生组,依据起伏度公式(石锋2009)进行计算[①]。图表下方的例句仅用第一句标示,所对应的数据表示对应字位的四个

① 计算方法:先求出所有发音人的半音值平均值,作归一处理,选择最大值和最小值作为调域的上、下线来计算百分比值。图1中所示细线框表示字调域,粗线框表示词调域,虚线表示句调域。

句子，后文图例与此相同。参照句和“连”字句的性别分组音高起伏度图如图1所示。

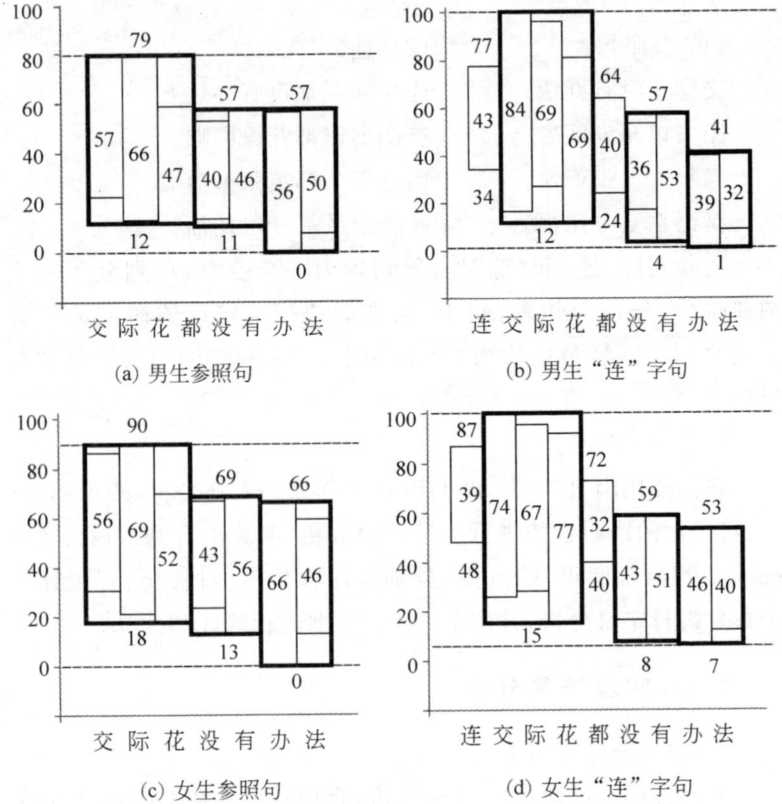

(a) 男生参照句　(b) 男生“连”字句

(c) 女生参照句　(d) 女生“连”字句

图1　不同性别起伏度图

最大字调域跨度均出现在句首韵律词中。参照句中男生和女生均是中字调域跨度最大，男生为66%，大于前字9%，女生为69%，大于前字13%；“连”字句中男生前字调域跨度最大，为

84%，女生则是末字，为77%。女生男生在“连”字句的最大字调域表现上有所差异，但共性在于其本身的字调域以及前后字的差值都更大，且“连”字句中第二字比前字的提升幅度更大，男生为41%，女生为35%。同时，“连”和“都”的字调域值较为稳定，差距不大，“连”字调域上线高于“都”字，分别为男生43%和40%，女生39%和32%，男生大于女生。字调域的下线在边界前均有降低的表现，体现出一定的边界效应。

从词调域来看，两组句式均有音高下倾的自然趋势，“连”字句下倾幅度更大。参照句中男生和女生词调域跨度的最大值和最小值均分别落在句首词和句中词；“连”字句中男生和女生词调域跨度的最大值和最小值分别落在句首词和句末韵词。在句首词调域中，男生和女生的两组句式中均为跨度最大，男生“连”字句比参照句增幅21%，女生增幅13%。在句中词调域中，参照句里男生为46%，女生为56%，“连”字句里男生为53%，女生为51%。词末字调域有扩展趋势，上线有所提高，下线有所降低，体现出一定的边界效应。在句末词调域中，参照句男生为57%，女生为66%，“连”字句里男生为40%，女生为46%。参照句的词调域表现为宽—窄—宽的态势（男生67%—46%—57%，女生72%—56%—66%），而“连”字句则由宽到窄（男生88%—53%—40%，女生85%—51%—46%）。

从句调域来看，参照句中男生句调域上线为79%、下线为0，女生句调域上线为90%、下线为0，“连”字句中男生句调域上线为100%、下线为1%，女生句调域上线为100%、下线为7%，“连”字句中句调域上线明显抬高。句调域男生“连”字句为99%，大于参照句的79%，女生“连”字句为93%，大于参照句的90%，不同性别两组句式的句调域表现相似，且男生调域扩展幅度更大。从起伏度来看，两组句式都遵从音高下倾的自然机制。上线由句首词触及，下线由句末词形成。但有所不同的是，“连”字句较参照句而言，句首词调域有明显扩展，男生增幅21%，女生增幅13%；句中词男女有所差异，男生小幅扩展，增幅7%，女生小幅压缩，减幅5%；句末词调域大幅缩窄，男生减幅17%，女生减幅20%。可以看出，“连”字句通过压缩句末词调域来实现句首词的凸显，但对于句中词的作用并不明显。

1.3.2 音长数据分析

语句中的时长是不同等级边界的表现，音长在韵律研究中主要通过时长比表现。在Mini-Speech-Lab中，时长数据可以从波形图中切取测量每个音节的时长得到，其中塞音和塞擦音的成阻、除阻之间的闭塞段也包括在测量之中。利用时长比公式（石锋2010）计算音节时长比，若大于1则发生音段延长，若小于1则未发生音段延长。参照句和“连”字句的性别分组时长比数值如图2所示。

总体来看，男生和女生差别不大，两组句式的趋势基本一致。全句最大时长比均为两组句式的最后一个音节，全句最小时长比均为句中词的第一个音节。参照句在句首词末字发生延长，男生为1.11，女生为1.16；“连”字句的句首词末字延长幅度大于参照句，分别增幅8%和15%。“连”和后接均发生延长，男生分别为1.07和1.06，女生分别为1.07和1.00。可见，在“连”字句中，“连”发生延长，带动其后音节即参照句中的句首音节也发生延长，说明“连”参与了焦点表现。

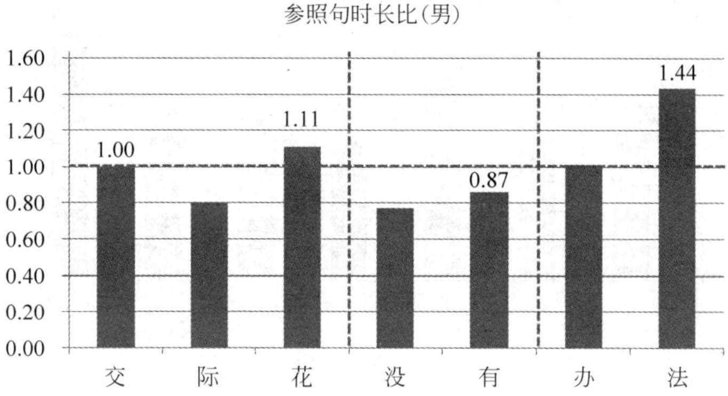

(a) 男生参照句

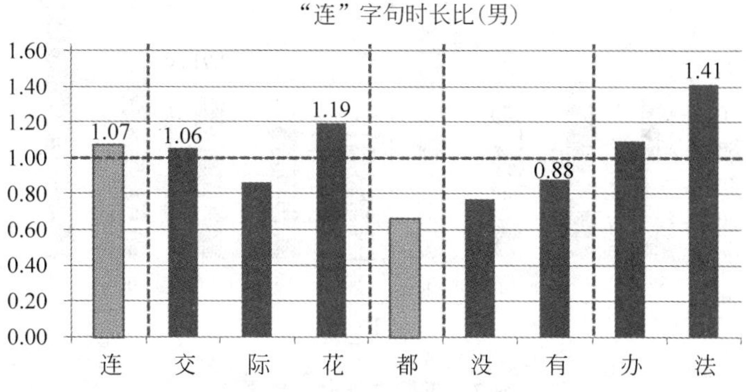

(b) 男生“连”字句

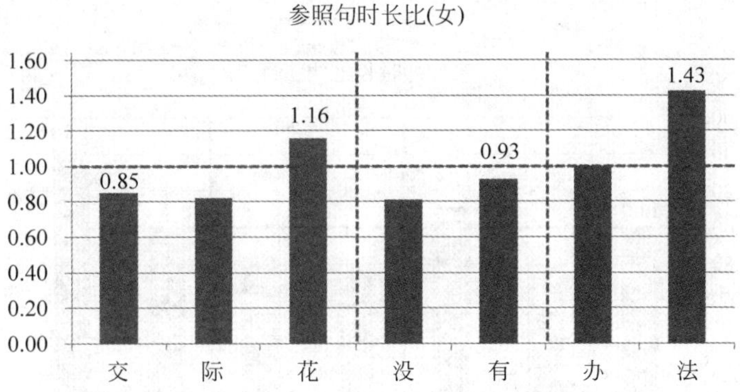

(c) 女生参照句

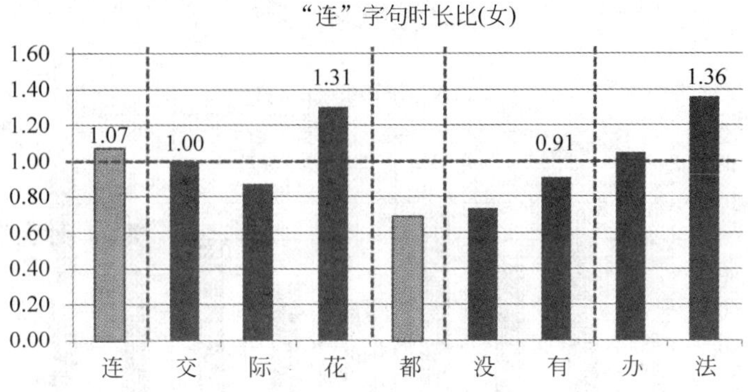

(d) 女生“连”字句

图 2 不同性别时长比图

在句中词，男生和女生的两组句式中均未出现延长，“都”字也未发生延长，但末字有所提升，一定程度上体现了边界效应。参照句在句末词中，男生的末字时长比为 1.44，较前字增加了 43%，女生的末字时长比为 1.43，较前字增加了 43%；“连”字句的句末词中男生的末字时长比为 1.41，较前字增加了 32%，女生的末字时长比为 1.36，较前字增加了 31%。参照句延长幅度整体大于"连"字句。就音长而言，"连"字句和参照句的差别主要在句首词，句首词末字在"连"字句中的延长更为明显，相比参照句，男生增幅 8%，女生增幅 15%，女生比男生更加凸显。

1.3.3　音强数据分析

在语流中，语音的轻重可以表现出相对的凸显性。在韵律格局研究中，音强主要通过音量比表现。音量比是研究重音的有效参量，更具有相对性和可比性。在 Mini-Speech-Lab 中，实验语料的音强数据可以从波形图中切取测量每个音节获得。通过音量比公式（梁磊 2010）计算，我们认定若音量比数据大于 1 则发生音量增强。参照句和"连"字句的性别分组音量比数值如图 3 所示。

总体来看，参照句和"连"字句的音量比都呈现出音强逐渐下降的趋势，男生参照句的句末音节略微有所提升，但差距很小。男生和女生在两组句式的句首词，除了中字外，均发生了音量增强。参照句的句首词末字中，男生音量比为 1.50，大于前字 59%，女生音量比为 1.50，大于前字 67%；"连"字句的句首词末字中，男生音量比为 1.58，大于前字 63%，女生音量比为 1.63，大于前字 78%。与时长比表现相似，"连"字句中除末字发生音量增强外，"连"和第二字也发生增强，说明"连"及其后的成分在音强上也参与了焦点表现。

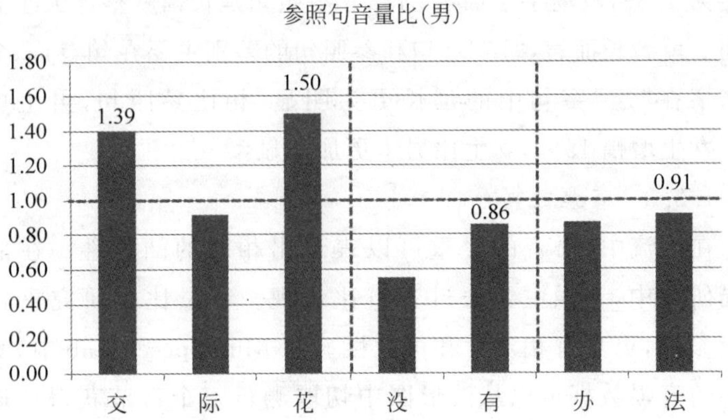

(a) 男生参照句

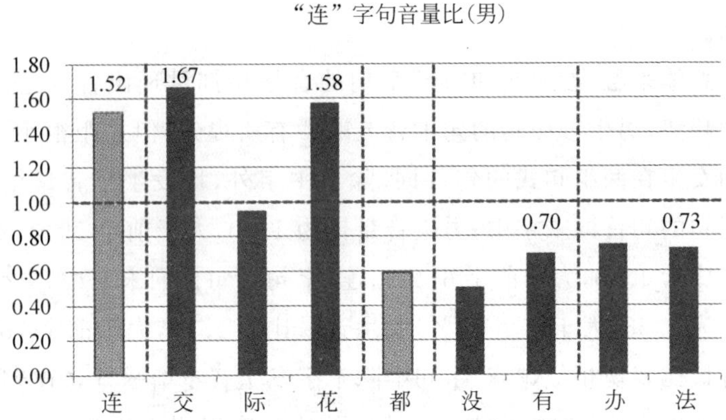

(b) 男生"连"字句

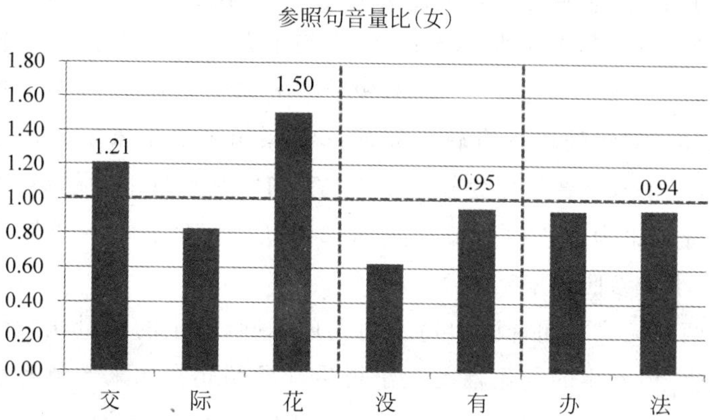

(c) 女生参照句

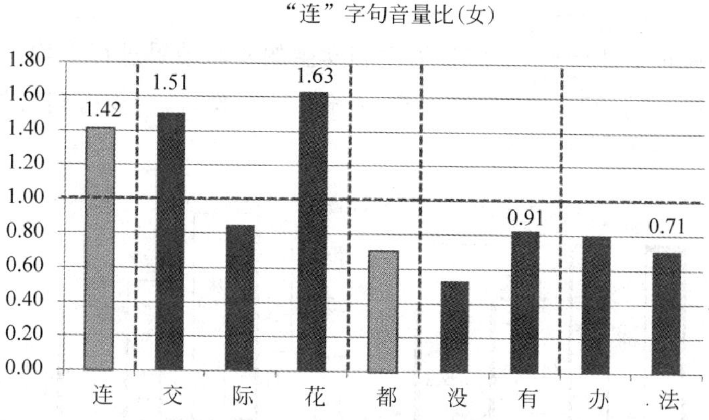

(d) 女生“连”字句

图3　不同性别音量比图

参照句和“连”字句的句中词后字都大于前字,表现出一定的边界效应;“连”字句中由于“都”的出现,音量比整体有所压缩,句中词末字,在参照句中男生音量比为0.86,较前字大31%,女生音量比为0.95,较前字大32%;“连”字句中男生音量比为0.70,较前字大20%,女生音量比为0.83,较前字大30%。在句末词中,参照句和“连”字句的表现有较大差异。参照句中男生末字音量比为0.91,女生末字音量比为0.94;“连”字句中则呈现下降趋势,男生末字音量比为0.73,小于参照句末字18%,女生末字音量比为0.71,小于参照句末字23%。

两组句式在句首词和句末词表现不同,男生的音量比整体大于女生,但女生的变化幅度大于男生。参照句在句末音节有小的提升,而“连”字句则小幅下降,与句首韵律单位音量比的大幅度提升形成凸显对照。

1.3.4 小结

通过上述分析,我们将男生和女生的实验结果进行平均,整合得出参照句和“连”字句的音高、音长、音强数据,初步得到总体韵律分布模式,如图4所示。

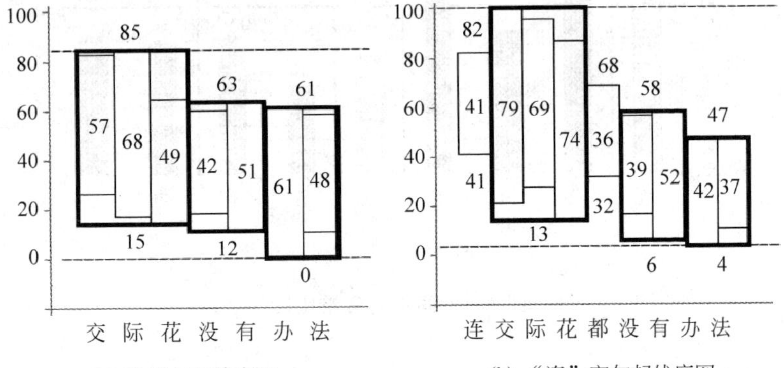

(a) 参照句起伏度图　　(b) “连”字句起伏度图

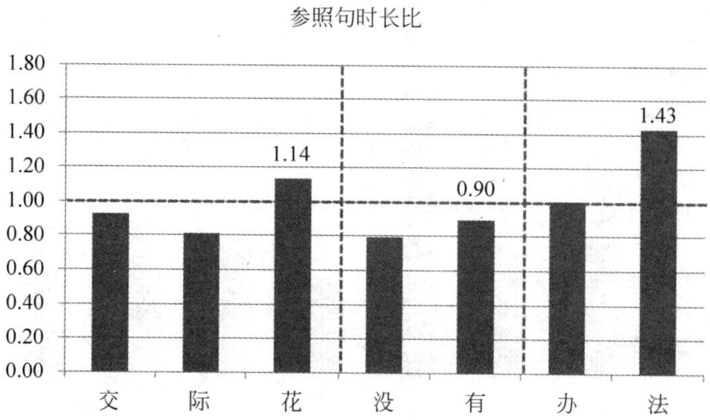

(c) 参照句时长比图

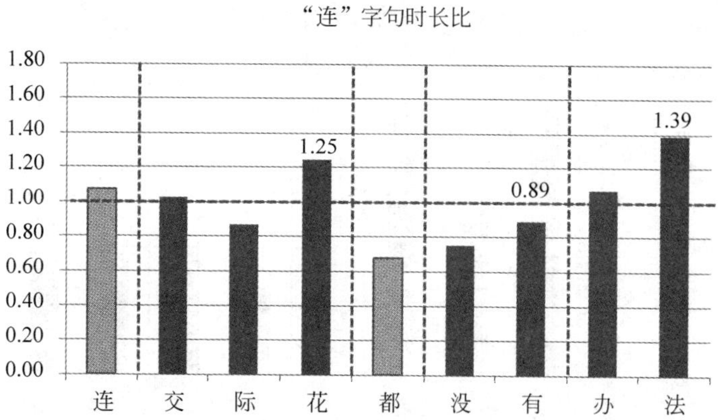

(d) “连”字句时长比图

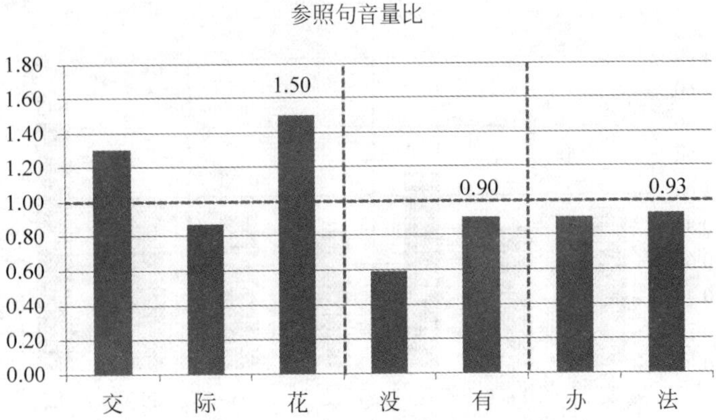

(e) 参照句音量比图

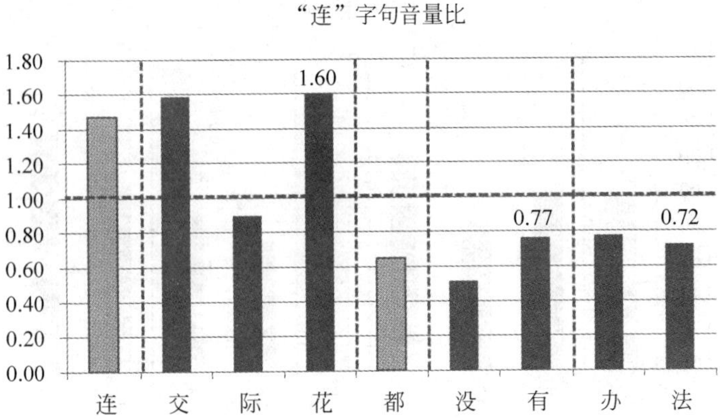

(f) “连”字句音量比图

图 4　参照句和“连”字句的韵律分布模式

从音高来看，参照句的句首词调域跨度为70%，“连”字句为87%，增幅17%；参照句的句中词调域跨度为51%，“连”字句为52%，增幅1%；参照句的句末词调域跨度为61%，“连”字句为43%，减幅18%。

从音长来看，参照句的句首词末字时长比为1.14，大于前字33%，“连”字句为1.25，大于前字37%，比参照句末字增幅11%；参照句和“连”字句的句中词各音节均未出现音段延长，参照句末字为0.90，大于前字11%，“连”字句为0.89，大于前字14%；参照句的句末词末字时长比为1.43，大于前字42%，“连”字句为1.39，大于前字32%，比参照句末字减幅4%。

从音强来看，参照句的句首词末字音量比为1.50，大于前字63%，“连”字句为1.60，大于前字70%，比参照句末字音量比增幅10%；参照句和“连”字句的句中词均未出现音量增强，参照句末字为0.90，大于前字31%，“连”字句为0.77，大于前字25%，比参照句少13%；句末词末字也未出现音量增强，参照句末字音量比为0.93，“连”字句为0.72，减幅21%。

通过对比参照句和“连”字句的韵律分布模式，我们可以看到两组句式不同的焦点位置。陈怡、石锋（2011）发现汉语的焦点主要通过调域的扩展来实现。孙颖、石锋（2012）通过实验得出音长在焦点位置会有所延长的结论。田野（2010）实验发现音强在焦点处会有所增强。综上，我们初步得出如下结论：“连”字句中“连”字参与焦点表现，焦点在“连”及其后的NP，调域大幅扩展，音长显著加长，音量显著增强，成为全句的焦点重音。“都”字不参与焦点表现，“都”所连带的动词成分调域跨度基本不变，音长无明显变化，音强有所减弱，总体变化幅度较小。焦点后句末成分音高调域被大幅压缩，音长有所缩短，音强显著减小。Xu Yi(1999)提出，焦点会扩展音高调域而压缩焦点后的音高调域。我们的实验表明，这种焦点的扩展和焦点后的压缩作用可以影响到时长和音强。

1.4　分析与讨论

前人的研究成果给了我们参考和借鉴，结合这里所做的语音实验，我们认为有以下几个方面还值得进一步探讨。

1.4.1　关于"连"字的作用

对于"连"在"连"字句中究竟是焦点标记词还是非焦点标记词，众多语法学家从句法、语义、语用等多方面进行分析并论证。本实验结果表明，"连"是焦点标记词，参与焦点表现。方梅(1995)指出，汉语中只有"是"和"连"是焦点标记词，并总结出焦点标记词的三个特征[①]予以证明，本研究的实验结果支持这三个特征。我们认为，汉语的焦点标记手段，除了焦点标记词这种句法手段外，还有语序、重音等手段，它们的作用并不相互排斥，而是共同作用。正如王灿龙(2004)所述，"连"字在语法化过程中，它的出现不再是句法和语义的需要了，而是更多成为一个语用性质的成分。

---

① 方梅(1995)提出，焦点标记词的三个特征为：一是标记成分自身并不负载实在的意思，不可能带有对比重音；二是标记词后的成分在语音上表现出凸显，带有对比重音；三是标记词在被省略后句子依然成立。

1.4.2　关于“都”的影响

“都”在“连”字句中的作用，语法学界大多是通过位移、替换等方法论证其作用。通过本实验结果，我们认为“都”是焦点敏感算子。刘林(2016)提出用句法和语义完整性来判断焦点标记和焦点算子，如果可以去掉且不影响句法和语义完整性，则为焦点标记，反之为焦点算子。同时他认为焦点算子的功能除了凸显指示焦点外，更主要的是对焦点进行语义操作，前者仅为附加功能。白梅丽(1981)提出，“都”的语义指向作用范围只包括它前面的成分。袁毓林(2005a,b)从焦点理论出发，认为“都”是敏感算子，且其关联方向往往是左向的，即指向“连”所引导的NP，并约束其成为语义焦点。任芝锳(2007)认为焦点标记的标示与算子语义关联目标一致，即“连”和“都”的语义指向都为NP成分。贾媛等(2009)通过对比“是”和“连”标记的阳平句焦点成分语音特征发现，“连”后成分的音高没有“是”所标记的成分抬高多，焦点后的成分也没有被压得更低，原因是“都”的约束和牵制作用。我们的实验也证实了这一点，作为焦点的句首词调域明显扩大，本应该在紧随焦点后受到压缩的句中词并没有被压缩，而是基本保持不变，直到句末词才被大幅压缩，这可以解释为是“都”起到了一定的牵制作用。

1.4.3　“连”后NP成分的性质

将实验数据的“连”后NP成分与参照句中对应部分进行对比，我们认为“连”后成分是对比焦点。袁毓林(2006)详细地讨论了“连”后成分究竟是话题还是焦点，他不否认“连”后的NP成分有话题性，但“连”只要求NP成分具有对比性，我们认同这一点。

本实验的“连”字句中，NP 成分和 VP 成分可以直接构成主谓结构。“连”后成分即主语位置通过扩展其调域、增加其音长、加大其音强来凸显焦点效果，形成更强的对比性；与之对应的是句末的宾语，在音高调域和音强上大幅压缩，表现出一定的“去重音”(deaccenting)现象，将自然焦点让渡给对比焦点，使得“连”后成分获得焦点地位。石锋(2017)提出，一个语言成分的语音充盈度跟它所负载意义内容的实在程度和所传递的信息量相互对应。由于“连”字句是一种强调句式，其语用功能是进行隐含比较和极性对比，表达某种言外之意，因而“连”后成分负载了更多的信息量，成为焦点。

1.4.4　性别影响

与以往有关语调格局、韵律格局的研究结果相似，我们发现男性和女性在音高、音长和音强上的表现基本一致，但略有差异。在本实验中，男生在音强上的绝对数值大于女生，在音高和音长上略大于女生；但相对数值除音高之外，则是女生大于男生，这一点在音强上表现得尤为明显，即女生在语流中的音强和音长变化幅度大于男生。已有的研究结果表明，在许多语言中，女性的语调变化更多，更富有表现力。这表明男生和女生在表现焦点时所侧重的韵律手段有所不同。

1.4.5　韵律三要素之间的关系探究

综合以往有关语调格局、韵律格局的实验研究结果，我们发现韵律三要素即音高、音长、音强是相互依存、相互补偿的，但其表现并不一定是同步的。音高和音强较为一致，而音长的独立性较强。在焦点位置上，三要素都会有所凸显，具体表现为音高调域扩展、音长延长、音强增强；而焦点后位置，三要素的表现不同步，音高调域压缩、音强减弱，但音长变化不大，呈现出相互补偿的关系。本实验中“连”字句的句末词的音高大幅压缩，音强大幅减弱，但音长并不变化。此外，音高和音强之间，音强增强一定会带动音高调域扩展，但音高调域扩展是否一定会带动音强增强，这一问题尚未有结论，这两个要素之间的关系还有待进一步考察。

1.5　结论

通过对结构形式为“连 NP 都 VP”的句子焦点表现进行分析，从音高、音长、音强三个方面对韵律分布模式进行考察。我们得出如下结论：(1)“连”字句的焦点在句首词，“连”和 NP 联合组成宽焦点，韵律模式中具体表现为词调域大幅扩展，音长显著延长，音强显著增强。同时，“连”字参与焦点表现，是焦点标记词。(2)“都”字不参与焦点表现，在音高、音长、音强三个方面均无凸显表现。“都”字后的成分韵律表现变化不大，体现出一定的约束作用。(3)通过与参照句实验数据对比，我们认为“连”后成分是对比焦点，但不否认其带有话题性。(4)韵律三要素之间是相互关联，共同作用的，但其表现并不一定同步，音高和音强表现较为一致，而音长的独立性较强。我们希望通过韵律格局特征的语音实验分析，能够为汉语中的焦点问题的研究做出一定贡献。

附录1 音高、音长、音强绝对数值

		例句	交	际	花	没	有	办	法		
参照句	男生均值	上线(st)	21.7	21.7	18.4	17.5	18.2	18.0	18.2		
		下线(st)	12.7	11.3	11.1	11.3	10.9	9.2	10.4		
		音长(ms)	194	156	218	151	169	197	281		
		幅度积	236	151	267	93	147	147	154		
	女生均值	上线(st)	27.0	27.5	25.0	24.6	24.8	24.5	23.6		
		下线(st)	19.9	18.7	18.2	19.0	17.6	16.0	17.6		
		音长(ms)	180	172	247	172	195	212	302		
		幅度积	190	138	259	100	151	150	155		
"连"字句		例句	连	交	际	花	都	没	有	办	法
	男生均值	上线(st)	21.3	24.9	24.3	21.9	19.3	17.6	18.2	15.5	15.7
		下线(st)	14.6	11.8	13.4	11.1	13.0	11.9	9.8	9.4	10.6
		音长(ms)	184	181	151	209	115	133	152	187	246
		幅度积	242	271	153	262	95	81	115	123	126
	女生均值	上线(st)	27.2	28.9	28.3	27.8	25.3	23.5	23.5	22.8	22.7
		下线(st)	22.2	19.3	20.0	17.8	21.1	18.1	17.0	16.8	17.5
		音长(ms)	218	203	177	267	141	150	185	213	277
		幅度积	263	267	148	299	128	92	138	140	121

附录2 音高、音长、音强归一化数值

参照句	例句		交	际	花	没	有	办	法		
	男生均值	上线(%)	79.3	79.4	58.7	53.0	57.2	56.1	57.4		
		下线(%)	22.0	13.1	12.2	13.3	10.9	0	7.4		
		时长比(%)	100	80	111	77	87	101	144		
		音量比(%)	139	91	150	55	86	87	91		
	女生均值	上线(%)	85.9	89.7	70.0	66.7	68.8	66.3	59.0		
		下线(%)	30.4	21.2	17.5	23.6	12.7	0	13.1		
		时长比(%)	85	82	116	81	93	100	143		
		音量比(%)	121	83	150	63	95	94	94		
"连"字句	例句		连	交	际	花	都	没	有	办	法
	男生均值	上线(%)	77.2	100	95.9	81.1	64.2	53.2	57.2	39.7	41.2
		下线(%)	34.2	16.3	26.9	11.8	23.8	16.8	3.7	0.8	8.5
		时长比(%)	107	106	87	119	66	77	88	109	141
		音量比(%)	152	167	95	158	59	50	70	75	73
	女生均值	上线(%)	86.7	100	95.5	92.1	72.5	58.7	58.8	53.2	52.5
		下线(%)	48.1	25.7	27.9	14.5	40.1	16.4	8.3	6.6	12.1
		时长比(%)	107	100	87	131	69	73	91	105	136
		音量比(%)	142	151	85	163	71	53	83	81	71

二、“X 比 Y 还 W”句式两种功能的焦点表现[①]

2.1　引言

“比”字句是现代汉语中使用频率很高的句式，而“X 比 Y 还 W”在“比”字句中又占有很大比例，它表示 Y 已经具有 W 所表示的性状、程度，但 X 比 Y 更胜一筹。被比较项可以是名词、动词，W 是表示程度的形容词或形容词词组。

有很多学者对此句式进行了研究，殷志平(1995)在他的文章中明确把这类句式分为两种：一类是比较句，例如：梦红比梦白想得还周到；另一类是比拟句，例如：那些讨债的人比黄世仁还凶。并在语法的范围内比较了二者的预设以及 X 和 Y 的关系。

后来有很多学者在他的文章的基础上进行了进一步的研究，还有学者在此基础上对其特殊句式“X 比 N 还 N”的特点和语用意义进行了研究。综合来看，虽然这些文章对“X 比 Y 还 W”句式的分类越来越细，但主要还是分比较和比拟两大类，进而又和语音上的表现联系起来。现将他们对重音和焦点的研究归纳如下：

研究重音我们必须注意，此句式除了比较项 X、被比较项 Y 和结论项 W 之外，还有“比”和“还”，“还”字是研究此句式的一个重点。“还”作为汉语中的一个副词，本身有多个义项，沈家煊(2001)探讨了“还”的一般增量和元语增量用法，他认为在比较句中，“还”

① 原文发表于《南开语言学刊》2019 年第 1 期，作者温宝莹、张露雨。

是一般增量用法，此时“还”重读，而“还”在表示比拟时是其元语增量的用法，所谓元语指的是用来指称或描述语言的语言，“还”用作元语增量时，不能重读，有一些学者（陆俭明 1980，张全生 2009）认同此观点，并做了进一步的研究。

“X 比 N 还 N”是“X 比 Y 还 W”句式的一种特殊形式，被比较项与结论项由同一个名词来充当，进入此结构的名词有一定的特点。同样有学者对此句式做了研究，张爱民等（2002）主要是在沈家煊的一般增量和元语增量的基础上进行的研究，但是与之有分歧，沈家煊认为“还”作为元语增量用法时不重读，而张爱民等人（2002）认为，“X 比 N 还 N”句式表示比拟，“还”必须重读，否则“还”的元语增量功能，体现 N 性质的细节显现功能就不能得以发挥。可见，这三组句式中，“还”是否重读是引起关注的问题之一。

此句式中除了“还”，还有“X、Y、W”。陆俭明和沈家煊的研究中都涉及了重音问题，他们认为，比较类的重音是“还”，比拟类的重音是“Y”。比较类重音在“还”上是因为它重在比较和比较的结果，此处“还”表示程度差别。比拟类重在比拟，与所选取的作为衡量标准的事物“Y”密切相关，因此，重音在“Y”上。赵海萍（2008）、胡斌彬（2010）也持此观点，因此，“X、Y、W”在句中的重读情况也值得我们进一步考察。

关于“X 比 N 还 N”句式，学者们研究得更多的是它的语用、修辞意义。我们可以从语音的角度探求其重读和焦点情况，和语法研究相结合。

石锋（2006）说：“有声语言中所传递的句法、构词、语义、语用以及情感表达、情绪流露，甚至身体状态的信息，都应该而且可以在语音之中找到带有共性的对应表现。”这里将探讨“X 比 Y 还 W”句式在表示比较和比拟时语音上的重读表现，主要看句子的语调(音高、音长、音强)三方面，进而探求句子的表义中心，即句子的焦点。

2.2 实验说明

2.2.1 语料设计及发音人

为了探求“X 比 Y 还 W”句式在表达比较义和比拟义时在语音上的不同表现，本研究共设计了三组实验句，第一组是“X 比 Y 还 W”句式表达比较义的，第二组是句式表达比拟义的，第三组是“X 比 Y 还 W”句式的特殊形式“X 比 N 还 N”，以下称为“拷贝式比拟句”。每一组句式均包含四个句子，共 3×4＝12 句实验句。每一组的四个实验句中除了“比”和“还”字以外，每一个字的位置上都包含了阴阳上去四个声调的字，例如第一组中每一个实验句的第一个字分别是“改”(上声)、“刘”(阳平)、“赵”(去声)、“山”(阴平)。这样设计的目的是为了便于考察三组实验句不同位置字词的调域以及全句的调域范围。每一个实验句都包括 5 个韵律词，分别是 X、比、Y(N)、还和 W(N)。

本研究共 6 位发音人，3 男 3 女，语音录制在南开大学语音实验室进行，录音软件为 Cool Edit Pro 2.0，采样率 11025 赫兹，16 位，单声道录制。每位发音人先熟悉语料(在所给的语境和预设中熟悉)，然后在自然状态下朗读，每个实验句读 3 遍，句与句间隔 4 秒，共得到 12×6×3＝216 个样品句。

2.2.2 实验数据的处理方法

利用南开大学桌上语音工作室软件(Mini-Speech-Lab)对样

品句进行声学实验，测出各字音高、时长和音强（幅度积）[①]的原始数据；然后把数据输入到 Excel，根据公式分别求得各发音人的调域起伏度[②]、时长比[③]和音强的音量比[④]数值，最后作出相关图表。

2.3　结果分析

2.3.1　音高方面

通过声学实验测出全部发音人每个语句的字调域、词调域、句调域上线和下线的频率值，然后将这些频率值转换为半音值，为了将三组实验句放在同一水平上进行比较，选取全部实验句的最大值和最小值作为调域的极值，即 0 和 100%，以此来计算百分比值，分别计算三组语句字调域、词调域和句调域的音高跨度、上/下线的分布位置，据此，可得到起伏度数值，并作出语调音高起伏度图，具体如图 1 所示。

图 1 中每一个长方形方框表示每个字的字调域，里面的数据标示字调域跨度；大方框表示词调域，每一个实验句包括五个词调域，分别是比较项 X、“比”字、被比较项 Y(N)、“还”字以及结论项 W(N)，其中“比”和“还”为专调域，其余各字均为全调域，四声俱备。且根据语法界的研究，比字句中“比”和“还”是考察的重点，特别是副词“还”，因此单独计算“比”和“还”的上线、下线和调域，后文时长和音强与此相同。词调域上下的数据表示词调域的上线和下线；词调域上线最大值和下线最小值之间的范围就是句调域。

① 幅度积是选定时间内语音的总能量，幅度积的大小与所选语音段的强度和时长成正比，可通过“桌上语音工作室”软件测量得出。

② 起伏度的具体测算公式参看石锋、王萍、梁磊（2009）。

③ 时长比的具体测算公式参看石锋、梁磊、王萍（2010）。

④ 音量比的具体测算公式参看梁磊、石锋（2010）。

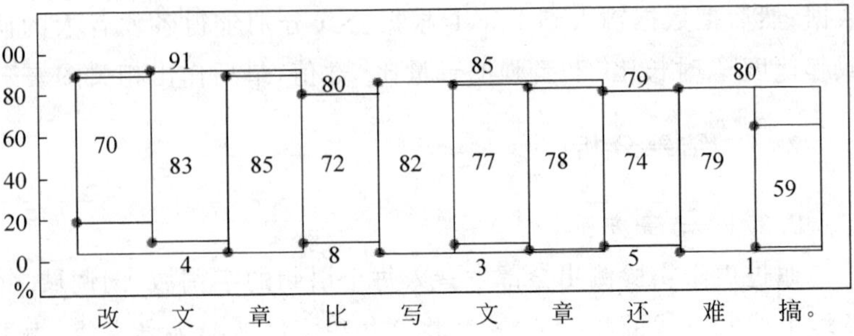

(a) 比较句起伏度图

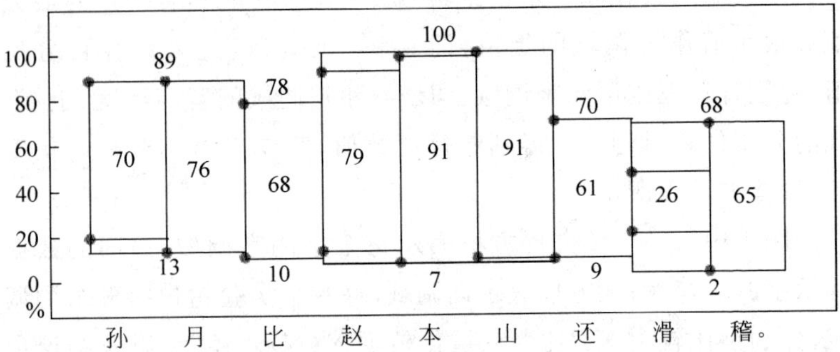

(b) 比拟句起伏度图

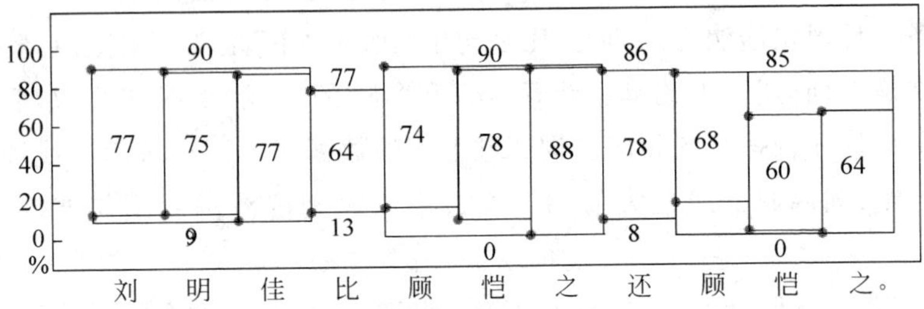

(c) 拷贝式比拟句起伏度图

图 1 起伏度图

图示均以每一组的第一个实验句为例标示，实际每个单字包含了四个声调调型，后文图例与此相同。

首先来看三组句式的调域表现。从句调域来看，三组句式的句调域依次为90%、98%、90%，表比较的和拷贝式比拟句的句调域相同，表比拟的句调域最大，比其他两组大8%，我们认为这是由于“X比Y还W”句式表示比拟时，带有夸张的意味，Y在W方面已经是最高程度，X在W方面并没有达到Y的程度，但是为了突出X的程度高，进而采用比拟式来表达，夸张的语气体现在语音上就是句调域的扩大。

从词调域来看，比较句呈现句首词调域、句中词调域、句末词调域范围依次缩小的趋势。比较句中比较项X的词调域最大，具体表现是上线的提高，句首词调域上线比句中词、句末词调域上线分别提高了6%、11%。比拟句词调域表现为窄—宽—窄的态势，被比较项Y获得词调域的最大值，且调域上线为100%，分别高于比较项X和结论项W上线11%和32%。拷贝式比拟句“X比N还N”中，句首、句中和句末韵律词的词调域分别为81%、90%、85%，句首词调域最小，句中词调域最大，句末词调域比句首词调域大4%。

从字调域来看，比较句中，字调域最大值落在句首词调域的末字，次大值落在句首词调域的中字上。比拟句中，句中词调域的中字和末字的字调域为全句最大，为90%。拷贝式比拟句中，字调域最大值落在句中词末字上。

再看“还”字的调域，比较句中“还”的调域是74%，比拟句中“还”的调域是61%，拷贝式比拟句中“还”的调域是78%，比较句和拷贝式比拟句中“还”字调域分别大于比拟句中13%和17%。所以我们认为比较句和拷贝式比拟句中的“还”字调域扩大，可能重读，而在比拟句中，“还”字不重读。“还”是副词，有元语增量和一般增量两种用法。前文提到沈家煊认为“还”在表示元语增量时不重读，但张爱民等人认为虽然此句式中“还”是元语增量的用法，但是“还”也表示一定的程度。实验显示“还”在比较句中重读，在比拟句中不重读，而在拷贝式比拟句中最重。笔者认为之所以会这样，是因为在“X 比 N 还 N”句式中，“还”具有一定的表达程度递进的功能，所以才会出现调域扩大。

2.3.2　音长方面

时长在表现边界和凸显焦点方面有重要的作用，这是许多学者所公认的。我们采用时长比（石锋、梁磊、王萍 2010）的分析方法来考察三组实验句的时长表现，从而分析时长在凸显焦点方面的作用。时长比的计算方法：用语句中每个字音的时长除以这句实验句的音节的平均时长，得到的是相对时长，如果相对时长数据大于 1，则被认为发生了音段延长。三组句式的时长比图见图 2。

汉语陈述句在时长方面的表现，最突出的就是边界前的延长，总体来看三组句式每一个韵律词都表现出边界前的延长。比较句中每个韵律词内部都呈现“高—低—高”的态势，句首词和句中词末字都发生了延长，分别是 1.28、1.10。句末词末字未发生延长，但是数值接近 1。除此之外句首词和句中词的首字也发生了一定的延长，分别是 1.04 和 1.01。再对比句首词末字和句中词末字的时长比，句首词末字的时长比大于句中词末字 0.18。这和音高上句首词调域为全句最大的表现是相匹配的。另外，我们还需要注意专调域“还”字也发生了延长，时长比为 1.18，这与前面音高分析中“还”的字调域大于“比”字，大于比拟句中的“还”字是一致的。

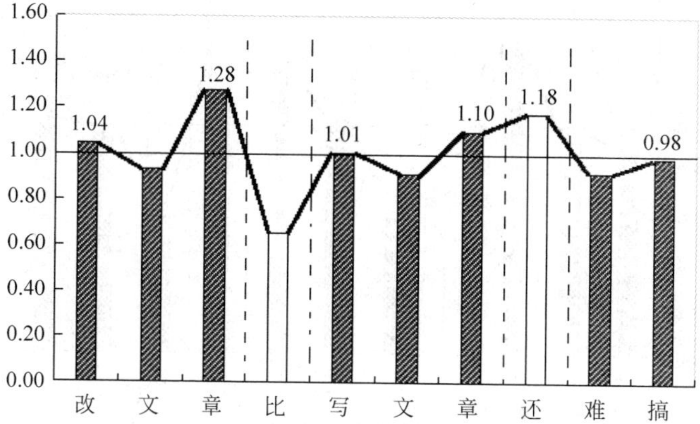

(a) 比较句时长比图

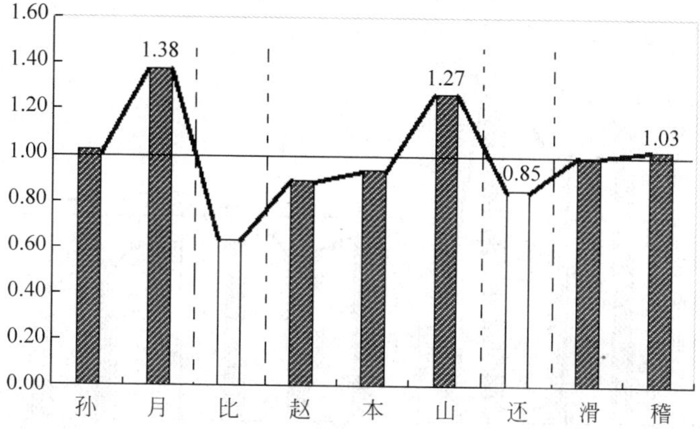

(b) 比拟句时长比图

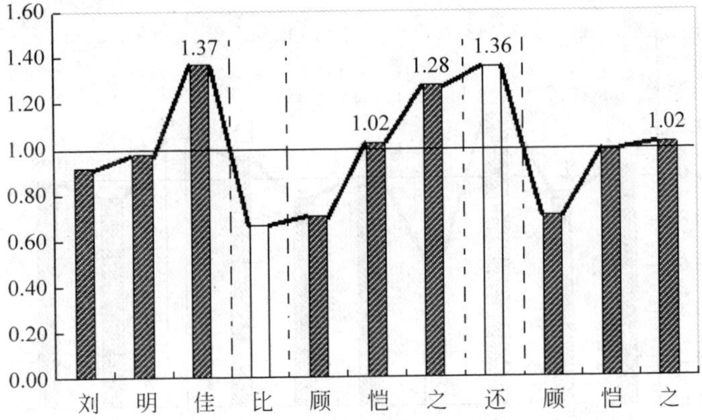

(c) 拷贝式比拟句时长比图

图 2　时长比图

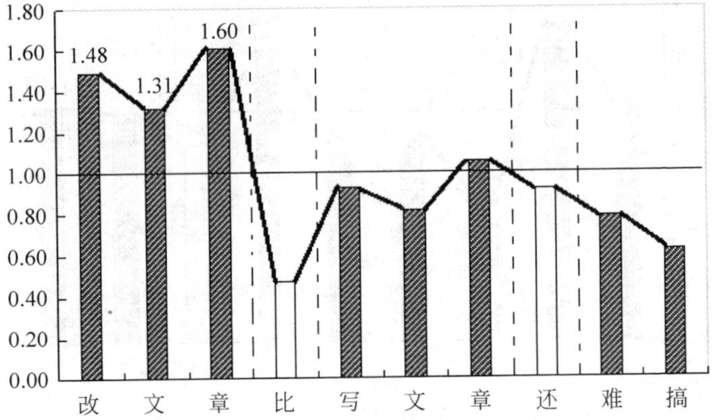

(a) 比较句音量比图

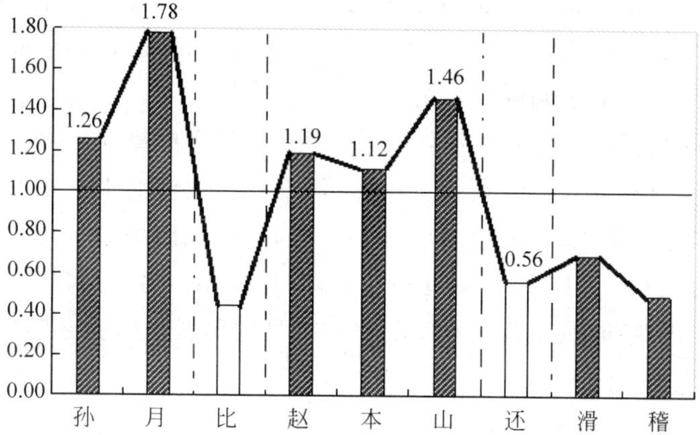

(b) 比拟句音量比图

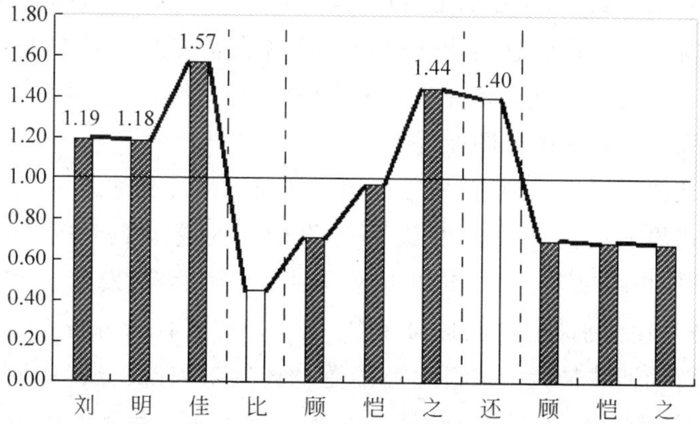

(c) 拷贝式比拟句音量比图

图 3　音量比图

比拟句中总的趋势是在每个韵律词内都呈现从低到高的趋势。每个韵律词末字都发生了延长，分别是1.38、1.27和1.03；在此句式中，“还”字的时长比为0.85，未发生延长，这与前面比拟句中“还”字的字调域最小相对应。

拷贝式比拟句和比拟句的表现相似，每个韵律词内部基本呈现时长比从低到高的态势。句首、句中和句末词的末字都发生了延长，分别是1.37、1.28和1.02；此外，句中词的中字也发生了延长，为1.02。句首词末字延长最大，句尾最小。另外，拷贝式比拟句中“还”字时长比为1.36，发生了明显的延长，这与“还”的字调域较大相一致。

2.3.3　音强方面

音量比是语调分析在音强方面的有效手段，音量比是以幅度积为基础得到的，幅度积是所选音段内各采样点幅度值的总和，即选定时间内语音的总能量。语句中字音音量比的计算方法是：某音节的幅度积除以本句音节的平均幅度积。音量比数值大于1则为增强。音量比图见图3。

从图中可以看到，首先三组句式的表现都符合陈述句“字音强度在边界前增强的特征和以词为界的音量递减的趋势”（石锋2017）。依次来看，比较句的句首词中的三个字都发生了音量增强，音量比分别为1.48、1.31和1.60。对应了音高分析中比较句的句首词调域最大。值得注意的是，“还”字在音高分析中调域较大，时长也发生了延长，但是音量却没有增强，表明在比较句中“还”的重读表现在调域扩大和音长延长，而在音强方面并不显著。

比拟句中，句首词和句中词都有音量增强现象，音量比分别为1.26、1.78、1.19、1.12和1.46；句首韵律词的增幅大于句中韵律词的增幅。“还”字音量比0.56，没有增强。这与音高和时长方面的表现相一致。

拷贝式比拟句中，句首韵律词的音量比分别1.19、1.18、1.57，都有明显的增强。句中韵律词的末字也发生了音量增强，音量比为1.44。另外，在比较句和比拟句中，“还”字的音量都没有增强，但是在拷贝式比拟句中，“还”字的音量增强明显，音量比为1.40。这一表现与“还”字在音高和时长方面的表现一致，“还”字调域扩大，时长延长，音量增强，表明“还”字强调重读，对表达程度递进意义有重要作用。

2.3.4　小结

通过上文从音高、音长和音强三个方面对“X比Y还W”这一句式的考察，我们发现，构成的三种类型表达不同意义时，表现出不同的韵律模式。

音高方面：表比较时，句首词X的词调域最大，“还”字的字调域较大。表比拟时，句中词Y的词调域最大；在拷贝式比拟句中，被比较项N和结论项N的词调域都较大，“还”字的字调域较大。

音长方面：表比较时，句首词的首字音长延长，末字的时长比大于句中词末字，“还”字的时长比大于1。在拷贝式比拟句中，句中词的末字音长延长，“还”字音长明显延长。

音强方面：表比较时，句首词X的音量比明显大于句中和句末韵律词，“还”字音量没有增强；表比拟时，句中韵律词的音量比大于1，音量增强；在拷贝式比拟句中，“还”字的音量比明显大于1，音量增强。

2.4　讨论和结论

焦点在韵律分布上有相对稳定的表现，已有学者通过实验的方法进行验证，如陈怡、石锋(2011)通过语调实验发现汉语的焦点主要是通过调域的扩展来实现。此外，沈炯(1994)还发现调域上线与语义(重音凸显)有关，在语义凸显的强化下，上线会有所提升。而在音长和音强方面，孙颖、石锋(2012)发现焦点处的音长会有所延长，田野(2010)发现焦点处的音强会有所增幅。

综合上述音高、时长、音强三方面的表现，可以得出“X 比 Y 还 W”在表示比较和比拟时以及拷贝式“X 比 N 还 N”的不同韵律模式。研究表明，比较句是把属于同一种或同一类的事物放在一起比较，具有可比性，无夸张意味，可信度强。一般是已知“Y”具有“W”的属性，“X”比“Y”程度更深。因此我们认为“X”是一个表义中心。并且，前面的分析也可以看到，在表比较的句子中，比较项“X”的词调域最大，特别是上线的提高；时长分析中“X”和“Y”的末字都有延长，但这属于陈述句边界前时长的延长，“X”的末字比“Y”的末字时长比更大，且句首词首字也发生了延长；音强分析中，比较句中“X”的三个字音量比都大于 1，这一方面是因为“X”是句首词，另一方面也有强调的成分，因为这三个字的音量比远大于 1，且与句中词的音量比差值较大。因此，我们可以认为，“X 比 Y 还 W”句式表比较时，比较项“X”是对比焦点。

其次，再看“还”的情况，根据沈家煊的研究，表比较时，句式中的“还”表示一般增量，表程度更深，此时“还”应该重读。实验结果来看，比较句中“还”字的字调域较大，大于比拟句的“还”字；时长方面，比较句中“还”字发生了延长；音强方面，没有增强，但是音量比明显大于比拟句的“还”字。总的来说，“X 比 Y 还 W”句式表比较时，比较项“X”和“还”都重读，以前学者的研究没有提到“X”重读。Ladd(1996)把焦点分为宽焦点和窄焦点，窄焦点是指句子中只有一个词是焦点；宽焦点是指句子中可以是多个词，甚至整个短语都是句子的焦点。所以，笔者认为“X 比 Y 还 W”句式表比较时，表现为对比焦点的宽焦点。

“X 比 Y 还 W”表比拟时，是把不同的两类人或物放在一起比较。比较项“X”一般达不到比拟对象“Y”具有的程度，被比较项是比较项的参照物，有夸张的意味，可信度不强，只是为了表达“X”的程度特别高。因此，所选取的衡量目标至关重要，只有比拟对象“Y”表示最高程度、极性化的对象，此句式才有比拟意义。所以“Y”应该重读，前面的分析可以看出，音高分析中，比拟对象“Y”的词调域最大，调域上线达到 100%，且和其他词之间差值较大，这充分凸显了夸张的语气；音强分析中，句中韵律词三个字均发生了音量增强的情况。陈述句的音量比应该是逐渐降低的，但是表比拟时，出现了句中韵律词音量增强的情况，这和音高表现相一致。综合音高、音长、音强的韵律分布模式，我们认为此句式表比拟时是窄焦点，比拟对象“Y”是强调焦点。在本句式中，“还”并不表示程度加深，是元语增量的用法，不重读，也不参与焦点表现。

拷贝式比拟句“X 比 N 还 N”，第一个 N 是 X 的比拟对象，第二个 N 只是前一个 N 性质的拷贝重复，N 的程度是最高的，这一点和一般比拟句中 Y 相同。既然 N 是一个参照物，那么在此句中 N 应该重读。经过我们的分析，我们发现此句式中，句中韵律词和句末韵律词的调域都有所扩大；时长方面，句中韵律词的中字和末字，句末韵律词的末字都发生了延长；张爱民认为这个句式中的“还”是元语增量的用法，但是在结构方面，它不能省略，在语义上，它突出了第二个 N 表示第一个 N 的程度递进特征，所以“还”在这里要重读。实验证明，“还”字的调域较大、时长比和音量比都大于 1，所以“还”确实重读。所以我们认为拷贝式比拟句是句中对比焦点句，从句中到句末用“比……还……”联结成宽焦点。“还”字参与焦点表现，“还”字重读是在前后相同成分之间凸显程度增强的必要方式。

基于以上讨论,我们可以得到如下结论:

此句式表比较时,表示Y具有X所表示的性状、程度,X比Y的程度更高,“还”在这里是程度副词,表示X比Y程度高,之前学者认为这里只有“还”重读,但笔者认为语义重心是比较项X和“还”。实验结果也表明,X和“还”在此句式中重读,联合组成对比宽焦点。

此句式表比拟时,被比较项Y是比较项X的参照物,Y已经具有最高程度,有夸张的意味,用此句式只是为了表达“X”的程度特别高,所以这里Y是重点强调的对象,是本句式的焦点,为对比窄焦点。

“X比N还N”句式同样也是表示比拟,第一个N的程度最高,第二个N表示所以第一个N是前一个N性质的细节体现,整个句子表示X在某方面可以和N媲美,但是并不会超过N。焦点表现为从句中到句末用“比……还……”联结成对比宽焦点。

“比”“还”字在此句式的研究中占有重要位置,通过上文分析,“比”字不参与焦点表现,“还”字在三组句式中意义和作用各不同,对焦点参与的表现也不相同。比较句中“还”调域扩大、音长延长,但是音强增强不明显,一般参与焦点表现。比拟句中“还”不重读,所以音高、音长、音强方面都没有增大,不参与焦点表现。拷贝式比拟句中的“还”调域扩大、音长延长,音量也发生了增强,完全参与焦点表现。

附　　录

实验语料

(1) 比较句

改文章比写文章还难搞。

刘大娘比王大娘还认真。

赵小宝比郑凯宇还积极。

山东队比山西队还给力。

(2) 比拟句

孙月比赵本山还滑稽。

李敏比眼镜蛇还阴毒。

那人比国民党还讨厌。

结婚比蹲监狱还痛苦。

(3) 拷贝式比拟句

刘明佳比顾恺之还顾恺之。

张艺敏比花木兰还花木兰。

那伙人比国民党还国民党。

沈星悦比李清照还李清照。

三、汉语“都”字句语义焦点的韵律表现[①]

3.1　引言

“都”的意义和作用一直是汉语研究的重要问题。“都”的语义一般认为表示总括(吕叔湘,1980,朱德熙 1982)。形式语义学研究认为“都”表示全称量化(Lee 1986,Lin 1998,Wu 1999,Yang 2001),但也有不同看法(徐烈炯 2014,Huang 1996,袁毓林 2005a)。无论怎样认定“都”的语义,“都”在句子中都要关联(或称语义指向)一个对象。袁毓林(2005b)认为,“都”是焦点敏感算子

① 原文发表于《南开语言学刊》2019 年第 2 期,作者夏全胜、蒙紫妍、吴羲森。

(focus-sensitive operator),“都”跟不同的成分关联会改变句子的语义和真值条件,因而“都”所关联的成分一般是句子的语义焦点。这种语义焦点不同于信息焦点,信息焦点一般是句子的新信息;语义焦点既可能是新信息,也可能是旧信息,关键是要与焦点敏感算子关联(徐烈炯 2002)。在英语和一些印欧语中,焦点敏感算子的位置比较固定,不能浮动到临近语义焦点的位置,语义焦点因而通常需要语音手段来标示和凸显(Gundel 1999,徐烈炯 2006)。在汉语中,“都”的位置也比较固定。那么,“都”所关联的成分作为语义焦点,是否也需要通过语音手段加以标示和凸显呢?

关于这个问题,目前尚没有明确的答案。以往的研究主要考察含“都”歧义句的语音表现。黄彩玉(2008,2013)考察歧义句“衣服我们都买了。”“汤都凉了。”时发现,“都” 所关联的部分,基频曲线升高,调域扩大,时长和能量都增加。杨晓安(2012)也有类似的发现:在歧义句“他们星期天都去王府井、西单。”中,“都”所关联的部分,也就是用来解歧的部分,总是基频曲拱抬高,时长增加;而“都”不关联的部分,基频曲拱都会有所降低,时长缩短。可见,当需要语音解歧时,“都”关联的对象在音高、音长上呈现出增大的趋势。不过,在这些句子中,“都”关联的对象都是新信息,起到解决歧义的作用,需要通过语音手段加以凸显。那么在非歧义句中,“都”所关联的对象是旧信息时,语义焦点是否也通过韵律表现出来呢?

韵律本身是汉语的一种重要语法形态手段(沈家煊 2017)。语言的一切内容都通过语音表现出来(有声原理);焦点表现的各种方式中,只有语音是必有的(必选原理);一个语言成分的语音充盈度跟它所负载意义内容的实在程度和所传递的信息量相互对应(对应原理)(石锋 2017)。按照以上观点,即使“都”所关联的对象是旧信息，但作为句子的语义焦点，其韵律表现也应区别于句子非焦点的部分。因此，本研究在前人研究成果的基础上，采用语调格局理论（石锋 2017），对比含有“都”句和不含“都”的参照句在音高、音长和音强的表现，探讨“都”字句语义焦点的韵律表现。值得说明的是，“都”的关联方向目前还存在不同的意见（包括左向：詹卫东 2004，袁毓林 2007 等；右向：沈家煊 2015；既左向、又右向：蒋静忠、潘海华 2013，李强、袁毓林 2018）。这并不是本研究要解决的问题。因而，在本研究的实验句中，“都”的关联方向没有太大的争议。例如：“女生都学瑜伽。”中，“都”关联的是其左边主语“女生”。

3.2　实验说明

3.2.1　发音人

本研究共 14 位发音人，7 男 7 女，均为南开大学本科生，非心理学、语言学专业，普通话水平为二级甲等。

3.2.2　实验设计

本实验采用被试内设计，把每个被试发音的含“都”和不含“都”的句子中相同位置上的字音逐一进行比较。例如：将被试所发的含“都”句子的主语第一字和不含“都”句子的主语第一字相比较；含“都”句主语第二字和不含“都”句主语第二字相比较，以此类推，依次对照比较。

3.2.3　实验材料

本研究设计实验句时采用最小对比对的方法，分为“都”字句和无“都”参照句（后文简称参照句）。两组实验句的差别仅在是否“都”字上，除“都”字外，两组句子其他部分完全相同。在两组实验句中，每句话相同位置的字构成全调域聚合，例如：四句话的第一个字分别是“女”“全”“市”“班”，分别对应着上声、阳平、去声、阴平，从而考察不同位置字、词的调域以及全句的调域范围。“都”字句和参照句均包含四句不同调类的句子，共 2×4＝8 句实验句。除实验句外，还有数量相等的填充句，实验句和填充句随机安排。实验句的具体实验语料如下：

(1) 参照句	(2) “都”字句
女生学瑜伽。	女生都学瑜伽。
全校做扫除。	全校都做扫除。
市民缴社保。	市民都缴社保。
班委开班会。	班委都开班会。

3.2.4　语音录制

语音录制在南开大学语音实验室进行，录音软件为 Praat，采样率 11025 赫兹，16 位，单声道录制。每位发音人都以自然状态、平稳语速发音，不出现语义强调和感情色彩。每个实验句读 3 遍，共得到 14(人)× 8(句)× 3(遍)＝336 个样品句。

3.2.5　实验数据的处理方法

利用南开大学“桌上语音工作室”(Mini-Speech-Lab)对录音语料进行测算，得到每个字的音高(Hz)、音长(ms)和音强(幅度积)的原始数据，通过公式分别将其转换为对应的起伏度(石锋、王萍、梁磊 2009)、时长比(停延率)(石锋、梁磊、王萍 2010)和音量比数值(梁磊、石锋 2010)。起伏度的计算，考虑到男性、女性在音高上具有明显差异，分别选择男性、女性实验句半音值中的最大值和最小值作为调域的极值，即 100％和 0，以此来计算百分比值。时长比和音量比的计算，为了能够更好地对比“都”字句和参照句，没有把“都”字的音长和音强纳入“都”字句的计算中。

以往研究表明，汉语的焦点会通过调域的扩展(Xu 1999，陈怡、石锋 2011)和调域上线的提升(沈炯 1994)体现出来，所以，调域上线和调域跨度比（邓文靖 2016，秦鹏 2018）将作为体现音高变化的因变量进行统计。同时，汉语的焦点处还会发生音长的延长（孙颖、石锋 2012）和音强的增强（田野 2010），所以时长比和音量比将分别作为体现音长、音强变化的因变量进行统计。考虑到实验句相同位置的字要构成全调域聚合，同时实验句还要确保语义、语法的正确、合理，所以“都”字句和参照句分别只有 4 个句子，对实验数据的分析仅进行被试内分析。利用 SPSS2.0 对数据进行统计计算。

3.3　“都”字句与参照句的对比分析

3.3.1　音高分析

音高参数采用起伏度指标表示，起伏度指标能较为直观地展示语调音高的特点（石锋、王萍、梁磊 2009，陈怡、石锋 2011）。图 1[①] 是“都”字句和参照句的起伏度对比图，其中 a 图是参照句，b 图是“都”字句。由于时长比、音量比的计算中，“都”字没有纳入进来，所以图中也统一不显示“都”字。

对调域上线进行方差分析发现，是否含有“都”的主效应边缘显著，$F(1,13)=4.433$，$p=0.055$，$\eta^2=0.254$。位置的主效应显著，$F(4,52)=4.433$，$p<0.001$，$\eta^2=0.574$。简单分析结果表明，“都”字句谓语的第三字（图 1a、b 中“伽”所在位置）与参照句同位置字在调域上线上边缘显著（$p=0.085$），“都”字句的调域上线更低。“都”字句和参照句都是主语第一、二字的调域上线显著高于

① 图 1 中每一个长方形方框表示每个字的字调域，里面的数据表示字调域跨度；大方框表示“都”字句和参照句的主语、谓语的调域，主语和谓语的调域上下的数据表示调域的上线和下线。图示均以每一组的第一个实验句为例标示，实际每个单字包含了四个声调调型。后文时长和音强与起伏度相同。

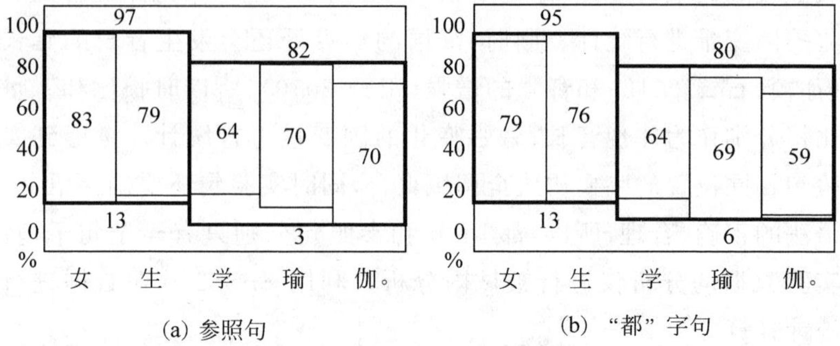

图 1 "都"字句与参照句的起伏度对比图

谓语的第一、二、三字的($ps<0.01$);"都"字句谓语第三字的调域上线显著低于谓语第一、二字的($ps<0.05$)。

对调域跨度比进行方差分析发现,是否含有"都"的主效应不显著,$F(1,13)=1.472$,$p>0.05$,$\eta^2=0.102$。位置的主效应显著,$F(4,52)=3.172$,$p<0.05$,$\eta^2=0.196$。简单分析结果表明,"都"字句与参照句各字的调域跨度比都不显著($ps>0.05$)。"都"字句主语第二字的调域跨度显著大于谓语第一字($p<0.05$),参照句主语第一字、第二字的调域跨度大于谓语第一字($p=0.052$;$p<0.05$);"都"字句主语第二字的调域跨度大于谓语第三字($p=0.068$),说明"都"字句的谓语在句末也出现了调域压缩。

3.3.2 音长分析

音长参数采用时长比指标表示,时长比指标能清晰地反映语调时长特点,描述说话人在语调时长上的声学表现(石锋等 2010,孙颖、石锋 2012)。图 2 是"都"字句与参照句的音长对比图,其中 a 图是参照句,b 图是"都"字句。

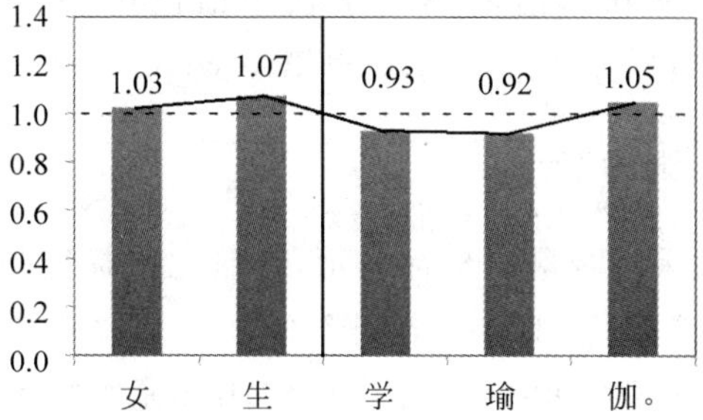

(a) 参照句

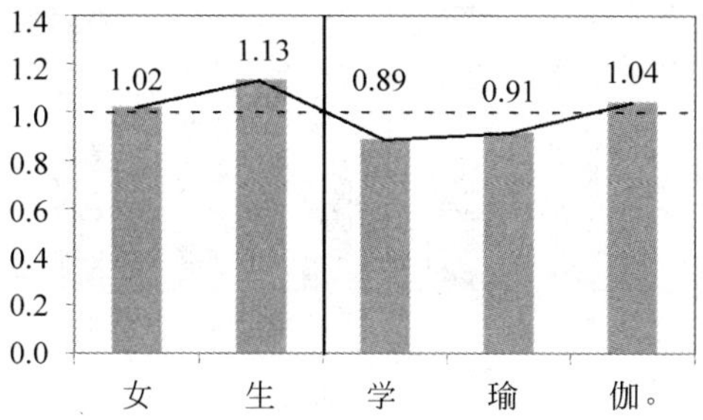

(b) “都”字句

图 2 “都”字句与参照句的时长比对照图

对时长比进行方差分析发现，是否含有“都”字的主效应不显著，$F(1,13)=2.519$，$p>0.05$，$\eta^2=0.162$；位置的主效应显著，$F(4,52)=18.84$，$p<0.001$，$\eta^2=0.592$；是否含有“都”字与位置的交互效应显著，$F(4,52)=7.907$，$p<0.01$，$\eta^2=0.378$。简单分析结果表明，“都”字句与参照句在主语第二字（图 2a、b 中“生”所在位置）和谓语第一字（图 2a、b 中“学”所在位置）差异显著（$ps<0.01$），“都”字句的主语第二字长于参照句同位置的字，“都”字句的谓语第一字短于参照句同位置的字；“都”字句和参照句都是主

语第一、第二字和谓语的第三字长于谓语第一、第二字（$ps<0.05$），“都”字句主语的第二字长于第一字（$p<0.05$）。

3.3　音强分析

音强参数采用音量比指标表示，音量比指标能将语调音强参数量化展示（梁磊、石锋 2010，田野 2010）。图 3 是“都”字句与参照句的音长对比图，其中 a 图是参照句，b 图是“都”字句。

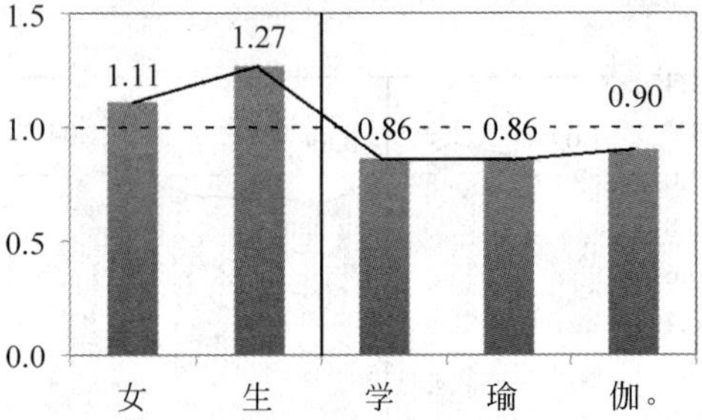

(a) 参照句

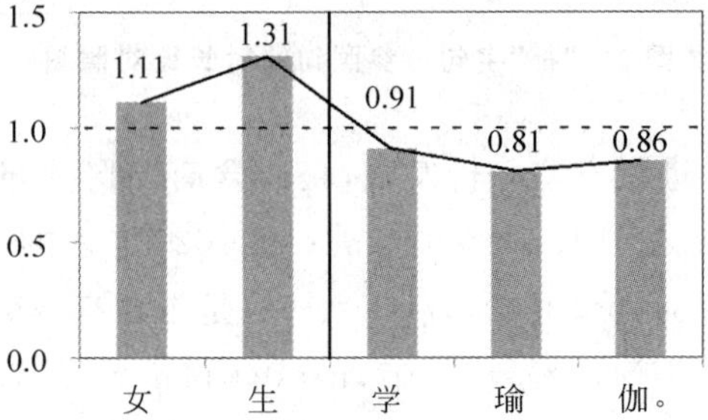

(b) “都”字句

图 3　“都”字句与参照句的音量比对比图

对音量比进行方差分析发现，是否含有“都”字的主效应不显著，$F(1,13)=0.188$，$p>0.05$，$\eta^2=0.014$；位置的主效应显著，$F(4,52)=22.213$，$p<0.001$，$\eta^2=0.631$；是否含有“都”字与位置的交互效应显著，$F(4,52)=3.284$，$p<0.05$，$\eta^2=0.202$。简单分析结果表明，“都”字句与参照句在谓语第二字（图 3a、b 中“瑜”所在位置）和谓语第三字（图 3a、b 中“伽”所在位置）差异显著（ps<0.05），“都”字谓语第二、三字均弱于参照句同位置的字；“都”字句和参照句都是主语第一、第二字强于谓语第一、第二、第三字（ps<0.05），“都”字句谓语的第二字弱于谓语的第一字（p<0.05）。

3.4　讨论

“都”作为焦点敏感算子，在句子中所关联的对象一般是语义焦点。语义焦点不同于信息焦点，语义焦点可能是旧信息，也可能是新信息。那么，当是旧信息时，语义焦点是否也通过韵律表现出来呢？本研究通过对“都”关联句首主语的韵律表现进行考察发现，“都”字句在音高、音长和音强上都与不含“都”的参照句有所差异。这说明，即使是旧信息，“都”字句的语义焦点也会通过语音手段来标示和凸显。

从音高上来看，“都”字句与参照句的不同之处在于，“都”字句谓语第三字的上线低于参照句相同位置的字。调域上线与语义有关，语义凸显时，上线会提升（沈炯 1994）。本研究中，“都”所量化的对象是主语，主语是语义焦点。但由于处于句首位置，主语调域上线的提升空间不大，因而通过降低其后谓语的调域上线，来实现对语义焦点的凸显。同时，“都”字句谓语第三字的调域上线低于谓语第一、二字的，而这种差异在参照句中没有发现。出现这种差异也很可能是“都”字句焦点后调域上线降低所致。从调域跨度比来看，虽然直接对比，没有发现“都”字句与参照句的差别，但通过比较句子不同位置的调域跨度，可以发现，“都”字句谓语第三字的调域出现了压缩，而参照句没有。以往研究表明，自然焦点陈述句的句末字调域最大，体现为“尾重”原则（石锋 2017，王萍、邓芳、石锋 2017）。但是，“都”字句的句末字调域不仅不是最大，反而出现了压缩。这可能是因为主语作为语义焦点，其后的谓语发生了焦点后的调域压缩（Xu 1999，石锋 2017），从而实现对语义焦点的凸显。

从音长上看，“都”字句与参照句的不同之处在于，“都”字句主语第二字长于参照句相同位置的字，“都”字句谓语第一字短于参照句相同位置的字。以往研究表明，焦点处的音长会发生延长（孙颖、石锋 2012）。本研究中，“都”字句的主语是语义焦点，其音长因而长于参照句的主语。同时，相对于参照句，“都”字句谓语第一字音长发生了缩短。这可能与焦点后调域压缩的情况相似，为了凸显语义焦点，焦点后的字音长也发生了缩短。

从音量上看，“都”字句与参照句的主要不同是，“都”字句的谓语第二、三字均弱于参照句同位置的字。以往研究表明，焦点处音强会有所增加（田野 2008）。本研究发现，作为语义焦点的主语并没有发生音量增强，而是其后的谓语发生了弱化。这可能是因为句首词的音量往往最大（石锋 2017），“都”字句的主语位于句首，音量最大，无法通过增大音量来凸显语义焦点，只能通过降低其后谓语的音量来实现。因此，焦点位置后的音量降低也是凸显语义焦点的手段。

通过以上对比，我们可以发现，“都”字句的语义焦点可以通过语音手段加以标示和凸显，说明语音是焦点表现的必选手段（石锋 2017）。由于处于句首位置，语义焦点的凸显并不主要依靠自身音高的增高、音强的增强，而是通过对其后成分调域上线降低、调域压缩、音强减小来实现的，体现出焦点在语句中不是孤立存在的，而是句子整体韵律调节的结果(Xu 2015，石锋 2017)；也说明句子成分的语音充盈度与其负载的意义或功能相同，符合“对应原理”的差量推论(石锋 2017)。同时，这个结果还表明，焦点的凸显并不仅依靠焦点后的调域压缩(Xu 1999)，还可通过调域上线下降、音长缩短、音强减小等实现。韵律三要素音高、音长和音强都能起到标示和凸显的作用，在焦点研究中都应受到重视。不过，音高、音长和音强在凸显焦点时也存在差异，音长是在焦点后的第一字就发生了缩短，音强是在焦点后的第二字开始减弱，音高是焦点后的第三字才发生调域压缩和上线降低。这说明“都”字句的语义焦点可能是“互补焦点”(石锋 2017)。

同时，“都”字句与参照句也有一些相同的地方：在音高上，“都”字句和参照句都是主语调域上线显著高于谓语调域上线，说明它们都受到音高下倾机制的作用，从主语到谓语大致都呈现出依次下降的趋势；“都”字句和参照句都是主语第二字的调域跨度大于谓语第一字的，一定程度上显示出字调域跨度在边界前的扩展。在音长上，“都”字句和参照句的谓语第三字均长于第一字和第二字，体现出边界位置前的字音延长。在音强上，“都”字句和参照句都是主语强于谓语，体现出从句首到句末的音量递减的趋势。这些“都”字句与参照句的共同特征与自然焦点陈述句较为一致。

同时，“都”字句与参照句也体现出与自然焦点陈述句不一致的地方：在音高上，“都”字句和参照句都表现出句首主语的调域跨度大于其后谓语的趋势，而自然焦点陈述句是句末成分的调域跨度最大(石锋 2017，王萍等 2017)；在音长上，“都”字句和参照句都是句首主语的音长比其后谓语更长，而自然焦点陈述句句首和句末的音长差异不大(孙颖、石锋 2012)。这表明,在不含“都”的参照句中,主语在一定程度上也得到了凸显,主语可能也具有语义焦点的身份;“都”字句中,“都”的出现使主语作为语义焦点的身份进一步得到确认,从而在语音上进一步地凸显。当然,这种假设还需要更多研究的验证。

3.5 结论

本研究考察了在无歧义“都”字句中,主语作为语义焦点的韵律表现。结果发现,“都”字句在音高、音长和音强上都与参照句有所差异,表现为焦点处音长增长,焦点后调域上线下降、调域压缩、音长缩短、音强减小。这说明语义焦点可以通过语音手段标示和凸显。同时,本研究还发现,焦点后不仅仅出现调域压缩,还出现了调域上线下降、音长缩短、音强减小等。这说明音高、音长和音强都可以起到凸显焦点的作用,韵律三要素在焦点研究中都应受到重视。本研究只对“都”关联句首主语的韵律分布模式进行了分析,为未来进一步研究“都”关联其他句法成分在不同位置的韵律模式打下了基础。

四、“也”字句的焦点表现[①]

4.1 引言

“也”是现代汉语口语中使用频率很高的副词。从 20 世纪 80 年代,许多学者开始对其进行研究。对于“也”的语法意义,不同的

① 部分内容发表于《实验语言学》2019 年第 8 卷第 2 号,作者郝苗苗。

学者有不同的观点。李宗江等认为，现代汉语副词“也”只表示“类同”义；吕叔湘、马真等认为，“也”有多个意义。吕叔湘（1980）在《现代汉语八百词》中认为：“‘也’做副词，主要有三种语义类型：表类同、表强调、表委婉。”马真（1982）指出：“现代汉语里‘也’的基本用法表示‘类同’，此外还能表示委婉语气。”对于“也”的语义各种说法大同小异，大家基本上都认同，“也”表示“类同”的意义。

我们把带“也”字的句子叫作“也”字句。把出现在“也”字句前，在形式上和意义上都跟“也”字句有平行关系的小句叫作前提句。李裕德（2014）把“也”字句分为句式“也”字句、前提“也”字句和特征“也”字句三大类。本研究的异主同谓前提“也”字句和异主异谓前提“也”字句都是前提“也”字句中的小类。

“也”字句的焦点问题在学界也存在一些不同的看法。吕叔湘（1980）通过把“也”字句分为五种不同的情况，说明“也”字句的焦点分布在句中的不同位置上。杨亦鸣（1988）认为：“未知信息是句子将要传递的新信息，它对于信息接收一方来说是未知的。所以，这种‘未知信息’可称为‘也’字句的‘话语中心’。”那么，“也”字句的焦点究竟在哪里，其焦点又是如何表现的？对于这个问题，许多学者从语法角度做了大量深入研究，而在语音方面研究较少。本研究主要从语音的角度对异主同谓前提“也”字句和异主异谓前提“也”字句的焦点进行分析。

语音是由音高、音长、音强和音质四要素组成的，我们主要讨论语音的超音段成分，即音高、音长和音强三个要素，主要以语调格局的思路（石锋 1999）为指导，分别采用起伏度（石锋、王萍、梁磊 2009）、时长比（石锋、梁磊、王萍 2010）和音量比（梁磊、石锋 2010）三个参量，对“主—谓”结构的异主同谓前提“也”字句和异主异谓前提“也”字句的音高、音长和音强进行定量分析，并对比相应的并列复句格式的参照句，考察其韵律分布模式，进一步分析其焦点位置。

4.2 实验说明

4.2.1 语料设计及录制

为了探求异主同谓前提“也”字句和异主异谓前提“也”字句的焦点表现，本研究共设计了四组实验句，分别为“主—谓”结构的并列复句和“主—谓”结构的“也”字句。实验句均为无修饰的单句，句中除了“了”和“也”字外，8 句话的同一句法位置上的单音词共同构成一个聚合，属于阴平、阳平、上声和去声都有的“全调域”，从而方便考察不同位置以及全句的调域范围和跨度。实验共有 2×4=8 个实验句。具体实验语料如下：

(1) 异主同谓前提“也”字句的参照句(后文简称参照句一)：

水停了，电停了。　　门开了，窗开了。

他去了，我去了。　　树倒了，房倒了。

(2) 异主同谓前提“也”字句(后文简称“也”字句一)：

水停了，电也停了。　　门开了，窗也开了。

他去了，我也去了。　　树倒了，房也倒了。

(3) 异主异谓前提“也”字句的参照句(后文简称参照句二)：

草绿了，花开了。　　饭吃了，碗洗了。

人跑了，钱没了。　　天凉了，叶落了。

(4) 异主异谓前提“也”字句(后文简称“也”字句二)：

草绿了，花也开了。　　饭吃了，碗也洗了。

人跑了，钱也没了。　　天凉了，叶也落了。

本研究共选用 8 位发音人，4 男 4 女，均为北京语言大学学生，普通话水平为二级甲等。语音录制地点为北京语言大学，录音软件为 Cool Edit Pro 2.0，采样率为 11025 赫兹，单声道录制。每位发音人都以自然状态、平稳语速发音。每个实验句读 2 遍，句与句间隔 2 秒，共得到 8×8×2＝128 个样品句。

4.2.2　实验数据的处理方法

语调是在人们的话语音流中，以音高的起伏程度表现的调域的高低宽窄与时长的增减和音量的强弱共同构成的有序变化（石锋 2017）。利用 Praat 对录音语料进行测算，得到各字音的音高（Hz）、音长（ms）和音强（幅度积）[①]的原始数据，通过公式分别将其转换为对应的起伏度[②]、时长比[③]和音量比[④]数值。

4.3　异主同谓前提"也"字句与参照句对比分析

4.3.1　音高分析

音高参数采用起伏度指标表示，起伏度指标能较为直观地展示语调音高的特点（石锋、王萍、梁磊 2009，陈怡、石锋 2011）。将所有发音人分为男生组和女生组，求出男生和女生的半音值的平均值。为了将参照句一和"也"字句一放在同一水平上进行比较分析，对实验句中男生和女生所有半音值的平均值分别做归一化处理，选择其中的最大值和最小值作为调域的极值，即 100% 和 0，以此来计算百分比值。这样就可以得到男生和女生的起伏度数值，并作出语调音高起伏度图，具体如图 1 所示：

---

① 幅度积的大小与所选语音段的强度和时长成正比，可通过"桌上语音工作室"软件测量得出。

② 起伏度的具体测算公式参看石锋、王萍、梁磊（2009）。

③ 时长比的具体测算公式参看石锋、梁磊、王萍（2010）。

④ 音量比的具体测算公式参看梁磊、石锋（2010）。

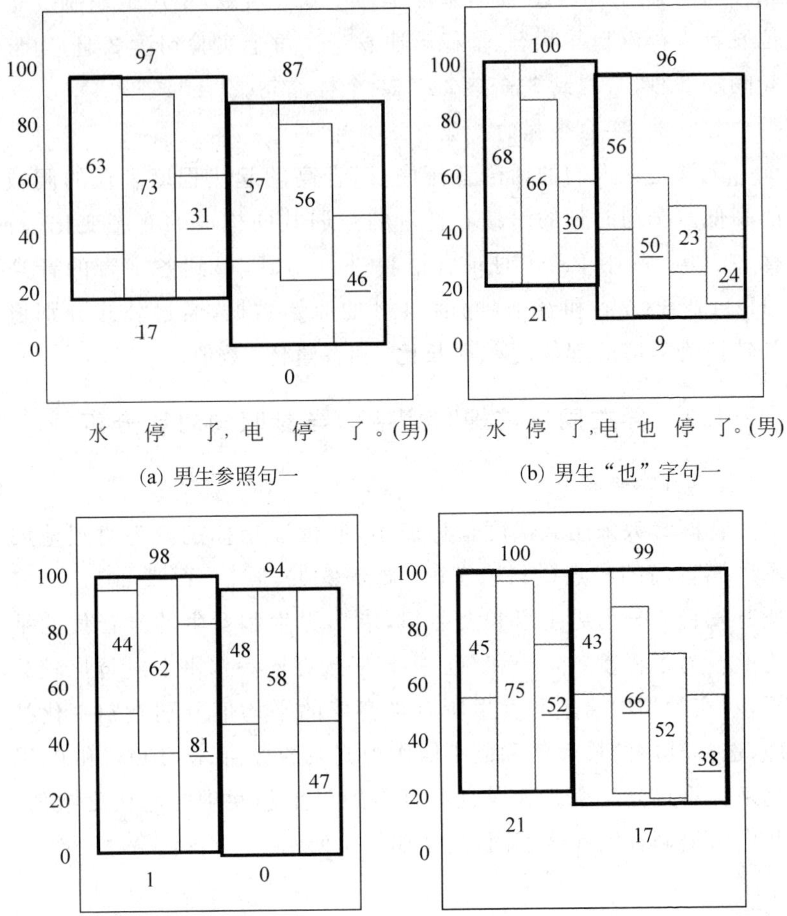

(a) 男生参照句一　　(b) 男生“也”字句一

(c) 女生参照句一　　(d) 女生“也”字句一

图 1　性别分组的起伏度图

图 1 中的小框表示单字词调域跨度，并用数字标出具体数值；大框表示分句的句调域，并用数字标示出上线和下线的具体数值，词调域和句调域是由各自的上线和下线所决定的。图中以阴平句为例句标示出来，实际上每个单字包含了四个声调的调型，后文图例与此相同。句子中的"水""电""停"三字为全调域，"了"和"也"字为单调域。单调域的词调域跨度的数字下添加了下划线，以与全调域相区别。本研究主要考察"也"字句中后面带"也"字的小句，所以对于前面的前提句，在此就不做分析了，仅分析后面带"也"字的小句以及和它相应的参照句。

从两组句式的句调域来看，男生参照句一为 87%，和男生"也"字句一的句调域相等；女生参照句一为 94%，其"也"字句一为 82%。女生参照句一的句调域大于其也字句一的句调域。男生和女生两组句式的句调域对比得出，男生参照句一比女生小 7%，男生"也"字句一比女生大 5%。我们认为超过 5%的差异就比较明显了。

从词调域来看。在带"也"字的小句中，"电"和"停"两字为全调域，"也"和" 了"两字为单调域，其中"了"字是一个轻声的语气助词。因此，"电"和"停"两字可进行比较分析，"也"和"了"两字则需分别描述。男生参照句一中"电"字的词调域跨度为 57%，"停"字的词调域跨度为 56%。两字相差不大。男生"也"字句一中的"电"字的词调域跨度为 56%，与参照句一相比差异不大。"停"字为 23%，与参照句一相比压缩了 33%。女生参照句一的"电"字词调域跨度为 48%，"停"字的词调域跨度为 58%，"停"字比"电"字词调域跨度扩大 10%。女生"也"字句一中，"电"字的词调域跨度为 43%，"停"字的词调域跨度为 52%，"停"字比"电"字词调域跨度扩大 9%。但是，与参照句一相比，女生的"电""停"两字的词调域跨度都压缩了。男生参照句一中后一小句中的“了”的词调域跨度为46%。“也”字句一中，“了”的词调域跨度为24%，比参照句一压缩了22%。男生“也”字句一中的“也”字的词调域跨度为50%。女生参照句一中后一小句中的“了”字的词调域跨度为47%。“也”字句一中“了”字的词调域跨度为38%，比参照句一压缩了9%。“也”字的词调域跨度为66%。

从起伏度来看。词调域的上线和下线起伏的程度就是起伏度。总的来看，两组句式都表现为音高下倾的机制。其中，男生“也”字句一表现较为特殊。“也”字的下线较其后的“停”字的下线还要低。

4.3.2 音长分析

音长参数采用时长比指标表示，时长比指标能清晰地反映语调时长的特点，描述说话人在语调时长上的声学表现，时长比数值大于1则延长(石锋、梁磊、王萍2010，孙颖、石锋2012)。通过平均计算，可以得到男生和女生的时长比均值，具体如图2所示。

图2四幅图中，空白柱形表示句子中前后两分句间停顿的时长，单位为毫秒。因为其与整体百分比的单位不统一，为方便数据处理，将空白柱形高度设定为1.2，其高度不代表实际停顿时长(后文与此相同)。

就主语“电”字来看，两组句式都有一定程度的延长。男生参照句一和“也”字句一的延长幅度是相等的，均延长了13%。女生参照句一延长了16%，“也”字句一延长了10%，女生参照句一比“也”字句一多延长了6%。男女生对比可知，男生参照句一比女生参照句一缩短了3%，男生“也”字句一比女生“也”字句一延长了3%。总体上，男生和女生差异不大。

就副词“也”字来看，男生和女生都缩短了24%。

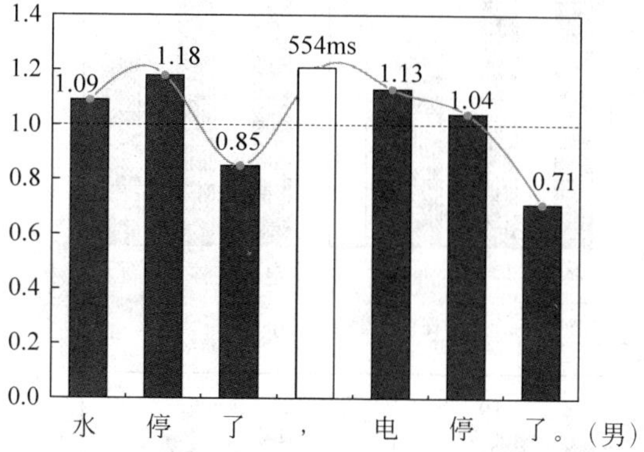

(a) 男生参照句一

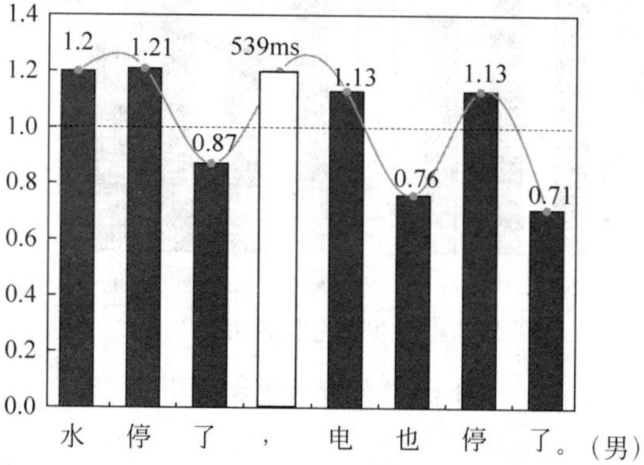

(b) 男生“也”字句一

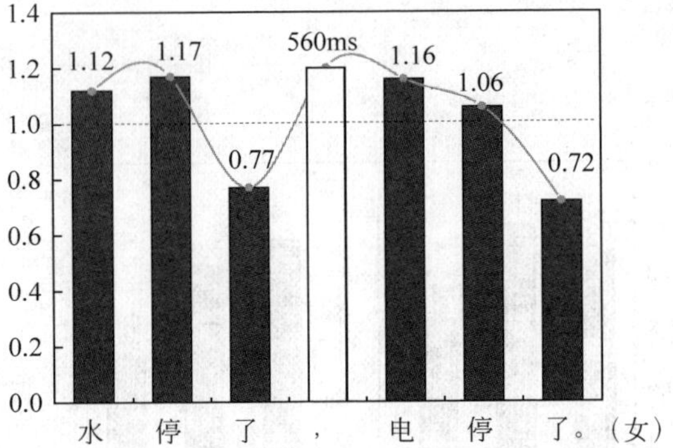

(c) 女生参照句一

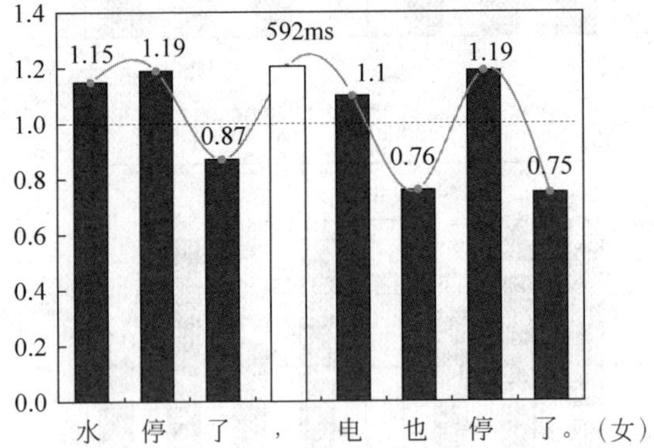

(d) 女生“也”字句一

图 2　性别分组时长比图

就谓语“停”字来看，两组句式都表现为一定程度的延长。男生参照句一中“停”字延长了 4%，其“也”字句一中“停”字延长了 13%，“也”字句一比参照句一多延长了 9%。女生参照句一延长了 6%，“也”字句一延长了 19%，“也”字句一中的“停”字比参照句一延长了 13%。总体上来看，女生延长幅度比男生要大。

句末“了”两组句式均表现为一定程度的缩短。

4.3.3　音强分析

音强参数采用音量比指标表示，音量比指标能将语调音强参数量化展示，具有较强的操作性，音量比数值大于 1 为增强（田野 2010，梁磊、石锋 2010）。通过平均计算，可以得到男生和女生的音量比均值，具体如图 3 所示：

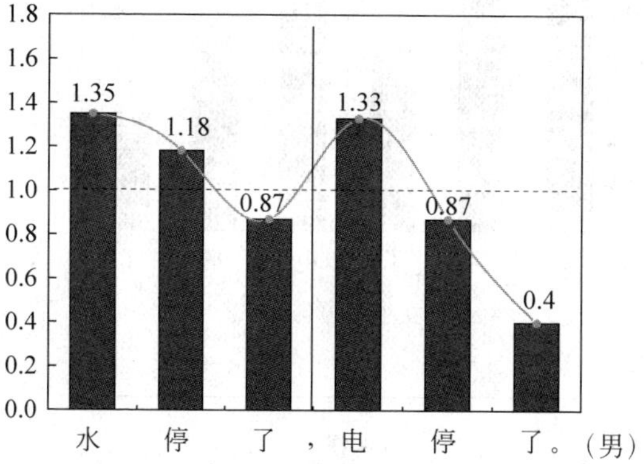

(a) 男生参照句一

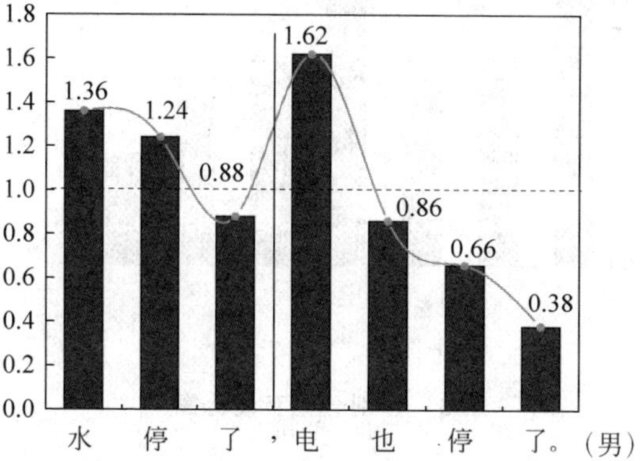

(b) 男生“也”字句一

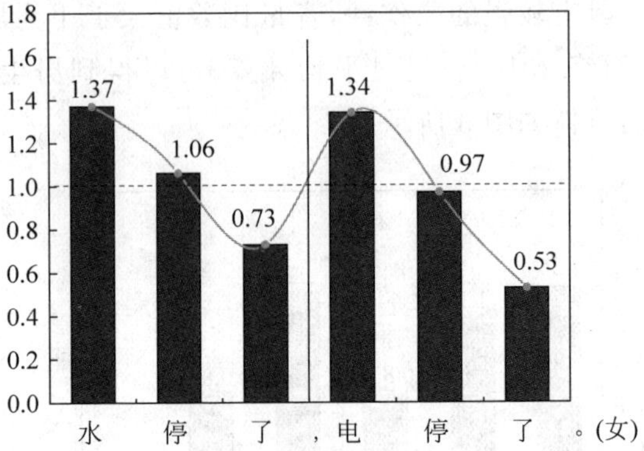

(c) 女生参照句一

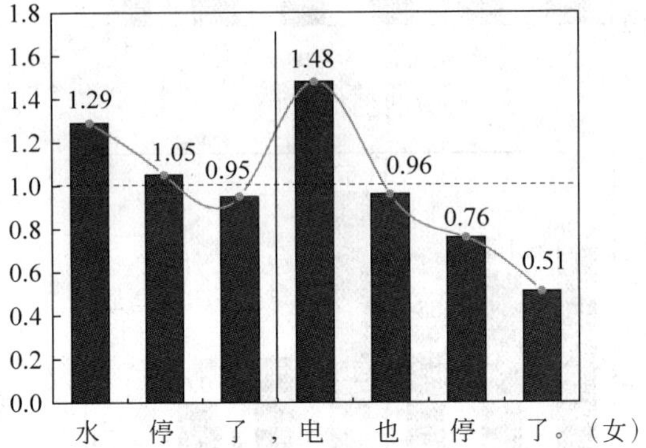

(d) 女生“也”字句一

图 3　性别分组音量比图

两组句式整体上均表现出音强逐渐降低的趋势。而在“电”字上两组句式表现出音强增强。男生参照句一中“电”字增强了33%，其“也”字句一中“电”字增强了62%，增幅为29%。女生参照句一中“电”字增强了34%，其“也”字句一中“电”字增强了48%，增幅为14%。男女对比来看，男生增强幅度是女生的两倍。

4.3.4　小结

为了将参照句一和“也”字句一放在同一水平上进行对比，整合两组句式所有半音值的均值数据进行归一化处理，找出其中的最大值和最小值作为调域的极值，即100%和0，以此来计算百分比，画出下面的起伏度图。音长音强方面，将男生和女生的音长和音强数据进行平均计算，得出下面的时长比和音量比的图。具体如图4所示：

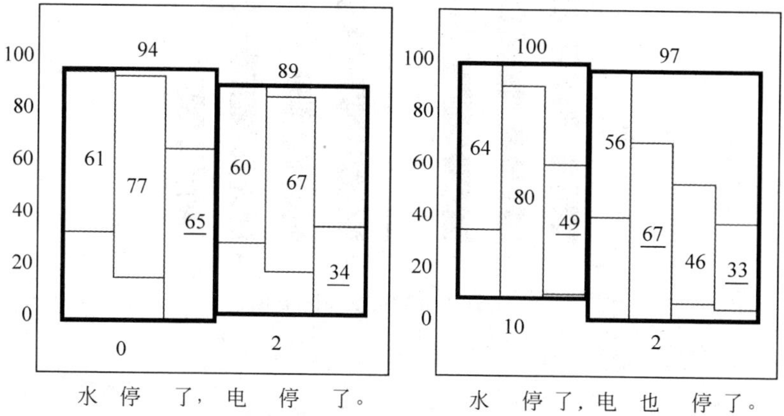

(a) 参照句一的起伏度图　　(b) “也”字句一的起伏度图

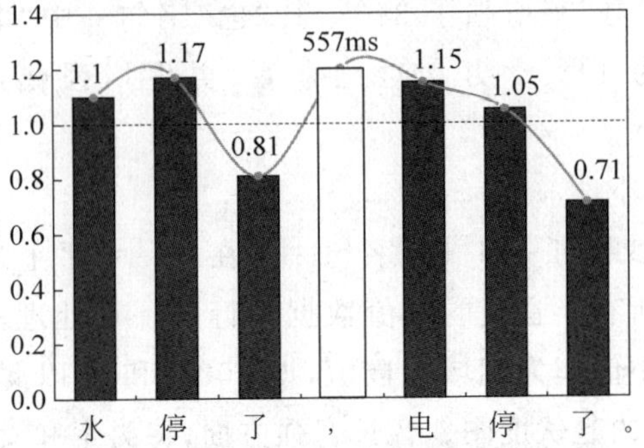

(c) 参照句一时长比图

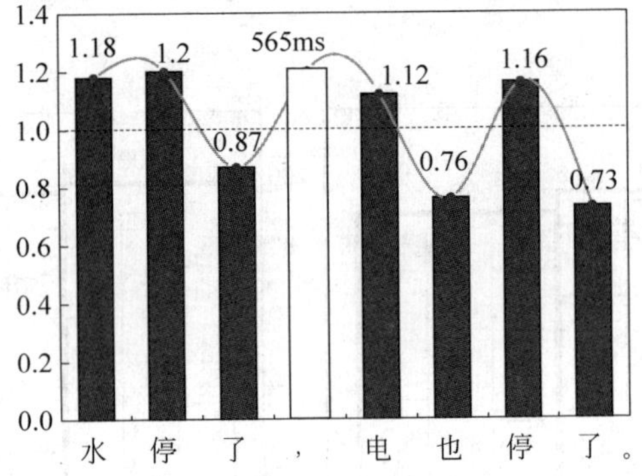

(d) “也”字句一时长比图

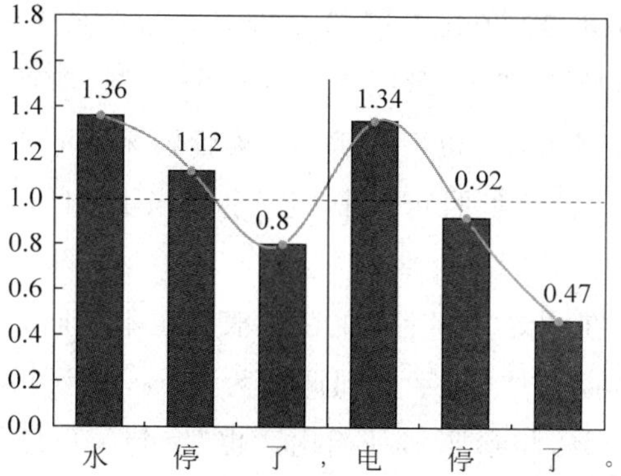

(e) 参照句一音量比图

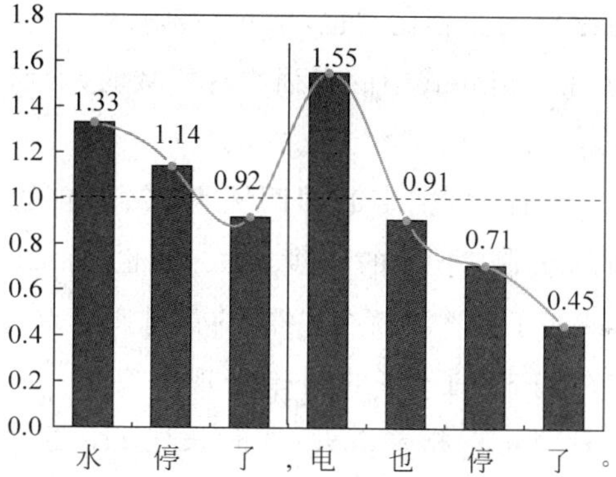

(f) “也”字句一音量比图

图 4　参照句一和“也”字句一的韵律分布模式

在主语“电”字上，两组句式的韵律表现有较大差异。从词调域上来看，“也”字句一中“电”的词调域为 56%，参照句一为 60%。与“也”字句一相比，参照句一在“电”字上压缩了 4%。但是，“也”字句一中主语的词调域的上线比参照句一提升了 8%，并且与后字的差值为28%。参照句一主语与后字的差值仅为3%,“也”字句一主语与后字的差值比参照句大25%。从音长来看,“也”字句一中“电”字延长了12%,参照句一延长了15%,参照句一中“电”字的延长幅度略大于“也”字句一。从音强来看,“也”字句一中“电”字增强了55%,参照句一中“电”字增强了34%,“也”字句一较参照句一增强了21%。

两组句式在谓语“停”字上的韵律表现也不相同。从词调域上来看,“也”字句一中“停”字的词调域为46%,参照句一中“停”字的词调域为67%,与参照句一相比,“也”字句一压缩了21%。从音长来看,“也”字句一中“停”字延长了16%,参照句一中“停”字延长了5%,与参照句一相比,“也”字句一延长幅度达11%。从音强来看,“停”字在两组句式中的音强均有所减弱,参照句一减弱幅度小于“也”字句一。

从“也”字上来看,“也”字的词调域为67%,它的下线突破了音高逐步下倾的机制,下降的幅度较大。“也”字的时长缩短了24%。音量比减弱了9%,与后字“停”的音量比之差达到了20%。

两组句式在句末“了”字的韵律表现不突出。在词调域上,“也”字句一与参照句一相差不大;在时长比上,“也”字句一比参照句一延长了2%;在音量比上,“也”字句一比参照句一减弱了2%。

参照句一和“也”字句一整体的韵律表现有较大差异。从起伏度图可以看出,参照句一的句调域跨度为87%,“也”字句一的句调域跨度为95%,与参照句一相比,“也”字句一扩展了8%。而且,“也”字句一的上限有明显的抬升。从时长比图可以看出,谓语“停”字变化最为明显,“也”字句一中“停”字延长幅度比参照句一大 11%。从音量比图来看,“电”字和“停”字变化均较为明显。“也”字句一中“电”字比参照句一增强幅度大 21%,“也”字句一中“停”字比参照句一音量比减弱了 21%。

4.4　异主异谓前提“也”字句与参照句对比分析

4.4.1　音高分析

从图 5 中的句调域跨度来看,男生参照句二为 90%,男生“也”字句二为 96%,男生“也”字句二的句调域大于男生参照句二;女生参照句二为 86%,其“也”字句二为 100%。男生和女生“也”字句二的句调域都大于参照句二。将男生和女生两组句式的句调域对比得出,无论参照句二还是“也”字句二男女句调域跨度基本一致。

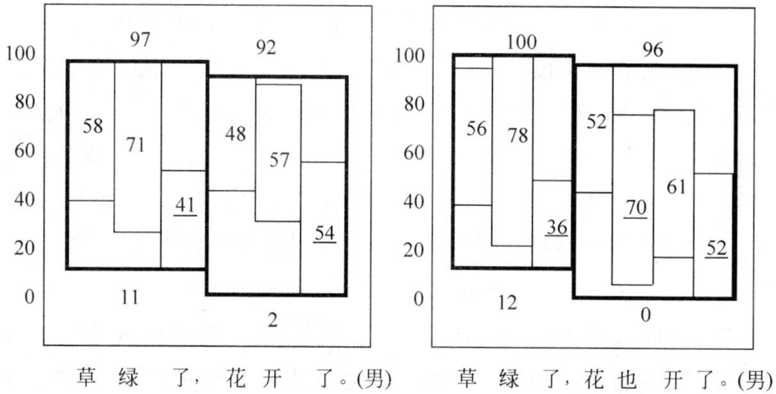

(a) 男生参照句二

(b) 男生“也”字句二

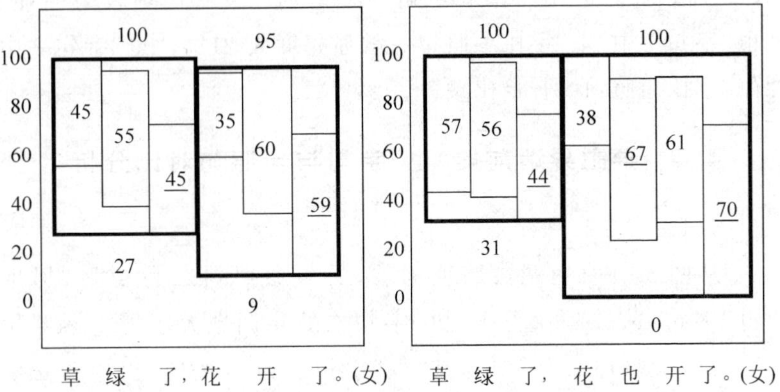

(c) 女生参照句二 (d) 女生“也”字句二

图 5 性别分组起伏度图

从词调域来看。首先，看全调域“花”“开”两字的词调域表现。从图中可以看出，男生参照句二中“花”字的词调域跨度为 48%，“开”字的词调域跨度为 57%，“开”字比“花”字的词调域跨度扩大 9%。男生“也”字句二中的“花”字的词调域跨度为 52%，“开”字为 61%，“开”字比“花”字的词调域跨度扩大 9%，两字词调域跨度与参照句相比基本一致。女生参照句二的“花”字词调域跨度为 35%，“开”字的词调域跨度为 60%，“开”字比“花”字词调域跨度扩大 25%。女生“也”字句二中，“花”字的词调域跨度为 38%，“开”字的词调域跨度为 61%，“开”字比“花”字的词调域跨度扩大 23%。与参照句二相比，女生两字词调域跨度与参照句相比差异不大。

男女对比来看，在参照句二中，男生“花”字的词调域比女生大 13%，“开”字比女生小 3%。在“也”字句二中，男生“花”字的词调域比女生大 14%，“开”字与女生相同均为 61%。其次，看单调域

“也”“了”两字的词调域表现。男生参照句二中后一小句中的“了”的词调域跨度为 54%。“也”字句二中,“了”的词调域跨度为 52%,二者相差不大。男生“也”字句二中的“也”字的词调域跨度为 70%。女生参照句二中后一小句中的“了”字的词调域跨度为 59%。“也”字句二中“了”字的词调域跨度为 70%,比参照句二扩大了 11%。“也”字的词调域跨度为 67%。男女对比来看,女生两组句式中的“了”字的词调域均大于男生。但是,男生“也”字句二中的“也”字的词调域大于女生“也”字句二中的“也”字的词调域。

从起伏度来看,两组句式基本上符合音高下倾的机制。就上线来说,男生参照句二主语触及句调域上线,并依次降低。男生“也”字句二主语触及句调域上线,在“也”字处下降,又在“开”字处略有抬升,最终在“了”字处下降。女生参照句二中,“开”字触及句调域上线,“了”字处下降。女生“也”字句二的上线变化趋势与男生“也”字句基本相同。就下线来说,男生和女生参照句二都是依次下降。男生和女生“也”字句二大体上也是依次下降,只在“开”字处均略有提升。

4.4.2　音长分析

从图 6 中的主语“花”字来看,男生两组句式均有一定程度的延长。其中,参照句二延长了 9%,“也”字句二延长了 11%,二者延长幅度基本一致。而女生两组句式均未发生延长。

从动词“开”字来看,男生参照句二延长了 14%,男生“也”字句二延长了 19%;女生参照句二延长了 19%,女生“也”字句二延长了 25%。两组句式均有不同程度的延长,女生延长的幅度大于男生,“也”字句二延长的幅度大于参照句二。

两组句式中的“也”和“了”两字均未发生延长。

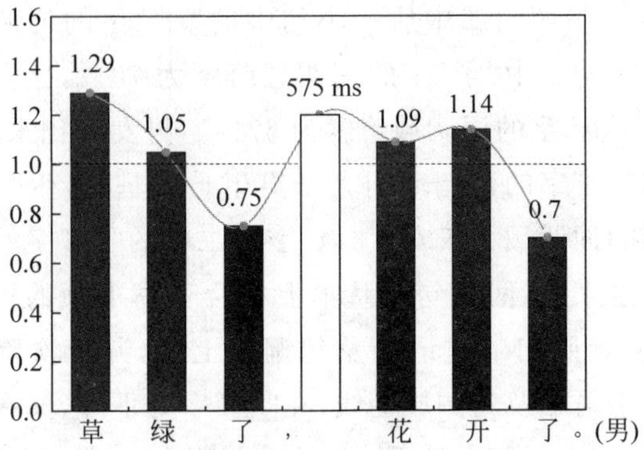

(a) 男生参照句二

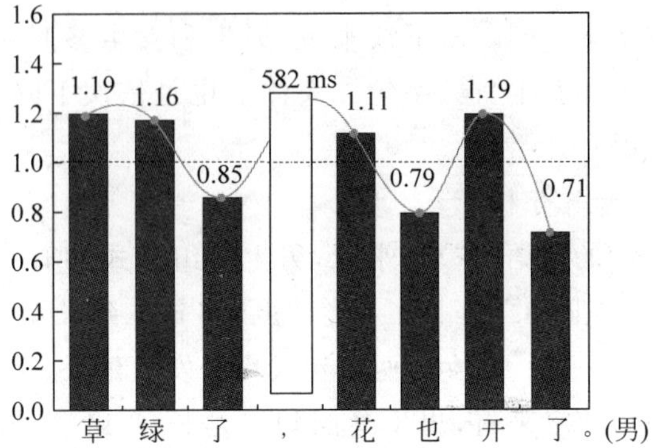

(b) 男生“也”字句二

4.4.3 音强分析

从图 7 中的主语“花”字来看，男生参照句二增强 25%，“也”

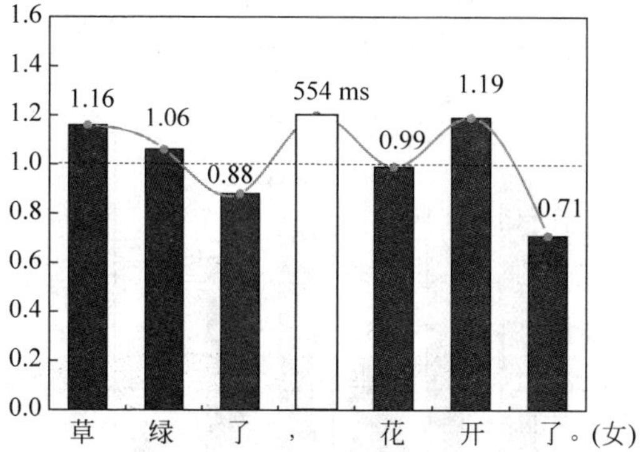

(c) 女生参照句二

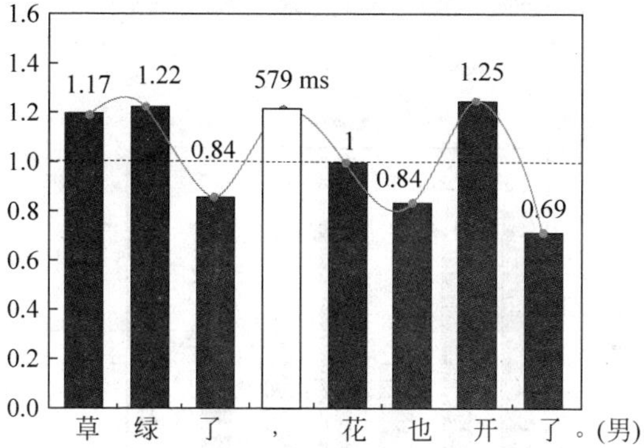

(d) 女生“也”字句二

图 6　性别分组时长比图

字句二增强 40%；女生参照句二增强 9%，“也”字句二增强 37%。

可以看出，两组句式在主语位置上均有不同程度的音量增强。男生增强的幅度大于女生，“也”字句二增强的幅度大于参照句二。

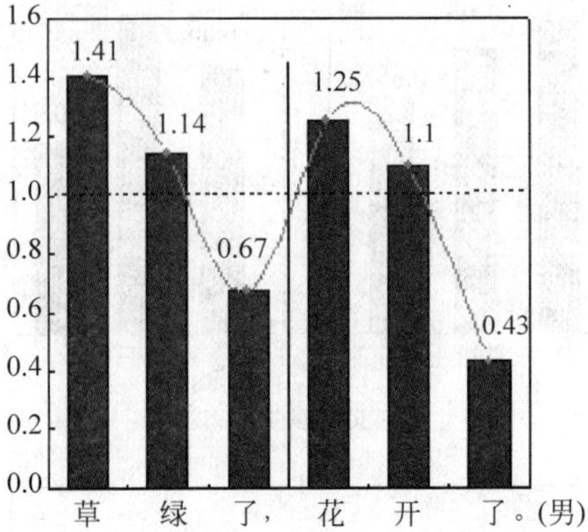

(a) 男生参照句二

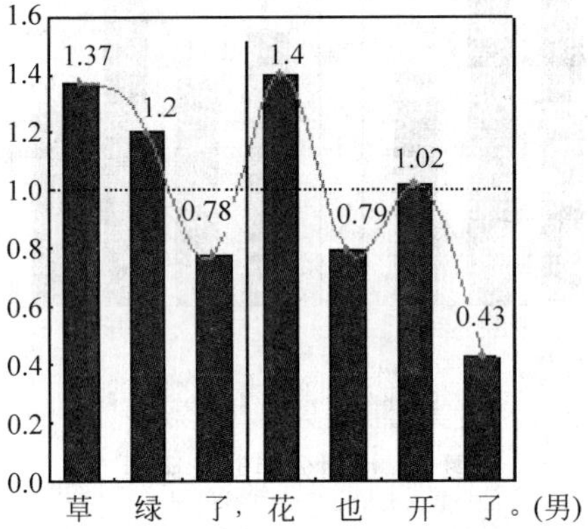

(b) 男生“也”字句二

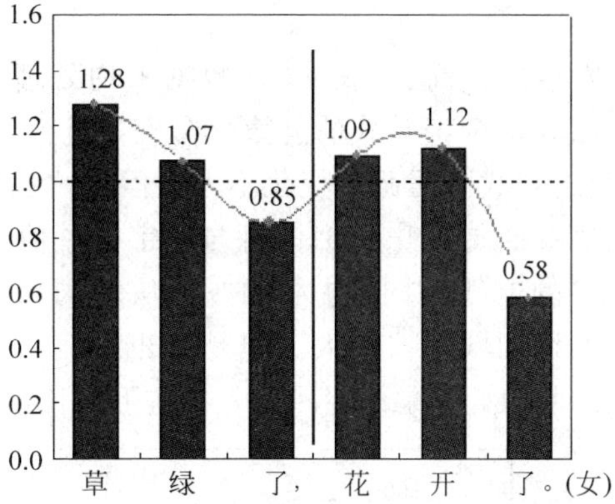

(c) 女生参照句二

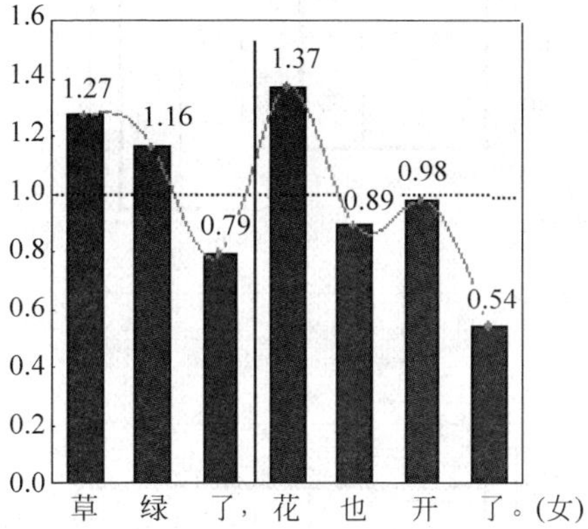

(d) 女生"也"字句二

图 7　性别分组音量比图

从动词"开"字来看，男生参照句二增强 10%，"也"字句二增强 2%；女生参照句二增强 12%，"也"字句二减弱 2%。可以看出，两组句式除了女生"也"字句二外，在动词位置上均有一定程度的增强。

两组句式中的"也"和"了"两字均未发生音量上的增强。

4.4.4 小结

把男生和女生的音高、音长、音强数据平均处理，得到图 8 中的各图。结合图 8 的两组句式的韵律分布模式进行对比分析。从词调域来看，两组句式主语调域变化不大。但是，"也"字句二主语的词调域上线比参照句抬升了 6%，且与后字的差值达到了 17%，参照句二与后字的上线相同，均为 94%。从动词来看，"也"字句二与参照句二的词调域相差不大。但是，"也"字句二中的动词突破了音高下倾的趋势，上线比前字抬升 4%，下线比前字上敛 9%。

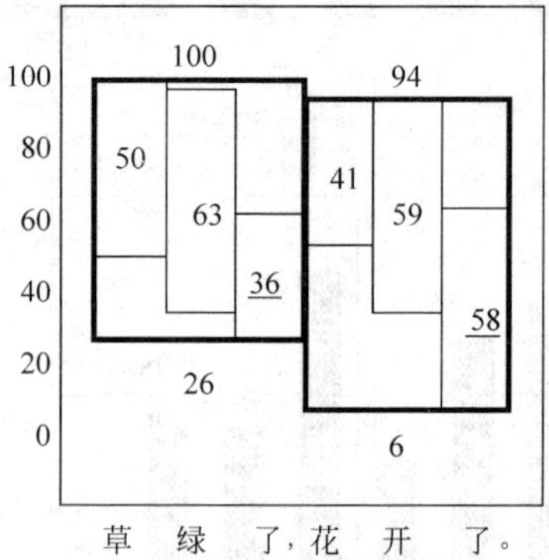

(a) 参照句二起伏度图

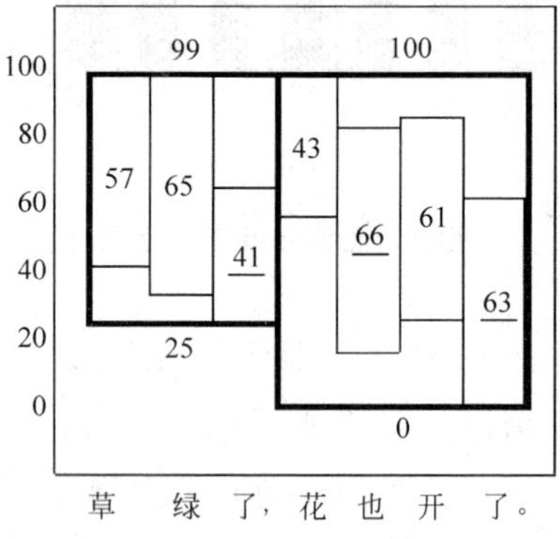

(b) "也"字句二起伏度图

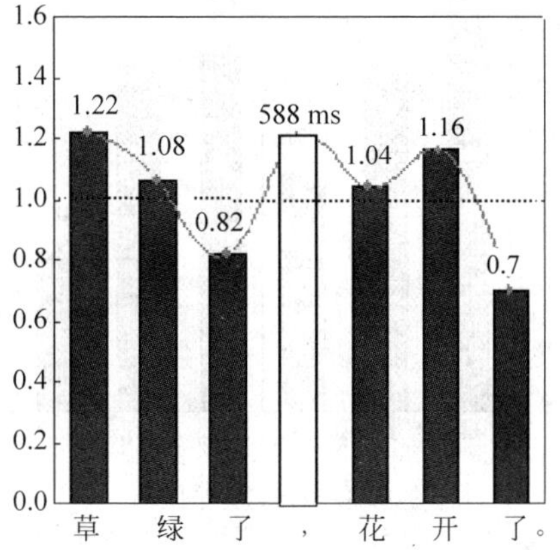

(c) 参照句二时长比图

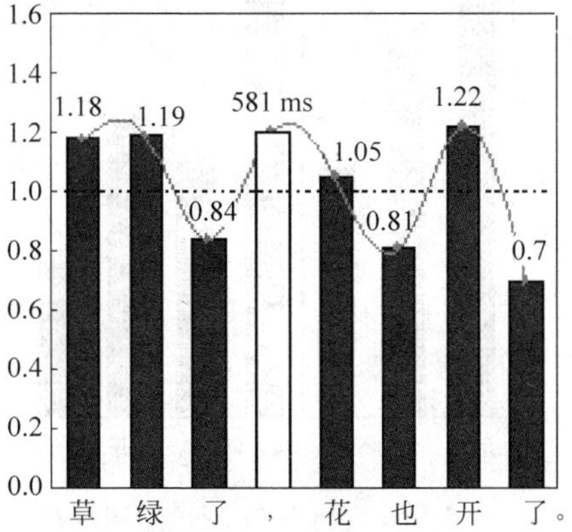

(d) “也”字句二时长比图

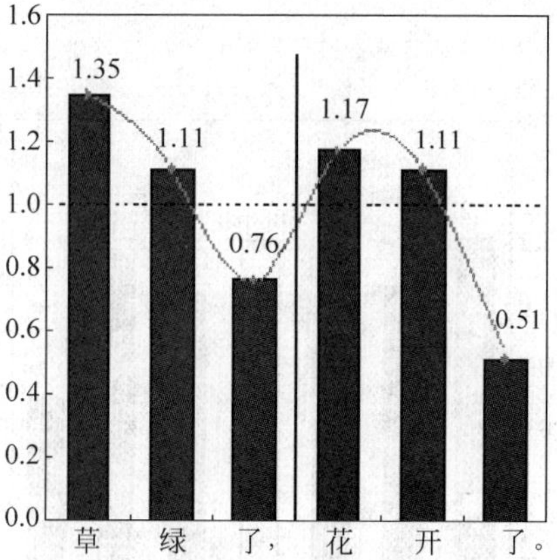

(e) 参照句二音量比图

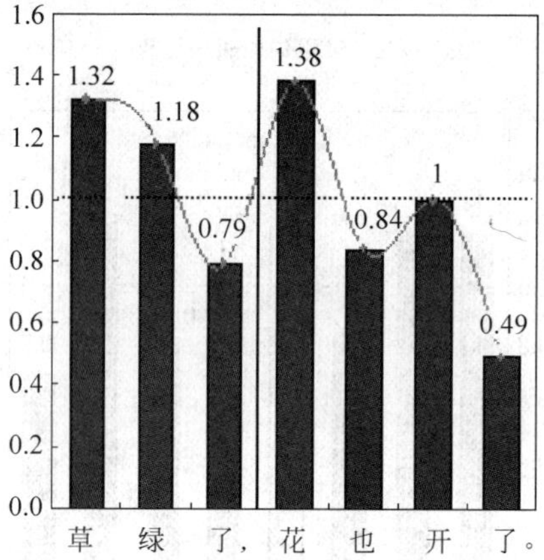

(f) “也” 字句二音量比图

图 8　参照句二和“也”字句二的韵律分布模式

句子中，不同的韵律分布模式可以反映出不同的焦点表现，而且焦点在韵律分布上的表现比较稳定。沈炯(1994)发现调域上线与语义有关，在语义凸显的强化下，上线会有所提升。因此，“也”字句二中，“花”和“开”二字上线的抬升可能是受其语义的影响。两字均为前提句中未出现的信息，信息强度较强。因此，在韵律分布中处于强势地位。“花”和“开”两字上线与后字的差值都较大，分别为17%和24%。石锋、王萍(2014)指出焦点后的词调域上线大幅下降，造成词调域的显著压缩，这使得焦点更为凸显。“也”和“了”两字的上线和下线均有不同程度的下降，这使得“花”和“开”两字更为凸显。

在音长方面，孙颖、石锋(2012)发现焦点处的音长会有所延长。两组句式中，“开”字延长的幅度均大于“花”字。由于“开”字位于句末位置上，会发生边界前的延长。参照句二与“也”字句二对比来看，“花”字延长幅度基本一致，但“也”字句二的“开”字比参照句二多延长6%。石锋(2017)指出，在量化对比中，差异超过5%就开始明显了。因此，“也”字的加入使“开”字承担了焦点的任务。

在音强方面，田野(2010)发现焦点处的音强会有所增强。两组句式中，“花”字增强的幅度要大于“开”字。这与人类发音的生理机制有关。主语位置的发音能量充足，因此表现出了比动词更大的音量比值。参照句二与“也”字句二对比来看，参照句二主语增强17%，“也”字句二增强38%。“也”字句二中“花”字比参照句二增强21%。石锋(2017)指出，在量化对比中，差异超过10%就很值得关注了。因此，正是由于“也”字的加入使得“花”字的音量显著增强。

4.5　结论

在语调格局思路的指导下，把“主—谓”结构的并列复句和

"主—谓"结构的"也"字句进行对比，考察其韵律分布模式，得出以下结论。

从异主同谓的"也"字句一的韵律分布模式来看，我们发现"也"字句的音高、音长和音强的表现并不同步。音高方面，"电"字表现比较突出，它的词调域比"停"字大，主要是通过上线的提升来扩展调域，凸显焦点的。其后的"也"字是第三声，下限延伸使它和主语"电"字形成整体的调域扩展。音长方面，"停"字的时长比延长最多，"电"字次之。音强方面，"电"字的音量比增强最突出。石锋指出，在语调分析中，韵律三要素缺一不可。因此，当把音高、音长和音强的参数结合起来考虑时，我们发现主语"电"字增量最大，对韵律模式影响最为显著。虽然"停"字的时长比延长最多，但它在音高和音强两方面的表现并不突出，所以它不成为焦点。在"也"字句一中，未知信息(即异主同谓的主语)是焦点，"也"字是一个焦点标记词，标记的是前面的未知信息，半参与焦点表现。

从异主异谓的"也"字句二的韵律分布模式来看，主语和谓语表现都很突出，因为它们与前提句相对应，都是新信息。石锋(2017)根据焦点的构成方式将焦点分为"独立焦点"和"联合焦点"。其中，联合焦点是"两个或多个成分合作构成焦点"，常表现为互补焦点。互补焦点是"某一成分凸显一个方面，而另一成分凸显其他方面"。"也"字句二中的主语音高上线抬升且与后字的差值较大，音强增强幅度最大。动词在音高上，上线抬升，下线上敛，且与后字差值较大；在音长上延长幅度最大。因此，"也"字句二中主语和动词为互补焦点，共同构成其焦点。"也"字作为一个焦点标记词，同时标记主语和谓语动词，构成互补的对比焦点。

附录 1 音高、音长、音强绝对数值

		例句	水	停	了	，	电	也	停	了	。
“也”字句一	男生均值	上线(st)	19.3	17.5	13.5		18.8	13.6	12.2	10.7	
		下线(st)	10.2	8.4	9.3		11.1	6.8	8.9	7.4	
		音长(ms)	301	300	216	539	280	188	279	175	
		幅度积	92	88	65		110	59	49	27	
	女生均值	上线(st)	26.8	26	22		26.6	24.4	21.4	18.8	
		下线(st)	18.7	12.8	12.8		18.9	12.7	12.3	12.1	
		音长(ms)	311	318	234	592	297	206	319	202	
		幅度积	90	74	65		105	67	54	36	
参照句一		例句	水	停	了	，	电	停	了	。	
	男生均值	上线(st)	19	17.9	13.9		17.6	16.5	11.9		
		下线(st)	13.2	7.8	9.6		9.7	8.7	5.5		
		音长(ms)	284	305	220	554	293	270	185		
		幅度积	109	103	75		116	78	37		
	女生均值	上线(st)	25.6	26.3	23.6		25.7	25.7	17.5		
		下线(st)	17.9	15.5	9.3		17.2	15.5	9.1		
		音长(ms)	332	343	231	560	346	313	216		
		幅度积	104	79	54		104	70	40		

续表

"也"字句二		例句	草	绿	了	，	花	也	开	了	。
	男生均值	上线(st)	16.2	16.8	11		16.4	14.1	14.3	11.4	
		下线(st)	9.8	7.9	6.8		10.4	6.2	7.4	5.5	
		音长(ms)	285	277	201	582	265	188	283	167	
		幅度积	80	74	48		85	47	62	26	
	女生均值	上线(st)	25.8	25.3	21.5		25.8	24	24.1	20.5	
		下线(st)	15.8	15.4	13.7		19.2	12.2	13.6	8.2	
		音长(ms)	311	324	223	579	266	223	331	184	
		幅度积	112	105	71		·117	79	90	48	
参照句二		例句	草	绿	了	，	花	开	了	。	
	男生均值	上线(st)	16.5	16.5	11.4		15.9	15.4	11.8		
		下线(st)	9.9	8.5	6.7		10.4	9	5.7		
		音长(ms)	335	273	196	575	288	296	183		
		幅度积	98	76	46		89	74	29		
	女生均值	上线(st)	25.8	24.8	20.9		24.7	25	20.1		
		下线(st)	17.9	15	12.9		18.5	14.4	9.9		
		音长(ms)	323	297	246	554	275	331	199		
		幅度积	109	94	74		91	102	48		

附录 2　音高、音长、音强归一化数值

		例句	水	停	了	，	电	也	停	了	。
“也”字句一	男生均值	上线(%)	65	56	37		96	59	48	37	
		下线(%)	21	14	18		40	9	25	13	
		时长比(%)	120	121	87		113	76	113	71	
		音量比(%)	136	124	88		162	86	66	38	
	女生均值	上线(%)	100	96	78		99	86	70	55	
		下线(%)	62	34	34		56	20	18	17	
		时长比(%)	115	119	87		110	76	119	75	
		音量比(%)	129	105	95		148	96	97	51	
参照句一		例句	水	停	了	，	电	停	了	。	
	男生均值	上线(%)	63	58	39		87	79	46		
		下线(%)	22	11	19		30	23	0		
		时长比(%)	109	118	85		113	104	71		
		音量比(%)	135	118	87		133	87	40		
	女生均值	上线(%)	95	98	85		94	94	47		
		下线(%)	58	47	18		46	36	0		
		时长比(%)	112	117	77		116	106	72		
		音量比(%)	137	106	73		134	97	53		

续表

“也”字句二		例句	草	绿	了	，	花	也	开	了	。
	男生均值	上线(%)	95	100	48		96	76	78	52	
		下线(%)	39	22	12		44	6	17	0	
		时长比(%)	119	116	85		111	79	119	71	
		音量比(%)	137	120	78		140	79	102	43	
	女生均值	上线(%)	100	97	75		100	90	91	70	
		下线(%)	43	41	31		62	23	30	0	
		时长比(%)	117	122	84		100	84	125	69	
		音量比(%)	127	116	79		137	89	98	54	
参照句二		例句	草	绿	了	，	花	开	了	。	
	男生均值	上线(%)	97	97	52		92	88	56		
		下线(%)	39	26	11		44	31	2		
		时长比(%)	129	105	75		109	114	70		
		音量比(%)	141	114	67		125	110	43		
	女生均值	上线(%)	100	94	72		94	95	68		
		下线(%)	55	39	27		59	35	9		
		时长比(%)	116	106	88		99	119	71		
		音量比(%)	128	107	85		109	112	58		

第五章　否定句

一、“不”字句否定焦点的韵律表现[①]

1.1　引言

陈述句是告诉别人一件事情，用来叙说情况、解说事理。既有肯定式，也有否定式(邢福义 2002:42)。肯定是陈述某件事情的存在，否定则是陈述某件事情的不存在(张静 1987:673)。肯定是无标记项，否定是有标记项(沈家煊 1999:43)。否定句在现代汉语普通话中并非一个独立的功能句类，是在肯定句的基础上加否定词而成，属于陈述语气(袁毓林 2000)。

否定焦点一直是否定句研究的重点，学界主要有以下观点：

(1) 吕叔湘(1985)认为否定句常有一个否定焦点，这个焦点一般是末了一个成分，即句末重音所在(除助动词、人称代词等)；但前面若有对比重音，否定的焦点就转移到这个重音所在。沈家煊(1999)，李宝伦、潘海华(1999)持相同观点。

(2) 徐杰、李英哲(1993)指出否定句中没有独立的否定范围和否定焦点，所谓否定焦点就是否定句的焦点，否定作为句法范畴仅仅是对肯定的改变，并没有改变原句的焦点。胡建华(2007)把

---

① 原文发表于《南开语言学刊》2018 年第 2 期，作者时秀娟。

否定和焦点关系的描写进一步概括为否定操作的一般原则，即焦点在哪儿，否定词便连到哪儿。

(3) 否定句的焦点跟否定的焦点可以不一致，即在一般的无强调标记否定句中，否定焦点通常就是全句焦点；在有强调标记否定句中，特别是全句的焦点是非常规的、由强调标记强制性规定时，否定焦点可以和全句焦点相分离（袁毓林 2000，温锁林、雒自清 2000）。

焦点问题涉及语音、句法、语义和语用等诸多层面，但是归根结底都是通过语音的韵律表现出来，因此可以采用语音实验来分析。许毅（Xu 1999）考察了普通话焦点成分的音高变化，发现随着焦点位置的不同音高变化程度不一致，焦点在句首和句中的表现比在句末更显著。陈怡（2011）发现普通话强调焦点的调域大幅度扩展，在句首、句中、句末都有显著表现。孙颖等（2012）从时长方面考察了普通话强调焦点的时长增量在 10%左右。关于否定句，韩静静、时秀娟（2013），韩静静（2013），吴文玉、时秀娟（2017）分别对汉语普通话“不”字句和“没”字句在音高、时长、音强单一方面的表现做过实验分析，观察到否定焦点的一些特征。

韵律本身就是汉语的一种重要的语法形态手段（沈家煊 2012）。语调就是在人们的话语音流中，以音高的起伏程度表现的调域的高低宽窄与时长的增减和音量的强弱共同构成的有序变化（石锋 2017）。加森荷文（Gussenhoven 1983）认为，与焦点重音最直接相关的声学参数是音高。石锋（2017）指出，只看音高，就是一种抽象的线性印象；加入时长，成为一幅实在的平面图形；再加音量，才是一句鲜活的立体音流。韵律三要素缺一不可。

由此，否定焦点的韵律表现应该包括韵律三要素音高、音长、音强构成的综合特征。否定焦点的类型表现为怎样的韵律模式，如何跟否定信息结构相互联系，这些都需要进一步探讨。我们采用语调格局理论（石锋1999，2017），在分析普通话自然焦点的肯定陈述句的基础上，对带否定词“不”的自然焦点同型否定句的音高、音长、音强表现进行实验，做出对比，探求否定词“不”加入后对语调韵律模式的综合调节，探讨“不”字句否定焦点的韵律表现。

1.2　实验说明

1.2.1　实验语料

本研究实验语料为两组句子。一组为自然焦点的肯定陈述句，下文简称肯定句。另一组为与自然焦点的肯定陈述句同型的否定句，即在肯定句的动词前面加入否定词“不”构成的否定句，下文简称“不”字句。共两组8个实验句：

肯定句	否定句
张忠斌星期天修收音机。	张忠斌星期天不修收音机。
吴国华重阳节回阳澄湖。	吴国华重阳节不回阳澄湖。
李小宝五点整写讲演稿。	李小宝五点整不写讲演稿。
赵树庆毕业后到教育部。	赵树庆毕业后不到教育部。

1.2.2　发音人及录音

发音人共有8位：4男4女，均为在校大学生，老北京人。录音在天津师范大学语音实验室进行。每位发音人都以自然状态、平稳语速发音，语句各部分（包括否定词“不”）均不出现强调点。每个实验句连续说3遍，句子之间间隔4秒，共得到3×8×8＝192个样品句。

1.2.3　理论基础及量化指标

运用语调格局理论，即语句的音高、时长、音强交互作用的表现模式来观察语调的韵律表现。在音高方面是语句调型曲线的起伏格式所表现的词调域的宽窄和高低的位置关系，用起伏度表示[①]；在时长方面是语句中各字音的相对时长的动态变化构成的分布模式，用时长比表示[②]；在音强方面是语句中各字音的相对音量的动态变化形成的分布模式，用音量比图表示[③]。起伏度、时长比、音量比三种量化指标都可以利用南开大学"桌上语音工作室"(Mini-Speech-Lab)对录音语料进行实验测算，得到各字音的音高(Hz)、音长(ms)和音强(幅度积)[④]的原始数据，通过公式分别转换得到。然后在 Excel 中进行测算、画图，并利用画图工具进一步做出规整。

1.3 "不"字句的音高表现

音高参数采用起伏度指标表示。提取两组句子的音高值(Hz)，将所有发音人分为男生组和女生组，求出男生和女生的半音值均值。同时，为了将肯定句和"不"字句放在同一水平上进行比较分析，选取男生和女生这两组句子的所有半音值均值数据来做归一处理，选择其中的最大值和最小值作为调域的极值，即100%和 0，得到百分比值。并据此得到男生和女生的起伏度数值，作出语调音高起伏度图，具体如图 1 所示：

① "起伏度"的计算方法见石锋等(2009)。

② 具体测算步骤见石锋、梁磊、王萍(2010)。

③ 音量比的具体测算公式参看梁磊、石锋(2010)。

④ 幅度积的大小与所选语音段的能量成正比，可通过"桌上语音工作室"软件测量得出。

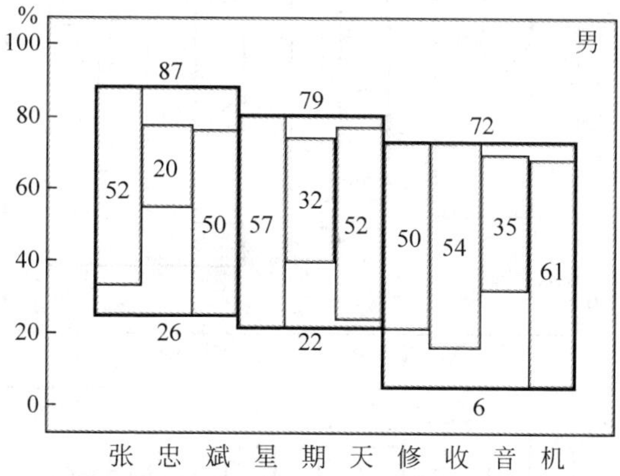
%
100
80
60
40
20
0
男
87
79
72
52
20
50
57
32
52
50
54
35
61
26
22
6
张 忠 斌 星 期 天 修 收 音 机

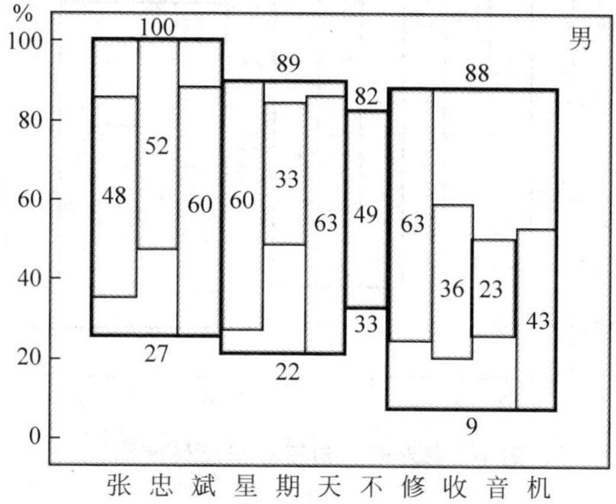
%
100
80
60
40
20
0
男
100
89
82
88
48
52
60
60
33
63
49
63
36
23
43
33
27
22
9
张 忠 斌 星 期 天 不 修 收 音 机

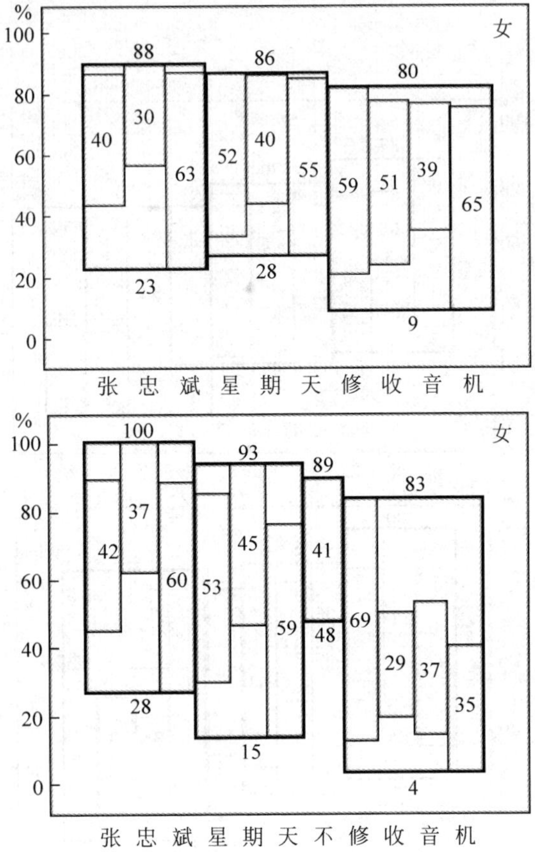

图 1　男女两组句子分组起伏度图①

① 在进行归一化处理时，我们把肯定句、“不”字句和“没”字句放在一起计算。0出现在“没”字句中，在这里没有出现，特此说明。

图1中小框分别表示单字调域，并用数字标示出来，大框表示的是句首（张忠斌）、句中（星期天）、“不”、句末（修收音机，这实际是动宾短语）的词调域，并用数字标示出上线和下线的具体数值，字调域、词调域和句调域分别都由各自的上线和下线决定。图中以阴平句为例标示，实际每个单字包含了四个声调调型，后文图例与此相同。“不”字句中“不”字为专调域，其余各处为全调域，四声俱备，因此单独计算“不”字的上线、下线和调域，后文音长和音强与此相同。

1.3.1　肯定句的音高表现

肯定句的字调域跨度多在边界前扩展，下限多在边界前最低，男女都是句末字调域最大。各词调域的跨度都依次表现为宽—窄—宽，句首、句中、句末男性分别为61％、57％、66％；女性为65％、58％、71％，男女都是句末词调域最宽。女性各词调域跨度都大于男性。句调域跨度则是男性（81％）大于女性（79％），二者相差2％，句调域的上线最高点都在句首词调域。句调域的下线都男女在句末词末字的下线上。女性句调域的最高点和最低点略都高于男性。由起伏度来看，两组句子男、女发音人的词调域的上线从句首到句中再到句末表现为逐步降低，下线总趋势也是如此，总体上表现为音高下倾，符合基式陈述句的音高分布模式。

1.3.2　“不”字句的音高表现

“不”字句仍符合音高下倾趋势，但下倾幅度更大，男女调域最高点都为100％，分别比肯定句提高了13％、12％；最低点男性比肯定句提高3％，女性比肯定句降低5％。总体上“不”字句的句调域男性扩展了10％；女性扩展了17％，男女句调域幅度相差5％，大于肯定句男、女调域之间的差异（2％）。

“不”字句各词调域的跨度与肯定句相比也大都有扩展，男女句首、句中、句末词调域扩展幅度都在10%上下，男性扩展幅度最大的在句末词调域上（13%），女性扩展幅度最大的在句中词调域上，高达20%。上下线相比较，主要是上线提高的幅度较大。

字调域跨度多在边界前扩展，与肯定句一致。句首、句中词各字调域比肯定句宽，都稍有扩展，上线提高幅度较大。句末宾语各字调域远小于肯定句的，宾语的上线大幅下降，男女表现一致。否定词“不”字的调域跨度男女分别为49%、41%，上线分别为82%、89%。“不”字对后接动词字调域的影响较大，男性的动词“修”调域跨度比肯定句中扩展了13%；女性的动词“修”比肯定句扩展了10%，为全句最大。男女“星期”二字调域也稍有扩展。男、女宾语各字的调域都显著小于动词的调域。

可见否定词“不”对语句总调域、词调域及字调域的影响是明显的。这与“不”字否定句的语气有关。“不”字句是直陈式否定，语气强烈，所以调域跨度大于肯定句。“不”字句做状语的句中词调域宽度比肯定句中大很多。因为状语往往就是重读成分（端木三 1990，1999；冯胜利 2000，2005），否定词“不”紧挨修饰成分，也对其产生了明显影响，再加上不”为直陈式否定语气，三种影响因素叠加造成了句中词调域的较大扩展。

1.4 “不”字句的音长表现

音长参数采用时长比指标表示，可使句内音节时长相对化，使语调时长具有可比性。时长比数值大于1为延长（石锋、梁磊、王萍 2010，孙颖、石锋 2012）。通过平均计算，可以得到男生和女生的“不”字句和肯定句各自的时长比均值，具体如图2所示。

观察图2,发现两组句子有共性,即韵律边界前的音节均发生了延长,韵律边界后音节均未发生延长,句末音节都发生了延长,且是全句最长的。"不"字句符合基式陈述句的音长模式。

"不"字句中各韵律词的末字大都比肯定句的长,句首词和句末词的末字男、女都分别延长了1%和3%,句中词末字,即否定词"不"字前面边界前的字延长幅度较大,男女表现一致,且男性延长的幅度(6%)大于女性(3%)。肯定句中单音动词男性延长1%,女性未延长也未缩短;否定句中男女均未延长,比肯定句中的都短,男性缩短5%,女性缩短2%。否定词"不"男女均未发生延长,

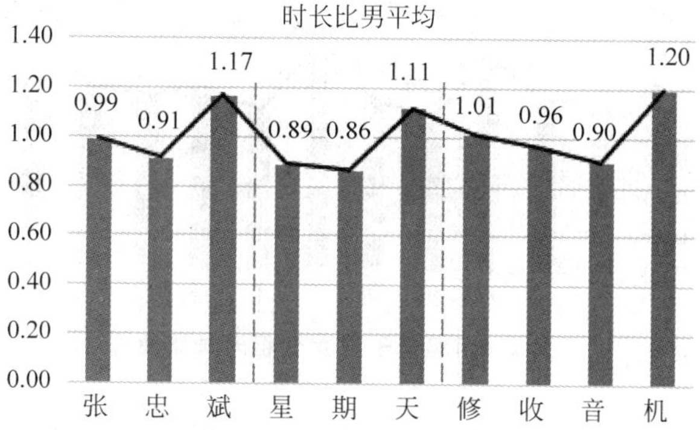

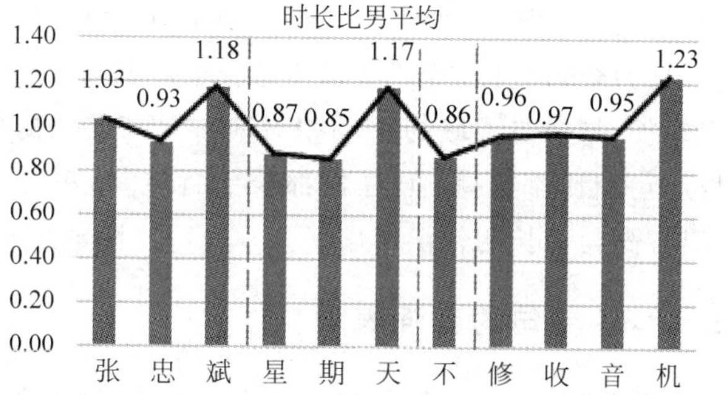

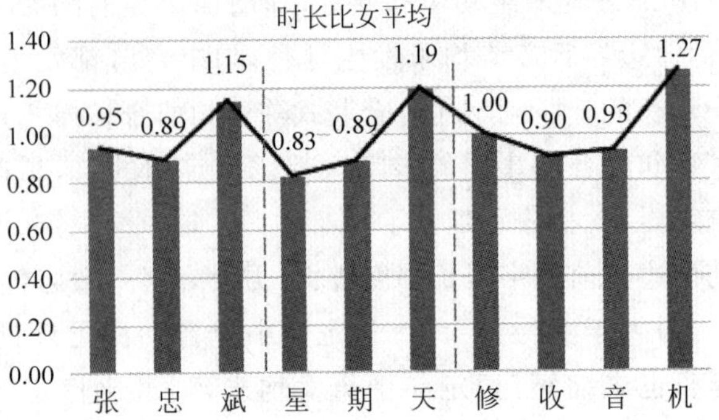

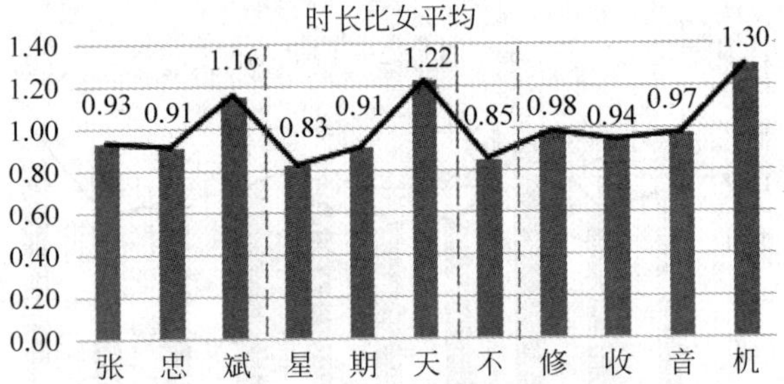

图 2　两组句子男女分组时长比图

且在全句音节中较短，男女都为全句第二短。两组句子宾语的首字、中字都未延长，但“不”字句中男、女都长于肯定句，宾语末字都有延长，且为全句最长，“不”字句还是长于肯定句。“不”字句音长比肯定句长，与全句调域的扩展相对应。“不”字句的句末宾语音高与肯定句相比都下降，但音长都长于肯定句，单音动词则相反，表现出音高与音长的补偿作用。

1.5 “不”字句的音强表现

音强参数采用音量比指标表示，音量比指标能将语调音强参数量化展示，具有较强的操作性，音量比数值大于1为增强（田野2010，梁磊、石锋2010）。主要观察音量发生增强的字音位置、发生增强的分布情况，否定词“不”对音量增强是否有影响，与肯定句有什么不同。

通过平均计算，可以得到男生和女生的音量比均值，具体如图3所示：

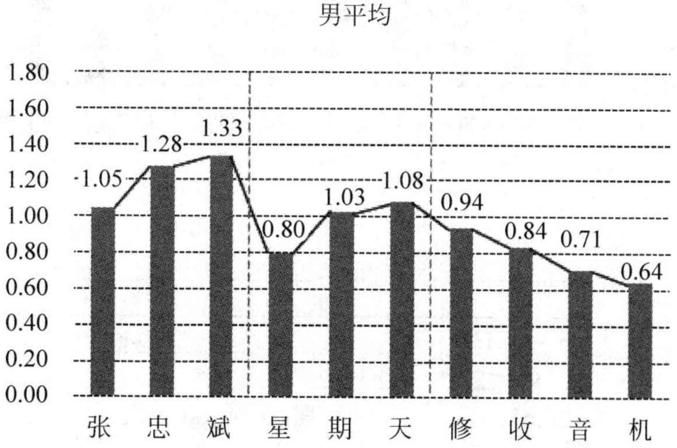

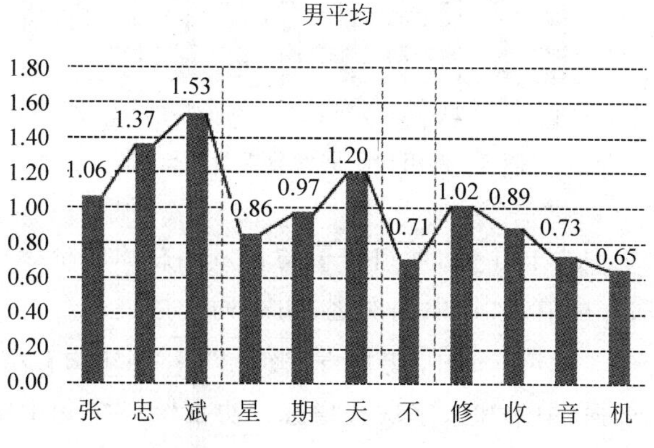

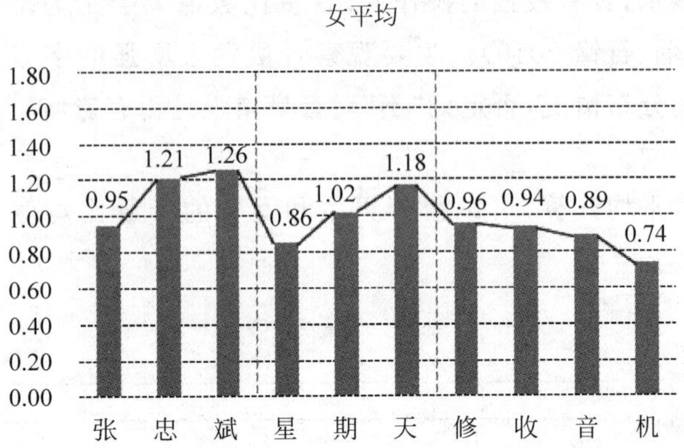

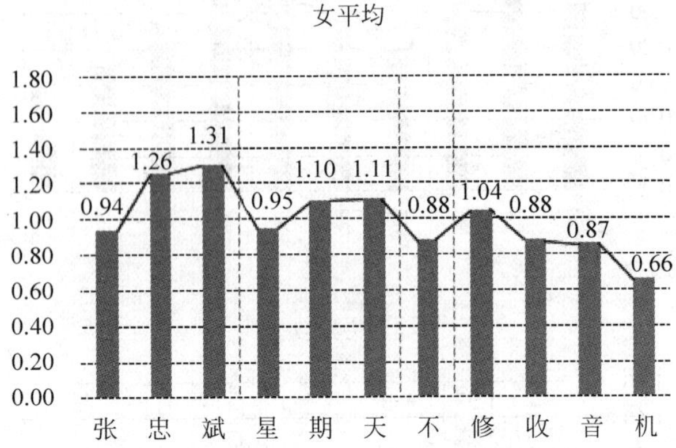

图 3 两组句子男女分组音量比图

据图 3,从整体上看,两组句子的音量比总体成阶梯式下倾趋势,句首词音量最强,句中词次之,句末词音量最弱。与音高下倾趋势相吻合。在句首词中,男性肯定句和“不”字句均有增强;女性首字均未增强,中字和末字均有增强。男女“不”字句中字和末字的增强幅度均大于肯定句。在句中词里,两组句子男性末字都有增强，肯定句中字也有微弱增强，首字未增强，“不”字句首字和中字都未增强；女性的两组句子首字都未增强，首字和中字都有增强。两组句子句中词最大值男女都落在末字上，男性肯定句增强的幅度为8%，女性为18%，“不”字句中男性增强的幅度为20%，女性为11%。句末宾语，两组句子男女均未出现增强，且“收音机”三个字依次降低；与肯定句相比，男性“不”字句宾语都大于肯定句，女性宾语则均小于肯定句，与音高和音长的表现相反。单音动词肯定句男女均未增强，“不”字句则男女均有增强，女性增幅为4%，男性为2%。否定词“不”男女均未增强，但女性音强大于男性。男性“不”字为全句第二最小，女性则是第三最小，与音长基本吻合。

1.6　讨论及结论

下面从音高、音长、音强的总体比较看两组句子的韵律表现。将男生和女生肯定句和“不”字句的音高、音长和音强数据进行平均计算，得到总体韵律分布模式，具体如图4。

1.6.1　整体韵律表现

句调域方面，“不”字句调域跨度为93%，比肯定句扩展了17%。观察起伏度值，肯定句和“不”字句均表现为音高下倾特征，且下倾幅度“不”字句大于肯定句。由于否定词“不”的加入，对各词调域的调节很明显。否定词首先影响其右侧的动词(动词上线比肯定句中提高了11%)，即否定的是右边的动词。然后与动词结合在一起，再影响其前后的成分。句首词(主语)离其较远，但影响也很明显，相差15%，影响特别明显的是其前面的修饰词(句中词，相差12%)和后面的宾语(句末词，相差11%)。另外，肯定句中宾语的调域大于单音动词的调域，因为动宾结构中，宾语是辅助

起伏度总平均

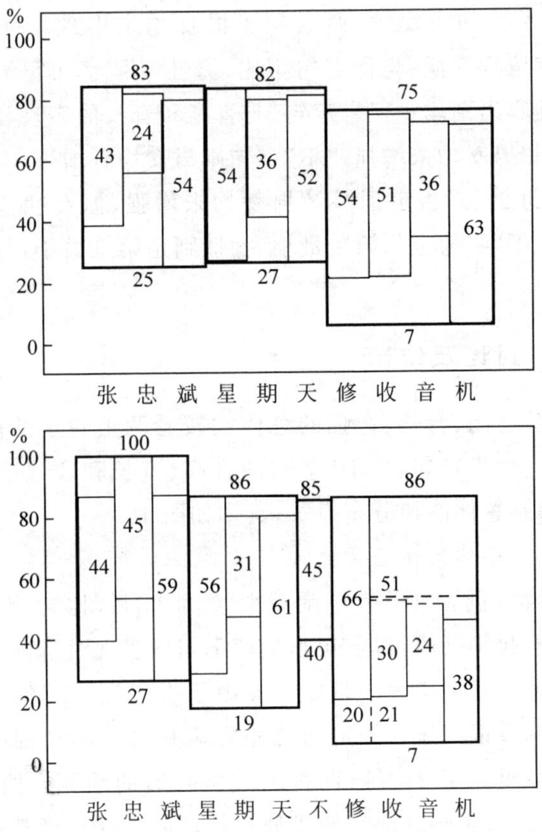
%
100
80
60
40
20
0
83
82
75
24
43
36
54
52
54
51
36
54
63
25
27
7
张 忠 斌 星 期 天 修 收 音 机
%
100
100
80
60
40
20
0
86
85
86
45
44
31
59
56
45
61
66
51
30
24
40
38
27
20
21
19
7
张 忠 斌 星 期 天 不 修 收 音 机

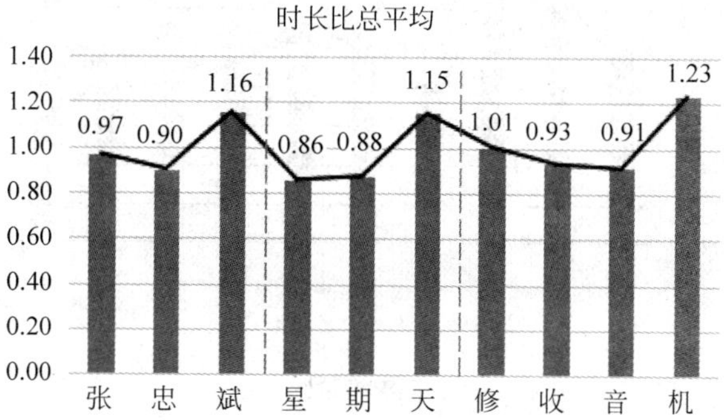
时长比总平均
1.40
1.20
1.00
0.80
0.60
0.40
0.20
0.00
0.97
0.90
1.16
0.86
0.88
1.15
1.01
0.93
0.91
1.23
张
忠
斌
星
期
天
修
收
音
机

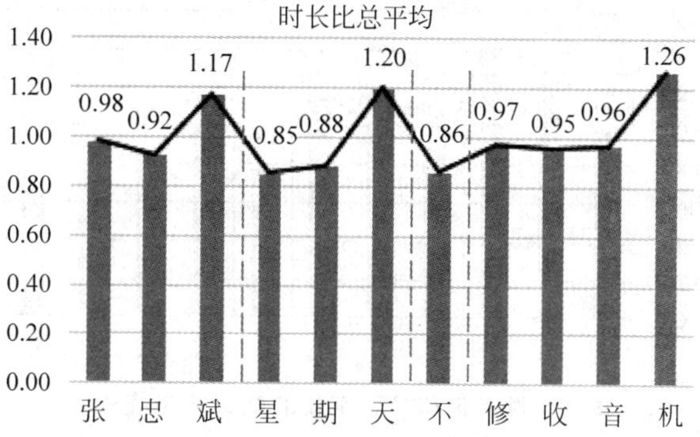
时长比总平均
1.40
1.20
1.00
0.80
0.60
0.40
0.20
0.00
0.98
0.92
1.17
0.85
0.88
1.20
0.86
0.97
0.95
0.96
1.26
张
忠
斌
星
期
天
不
修
收
音
机

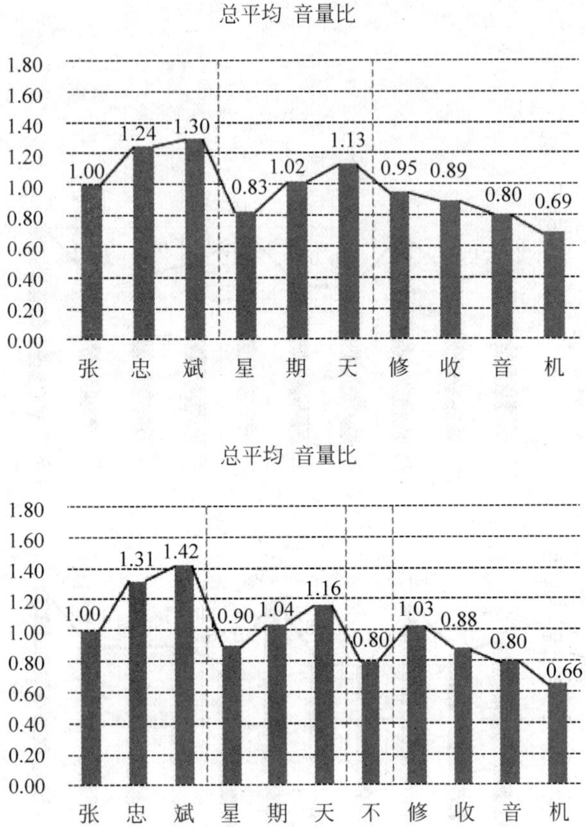

图4　肯定句和“不”字句的韵律分布模式

词，所以宾语比动词重（端木三 1999）。“不”字句中是单音动词的调域大于宾语的调域。“不”字句宾语调域跨度为44%，比肯定句压缩了23%，这与否定的焦点有关，动词是焦点，其后宾语音高骤降。所以整体上看，否定句的调域跨度大于肯定句的，“不”字句是直陈式否定，语气强烈，主要是靠的音高的调节。肯定句和“不”字句的句末词调域下线都最低，都为 7%，是音高下倾的表现，肯定句是边界调和焦点调叠加的现象，都表现出陈述句的特点。

两组句子的时长比，句首、句中和句末词的末字都有延长，但“不”字句都比肯定句要长；肯定句中单音动词有延长，“不”字句中未延长；否定词“不”未延长。两组句子的音强也很有规律，都表现为句首、句中和句末词逐步下降的趋势，句首词和句中词的首字、中字和末字表现为依次增强，句末动宾短语则表现为依次降低；“不”字句的句首和句中词音强大于肯定句，但句末宾语的音强小于肯定句（中字持平）。肯定句中单音动词未增强，“不”字句中有增强。否定词“不”未增强。音强从总体上符合递降趋势。

1.6.2　“不”字句的焦点类型

实现焦点的手段有焦点后成分调域上线骤降，焦点成分调域扩展等手段（陈怡 2011）。“不”字句单音节动词调域得到了扩展，其后宾语调域上线骤降，可见单音动词为否定句的焦点。

关于否定句的否定成分及否定焦点，学者们有很多论述。实验表明，“不”字句中否定词“不”本身就是参与焦点表现，调域上线很高，男女一致。在句法上担当否定功能投射的中心语（陈莉等 2013）。同时其后接的动词上线和下线都有所提高，调域扩展，与否定词一起成为焦点，同时影响句末的宾语。句末宾语上线断崖式下降，比前面动词下降 35%，调域比肯定句中大幅压缩，显然已不是焦点。表现出自然焦点词“不”及毗邻的高位焦点动词对其后的宾语有较强的抑制作用（汪昌松 2017）。因此，“不”字句的否定焦点为否定词“不”及其后接的动词。实验证明，否定焦点与否定句的焦点重合。这与引言部分所述诸位学者的相同，与以下的论述部分吻合：否定词在没有焦点的情况下否定靠近否定词右侧的成分，形成毗邻否定，但如果否定词后面有焦点存在，否定词否定该焦点（李宝伦、潘海华 1999）。胡建华（2007）认为否定词“不”的辖域是它成分统制的 VP，否定词“不”在句法上否定的是 V 以及 VP 的中心语。吕叔湘（1985：246）指出：“在句子里，‘不’或‘没’的否定范围是‘不’或‘没’以后的全部词语。”

石锋（2017）根据焦点表现的韵律成分将焦点分为“完全焦点”和“互补焦点”[①]。本研究否定词“不”音高的上线较高，但音强和音长都不凸显，为互补焦点。单音动词调域上线较高，调域较宽，音长未延长，音强有增强，也表现为互补焦点。石锋（2017）根据焦点的构成方式又将焦点分为“独立焦点”和“联合焦点”[②]。“不”字句中“不”字本身与后接动词结合，二者形成“联合焦点”，然后再扩展到否定句末宾语。句法上否定词与其后动词结合紧密[③]（C.-T. James Huang 1988，刘丹青 2005），也符合“核心吸附”规则，这在语音和语义上也都有相应的表现。此外，否定词除了影响到其后的动词和宾语，对其前面的状语和句子开头的主语也有影响，音高、音长和音强都有表现，其语音上的作用域是全句，类似于宽焦点，也是否定有标记项（沈家煊 1999：43）的语音表现。

① 完全焦点是“音高、时长和音强三者都有凸显”，互补焦点是“某一成分凸显一个方面，而另一成分凸显其他方面”（石锋 2017）。

② 联合焦点是“两个或多个成分合作构成焦点”（石锋 2017），常表现为互补焦点。

③ 据刘丹青（2005），在 SVO 和 SOV 语言中，否定词与动词直接结合的情况占绝对优势，认为动词是 VP 的核心，否定词直接与动词结合，通过否定核心来否定小句是非常合理的。

1.7　结语

通过考察普通话自然焦点"不"字句语调韵律模式，发现"不"字句与肯定句都具有陈述句音高下倾特征和音强递降趋势，边界前字调域扩展并延长。"不"字句，表达直陈式否定语气，主要靠音高的调节，调域跨度大于同型肯定句，主要为调域上线的提高。"不"字句的表现符合"一个语言成分负载的意义或功能的增多表现为语音充盈度的增量叠加；而一个语言成分的语音充盈度的增量反映出所负载的意义或功能的增加。反之亦然"的原则（石锋2017）。"不"字句的否定焦点是"不"和后接动词组成的联合焦点，语音表现为互补焦点。本研究只是对普通话自然焦点"不"字否定句语调韵律模式进行了分析，为进一步研究否定词在不同句法位置以及强调焦点的否定句的韵律模式打下了基础。

附录1　音高赫兹数据

	肯定句				"不"字句			
	男生		女生		男生		女生	
	上线	下线	上线	下线	上线	下线	上线	下线
张	163	123	270	222	161	123	275	224
忠	154	137	274	238	177	132	292	243
斌	154	116	272	201	163	116	274	206
星	156	113	272	212	165	117	269	209
期	151	126	270	223	160	133	282	226
天	153	115	268	205	161	113	257	193
不	/	/	/	/	158	120	277	229
修	150	113	264	197	167	115	269	193
收	150	110	259	202	138	112	228	199
音	146	120	258	214	133	116	231	194
机	145	103	257	288	135	105	217	184

附录 2　音高半音数据

	肯定句				“不”字句			
	男生		女生		男生		女生	
	上线	下线	上线	下线	上线	下线	上线	下线
张	19	14	25	22	18	14	25	22
忠	18	16	25	23	20	15	26	23
斌	18	13	25	20	19	13	25	20
星	18	12	25	21	19	13	25	20
期	17	14	25	22	18	15	26	22
天	18	13	25	20	18	12	24	19
不	/	/	/	/	18	13	25	22
修	17	12	25	20	19	13	25	19
收	17	12	24	20	16	12	22	20
音	17	13	24	21	15	13	22	19
机	17	11	24	19	15	11	21	18

附录 3　音高百分比数据

	肯定句				“不”字句			
	男生		女生		男生		女生	
	上线	下线	上线	下线	上线	下线	上线	下线
张	87	35	85	44	84	36	88	46
忠	76	56	88	58	100	48	100	63
斌	77	26	86	23	87	27	88	28
星	79	22	86	34	89	29	84	31
期	73	40	85	45	83	50	93	48
天	76	24	83	28	85	22	74	15
不	/	/	/	/	82	33	89	48
修	72	22	80	21	88	25	83	14
收	72	17	76	25	57	21	50	21
音	67	33	75	36	50	27	52	15
机	66	6	74	9	52	9	39	4

二、否定焦点和否定句焦点关系的韵律探索[①]

2.1　引言

焦点在语言学界一直是研究的热点，而对于焦点的语音表现，前人有过众多讨论。赵元任(1979)把汉语重音描述为包括音高、音长和音强三个方面均存在不同程度变化的语音现象，并有主次之分，首先是扩大音域和持续时间，之后才是音强增加。林焘、王理嘉(1992)与赵元任的观点相似，认为汉语的重音涉及三个方面的要素，指出普通话承担重音的音节在音高上表现为调域宽且调型完整，音长比较长，音强比较强，其中音高和音长的变化是主要的，音强是次要的。那么对汉语焦点重音的实验分析就需要多方面考虑。

沈炯(1985)分析了北京话语调，结果表明语调的音域上限的调节变化和语义的加强有关，并指出“语句中意义比较重要的部分是语句的表义中心，特别重要的词或语素可以带强重音”，从这一点可以看出这里指的是焦点结构，表义中心音域上限会提升，后随成分上限出现落差，以凸显表义中心。Xu(1999)通过实验发现焦点对基频曲线及其范围有影响，非句末成分的焦点音域会扩展，焦点前音域保持稳定，焦点后音域被压缩。此外，通过进一步考察焦点域的语音表现，发现当句中有一个焦点的时候，总会伴随着焦点后压缩(Post-Focus Compression，PFC)的现象，焦点所在调域扩展，这种现象在世界上的部分语言中普遍存在(Xu，Xu & Sun 2004，Liu & Xu 2005，Wang & Xu 2006，Xu 2011)。陈怡、石锋

① 原文发表于《实验语言学》2020 年第 9 卷第 1 号，作者许峰。收入本书有所修改。

(2011)采用语调格局的理论对焦点进行了音高分析,发现焦点成分在调域上大幅度扩展。孙颖、石锋(2012)则从时长比方面指出,时长对焦点具有指示作用,焦点成分的时长比非焦点的时长要长。可以看到,焦点的典型韵律特征是焦点所在音高调域的扩展,焦点前成分调域保持稳定或小幅度压缩,焦点后成分往往伴随着调域上限的骤降及调域跨度的大幅度压缩,从而实现焦点本身的音高凸显。

否定焦点在否定句中指的是真正被否定词否定的成分,实际上它也属于一种焦点,这种焦点是对所需要进行否定的成分的凸显。对于否定焦点的确定,目前主要持有两种不同观点:一种观点认为否定焦点与否定句的焦点重合,即否定句的焦点就是否定焦点,一般情况下是句末成分,如果有对比或强调焦点,那么否定焦点移动到该焦点位置(吕叔湘 1985,徐杰、李英哲 1993,李宝伦、潘海华 1999,熊仲儒 2005)。一种观点认为,否定焦点具有一定的独立性,可以和否定句焦点重合,也可以与否定句的焦点分离(袁毓林 2000,刘丽萍 2003,胡建华 2007)。时秀娟(2018)从韵律实验角度分析了自然焦点句中否定焦点的表现情况,认为否定焦点和否定句焦点重合。

石锋(2017)提出了三条基本原理和一条推论,作为"信息结构—焦点类型—韵律模式"韵律格局研究模式的理论基础。三条基本原理依次是有声原理(语言的一切内容都是通过语音表现出来的)、必选原理(焦点的表现的各种方式中,只有语音是必有的)、对应原理(一个语言成分的语音充盈度跟它所负载意义内容的实在程度和所传递的信息量相互对应),从对应原理可以得出一个推论,即:一个语言成分负载的意义或功能的增多表现为语音充盈度的增量叠加;一个语言成分的语音充盈度的增量反映出所负载的意义或功能的增加,反则反是。本研究从韵律格局理论出发,分析强调焦点句中否定焦点和否定句焦点的关系。采用韵律格局的研究模式，我们可以对强调焦点否定句中否定焦点的韵律表现进行分析，从而与前人的研究结论进行比对。

2.2 实验程序

2.2.1 实验句设计

以往的研究中的实验句多以沈炯(1985)所设计的句子为基础进行修改，每个句子有十个音节(如"张忠斌星期天修收音机")，语句较长且比较不自然。赵元任(1979)从句子结构上把句子分为整句和零句，其中整句包括主语和谓语两部分，"是连续话语中最常见的句型"。为了排除结构方面的影响，本研究所设计的实验语料从口语角度出发，设计了最常见的"主语＋动宾短语"结构的主谓句，否定句则是在对应的肯定句基础上直接加上否定词构成，具体如下所示：

张珊学习汉语。　　张珊不学习汉语。

王浩充当主角。　　王浩不充当主角。

马琳储备蔬菜。　　马琳不储备蔬菜。

赵雪扮演嫔妃。　　赵雪不扮演嫔妃。

各实验句除否定词"不"外，其余各位置均为阴平、阳平、上声、去声俱全的全调域。秦鹏(2017)分析了汉语语调模式和信息结构的交互影响，实验发现决定汉语语调表现模式的是信息结构，而不是声调组合条件，因此本实验未考虑连读变调的影响。

2.2.2 实验被试

我们选取了来自北京联合大学和北京语言大学 8 名在读大学生，年龄在 20 岁至 25 岁之间，其中男性 4 名，女性 4 名，以排除性别因素对语调的可能影响。所有被试普通话水平均为一级乙等，没有接受专业的播音发声训练，自然语流中发音正常，视力或矫正视力正常，无发音和听觉障碍。

2.2.3 实验录音

本实验研究在北京语言大学对外汉语研究中心的专业语音实验室中进行，使用外置声卡(MINIMAN m-track)和动圈式话筒(BL-I200)进行录制，录音软件为Praat，采样率设置为11025赫兹，单声道，对实验语料进行采录。如果出现噪音或其他非语言学因素的影响，则请被试重新发音采录。

录制前，让被试事先熟悉发音语料。为了方便进行比较，我们录制了自然焦点肯定句、强调焦点肯定句和焦点"不"字句三种类型。在录制过程中，自然焦点句为被试在自然状态下的发音，不出现任何语义或情感强调色彩，语速平缓、自然，每人每句话发音两遍，句与句之间间隔约为3秒，共得到64个样品句。强调焦点句是对被试进行引导，如提问"谁学习汉语?"，被试回答"张珊学习汉语"来得到强调焦点；否定焦点句则是对被试提问，如"谁不学习汉语?"，被试回答"张珊不学习汉语。"，从而得到否定焦点。经由提问引导分别获得主语、动词、宾语三个位置上的强调焦点句和否定焦点句，每个焦点句回答2遍，句与句之间的间隔约为3秒，共得到384个样品句。

2.3 否定焦点的音高表现

韵律格局中音高的分析主要包括字调域、词调域和句调域的宽窄及高低变化，其数值以半音值转换的百分比数值为主，具体测算公式见陈怡、石锋(2011)。为了便于考察否定焦点和否定句焦点的韵律表现情况，我们把自然焦点句、强调焦点肯定句与"不"字句的半音数据放在一起得出百分比数据，得到如下调域图。其中细边框为字调域，内部标识字调域跨度，粗边框为词调域，并标明词调域的上下限。根据前人对焦点的韵律研究，通过分析句中成分的音高变化，我们从而确定否定焦点和否定句焦点的关系。

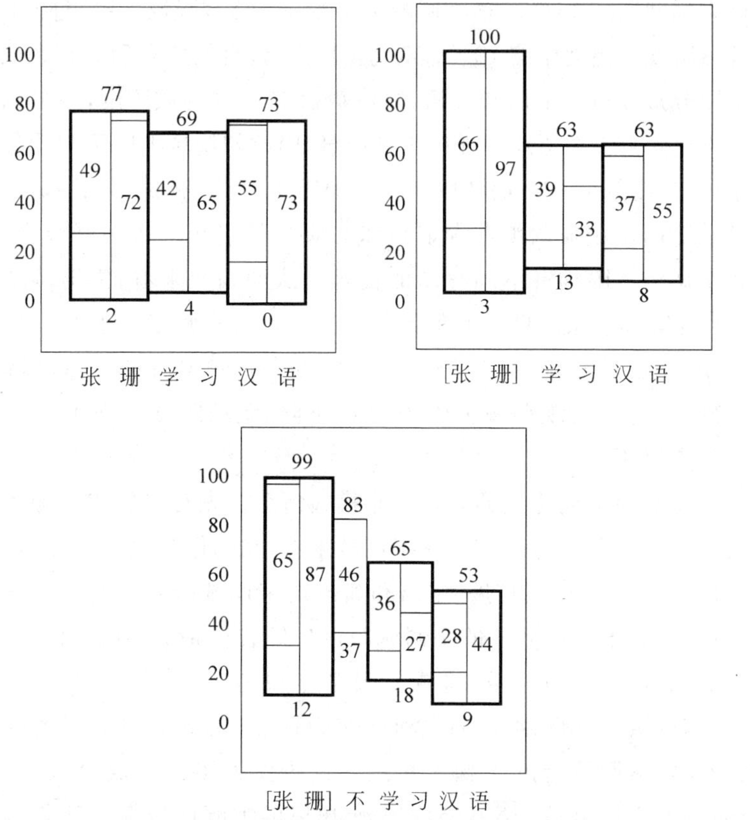

图 1　主语焦点句调域图

上图所示为主语焦点的音高分布模式。首先比较自然焦点肯定句和强调焦点肯定句的异同。从字调域看，主语各字调域跨度都有不同程度的扩展，其中后字调域扩展最大。动词和宾语各字调域跨度压缩。从词调域来看，主语出现了强调后，调域上限大幅度提升23%，整体调域跨度大幅度扩展22%。主语作为焦点，它之后的动词和宾语的调域上限都下降，动词调域上限下降6%，调域跨度大幅度压缩15%。宾语调域上限骤降10%，调域下限下降8%，调域跨度大幅度压缩18%。从句调域来看，自然焦点句的句调域上下限分别分布在主语和宾语，整体覆盖77%的调域跨度，而强调焦点肯定句由于主语承担强调焦点信息，因此句调域上限下限均位于主语，且覆盖了97%的调域跨度，相较于自然焦点句扩展了25%。

下面比较强调焦点肯定句和对应“不”字句。从字调域来看，各字调域下限均有不同程度的提升。从词调域来看，主语调域上限几乎没有变化，调域下限抬升9%。动词的调域上限基本保持不变，下限提升5%。宾语在强调焦点肯定句出现的调域骤降的基础上，再次出现调域上限10%的下降，调域跨度压缩11%。属于焦点后压缩。

图2为动词焦点的调域分布模式情况。先对自然焦点句和强调焦点肯定句进行比较。从字调域来看，动词作为焦点成分，前字出现了31%的调域扩展，主语和宾语的字调域跨度都有不同程度的压缩，其中宾语后字的字调域跨度压缩程度最大，压缩了25%。从词调域来看，主语的调域上限基本没有变化，调域下限提升17%，调域跨度压缩16%。动词作为焦点，调域上限大幅度提升25%，整体调域跨度大幅度扩展。宾语作为焦点后成分，较之动词，调域上限骤降，调域跨度出现14%的大幅度压缩。从句调域来看，自然焦点句覆盖了85%的调域跨度，强调焦点肯定句的句调域跨度则相应地扩展了8%。

接着我们对强调焦点肯定句和焦点“不”字句进行比较。从字调域来看，主语前后字的调域跨度小幅度扩展，整体来看保持稳定。动词的字调域变化很小，宾语前后字调域跨度压缩明显，前字

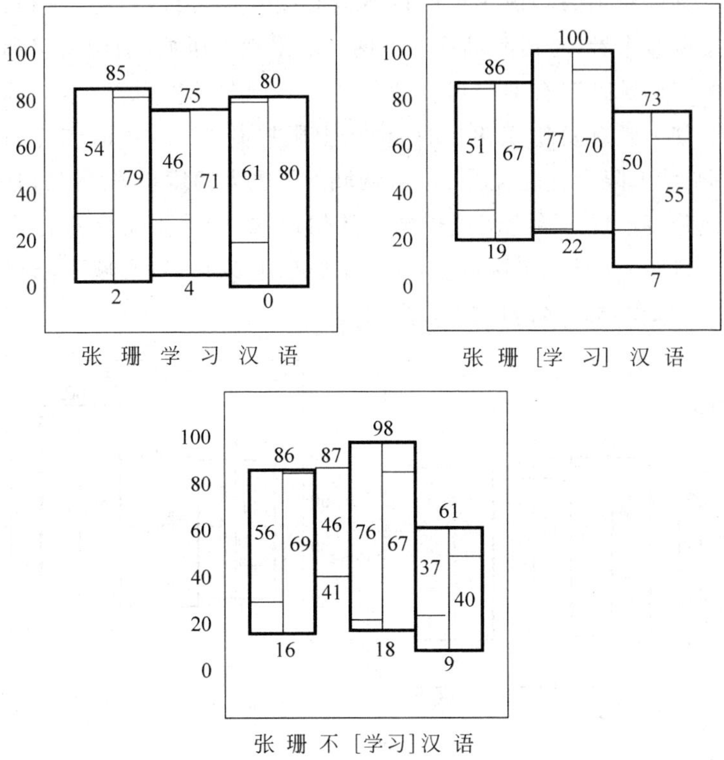

图 2 动词焦点句调域图

压缩了 13%,后字压缩了 15%。从词调域来看,主语和动词的词调域上下限都基本保持不变,调域跨度的变化程度也不大,变化最为明显的是宾语的词调域上限,在强调焦点肯定句出现的调域上限下降的基础上,出现了调域上限的进一步骤降,下降了 12%,整体词调域跨度压缩 14%,应该是对于动词焦点的凸显表现。从句调域跨度来看,焦点“不”字句的句调域跨度出现了 4%的小幅度压缩,总体来说变化不大。

图 3 所示为宾语焦点的调域分布模式。与自然焦点句相比，从字调域来看，主语和动词前字的调域出现了压缩，动词后字和宾语的字调域跨度有不同程度的扩展。从词调域来看，主语的调域上限基本没有发生变化，动词调域上限提升 9%。宾语作为句焦点，调域上限大幅度提升 26%，调域下限也大幅度提升 19%，整体调域跨度出现 7%的调域扩展。从句调域来看，强调焦点肯定句较之自然焦点句，句调域上限大幅度提升 22%，句调域下限提升了 14%，整体调域跨度扩展了 8%。

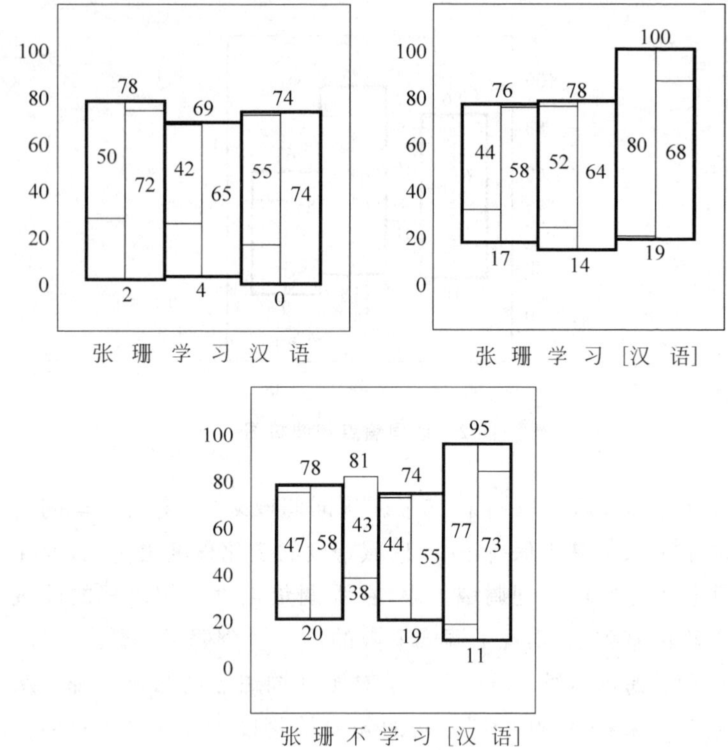

图 3　宾语焦点句调域图

与强调焦点肯定句相比，焦点“不”字句的调域变化也十分明显。首先从字调域来看，除主语前字和宾语前字出现调域压缩外，其余各字的调域跨度都有不同程度的扩展。从词调域来看，主语的调域表现保持稳定，动词的调域跨度出现了 9%的压缩。宾语的调域上限出现了 5%的调域下降，下限下降 8%，整体调域跨度保持稳定，依旧体现了句焦点的身份。

总体来看，不论是主语承担焦点，还是动词或宾语承担焦点，可以很清晰地看到，强调焦点肯定句和对应的否定焦点句在字调域和词调域的起伏模式上具有高度的一致性。这种明显的变化主要体现在调域上限和调域跨度上，二者和语义的变化有密切的关系。否定焦点句中非焦点成分的调域压缩幅度更大。这种音高特征是与焦点的典型特征相符的。

2.4　否定焦点的音长表现

对于音长，韵律格局采用“时长比”参数对其进行描写和分析，它可以反映语调在时长上的特点。如果时长比大于 1，则说明出现了音节时长的延长，具体测算公式详见孙颖、石锋(2012)。孙颖、石锋(2012)也指出时长对焦点具有指示性作用，负载焦点的韵律词整体时长发生加长。基于这一结论，我们对“不”字句的音长进行对比分析。由于时长比是根据每句话各自的平均时长得出，两句话的归一化框架不同，因此在比较强调焦点肯定句和“不”字句时，我们会辅助参考原始毫秒数据，以排除计算方式上导致的变动。

通过分析图 4 可以发现，主语焦点句的时长比中，主语和宾语时长比大于 1，出现了音节时长的延长。主语作为焦点，其音节时长的延长幅度远大于宾语，尤其后字 27%—42%的增幅，体现了焦点和边界的叠加效应，标示着焦点所在。句末宾语后字在肯定

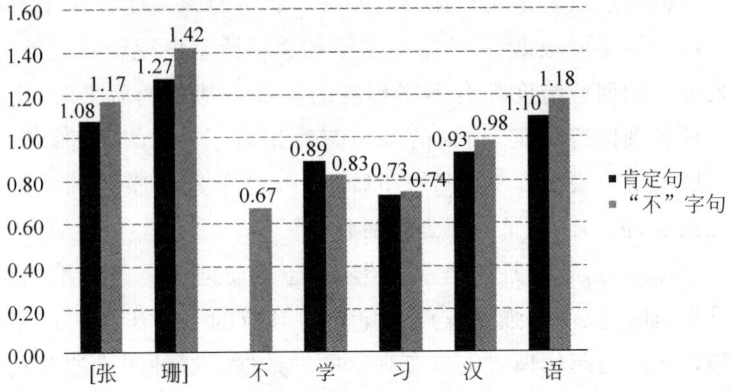

图 4 主语焦点时长比

句和“不”字句中分别延长 10%和 18%，出现这种情况在于宾语是语句边界，因此出现了边界前时长的延长。“不”字句主语时长比更大，宾语也有增加。

表 1 主语焦点句时长(单位:毫秒)

	张	珊	不	学	习	汉	语	均值
肯定句	260	307		213	175	222	262	240
否定句	263	318	151	184	166	218	261	223

我们根据原始数据和时长比表现情况，来比对强调焦点肯定句和对应“不”字句的时长变化情况，表 1 为相应的原始数据。可以发现，在语句时长均值减少的情况下，主语只有后字发生时长上的变动，时长比的大幅变化是由计算产生的。动词没有发生音节时长的延长，相反的是，在时长本身上减少了 14%和 5%，这是因为否定词的加入改变了动词原有的韵律节奏。宾语音节本身时长只出现了细微的变化。

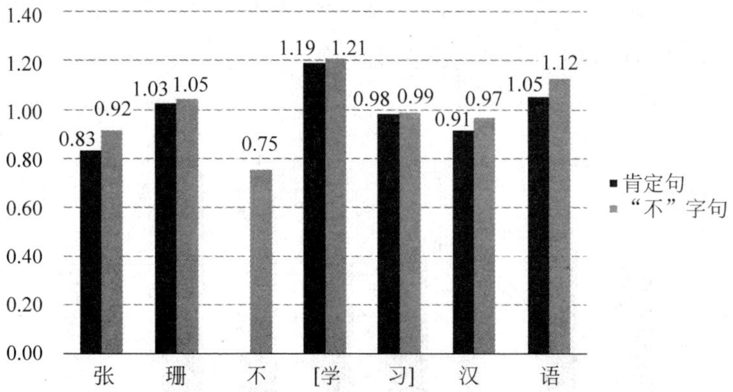

图 5　动词焦点句时长比

图 5 表示的是动词焦点句的时长比情况，从中我们可以看到，在肯定句中，动词作为语句的焦点，前字的音节时长出现了显著延长，延长幅度为 19%。宾语位于边界位置，宾语后字也相应地出现了 5%的音节时长的延长，延长幅度小于动词。在对应的否定句中，各字的时长比都有不同程度的增加，其中主语前字增加幅度最大，时长比增加了 9%。动词的时长比依旧为全句最大值，凸显了焦点身份。

表 2　动词焦点句时长(单位:毫秒)

	张	珊	不	学	习	汉	语	均值
肯定句	210	261		303	250	230	264	253
否定句	218	252	182	288	234	231	266	239

表 2 展示了动词焦点句的时长数据，从中可以发现，宾语位置的时长数据并没有发生较大的变化，而主语和动词的变化幅度比宾语大，变化幅度在 4%到 6%之间，其中动词前字和后字的变化幅度最大。从强调焦点“不”字句本身来看，动词保持较长的音长

数据，以凸显动词的焦点身份。从变化来看，动词的变化较大极有可能是受否定词的影响而改变了节奏。

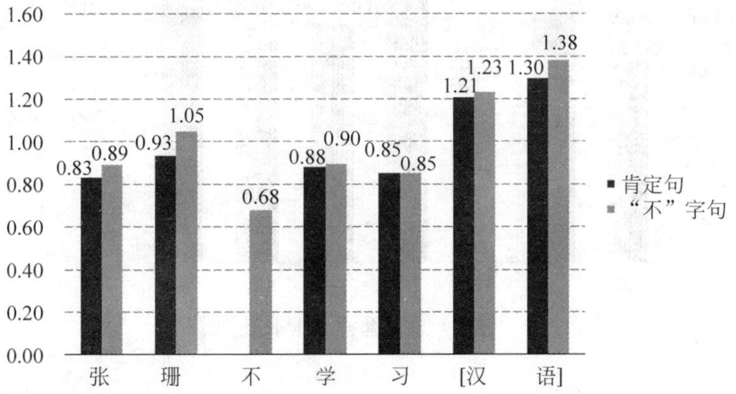

图 6　宾语焦点句时长比

图 6 所示为宾语焦点句的时长比分布模式。在肯定句中，宾语的时长比为全句最大值，是焦点和边界的叠加效应，前后字分别出现了 21％和 30％的音节时长的延长。与强调焦点肯定句相比，对应的“不”字句除了动词后字外，其余各字的时长比都有所增加。同样，宾语位置的时长比为全句最大值，出现了音节时长的延长，前字延长了 23％，后字的延长幅度为 38％，比肯定句的延长幅度更大。

表 3　宾语焦点句时长(单位:毫秒)

	张	珊	不	学	习	汉	语	均值
肯定句	207	233		220	211	296	316	247
否定句	206	244	156	206	195	281	311	229

由表 3 可以看到，宾语焦点“不”字句主语和宾语的变化并不

明显，变化幅度比较小，其中宾语的时长减少5%左右，而主语的时长仅仅减少3%左右。动词是语句中时长减少幅度最大的成分，减少了近7%。宾语时长依旧保持句内最高的时长数据，以凸显焦点身份。

从强调焦点句和"不"字句的内部分析和平行对比来看，时长比对语句焦点位置有指示性作用，这在主语、动词和宾语三种焦点句中得到充足的证据。三种焦点句对照中表现出时长分布的一致性，以及"不"字句在焦点成分的更大凸显。

2.5　否定焦点的音强表现

我们使用音量比来考察语调的音强情况。音量比依据幅度积计算，幅度积是某音段内各个采样点的幅度在时间上的积分，具体测算公式详见梁磊、石锋(2010)。如果音量比数值大于1，则说明音节的声音强度相对增大。与时长比一样，音量比的归一化框架各有不同，因此在进行平行比较时会参考幅度积这一原始参数。

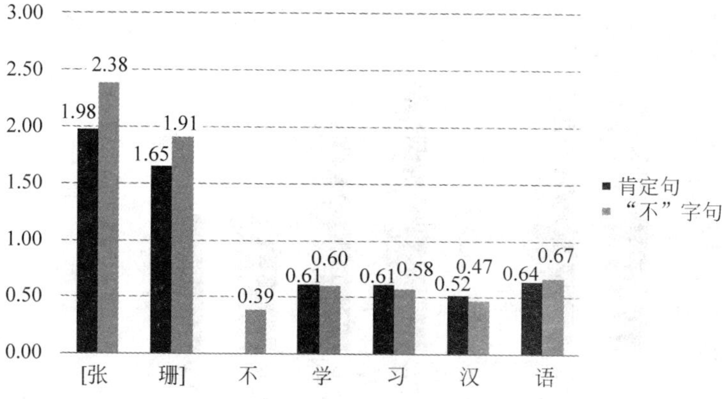

图7　主语焦点句音量比

图 7 所示为主语焦点句的音量比分布。从强调焦点肯定句本身来看，主语作为焦点，前后字的音量分别增强 98% 和 65%，增幅最大，动词和宾语各字的音量比均小于 1。比较对应“不”字句，可以看到“不”字句主语的音量比再次出现大幅度的增强。动词和宾语的变化较小。

表 4　主语焦点句幅度积

	张	珊	不	学	习	汉	语	均值
肯定句	439	371		136	137	118	153	226
否定句	481	386	78	121	115	94	147	203

由表 4 可知，主语位置保持了较大的幅度积数据，体现在音量比上可以有较大的数值，反映出主语的焦点身份。动词和宾语的变化与语句平均幅度积的变化幅度同步，因此反映在音量比上，动词和宾语并没有大的变化，主语有较大的音量比变化，实际上这种变化是基于不同的平均值进行归一化计算引起的。

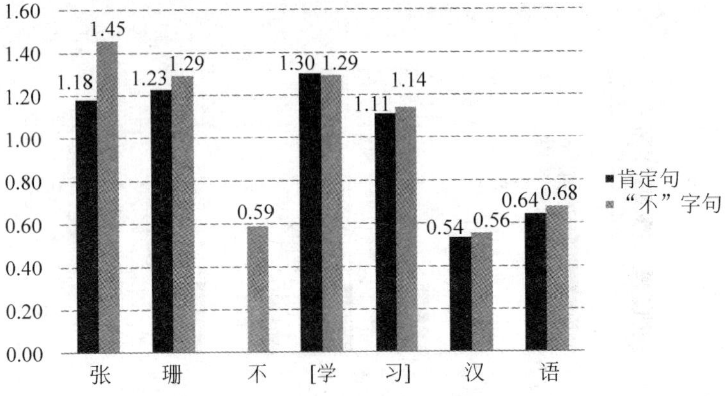

图 8　动词焦点句音量比

动词焦点句中，主语的音量依然出现了增强，这与发音的生理状态有关，即在初始发音时，发音到位且气流充足。动词作为焦点，其音强也增强了30％和12％左右，宾语的音量比则小于1，没有出现音节增强的情况。在“不”字句中，每个字的音量比都大于肯定句中对应的字。

表5　动词焦点句幅度积

	张	珊	不	学	习	汉	语	均值
肯定句	313	337		366	294	139	164	269
否定句	301	273	129	270	230	114	152	210

由表5可得，除了主语前字和宾语后字，其余各字的幅度积变化都比较大，变化幅度在21％至27％之间。其中动词前字和后字的变化最大，这应该是否定词的加入改变原有节奏的结果。与语句平均幅度积的变化相比，动词与句平均幅度积的变化同步，因此反映在音量比上并没有较大的变动。

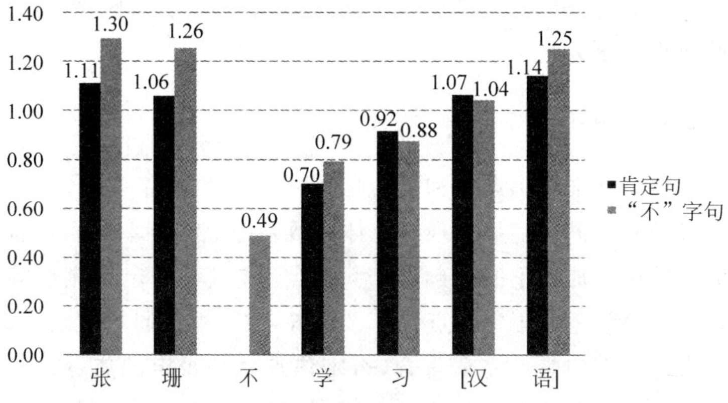

图9　宾语焦点句音量比

最后是对宾语焦点句的分析。可以看出主语依旧出现了音节能量的增强，造成这种增强的原因与动词焦点句情况相同。句末宾语作为语句的焦点，前字和后字分别增强了 5%—25%不等，凸显其焦点的地位。动词没有发生音节能量的增强。

表 6　宾语焦点句幅度积

	张	珊	不	学	习	汉	语	均值
肯定句	250	244		151	196	241	269	225
否定句	258	252	91	151	177	209	267	201

由表 6 可以看到，否定句中除动词前字和宾语后字的幅度积基本没有变化外，其余各字的幅度积都有不同程度的变化，其中动词后字和宾语前字的变化最大，可是音量比数值相差很小，就是因为它们的变化跟平均值变化基本同步。音量比反映语句内部的音量分布模式。

通过对音量比的分析可以发现，强调焦点肯定句和对应的“不”字句的音量比分布模式都是高度一致的，并且“不”字句的焦点凸显程度更大些。

2.6　结论

通过分析强调焦点句和对应的“不”字句的韵律表现，我们可以明显看到它们之间的表现在总体一致基础上略有不同。在石锋(2017)韵律格局理论的基础上，对于否定焦点和否定句焦点的关系，我们发现，不论语句焦点在什么位置，加入否定词“不”之后，否定焦点与否定句焦点完全重合，否定焦点就是否定的焦点。实验结果支持吕叔湘等学者的观点。同时，跟强调焦点肯定句对应的“不”字句在音高、时长、音量方面都表现出更强的焦点凸显程度。

这说明否定焦点句应属于不同于强调焦点的对比焦点类型。

三、汉语否定辖域和否定焦点的韵律分析[①]

3.1　引言

否定辖域，又被称作否定范围，指的是否定词所作用或影响的范围。汉语学界对否定辖域的探讨，可以追溯到邓守信(1973:77，1975:173)，认为否定辖域应当是位于否定词之后。随后，沈开木(1984:404)根据有无语音停顿将否定句分为两类，并针对这两类的否定范围进行分析，其中有语音停顿的句子的否定范围是全句，因为我们需要到前面的语境去找否定作用的范围，无语音停顿的一般是管到逻辑宾语。

由此，汉语学界对于否定辖域形成了两种看法：一种观点以徐杰、李英哲(1993:146)为代表，他们指出汉语否定是一种非线性语法范畴，没有独立的否定辖域，否定词作用的范围性质和疑问所作用的范围一样，应当属于全句范畴，因此是不存在独立的否定辖域的(钱敏汝 1990，刘丽萍 2003，刘丽萍 2014，彭琼 2014)。另一种观点认为汉语否定句有独立的否定辖域，以陈平(1985:210)为代表，他从传统的结构主义语法出发，认为否定范围由否定词右边的成分组成，一些句子出现的否定左边成分的情况，是由于语义上带有“无论”义的词和状语需要提前到句子左侧，而实际上依旧在否定范围之内，并非范围扩展到了全句。

---

① 原文发表于《语言教学与研究》2020 年第 4 期，作者许峰。收入本书有所修改。

袁毓林(2000:99)指出否定词有自己独立的辖域,它的作用范围(或操作范围)只能是局部区域,并且从认知心理学和形式语义学的角度进行了论证(袁毓林 2018:5)。胡建华(2007:99)从生成视角论证了否定词"不"的辖域是它 c-command 的 VP,而对于带有焦点标记的否定句,他认为否定词对辖域外成分的否定是假象。张立飞、严辰松(2011:154)和 Xiao & McEnery(2008:274)分别以语料库检索为基础,从认知的角度论证否定句具有独立的否定辖域,辖域由否定词之后的成分构成。总体而言,大多数学者认为汉语否定句具有独立的否定辖域,在自然焦点陈述句的情况下,否定辖域由否定词之后的成分组成(左思民 2014,沈家煊 2015)。

否定焦点指的是在否定句中真正被否定词否定的成分,实际上它也属于一种焦点,这种焦点是对所需要进行否定的成分的凸显。对于否定焦点的确定,目前主要持有两种不同观点:一种观点认为否定焦点与否定句的焦点重合,即否定句的焦点即为否定焦点,一般情况下是句末成分,如果有对比或强调焦点,那么否定焦点移动到该焦点位置(吕叔湘 1985,徐杰、李英哲 1993,李宝伦、潘海华 1999,熊仲儒 2005)。一种观点认为,否定焦点具有一定的独立性,可以和否定句焦点重合,也可以与否定句的焦点分离(袁毓林 2000,刘丽萍 2003,胡建华 2007)。

以上对否定辖域和否定焦点的探索都是在句法领域内进行,而语音分析方面的研究较少。韩静静(2015)对普通话中否定句的语调模式进行了详细描写,实验表明"不"表达更为强烈的直陈式否定,因此在音高和音长上的变化情况要大于"没"字句。时秀娟(2018:86)对自然焦点句中否定焦点的表现进行了探讨,认为否定焦点和否定句焦点是重合的关系,没有涉及否定辖域的相关问题。

总体来看，以往对否定辖域和否定焦点的研究集中在句法学界，并且出现了两种不同观点。从语音方面对否定句进行语调研究的也有，主要集中在对否定句的语音量化描写上。本研究在石锋(2017:19)韵律格局理论的基础上，对自然焦点“不”字句进行详细的韵律分析，从而找出否定辖域和否定焦点的韵律表现，为句法分析提供语音数据支撑。

3.2　实验程序

3.2.1　实验语料

以往研究中的实验句多以沈炯(1985:73)所设计的句子为基础修改而成，每个句子有十个音节，语句较长且比较不自然。为了排除结构方面的影响，本研究所设计的实验语料从口语角度出发，设计了最常见的“主语＋动宾短语”结构的主谓句，否定句则是在对应的肯定句基础上直接加上否定词构成，具体如下所示：

他写词。	他不写词。	张珊学习汉语。	张珊不学习汉语。
猴上树。	猴不上树。	王浩充当主角。	王浩不充当主角。
我除草。	我不除草。	马琳储备蔬菜。	马琳不储备蔬菜。
树开花。	树不开花。	赵雪扮演嫔妃。	赵雪不扮演嫔妃。

各实验句除否定词“不”外，其余位置均为阴平、阳平、上声、去声俱全的全调域。秦鹏(2017:81)分析了汉语语调模式和信息结构的交互影响，实验发现决定汉语语调表现模式的是信息结构，而不是声调组合条件，因此本实验未考虑连读变调的影响。

3.2.2　实验被试

本实验选取了来自北京联合大学和北京语言大学8名在读大学生，年龄在20岁至25岁之间，其中男性4名，女性4名。所有被试普通话水平均为一级乙等，没有接受专业的播音发声训练，自然语流中发音正常，视力或矫正视力正常，无发音和听觉障碍。

3.2.3 实验录音

本实验研究在北京语言大学对外汉语研究中心的专业语音实验室中进行，使用外置声卡（MINIMAN m-track）和动圈式话筒（BL-I200）进行录制，录音软件为Praat，采样率设置为11025赫兹，单声道，对实验语料进行采录。如果出现噪音或其他非语言学因素的影响，则请被试重新发音采录。录制前，让被试事先熟悉发音语料。为了方便进行比较，我们录制了自然焦点肯定句、强调焦点肯定句和对应的"不"字句三种类型。在录制过程中，自然焦点句为被试在自然状态下的发音，不出现任何语义或情感强调色彩，语速平缓、自然，每句话发音2遍，句与句间隔约为3秒，共得到64个样品句。

3.3 "不"字句的音高分布模式

在韵律格局中，我们使用"调域"来表达语句的音高特征[①]。为了比对方便，我们将肯定句和否定句的半音值归在一起，计算出相应的百分比数值，从而得出相关调域图。其中细边框为字调域，内部标示字调域跨度，粗边框标示词调域，并标明词调域的上下限数值。在分析过程中，我们把相同结构的语句归为一类，以便进行比较。比较过程中，我们着重分析发生参数变化的部分。

沈炯（1985:73）分析了北京话语调，结果表明，语调的音域上限的调节变化和语义的加强有关。Xu（1999:55）通过实验发现，当句中有一个焦点的时候，总会伴随着焦点后压缩（Post-Focus

① 具体测算公式详见陈怡、石锋（2011）。

Compression，PFC）的现象发生，焦点所在调域扩展，焦点前调域保持稳定或压缩。这种现象在世界上的部分语言中普遍存在（Xu et al. 2004，Liu&Xu2005，Wang&Xu 2006，Xu 2011）。陈怡、石锋（2011：9）采用语调格局理论对焦点进行了音高分析，发现焦点成分在调域上大幅度扩展。在此基础上，我们可以分析出否定句中否定辖域和否定焦点的表现情况。

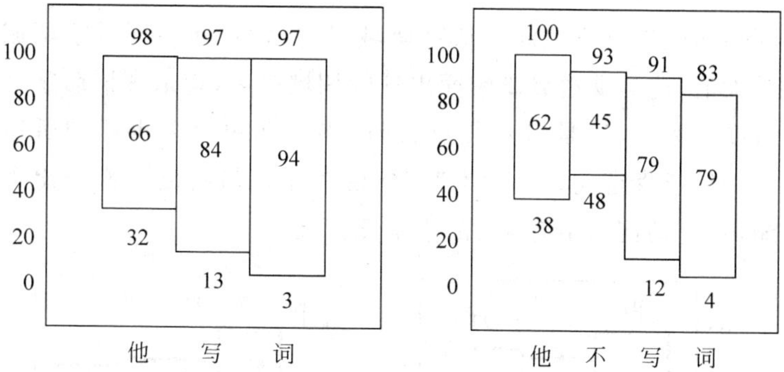

图 1　单音 SVO 结构“不”字句调域图[①]

上图表示的是单音词句 SVO 结构的调域分布情况，因为单音词句中字调域与词调域是同一的，所以二者放在一起描述。从词调域来看，肯定句的词调域跨度渐次扩展，到宾语时出现了最大化扩展，同时也是全句调域跨度最大值。与肯定句相比，对应的“不”字句的词调域跨度在主语、动词和宾语三个句法成分上均出现了不同程度的压缩，其中主语的变化最小，宾语压缩程度最大，出现了 15％的调域压缩。调域上限依次递减，是自然焦点陈述句中音

① 在进行归一化处理时，我们将肯定句、“不”字句和“没”字句放在一起进行处理，因此调域图中并不会出现 0 的调域下限情况，特此说明。

高下倾的典型表现。主语位置的调域下限提升6%，动词和宾语调域上限分别出现了6%和14%的下降。

从句调域来看，肯定句的句调域上限位于主语，调域下限位于宾语，整体覆盖了95%的调域跨度。“不”字句的句调域上限和下限与肯定句的表现一致，分别出现在主语和宾语上，句调域跨度为96%，变化幅度较小。

图2所示为双音词SVO结构的调域分布。可以发现，它与单音词句的表现有所不同。从字调域来看，肯定句各词后字调域都是最大值，这是受边界影响而出现的调域扩展，句末宾语后字为调域跨度最大值，这是自然焦点、词边界和句边界多重影响所造成的。相较于肯定句，对应“不”字句的各字调域跨度大部分出现了压缩，只有动词前字有4%的小幅度扩展。

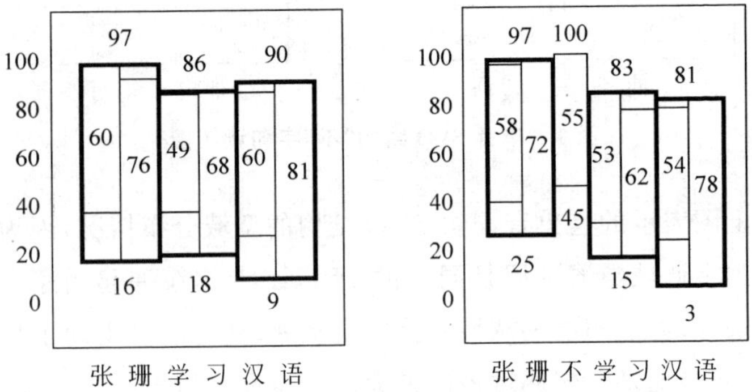

图2　双音SVO结构“不”字句调域图

从词调域来看，肯定句主语为调域上限最大值，宾语为调域下限最小值。因为字调域构成词调域，所以宾语的词调域跨度为全句最大值。与肯定句相比，“不”字句的词调域变化十分显著，主语调域下限受语句节奏影响，出现9%的大幅提升。否定词“不”调域上限为全句最大值，动词词调域变化较小，宾语的调域上限出现9%的大幅下降，调域跨度小幅度压缩3%。

从句调域来看，肯定句的句调域上限出现在主语位置，调域下限出现在宾语位置，整体覆盖了88%的调域跨度。“不”字句的句调域上限则出现在否定词“不”上，调域下限位于宾语，相较于肯定句，句调域跨度有9%的扩展。

总体来看，SVO结构的否定句音高模式表现属于典型的自然焦点陈述句的语调模式，最明显的表现即为音高下倾。而在音高调域的变化上，最为明显的是主语和宾语的调域上限、下限和调域跨度上，在单音词句和双音词句中，主语调域下限的提升和宾语调域上限的下降都是句内变化最大的。

3.4　“不”字句的音长分布模式

韵律格局中，我们使用“时长比”这一参数来描写语调时长的表现形式。如果时长比大于1，则说明出现了音节时长的延长。孙颖、石锋(2012:70)指出，时长对焦点具有指示作用，焦点成分的时长数据比非焦点更长。由于时长比计算方式的问题，我们在分析时会辅助参考原始的毫秒数值。

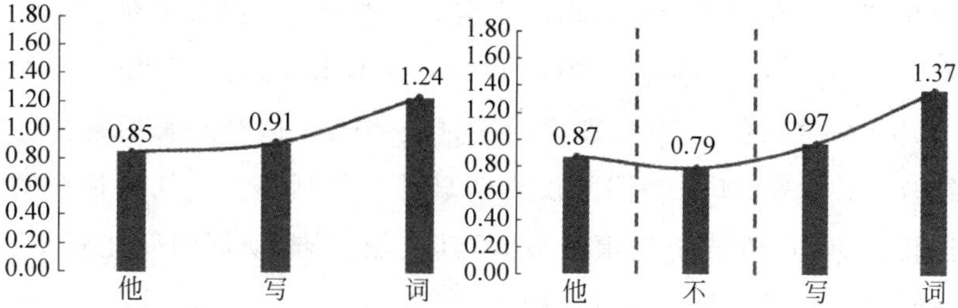

图3　单音SVO结构“不”字句时长比

上图表示的是 SVO 单音词句的时长比表现。可以看到，主语、否定词和动词在时长比上均小于 1，没有发生音节时长的延长。在肯定句中，句末的宾语出现了音节时长的延长，延长幅度为 24%。与肯定句相比，“不”字句的音节时长的延长幅度达到了 37%，从时长比上看，动词和宾语的变化较大。我们对原始数据进行比较。

表 1　单音 SVO 结构“不”字句音长数据(单位:毫秒)

	他	不	写	词	均值
肯定句	267		286	389	314
不字句	235	210	260	367	268

由表 1 可得，在音长原始数据的表现上，宾语为了保持句末自然焦点的身份，音长数据相较于主语和动词，反而没有出现较为显著的变化。主语和动词在原始数据上有较为明显的变化，这种变化随着语句平均时长同步变化，因此反映在时长比上变化较小。

图 4 展示的是双音词 SVO 结构的时长比。可以发现肯定句和“不”字句在主语后字和宾语后字上出现了音节时长的延长。在肯定句中，主语后字延长 3%，宾语后字延长 30%。在“不”字句中，主语后字延长 12%，宾语后字延长 40%。因为动宾短语往往结合比较紧密，所以动词并没有明显的时长延长。单从时长比的比较来看，宾语的变化幅度最大，其次是主语，动词的变化较小。我们再来对原始数据进行比较。

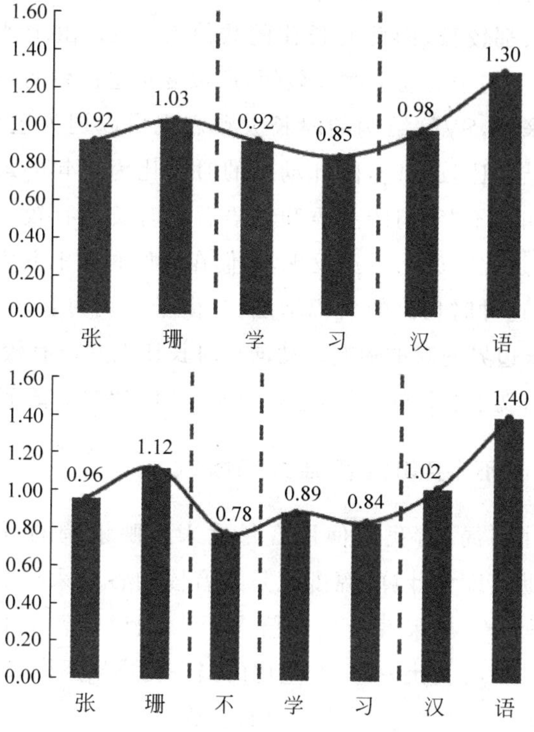

图 4　双音 SVO 结构“不”字句时长比

表 2　双音 SVO 结构“不”字句音长数据(单位:毫秒)

	张	珊	不	学	习	汉	语	均值
肯定句	231	261		233	214	249	330	253
不字句	227	267	185	212	199	242	333	238

从表 2 原始数据的比对来看,肯定句和对应“不”字句在主语和宾语上的变化较小,相反在动词上出现了较大的时长缩减。主

语后字和宾语后字为了保持边界对时长的影响，它们在各自句内的相对时长都较长，因此时长比的数值大于1。由于动宾短语结合紧密，位于句中的动词时长较短，所以变化也比较明显。

总体来看，SVO结构的时长大致表现出以词为边界的递增，动宾短语结合比较紧密，因此动词的时长比为全句的最小值。相较于肯定句，“不”字句的主语和宾语后字时长比有较大幅度的变化，我们通过比较原始数据发现，它们在原始时长上并没有出现较大的变化，这种时长比的大幅增加，是由于平均时长较短，又有词界和句末边界的双重影响。动词在时长比上并没有较大变化，而原始数据出现了明显的缩短，这源于加入“不”字之后的节奏变化。

3.5 “不”字句的音强分布模式

在韵律格局中，我们使用音量比来反映语调的音强情况[①]。音量比借助幅度积计算，幅度积是某音段内各个采样点的幅度在时间上的积分。如果音量比数值大于1，则说明音节的声音强度相对增大。与时长比一样，音量比的归一化框架不同，因此在进行平行比较时会参考幅度积这一原始参数。

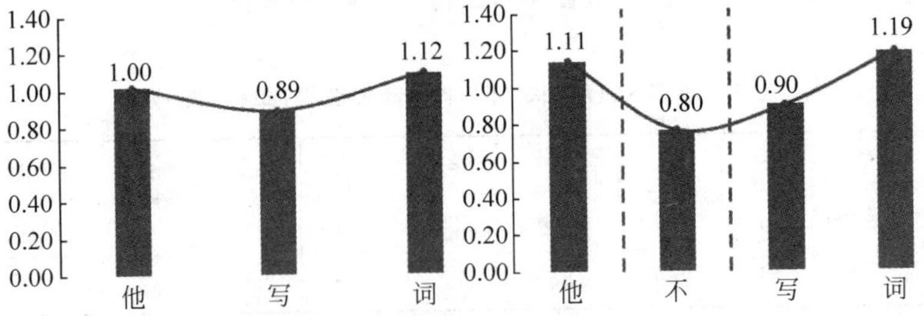

图5 单音SVO结构“不”字句音量比

① 计算公式：音量比＝某音节幅度积/本句平均幅度积。

图5表示的是单音词句SVO结构的音量比分布情况。可以发现，宾语位置的音量比均大于1，说明出现了音量的相对增强。“不”字句的主语和宾语音量增强明显，分别有11%和19%的增幅，同时相较于肯定句，主语和宾语的音量比都有较大幅度的增加，动词增加幅度较小，可以说几乎没有变化。我们再对这一结构的原始幅度积数据进行比较。

表3　单音SVO结构“不”字句幅度积

	他	不	写	词	均值
肯定句	345		304	390	346
不字句	266	191	217	285	239

从幅度积的数值来看，所有的句法成分在音强方面都有非常大的变化。其中变化幅度最大的是动词，它的幅度积数据有近30%的缩减，语句平均幅度积有30%左右的变动，可以发现动词与句平均幅度积的变化同步，所以反映在音量比上则是变化不大。句末宾语作为语句边界，具有句内最大的幅度积，进一步反映在音量比数据上。

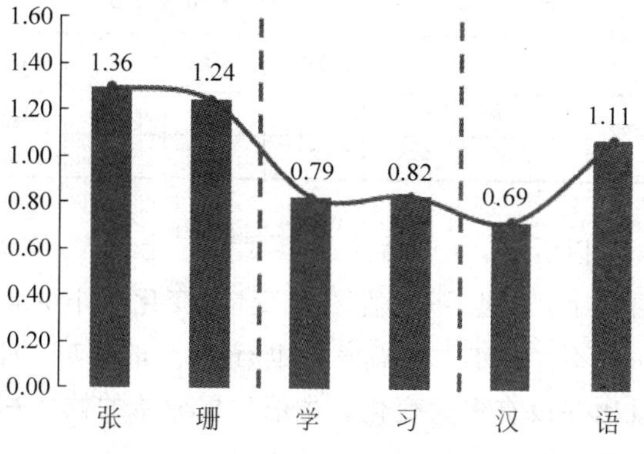

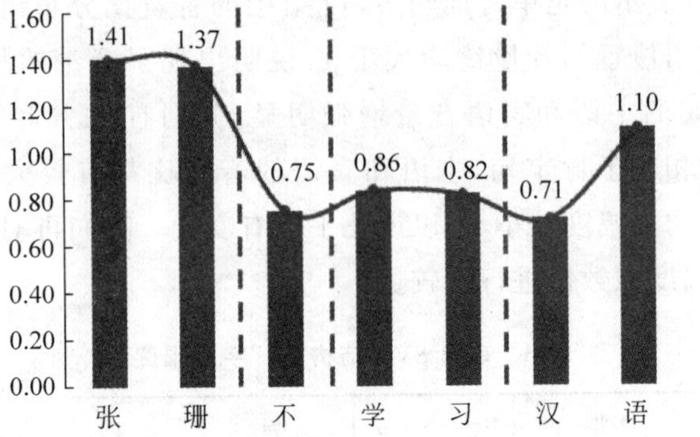

图 6　双音 SVO 结构"不"字句音量比

上图展示了双音 SVO 结构的音量比分布。动宾结构联系比较紧密,所以用主谓的视角来看 SVO 结构的音量比,可以发现伴随着发音气流的逐渐减弱,音量也出现了以词为单位的递减。肯定句和"不"字句的主语和宾语后字音量比都大于 1,出现了音量的相对增强,其中主语前字为两类句子中音量比最大值。与肯定句相比,"不"字句主语和宾语音量比都有不同程度的增加,主语音量比增加 5%—13%。下面我们对幅度积数据进行比较。

表 4　双音 SVO 结构"不"字句幅度积

	张	珊	不	学	习	汉	语	均值
肯定句	283	257		165	170	144	230	208
不字句	264	256	138	161	149	130	208	187

由表 4 可以看到,动词后字的幅度积变化最大,缩减近 11%,其次是宾语后字,出现了 9%左右的变动,变化最小的是主语。相较于肯定句,"不"字句平均幅度积也有 10%的缩减,因此动词和宾语的音量比并没有多大变化。主语位置原始的幅度积数据并没

有太多的变动，因此体现在音量比上很凸显。

总体来看，SVO结构的音强参数变化最为明显的是动词和宾语幅度积的变化，它与整体句平均幅度积数值的变化同步，反映在音量比参数上，则没有较大的变化。主语位于句首，气流充足，因此音量较大，"不"字句音量比增加的数值较高，但是在幅度积上的变化比较小。总体看来，加入否定词之后，全句各成分都发生了变化。

3.6　结论

本研究运用韵律格局的实验方法，讨论分析了自然焦点肯定句和对应"不"字句的韵律模式表现，并着重比较了二者之间的差异和变化情况。根据石锋(2017:19)提出的对应原理和推论，我们对否定辖域和否定焦点的韵律模式进行初步分析，可以发现，动词前的主语加入了否定词"不"之后，主语的调域下限明显提升。动词后的宾语则出现调域上限的大幅下降以及调域跨度的压缩。在音长和音强方面，主语和宾语也有相应的增加。动词位于句中位置，时长比和音量比都小于1，但是在原始数据的变化上都是语句中变化最大的。这是否定副词"不"跟动词结合，改变原有节奏的结果。

通过实验数据的分析对照，我们不难发现，"不"字句主语和宾语变化十分明显，说明它们在语句中所负载的语义量出现了变动，这种变化是由加入的否定词"不"所引起的。因此，我们根据自然焦点情况下的肯定句与"不"字句比较做出实验分析，结果支持徐杰、李英哲等学者的观点，"不"字句的否定辖域属于全句范畴。

在焦点研究的基础上，我们可以发现，在"不"字句中，动词的调域变化十分符合焦点的典型特征，否定句和自然焦点的肯定句一样，调域跨度在句中都是最大的。在时长和音强方面，宾语的时长比和音量比均有大于1的情况，是符合焦点的时长及音强表现，在加入否定词“不”之后，时长和音量都有一定增加。因此，实验结果跟时秀娟(2018)的结论一致，否定焦点和否定句焦点重合。

对于否定辖域和否定焦点的分析，本次研究主要是在自然焦点句中得出的结论，并且结构是最简单的主谓句。在加入修饰语或出现语句强调焦点时，否定辖域是否会改变，否定焦点是否会出现移动，还需进一步的实验研究进行分析。

第六章　疑问句和感叹句

一、疑问句焦点的韵律模式[①]

1.1　引言

韵律通过音高、时长和音强等声学参数的协调变化，传递不同的信息内容，表达说话语气，传达情绪和情感，体现不同的语用功能，在人们的交际中发挥着很重要的作用。在韵律分析中如果只看到音高，就是一种抽象的线性起伏；加入时长，会成为一幅实在的平面图景；再加音量，才是一串鲜活语言的立体音流（石锋 2017）。

韵律研究关注较多的一个问题是焦点。包括汉语焦点重音的韵律特征（曹文 2010，陈怡、石锋 2011，王萍 2015，时秀娟 2018），留学生说汉语时焦点重音的韵律表现（裘珊珊 2007，林菱 2017，王功平 2018），其他语言中焦点的韵律实现研究（Yi Xu，Ching X. Xu 2005，Wafaa Bahaaeldin Nematalla Ahmed Darwish 2017，张夏夏、王蓓 2018）等。

韵律研究中另一个热点问题是疑问。Bolinger（1978）指出，疑问句末一般为高调或升调；吴宗济（1982）、胡明扬（1987）、劲松（1992）认为，如果一个句子单靠语调来表达疑问语气，那么句尾会

① 原文发表于《南开语言学刊》2020 年第 1 期，作者阎锦婷。

抬高，但调型不变，句中其他基本单元也可与平叙句相同；如果是凭借语调以外的疑问标记来表达语气，疑问语调特征减弱；阮吕娜(2004)、王韫佳(2008)依据高音点、低音点和音高范围三个参数，分析对比不同类型的疑问句的声学差异；王萍、石锋(2010)采用音高起伏度的计算方法，对无疑问词的疑问句语料进行定量分析，研究表明，疑问句的语句调域整体提高并扩展；柴丹丹(2017)研究了不同语用功能的陈述句和疑问句的韵律特征。在韵律分析中，涉及较多的是音高，对时长、音强特征研究较少；且普通话四种疑问句类型中，特指问句、正反问句和选择问句的研究均偏弱，只有是非问句好一点。

吕叔湘(1990)提出的疑问和焦点的关系问题，是汉语语法关于焦点研究中的一个热点问题。目前，对于疑问和焦点的关系的研究基本属于单向性、内省式研究，研究者关注较多的是疑问句中焦点的确定方式(汤廷池 1984，林裕文 1985，吕叔湘 1985，方梅 1995，邵敬敏 1996，陈昌来 2000，尹洪波 2008)，对不同类型疑问句中焦点的韵律表现及其对疑问表达手段的影响等研究较少。祁峰(2017)从汉语及吴方言的正反问句分析疑问和焦点的互动，给了我们新的启示。

本研究从疑问句的韵律模式角度看疑问和焦点的关系，以正反问句和是非问句的韵律模式为主要研究对象，对两种问句的韵律表现进行横向比较，考察韵律三要素音高、时长、音强的特征，结合特指问句、选择问句及陈述句的实验结果，并将韵律层面的表现与语义、语法层面结合，做出量化的分析，得到相关结论。

1.2　实验说明

实验句共两组，是在沈炯(1985)的基础上适当修改而成的。

第一组是正反问句，第二组是是非问句。

正反问句和是非问句的语义结构是相同的，如“你带不带雨衣？”“你带雨衣吗？”，都涉及两个命题：你带雨衣，你不带雨衣。但二者的句法结构形式不同。现代汉语正反问句包括“V不/没有V”类、“A不/没有A”类、“P不/没有P”类多种句式，各句式使用情况不一。是非问句可以分为语调问句和语气词问句，前者只用语调负载疑问信息，后者是语调和疑问语气词共同负载疑问信息。

本次实验语句第一组是常见的“V不/没有V”类正反问句的前删略式结构，即第一个V后省略宾语，第二个V后带宾语O（以下简称“正反问句”）；第二组是带典型疑问语气词“吗”的是非问句（以下简称“吗”字问句）。

第一组 正反问句	第二组 “吗”字问句
张忠斌星期天修不修收音机？	张忠斌星期天修收音机吗？
吴国华重阳节回不回阳澄湖？	吴国华重阳节回阳澄湖吗？
李小宝五点整写不写讲演稿？	李小宝五点整写讲演稿吗？
赵树庆毕业后到不到教育部？	赵树庆毕业后到教育部吗？
李金宝五时整交不交讲话稿？	李金宝五时整交讲话稿吗？
李小刚五点半写不写颁奖词？	李小刚五点半写颁奖词吗？

参加实验的6位发音人都是南开大学的学生，男女各3人，平均年龄20岁，老北京人，不会其他方言。录音在南开大学语音实验室进行，录音软件为Cool Edit Pro 2.0，采样率11025赫兹，16位，单声道。发音人以自然口语、平稳语速读出并录音。每个句子说3遍，句与句间隔2—3秒，这样共得到6×2×6×3＝216个样品句。本次实验基于这216个实验句进行。

首先，使用南开大学桌上语音工作室软件(Mini-Speech-Lab)对样品句进行声学实验，分别测出音高、时长和音强数据；然后，把数据输入到Excel中，根据公式分别求得各发音人的起伏度、时长比和音量比；最后，将全部发音人的数据平均，分别得到两组语句的音高起伏、时长停延和音强的音量比平均值，并作出相关图表。

1.3　实验结果及分析

1.3.1　音高方面

韵律表现在音高方面是语句调型曲线的起伏格式所表现的词调域的宽窄和高低的位置关系，用语句调域图和起伏度图表示。

将每位发音人同一个句子的3次发音样品的实验数据进行平均；然后，求得同一位发音人所发6个句子的最高和最低半音值，依据百分比公式(石锋等2009)计算该发音人字调域的上下限及跨度；起伏度依据语句中各字/词调域上线的最大值为100%，下线的最小值为0，进行归一化计算；再将全部发音人的数据平均，得到调域起伏的平均数据；最后画出调域起伏图。

图中细线长方格是字调域，中间的百分比数据标示字调域跨度；粗线方格是词调域，两端的百分比数据分别标示词调域的上线和下线位置；词调域上线最大值和下线最小值之间的范围即全句调域的宽度。在音高分析中，字调域、词调域、句调域构成语调韵律层级的基本框架。

由图1和图2可知，正反问句和"吗"字问句的句首和句中词调域接近，上下限仅相差1%—2%，句首词调域跨度相同，句中词跨度相差1%。二者在句中词以后表现出音高上的差异。正反问句疑问点"V不V"是说话人强调的重点，调域跨度增加至全句最大值，上限达到100%，下限28%，跨度72%；"吗"字问句对应的光

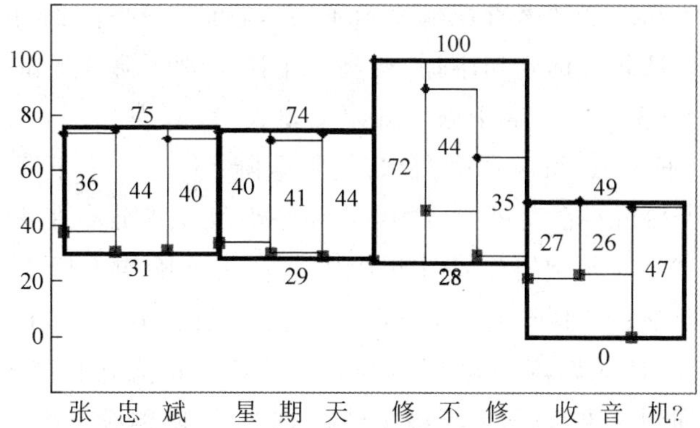

图1　正反问句的调域起伏图

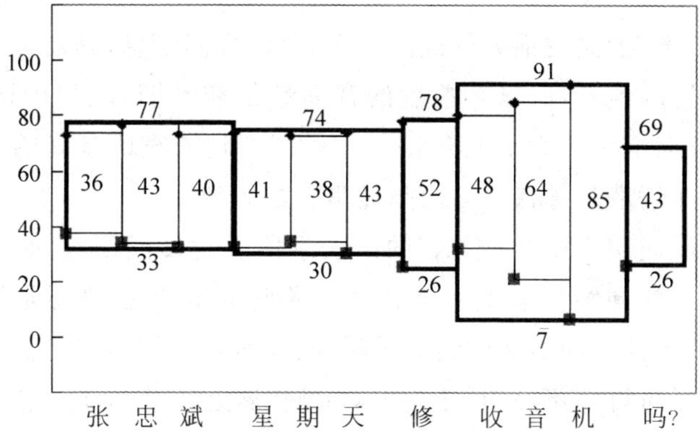

图2　"吗"字问句的调域起伏图

杆动词调域则无此变化，所以二者相比，上限相差22%，下限基本接近。正反问句句末宾语的调域上限从"V不V"的100%骤降至49%，下限骤降至0；"吗"字问句的句末宾语上限达到全句最大值91%，下限为全句最小值7%，跨度为83%，与正反问句相差较大。语气词"吗"的调域跨度为43%。

图1和图2清晰直观地显示了两种疑问句的音高起伏情况。正反问句从句首词到句中词，音高上下限分别下降1%和2%；句中词到“V不V”，音高上限上升幅度很大，数值为26%，下限下降1%；“V不V”到句末宾语，音高上限骤降51%，下限下降幅度也较大，为28%。音高最大值100%和最小值0均分布在正反问句中。“吗”字问句从句首词到句中词，音高上下限均下降3%，音高起伏不明显；句中词到单音动词，音高上限上升4%，下限下降4%，这样，调域跨度加宽8%，为句末宾语的最大化扩展做准备；单音动词到句末宾语，上限继续升高13%，下限继续下降19%，跨度达到全句最大值。

疑问点即疑问句的信息焦点，是语义的中心。正反问句中，疑问点“V不V”是说话人的疑问所在，负载疑问信息，是需要听话人着重回答的内容，所以其前后的音高起伏非常明显，句中词到“V不V”音高上限的大幅上升和“V不V”到句末宾语音高的骤然下降就是在语音韵律特征方面凸显焦点的表现。

正反问句采用“X不X”的语法手段表达疑问语气，是非问句中采用语气词“吗”表达疑问语气。不论是句法手段还是词汇手段，都离不开疑问语调的语音手段，共同表达疑问语气。

正反问句“X不X”位于句中，调域扩展上敛，是全句焦点。焦点前下线上敛，焦点后骤降压缩。是非问句则是句末词调域扩展下线微有上敛，是全句焦点。焦点前下线上敛，这跟正反问句一致。

从阎锦婷(2013)和杨树楠、董梦雪(2018)的实验结果(见附录1)看，疑问句焦点后音高下降有更强的作用。作为焦点的“V不V”可以和疑问语调共同起作用，联合表达疑问语气；特指问句中，疑问代词和疑问语调共同起作用，联合表达疑问语气；“吗”字问句中，语气词“吗”和疑问语调共同起作用，联合表达疑问语气。

1.3.2　时长方面

韵律特征在时长方面是语句中各字音的相对时长的动态变化构成的分布模式，用语句时长比图表示。相对时长的时长比测算方法是用语句中每个字音的时长分别除以这个语句中的字音平均时长，得到各个字音的时长比（石锋等 2010）。普通话正反问句和“吗”字问句的时长比图分别见图 3 和图 4。

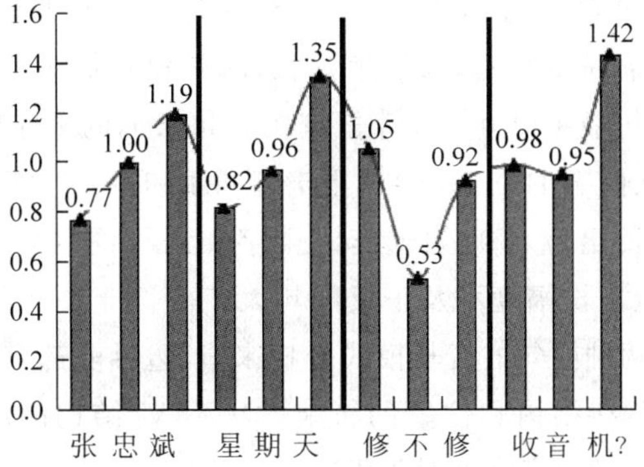

图 3　正反问句的时长比图

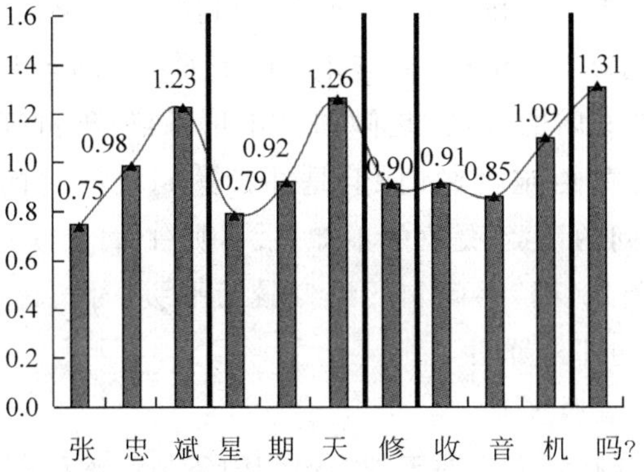

图 4　“吗”字问句的时长比图

观察图3和图4对比可以发现，正反问句和“吗”字问句的句首词和句中词末字时长比均大于1，发生了边界前的延长，非词末字的时长比均小于1，未发生延长。正反问句的句首词末字时长比小于“吗”字问句0.04，句中词末字的时长比大于“吗”字问句0.09，总体来看，差异在10%以内。

与音高分布模式相同，二者在句中词以后表现出时长上较大的差异。疑问点“V不V”的前一个动词时长比为1.05，后一个动词与句末宾语联系紧密，未发生延长，时长比数据为0.92，“不”的停延率为全句最小值0.53，音长较短。句末词的末字时长比为全句最大值，从前字的0.95骤然上升至峰顶1.42。“吗”字问句单音动词的时长比为0.9，句末宾语末字和语气词“吗”也发生了音节的延长，但延长幅度不及正反问句大。

从上面两种问句的音长模式分析来看，边界前都有音节时长的延长。受到韵律结构和位置的影响，“V不V”结构的后一个V和“吗”字问句中的单音动词时长没有发生延长。“V不V”结构的前一个V的时长发生了延长。以词为界，正反问句各词末字的时长比依次分别增长了0.16和0.07，“吗”字问句各词末字的时长比则依次分别增长了0.03和0.05，变化程度不如正反问句大。

“语调是非问的怀疑，是倾向于不可思议、不可理解、不以为然，具有明显的否定性倾向，但是并没达到反问句的完全否定；‘吗’字是非问的怀疑，是真的不知道、不明白，属于求知性的。”(邵敬敏 2012)所以“吗”字问句的语气较为平缓，时长比数值的对照不如正反问句那样鲜明。

1.3.3 音强方面

韵律特征在音强方面表现为语句中各字音相对音量动态变化的分布模式，可以用语句音量比图表示。音量比的计算办法是用语句中每个字音的幅度积分别除以这个语句中的字音平均幅度积,得到各个字音的音量比(石锋等 2010)。幅度积指一段时间内语音的总能量,即所选音段内随时间而变的各采样点幅度的总和,综合考虑了幅度和音长两个语音参数。正反问句和"吗"字问句的音量比图分别见图 5 和图 6。

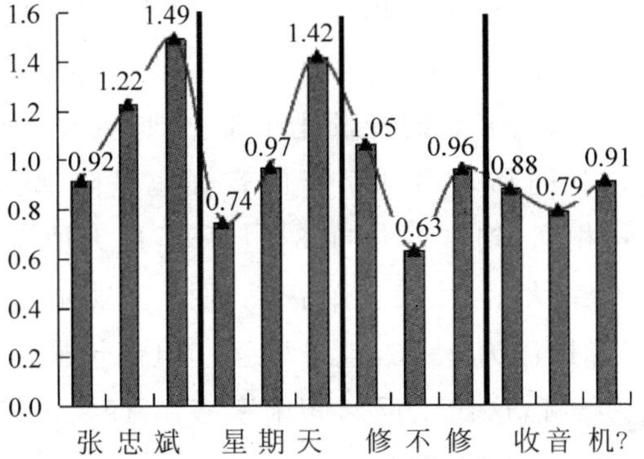

图 5　正反问句的音量比图

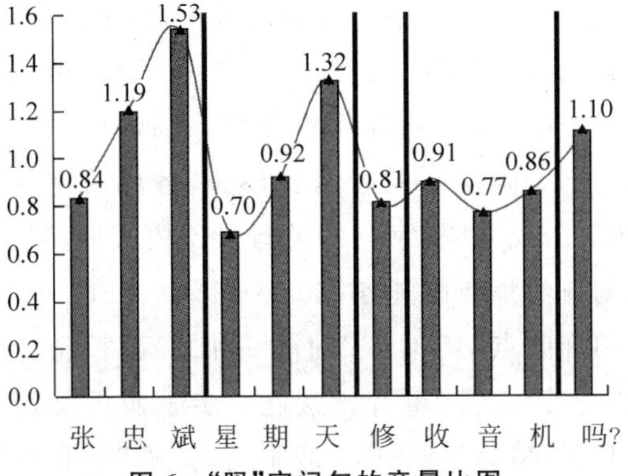

图 6　"吗"字问句的音量比图

从图5和图6中可以看到，正反问句和“吗”字问句的字音强度，均出现以词为界的音量递减的特征，且基本都表现出边界前增强的特征。所以，两种疑问句音量比的最大值在句首词后字，最小值在谓语部分。

正反问句的句首词和句中词字音的音强呈阶梯式上升状，句首词从0.92上升至最大值1.49，句中词从0.74上升至小峰顶1.42。疑问焦点“V不V”的前一个V也发生了音量的增强，后一个V接近1，句末宾语音量比小于1，末字为0.91，未增强。“吗”字问句句首词和句中词字音的音强也呈阶梯式上升状，与正反问句模式相同，句首词从0.84上升至最大值1.53，句中词从0.7上升至最大值1.32。单音动词的音量比为0.81，未增强，宾语后字音量比为0.86，也未增强。但是句末语气词“吗”的音量比数值为1.1，这比正反问句末字多出19%，说明句末语气词对疑问句的重要作用。

正反问句的句首词、句中词、句末词后字音量比分别为1.49、1.42和0.91，句首词和句中词音量比接近，句末词音量降低明显。“吗”字问句的句首词、句中词、句末词(“吗”字除外)音量比分别为1.53、1.32和0.86，以词为界逐渐降低。阎锦婷等(2017)考察了相同发音人的同型陈述句的音量比模式，各词后字音量比分别是1.44、1.14和0.72。“吗”字问句的音量比模式更接近无语义强调和情感色彩的自然焦点陈述句。

正反问句疑问点“V不V”的前一个V读长音、重音，是非问句的语气词“吗”读长音、重音。这进一步表明正反问句“V不V”和疑问语调共同表达疑问语气，是非问句“吗”字和疑问语调共同表达疑问语气。

1.4　结论

本研究以普通话正反问句和是非问句为主要研究对象，考察了两种疑问句的韵律分布模式及疑问和焦点的关系，得到如下主要结论：

正反问句和是非问句作为疑问句的两种类型，它们的韵律模式与陈述句的韵律模式显著不同。音高没有逐级下倾，而是表现出音高的上升；音长时长比的数值越来越大，句末延长最大；音强受生理因素的影响，以词为界音量递减，但疑问句的音量整体大于陈述句，且句末音量有回升趋势。

从疑问表达手段对焦点的影响来看，正反问句采用“X 不 X”的形式表达疑问语气，“X 不 X”的语法手段对正反问句来说是强制性的，它构成了正反问句的焦点。充当焦点的“X 不 X”所在的词调域整体抬高，上线成为全句调域的上线，音节时长延长和能量增强，焦点前调域上敛，焦点后音高显著降低，调域跨度压缩。在是非问句中，语气词“吗”对是非问句来说是可选的，它也参与是非问句的焦点。句尾焦点所在的句末词调域上限提高，调域跨度显著扩展，覆盖全部语句调域，焦点前调域上敛，音节时长延长，能量较强。“吗”字时长和音量有较大增加。

正反问句中，句法形式“V 不 V”和疑问语调共同负载疑问信息。问句开始调域下线上敛明显，到“V 不 V”调域上限大幅上升，到句末宾语调域上下限骤然下降，跨度显著压缩。加上时长和音强的凸显，正反问句中的“V 不 V”属于独立焦点。“吗”字是非问句中，疑问语气词“吗”和疑问语调共同作用，“吗”在时长和音强方面凸显，同时跟句末宾语后字的音高凸显相结合，共同表达疑问信息。语气词“吗”与疑问语调构成互补的联合焦点。

附录 1　陈述句(左)与“吗”字问句(中)、“吧”字问句(右)音高对比图

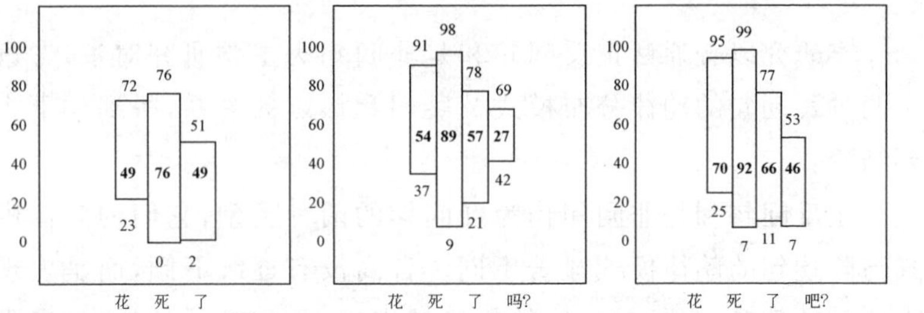

陈述句	花	死	了。
调域上线	72	76	51
调域跨度	49	**76**	49
调域下线	23	0	2

“吗”字问句	花	死	了	吗？
调域上线	91	98	78	69
调域跨度	54	**89**	57	27
调域下线	37	9	21	**42**

“吧”字问句	花	死	了	吧？
调域上线	95	99	77	53
调域跨度	70	**92**	66	46
调域下线	25	7	11	**7**

（引自杨树楠、董梦雪 2018）

附录 2　正反问句(左)和陈述句(右)词调域对比图

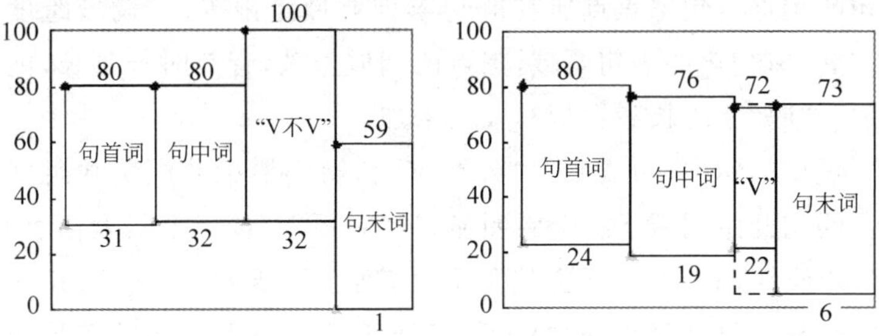

（引自阎锦婷 2013）

附录 3　语调问句(上)、"吗"字问句(中)与陈述句(下)的词调域对比图

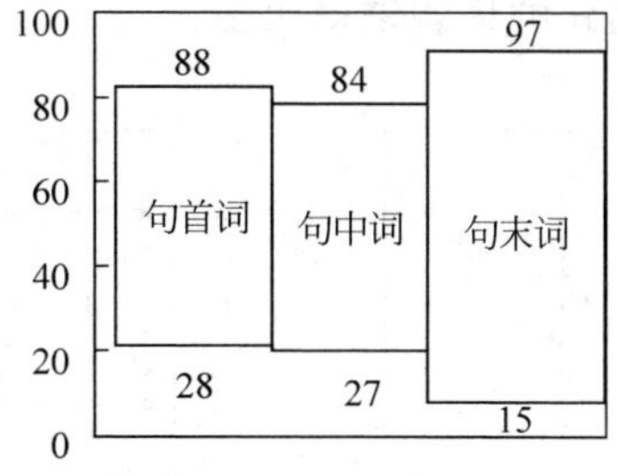

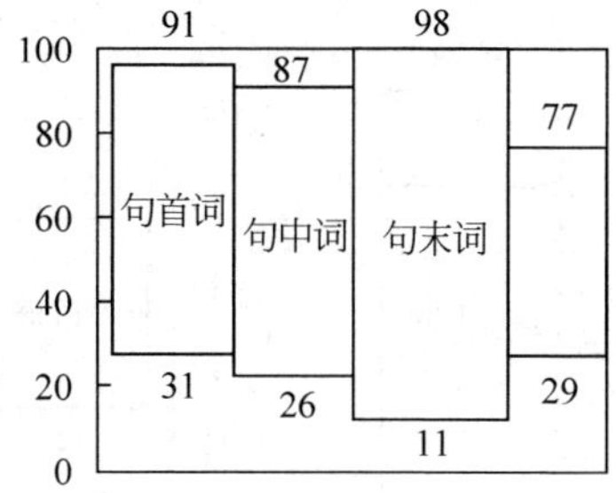

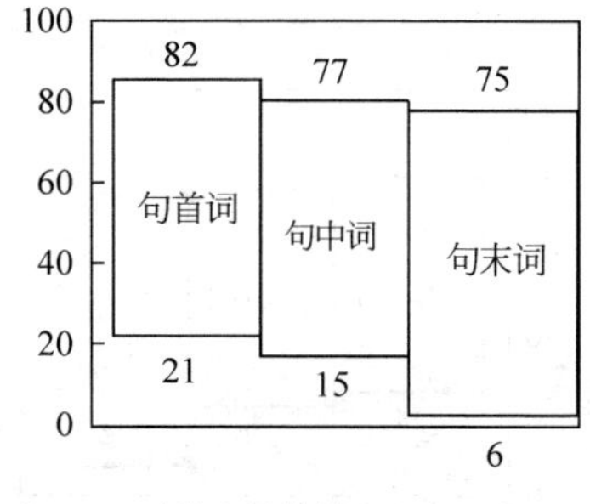

(引自阎锦婷 2013)

附录 4　特指问句("谁""什么时候""做什么""什么/哪里")与陈述句的词调域对比图

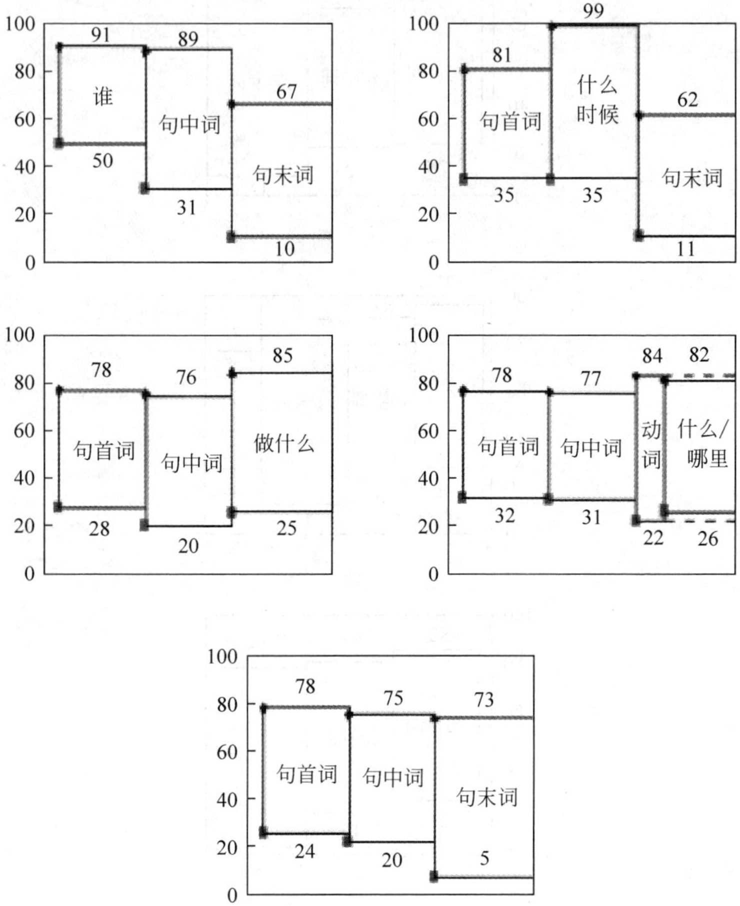

(引自阎锦婷 2013)

二、语调问句和“吗”字问句的不同韵律模式[①]

2.1　引言

普通话疑问句一直是语言研究中的热点问题。是非疑问句是疑问句的四种类型之一，它的应答形式限定为肯定或否定。是非疑问句可以分为语调问句和语气词问句，前者只用语调负载疑问信息，后者是语调和疑问语气词共同负载疑问信息。

学界对普通话是非疑问句的研究大致可分为语法、语义和韵律、语调两个层面。刘月华（1988）认为，语调问句可分两种情况："S1＋？"主要是对事情表示怀疑、惊讶，"S2＋？"目的之一是求得证实；"吗"字问句有三种情况：预先有倾向性的答案以求答案、预先没有倾向性的答案以求答案、另有目的而不为求答案。郭锐（2000）把“吗”字问句的确信度由高到低分成五级。杨永龙（2003）认为，现代汉语中，语气词“吗”的主要功能有三：全疑而问、半疑而问、无疑而问。郭婷婷（2005）按照“吗”问句的功能类型和疑问程度将其分为询问求知句、测度求证句和反诘质疑句三类。以上是在语法、语义层面的研究。

胡明扬（1987）把每种语调的适用范围都分为专用范围和活用范围两种。其中，高调型的疑问语调的专用范围是语调是非问句和选择问句的前一分句，活用范围之一是带语气词“吗”的是非问句，使用疑问语调时表示发问者对句子内容有怀疑。阮吕娜（2004）实验结果表明，“吧”字问句与语调问句在语调上有较大的

① 原文发表于《南开语言学刊》2017 年第 2 期，作者阎锦婷、高晓天。

差异，而"吗"字问句在语调上与语调问句比较接近。江海燕(2005)听辨实验结论是，语气词"吗"可承担全部疑问语气，也可与疑问语调各自承担一部分疑问语气，也可不承担疑问语气。王萍、石锋(2010)研究发现普通话是非问句的句末词调域最大化扩展，覆盖全句调域。阎锦婷等(2016)指出语调问句和带"吗"问句在句末词调域表现最明显，疑问语调和"吗"表达疑问语气是叠加与互补的关系。这些属于韵律、语调层面的研究。

以上研究让我们对普通话是非疑问句有了多方面的认识。然而，对是非疑问句内部不同类型之间进行对照比较的研究较为薄弱。邵敬敏(2012)指出这一问题，并细化了是非问句内部类型的差异对比。他认为，疑问句的不同类别，实际上在怀疑程度方面是有明确分工的，语调是非问具有明显的否定性倾向，即"倾否"；"吗"字是非问属于求知性的，即"求答"。目前研究中语义、语法和韵律、语调层面的结合不够，一些结论还有待于实例的验证。

本研究以语调问句和"吗"字问句为例，参照自然焦点的陈述句来考察普通话是非疑问句的韵律模式，重在对语调问句和"吗"字问句两种是非疑问句的横向比较，并将韵律、语调层面的表现与语义、语法层面结合，做出量化的分析，得到相关结论。

2.2 实验说明

实验句共三组，是在沈炯(1985)的基础上适当修改而成的。第一组是作为语调研究基式的自然焦点陈述句；第二组是同型的语调是非问句，由陈述句带上疑问语调构成；第三组是同型的"吗"字是非问句，由陈述句带上疑问语调，并后加语气词"吗"构成。

第一组 陈述句	第二组 语调是非问句	第三组“吗”字是非问句
张忠斌星期天修收音机。	张忠斌星期天修收音机？	张忠斌星期天修收音机吗？
吴国华重阳节回阳澄湖。	吴国华重阳节回阳澄湖？	吴国华重阳节回阳澄湖吗？
李小宝五点整写讲演稿。	李小宝五点整写讲演稿？	李小宝五点整写讲演稿吗？
赵树庆毕业后到教育部。	赵树庆毕业后到教育部？	赵树庆毕业后到教育部吗？
李金宝五时整交讲话稿。	李金宝五时整交讲话稿？	李金宝五时整交讲话稿吗？
李小刚五点半写颁奖词。	李小刚五点半写颁奖词？	李小刚五点半写颁奖词吗？

发音人共有6位，3男3女，都是南开大学的学生，平均年龄20岁，在北京出生、长大，父母均为北京人。录音在南开大学语音实验室完成。发音人按照自然焦点陈述句、语调问句、“吗”字问句的顺序说出实验语句，要求以自然状态、平稳语速发音，不出现强调对比和情感色彩。录音软件 Cool Edit Pro 2.0，采样率 11025 赫兹，16位，单声道。每位发音人每个句子说3遍，相邻语句间隔3—5秒，这样共得到6×3×6×3＝324个样品句。

使用南开大学桌上语音工作室软件（Mini-Speech-Lab）对样品句进行声学实验，测出音高、时长和音强数据；然后把数据输入到Excel，根据公式分别求得各发音人的调域起伏度、时长比和音强的音量比；最后将全部发音人的数据平均，分别得到三组语句的音高起伏度、时长比和音量比平均值，作出相关图表。

2.3　实验结果及分析

2.3.1　音高方面

通过声学实验测出全部发音人每个语句的字调域、词调域、句调域上线和下线的频率值（见附录1），再将这些频率值转换为半音值（见附录2）。为把三组实验句放在同一水平上进行比较，本研究将每位发音人三组语句的所有半音值数据放在一起，从中选取最大值和最小值作为调域的两极，即100%和0，计算它们的百分比值（见附录3）。以百分比值为单位，分别计算三组语句字调域、词调域和句调域的音高跨度、上/下线的分布位置。语句韵律模式在音高方面就是，语句调型曲线的起伏格式所表现的词调域的宽窄和高低的位置关系。普通话自然焦点陈述句（下称陈述句）、语调问句和“吗”字问句的音高起伏度图如下所示：

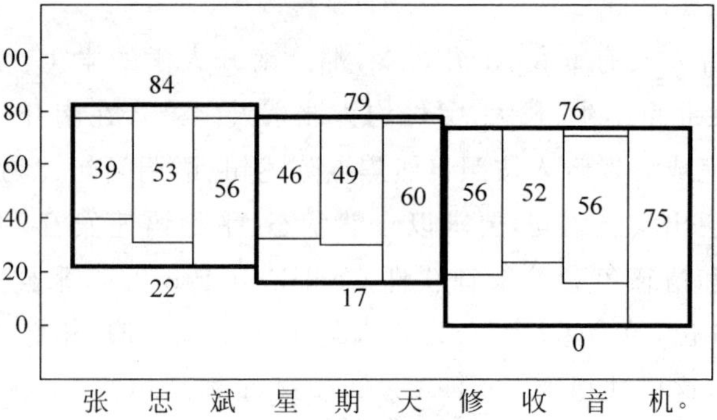

图1 陈述句的调域起伏图

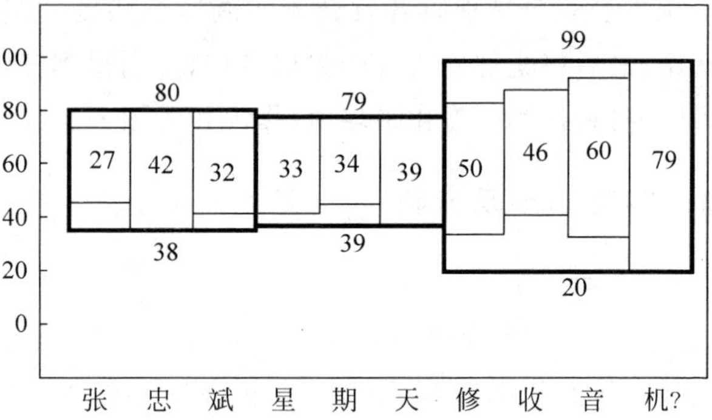

图2 语调问句的调域起伏图

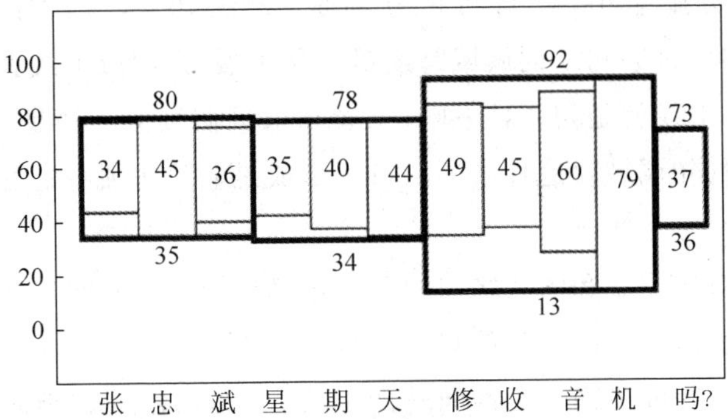

图 3　“吗”字问句的调域起伏图

图中细线长方格是字调域，中间的百分比数据标识字调域跨度；粗线方格是词调域，两端的百分比数据分别标识词调域的上线和下线位置；词调域上线最大值和下线最小值之间的范围即全句调域的宽度。

首先看图 1 陈述句中的字调域，句首词、句中词、句末词的后字调域跨度分别是 56%、60%和 75%，都在各自词调域中跨度最大，后字调域下线都是各自词调域的下线。这表现出字调域跨度在边界前扩展和下线的降低。再看词调域，句首词、句中词、句末词的调域上线分别是 84%、79%、76%，调域下线分别是 22%、17%、0，呈现出音高下倾的趋势。句首、句中词调域跨度都是 62%，句末词调域跨度最大，为 76%。这是陈述句的音高分布模式，作为分析对比的参照基础。

我们把图 2 的语调问句和图 3 的“吗”字问句的调域起伏图形跟图 1 相比，二者的相同点有：(1)全句调域整体提高，上限比陈述句提高 8%—15%，下线提高 13%—20%；(2)句首词和句中词调域跨度明显缩小，语调问句分别是42%、40%，“吗”字问句为45%、44%；(3)句末词调域跨度最大化扩展，词调域上线就是句调域上限，下线就是句调域下限，二者句末词调域恰巧都是79%，覆盖各自的句调域。这种共同的特征形成是非问句独特的音高分布模式。

再对比图2和图3之间的差异，可以看到，语调问句和“吗”字问句在相对一致的音高趋势下，也有一定的不同之处：(1)全句调域提高的程度不同。语调问句的上线、下线都比“吗”字问句多出7%，提高的程度更大些。(2)句首词和句中词调域跨度的缩小程度不同。语调问句缩小20%—22%，“吗”字问句缩小17%—18%，语调问句压缩得更多些。(3)句中词跟句末词调域上线的差量不同。语调问句为20%，“吗”字问句是14%，说明语调问句的句末词调域上线提升程度更大些。最后的不同点是，“吗”字问句末尾有语气词“吗”，而语调问句没有。这可能也是“吗”字问句调域扩展或缩小以及提高的程度都不如语调问句的因素。因为还有“吗”字帮助分担传递疑问信息。

语调问句和“吗”字问句的音高模式表明，是非疑问句有着共同的音高趋势；同时，这两种是非问句在局部的表现程度上确有区别，应分属两种不同的是非疑问句小类。

2.3.2　时长方面

语句韵律模式在时长方面是语句中各字音的相对时长的动态变化构成的分布模式。相对时长的时长比测算：用语句中每个字音的时长分别除以这个语句中的字音平均时长，得到各个字音的时长比(石锋等2010)。陈述句、语调问句和“吗”字问句的时长比图分别见图4、图5、图6。

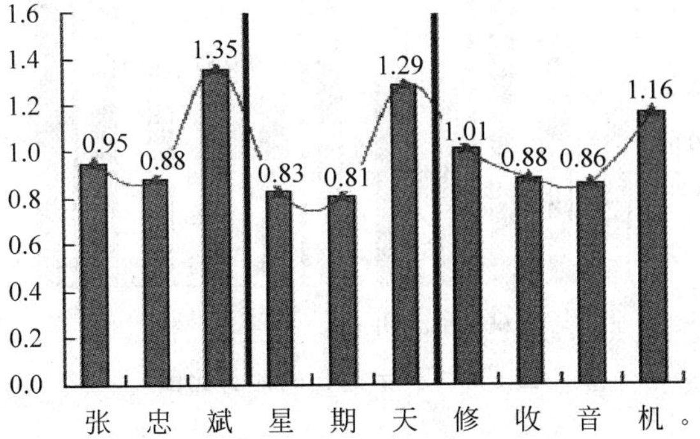

图 4　陈述句的时长比图①

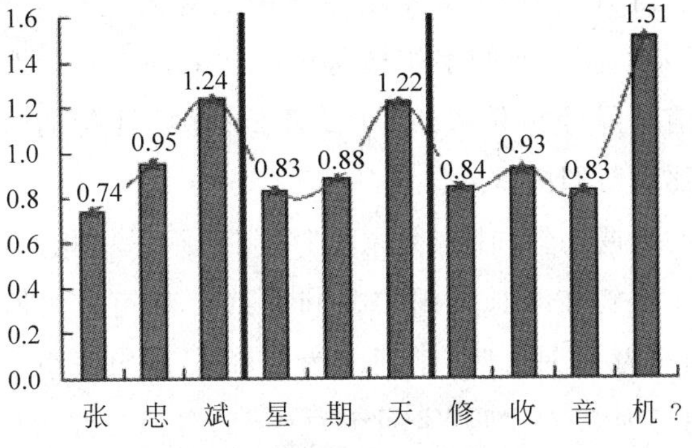

图 5　语调问句的时长比图

① 数据引自石锋、梁磊、王萍(2010)。

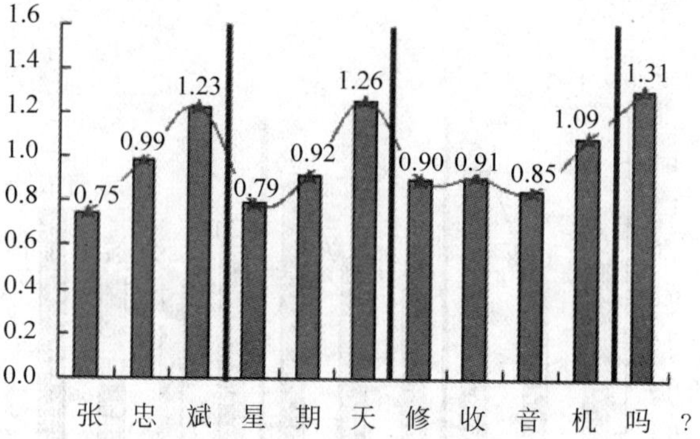

图 6 “吗”字问句的时长比图

观察图 4 陈述句各词中的字音时长分布，大致呈“√”状模式，中字是谷值，后字是峰值。后字时长比分别是句首 1.35，句中 1.29，句末 1.16，全句最大值在句首词后字，从句首到句末时长比逐渐减小。陈述句在时长方面突出的表现就是边界前的延长。“这应该是跟音高方面的字调域跨度在边界前的扩展和字调域下线在边界前的降低相联系的。”（石锋 2017）陈述句的时长分布模式是进行比较对照的基础。

图 5 的语调问句和图 6 的“吗”字问句跟图 4 相对照，可以看到两种是非问句在时长方面的共同点：(1)全句最大值都在句末字，语调问句为 1.51，“吗”字问句为 1.31。全句最小值都在句首字，语调问句为 0.74，“吗”字问句为 0.75。(2)句首和句中词的后字时长都比陈述句缩减，语调问句分别缩减 0.11 和 0.07，“吗”字问句分别缩减 0.12 和 0.03。(3)动词时长比陈述句缩减 0.11—0.17；(4)各词内部时长分布呈阶梯状升高，首字较低，末字较高。是非疑问句的时长分布模式除了保持边界前的延长之外，明显不

同于陈述句的模式。同时，这跟上文所述的是非问句的音高分布模式相互联系。如，句末字为时长最大值联系音高的句末词调域最大化扩展；句首、句中词后字时长缩减联系音高的句首、句中词调域跨度缩小。

在图5和图6之间对比，可以发现，语调问句和“吗”字问句的时长模式总体一致的同时，也表现出一定的差异：(1)全句最大值的字音不同。尽管都是句末字最长，可是语调问句是宾语的末字最长，“吗”字问句最长的却是句末的“吗”字。而且语调问句末字比“吗”字问句的宾语后字长0.42，比句末“吗”字长0.2。(2)单音动词时长的缩减程度不同。语调问句的动词时长比陈述句少0.17；“吗”字问句动词只少0.11。前者缩减更多些。(3)句末最大值跟句首、句中词后字时长的差量不同。语调问句的差量为0.27—0.29；“吗”字问句差量只有0.05—0.08。语调问句从句末词中字0.83陡升为末字1.51，差量为0.68；“吗”字问句从句末词中字0.85缓升至后字1.09，再到句末“吗”字1.31，差量分别为0.24和0.22。显然前者的时长对比更为鲜明。

2.3.3　音强方面

语句韵律在音强方面表现为语句中各字音的相对音量的动态变化的分布模式，以幅度积为基础计算音量比。幅度积是选定音段内各采样点的幅度在时间上的积分，即选定时间内语音的总能量。音量比计算办法：用语句中每个字音的幅度积分别除以这个语句中的字音平均幅度积，得到各个字音的音量比（石锋等2010）。陈述句、语调问句和“吗”字问句的音量比图分别见图7、图8、图9。

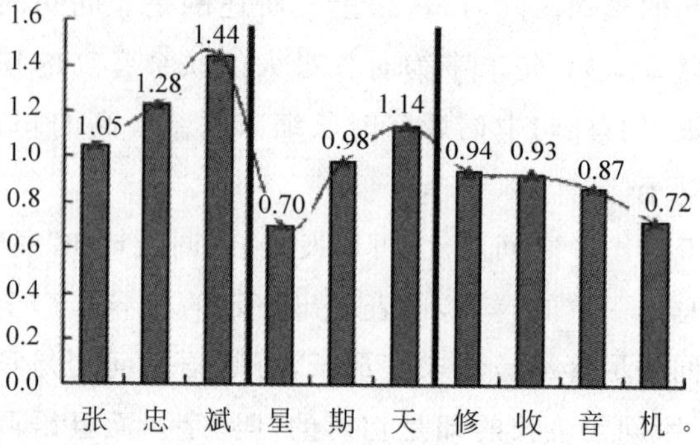

图 7　陈述句的音量比图①

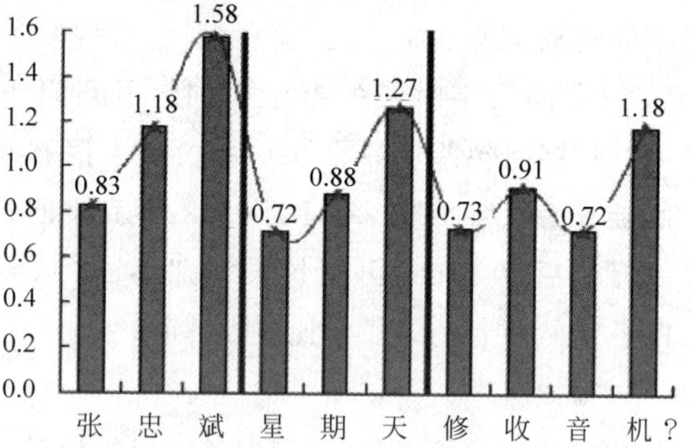

图 8 语调问句的音量比图

从图 7 中可以看到陈述句"字音强度在边界前增强的特征和以词为界的音量递减的趋势"（石锋 2017）。在句首、句中词表现为各字音量比成阶梯状增强，句末字音量较小。图 8 和图 9 的语

① 数据引自谢中仁（2016）普通话陈述句和疑问句的音量比实验研究，北京语言大学实验语言学沙龙报告。

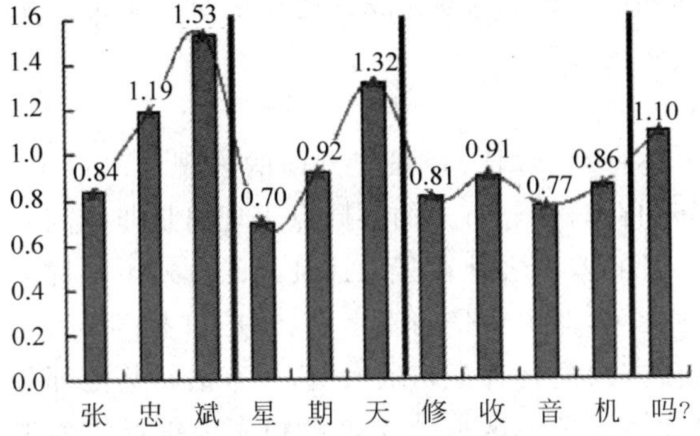

图 9　"吗"字问句的音量比图

调问句和"吗"字问句的句首、句中词各字也都成阶梯状增强，表现出在边界前增强的特征。在三个图中都可以看到从句首、句中到句末，音量逐级下降。这就表明音量最大值都是在句首词的后字。

把图 8 和图 9 跟图 7 的基本模式对照，有三点区别：(1)语调问句和"吗"字问句的句首、句中词后字音量明显大于陈述句的对应字。语调问句分别多出 0.14、0.13；"吗"字问句分别增加 0.09、0.18。这是音量增强的表现。(2)单音动词的音量减弱，陈述句动词音量比 0.94，两种问句的动词音量比分别是 0.73 和 0.81。差量为 0.21、0.13。(3)句末词差异明显。陈述句的句末词音量比呈阶梯状下降，没有边界前增强。在图 8 和图 9 中，句末词后字有增强，语调问句从陈述句的 0.72 增至 1.18，"吗"字问句增到宾语后字 0.86，到句末"吗"字增到 1.10。句末字增加幅度都很大。

对比图 8 语调问句和图 9"吗"字问句，发现三点差别：(1)句首词和句中词后字的音量比交错增加。在句首词后字是语调问句多出 0.05；句中词后字是"吗"字问句多出 0.05。(2)单音动词音量减弱程度不同。语调问句动词比陈述句动词减弱 0.21；"吗"字问句动词减弱 0.13。(3)句末字增强的程度不同。语调问句末字比“吗”字问句的宾语后字大0.32，比句末“吗”字大0.08。语调问句的句末增强更多些。

2.3.4 小结

综合上述音高、时长、音强三方面的表现可以得出，语调问句和“吗”字问句在韵律分布上的共同点表现出是非疑问句的总体韵律特征。二者的差异之处在于表达疑问的方式不一样。语调问句用语调表达疑问，即主要是句末字，也就是句末宾语后字，在音高、时长、音强三方面都具有全句最大值，并有语句其他部分的协调整合，显现出疑问意义。这是独立焦点和完全焦点的表现。“吗”字问句采用疑问语调和句末语气词“吗”共同表达疑问信息，即句末宾语后字在音高方面具有最大值，句末“吗”字在时长和音强方面具有最大值或最大增量，再有语句其他部分的协调整合，传递疑问意义。这是联合焦点和互补焦点的表现。

语调问句和“吗”字问句焦点表现的不同反映出它们传递疑问信息的差别。“语调是非问的怀疑，是倾向于不可思议、不可理解、不以为然，具有明显的否定性倾向，但是并没达到反问句的完全否定；‘吗’字是非问的怀疑，是真的不知道、不明白，属于求知性的。”（邵敬敏2012）

语调问句的句末字音的全面凸显，集中表明说话人对一件事情表示质疑、惊讶，否定度较高，重在“倾否”，语气较为强烈，一般会话中并不常用。“吗”字问句的语气词“吗”是常用的疑问成分，又作为疑问标记，在时长和音强方面凸显，同时跟句末宾语后字在音高方面的凸显相结合，共同表达说话人对一件事情不清楚、不理解，未知度较高，重在“求答”，语气较为平缓，日常会话经常用到。

2.4 结论

我们以普通话语调问句和“吗”字问句为例，考察了两种是非疑问句的韵律分布模式。研究可得到如下主要结论：

（1）语调问句和“吗”字问句同是作为是非疑问句，它们的韵律模式与作为基本模式的自然焦点陈述句的韵律模式显著不同：音高方面，陈述句语调表现为音高下倾，字调域跨度在边界前扩展，字调域下线在边界前降低；是非问句的音高表现则是句首词和句中词调域跨度缩小，句末词调域跨度最大化扩展，全句调域提升。时长方面，陈述句的句首词后字有时长比最大值；是非问句的时长比最大值出现在句末字，句首字时长最短。音强方面，陈述句和是非问句的音量比都是阶梯式下降，可是陈述句的句末字音量未增强，而是非问句的句末字音量有大幅增强。这些音高、时长、音量方面的表现都是相互联系的。

（2）语调问句和“吗”字问句是两种不同的是非疑问句，它们的韵律分布模式有着一定的差异。在音高方面，语调问句的句调域提高程度更大，句首和句中词调域压缩更多，句末词上线提升程度更大。在时长和音强方面，语调问句的句末字时长更长，音量更强，单音动词的时长更短，音量更弱。这些都显示出语调问句的焦点是独立的完全的类型，“吗”字问句的焦点是联合的互补的类型。

（3）百分比数据显示，在音高方面，语调问句的句调域提高程度更大，时长和音强方面，语调问句的句末字时长更长，音量更强。同时，音高的赫兹、半音数据是语调问句句调域高于“吗”字问句，语句平均时长和幅度积数据也是语调问句大于“吗”字问句。可见，基本的绝对值和在此基础上的相对值有互补作用。

（4）普通话语调问句和“吗”字问句韵律模式的差异表明两种是非疑问句的功能侧重确有分工。语调是非问传达的是表示怀疑、惊讶、不可理解的“倾否”信息。“吗”字是非问传达的是表示对事情不清楚、不明白，以期待对方的回答的“求知”信息。

附录1 音高赫兹数据

	陈述句				语调是非问句				“吗”字是非问句			
	男生		女生		男生		女生		男生		女生	
	上线	下线	上线	下线	上线	下线	上线	下线	上线	下线	上线	下线
张	199	139	282	207	177	143	282	226	197	149	279	209
忠	205	131	293	193	189	134	294	209	202	138	277	193
斌	197	122	281	179	179	137	282	220	190	142	276	205
星	196	133	286	196	182	137	282	221	193	144	277	209
期	198	133	283	190	193	139	285	227	200	152	271	188
天	190	116	286	175	193	139	285	209	197	138	276	192
修	190	120	283	176	199	127	302	206	203	138	294	194
收	186	122	282	181	209	143	311	210	204	140	290	201
音	177	115	280	172	225	129	324	201	212	127	305	186
机	187	97	279	155	240	114	328	182	227	118	307	158
吗									195	136	262	201

附录 2　音高半音数据

	陈述句				语调是非问句				"吗"字是非问句			
	男生		女生		男生		女生		男生		女生	
	上线	下线	上线	下线	上线	下线	上线	下线	上线	下线	上线	下线
张	22	16	26	20	20	16	26	22	22	17	25	20
忠	23	15	26	19	21	15	26	20	22	16	25	19
斌	22	14	26	18	20	16	26	21	21	16	25	20
星	22	15	26	19	21	16	26	21	22	17	25	20
期	22	15	26	19	22	16	26	22	22	17	25	19
天	21	13	26	17	22	16	26	20	22	16	25	19
修	21	13	26	17	22	14	27	20	22	16	26	19
收	21	14	26	18	23	16	27	20	23	16	26	20
音	20	13	25	17	24	15	28	20	23	14	27	18
机	21	10	25	15	25	13	28	18	24	13	27	16
吗									22	16	24	20

附录3　音高百分比数据

	陈述句				语调是非问句				"吗"字是非问句			
	男生		女生		男生		女生		男生		女生	
	上线	下线	上线	下线	上线	下线	上线	下线	上线	下线	上线	下线
张	80	42	78	38	70	45	78	49	80	49	77	39
忠	84	33	83	29	78	38	83	38	84	41	76	29
斌	78	25	78	19	70	39	78	45	77	43	75	37
星	78	36	80	31	72	39	78	46	78	45	76	39
期	79	33	79	27	78	41	80	50	82	49	73	25
天	74	19	80	16	77	40	80	39	80	40	75	28
修	74	24	79	16	80	30	87	37	83	39	83	29
收	72	25	78	21	84	42	91	39	83	41	81	34
音	67	18	77	14	91	32	96	34	87	30	88	24
机	74	0	77	0	100	19	98	21	95	23	89	3
吗									79	39	68	34

附录 4　是非疑问句字音平均时长(左,单位:毫秒)和幅度积(右)的平均值

	语调问句	“吗”字问句
张	184	172
吴	187	176
李	182	176
赵	177	169
李	186	177
李	187	177

	语调问句	“吗”字问句
张	51	49
吴	66	57
李	58	53
赵	68	62
李	58	56
李	61	57

三、特指问句的韵律模式[①]

3.1　引言

特指问句指句中用疑问代词提出疑点,要求对方针对疑点做出回答的疑问句。一个特指问句可以有一个疑问点,也可以有多个疑问点。我们把句法结构中只有一个疑问点的称作特指问句的基本句式,这是本研究关注的问题。特指问句的基本句式通过运用“谁”“什么”“哪里”等疑问代词向对方询问人、物、地点等,以获取相关答案的确指信息。

普通话四种疑问句类型中,特指问句和选择问句的研究较弱,是非问句和正反问句相对好一点。前人对特指问句的研究主要集中在句法形式和特殊功用上,如吕叔湘(1982)、朱德熙(1982)、黄伯荣和廖序东(2011)都指出特指问句一般要有疑问代词和疑问语

① 原文发表于《汉语史与汉藏语研究》第 4 辑(2019 年),作者阎锦婷、高晓天。

调，邵敬敏(1996)关注了正反问句、选择问句与特指问句的结合形式，邢福义(1995)从句群的角度研究特指问句，徐杰、张林林(1985)指出特指问句的疑问程度最高。

对特指问句进行声学实验的，如阮吕娜(2004)、王韫佳(2008)依据高音点、低音点和音高范围三个参数分析对比不同类型的疑问句的声学差异。江海燕(2009)对比了陈述句和疑问句调域中线走势图，发现句子起点位置的音高相对集中，特指问句的终点位置高于陈述句、正反问句和选择问句。阎锦婷(2013)研究发现，特指问句的句调域比陈述句整体提高，凭借疑问词来表达疑问语气，疑问语调的特征减弱一些。

疑问代词在语义层面和语用层面划定了问答的范围，由答话人做出确认，它能否成为实现特指问句的充分条件？普通话特指问句的韵律模式是什么？不同位置疑问点的语句韵律模式之间有着怎样的区别与联系？基于这些问题，本研究以特指问句的基本句式为例，参照自然焦点的陈述句来考察普通话特指问句的韵律模式，包括音高、时长和音强，并将韵律层面的表现与语义、语法层面结合，做出量化的分析，得到相关结论。

3.2　实验说明

我们选用生活中常见的口语语体作为研究语料，采用实验室录音的方法，实验句在沈炯(1985)的基础上适当修改而成，分为陈述句和特指问句两个大组，特指问句又依据不同位置的疑问点分为四小组，这样一共是五组不同的语句。韵律词和短语的切分随疑问句类型的不同及具体的实验目的而改变，具体见附录1。

有6位(3男3女)发音人参加了本次实验，他们都是南开大学的学生，平均年龄 20 岁，父母均为北京人。录音在南开大学语音实验室进行，录音软件为 Cool Edit Pro 2.0，采样率 11025 赫兹，16 位，单声道。我们请每位发音人提前熟悉实验语句，然后以自然口语、平稳语速读出并录音。每个句子说 3 遍，句与句间隔 3—5 秒，共得到 5×6×3×6＝540 个样品句。

使用南开大学桌上语音工作室软件 Mini-Speech-Lab 对样品句进行声学实验，测出音高、时长和音强数据；然后把数据输入到 Excel，根据公式分别求得各发音人的调域起伏度、时长比和音量比；最后将全部发音人的数据平均，分别得到五组语句的音高起伏、时长停延和音强的音量比平均值，作出相关图表。

3.3　实验结果及分析

3.3.1　音高方面

语句韵律模式在音高方面就是语句调型曲线的起伏格式所表现的词调域的宽窄和高低的位置关系（石锋 2017）。

本研究通过声学实验测出全部发音人每个语句的字调域、词调域、句调域上线和下线的频率值（见附录 2），再将这些频率值转换为半音值（见附录 3）。为了同一水平上进行比较，本研究将每位发音人五组语句的所有半音值数据放在一起，从中选取最大值和最小值作为调域的两极，即 100％和 0，计算它们的百分比值（见附录 4）。以百分比值为单位，分别计算陈述句、不同疑问点的特指问句句调域、词调域的音高跨度和上/下线的分布位置。普通话自然焦点陈述句（下称陈述句）、只包含一个疑问点的特指问句（下称特指问句）的音高图如下所示：

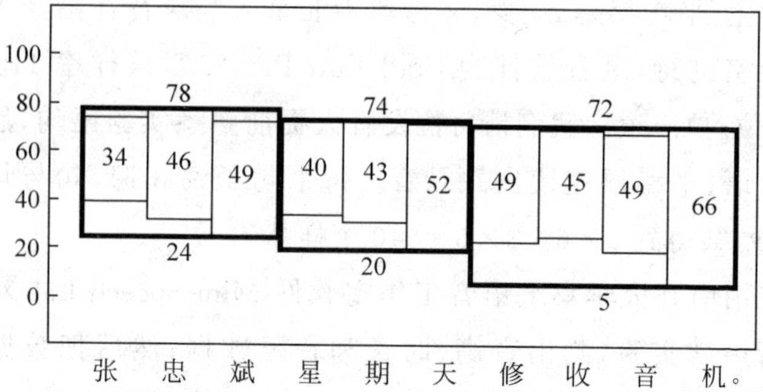

图 1　陈述句的调域起伏图

图中细线长方格是字调域，中间的百分比数据标示字调域跨度；粗线方格是词调域，两端的百分比数据分别标示词调域的上线和下线位置；词调域上线最大值和下线最小值之间的范围即全句调域的宽度。

由图 1 可知，普通话陈述句表现出字调域跨度在边界前的扩展和下线的降低，句首词、句中词、句末词的后字调域跨度分别是 49％、52％和 66％，在各自词调域中跨度最大，后字调域下线都是各自词调域的下线。句首词、句中词、句末词的调域上线分别是 78％、74％、72％，调域下线分别是 24％、20％、5％，音高逐级下倾。句首、句中词调域跨度都是 54％，句末词调域跨度 67％，句末词跨度最大。五组数据的最小值是陈述句中的 5％。

图 2 特指问句中，“谁”问句和“什么时候”问句的句末字调域跨度分别是 54％和 43％，“做什么”问句和“什么/哪里”问句的句中词后字调域跨度分别是 54％和 44％，表现出字调域跨度在边界前的扩展和下线的降低。其他位置除图 2b 句首词后字外，未表现出“字调域跨度在边界前的扩展和下线的降低”的特征。

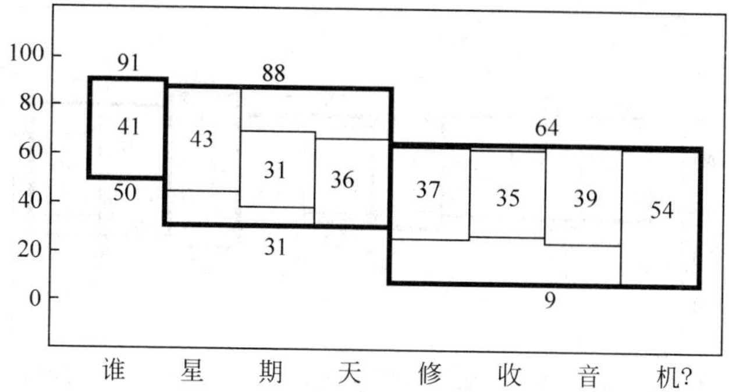

(a)“谁”问句的调域起伏图

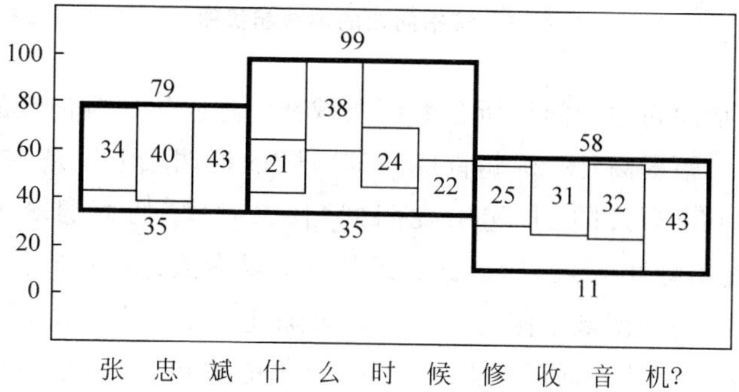

(b)“什么时候”问句的调域起伏图

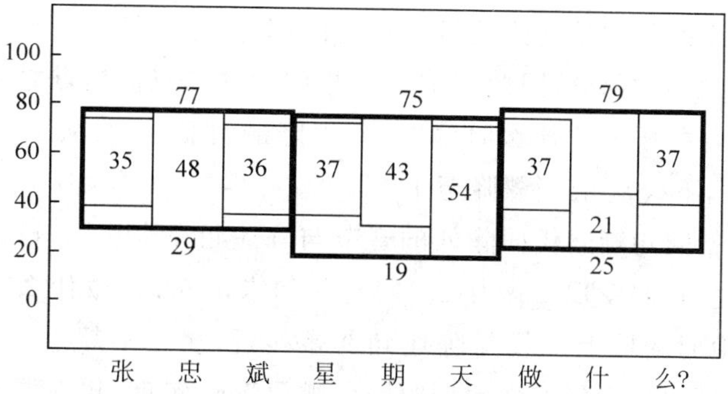

(c)“做什么”问句的调域起伏图

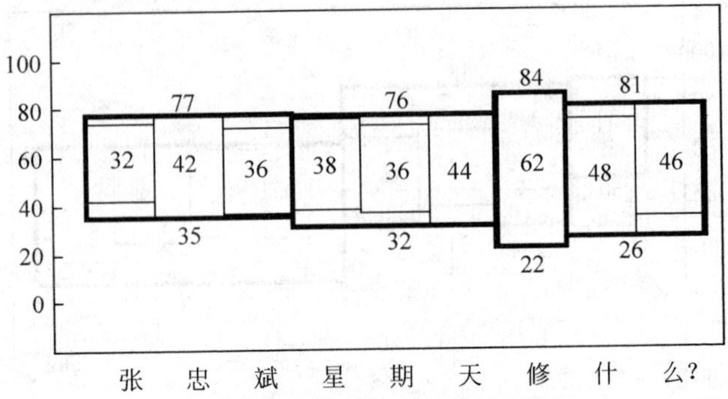

(d)“什么/哪里”问句的调域起伏图

图 2 特指问句的调域起伏图

特指问句中疑问词所在的词调域都比陈述句相应位置的词调域上限大幅提高，图 2a 句首疑问词“谁”的词调域上线是 91％；高出陈述句 13％；图 2b 句中疑问词“什么时候”的词调域上线是 99％；高出陈述句 25％，也是五组数据的最大值；图 2c 句末疑问词“做什么”的词调域上限是 79％，高出陈述句 7％；图 2d 句末疑问词“什么/哪里”的词调域上线 81％，高出陈述句 9％。焦点调的表现之一就是焦点所在的词调域上限提高(石锋、冉启斌 2011)。特指问句中疑问词是问话人最想知道的部分，也是问话人希望听话人给予回答的部分，因此就成为特指问句的焦点。焦点之后的词调域下降并压缩，“什么时候”问句下降最明显，上线从 99％骤降至 58％，下线从 35％骤降至 11％。

特指问句疑问代词除外的音节与陈述句完全相同，可以直接做比较。我们发现，“做什么”问句除句末疑问词“做什么”外，句首、句中词调域上下线与陈述句非常接近，相差不超过 5％；“什么/哪里”问句除句末疑问词“什么/哪里”外，句首、句中词调域上线与陈述句非常接近，相差不超过 2％，调域下线则差异较大；

"谁"问句和"什么时候"问句疑问词所在焦点位置除外的词调域上下线与陈述句差异较大。可见，不同疑问点的特指问句中，疑问代词与疑问语调的组合特征是不同的。

特指问句的句调域比陈述句整体提高，这是不同类型疑问句的共性特征。上线提高1%—21%，下线提高4%—17%。句首"谁"问句和句中"什么时候"问句的句调域跨度分别是82%和88%，比陈述句大9%和15%；句末"做什么"和"什么/哪里"问句的句调域跨度分别是60%和62%，比陈述句小13%和11%。可见，疑问词在动词后的句末位置时，特指问句的句调域音高跨度缩小，由大于陈述句转为小于陈述句。

3.3.2 时长方面

语句韵律模式在时长方面是语句中各字音的相对时长的动态变化构成的分布模式（石锋 2017）。语句内各音节的时长除以本句音节的平均时长即相对时长的时长比，如果大于1，表明发生了音节延长。陈述句、特指问句的时长比见图3、图4。

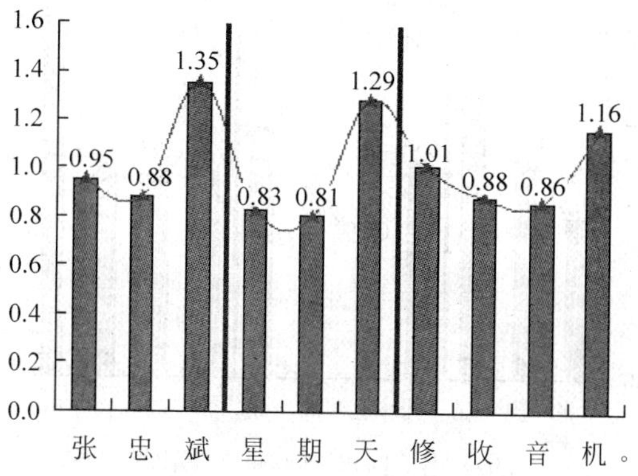

图3 陈述句的时长比图

由图 3 可知，陈述句在时长方面突出的表现就是边界前的延长。各词后字时长比分别是句首 1.35，句中 1.29，句末 1.16，各韵律词的中字是谷值，后字是峰值。全句最大值在句首词后字，从句首到句末时长比逐渐减小。单音动词时长比 1.01，时长延长，但延长幅度很小。一般动词时长都比名词短些。

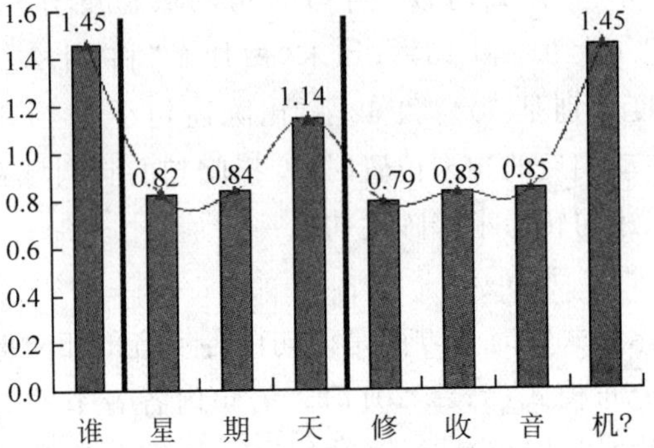

(a) “谁”问句的时长比图

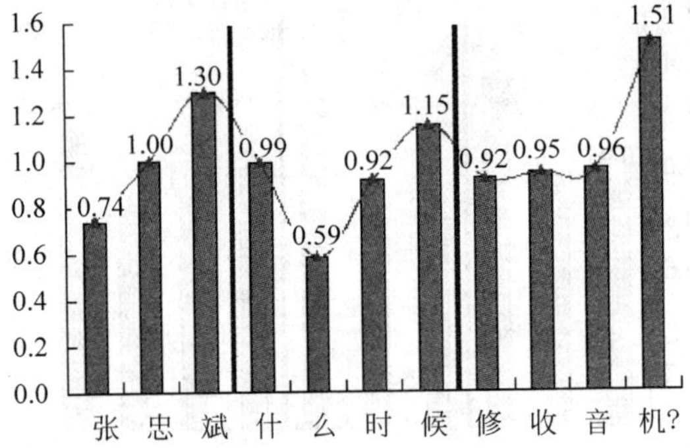

(b) “什么时候”问句的时长比图

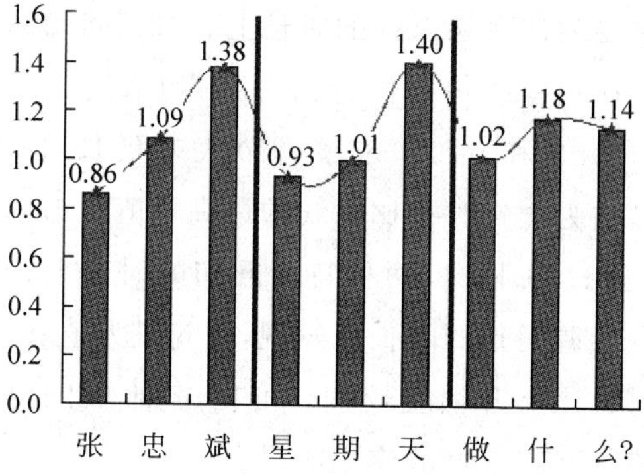

(c)“做什么”问句的时长比图

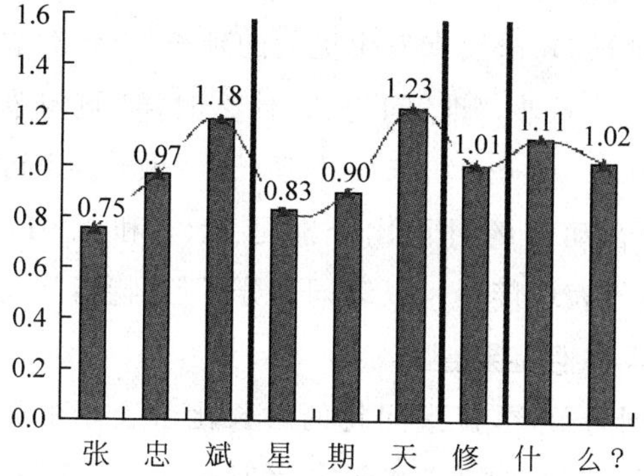

(d)“什么/哪里”问句的时长比图

图 4　特指问句的时长比图

图 4 显示，特指问句各词后字的时长比均大于 1，发生延长，反映出边界前的音节延长，句首词和句中词中各音节的时长比由

小变大，后字是韵律词的峰值，这与陈述句的时长表现一致。与陈述句的差异主要表现在句末词的时长上。“谁”问句和“什么时候”问句的疑问点在句首或句中位置，它们的句末词非末字时长比相近，差值仅为0.06和0.04，末字音节大幅延长，时长比分别是1.45和1.51，成为全句时长比曲线的最高峰值。与陈述句的句末从0.86上升至1.16相比，两种特指问句的时长上升明显。阎锦婷(2017)研究语调问句的时长比发现，全句最大值在句末字，句末前字到末字时长比上升幅度较大。可见，句末疑问语调在这两种特指问句中传达疑问信息的作用明显。

图4c“做什么”问句和图4d“什么/哪里”问句的疑问点都是在句末位置，它们的句末词各音节时长比相近，差值为0.16和0.1，且均发生了延长，句末没有发生更大的延长，全句时长比的最大值在句中词后字。另外，“谁”问句和“什么时候”问句单音动词的时长比分别是0.79和0.92，未发生延长。“做什么”问句和“什么/哪里”问句单音动词的时长比分别是1.02和1.01，音节发生延长，与陈述句的表现接近。以动词为分界点，特指问句的句末词时长比表现出规律性差异。

以韵律词为单位，特指问句的时长比未表现出逐级递减的趋势。“谁”问句的句首“谁”和句末字时长比1.45，最大；“什么时候”问句的时长比最大值是句末字，数值1.51；“做什么”问句和“什么/哪里”问句时长比由大到小依次是句中词、句首词、句末词。这跟疑问代词组合的字数多少有直接联系。

可见，普通话特指问句与陈述句呈现出不同的时长分布模式，特指问句内部，疑问点在动词前和动词后的句末词时长比有规律性差异。疑问点位于动词前，如表示人物的“谁”、表示时间的“什么时候”，疑问代词和句末疑问语调在组合表示特指问时作用都很明显。疑问点位于动词后，如表示动作的“做什么”、表示事物/地点的“什么/哪里”，因为疑问代词在句末，句末疑问语调减弱。疑问代词时长缩短既有疑问词结构的原因，也是疑问语调减弱的表现。

3.3.3　音强方面

语句韵律在音强方面表现为语句中各字音的相对音量的动态变化的分布模式，以幅度积为基础计算音量比。语句内各音节的幅度积除以本句音节的平均幅度积即相对音强的音量比，如果大于1，表明发生了音量的增强。陈述句和特指问句的音量比图见图5、图6。

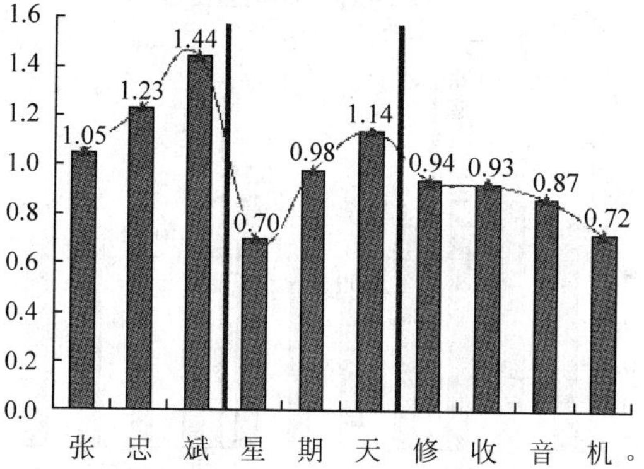

图5　陈述句的音量比图

由图5可知，普通话陈述句字音强度在边界前增强，句首词、句中词中各字音量比逐渐增强，后字成为词曲线的峰值。以韵律词为界，音量呈现递减趋势。句末词内部各音节音量逐渐减弱，末字音量为0.72，是句末词中的最小值。

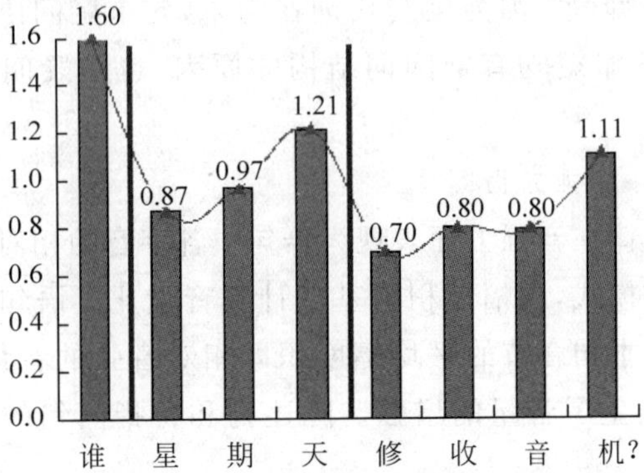

(a) “谁”问句的音量比图[①]

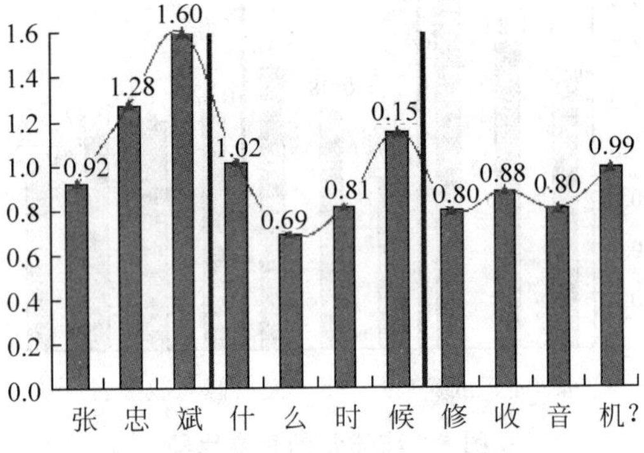

(b) “什么时候”问句的音量比图

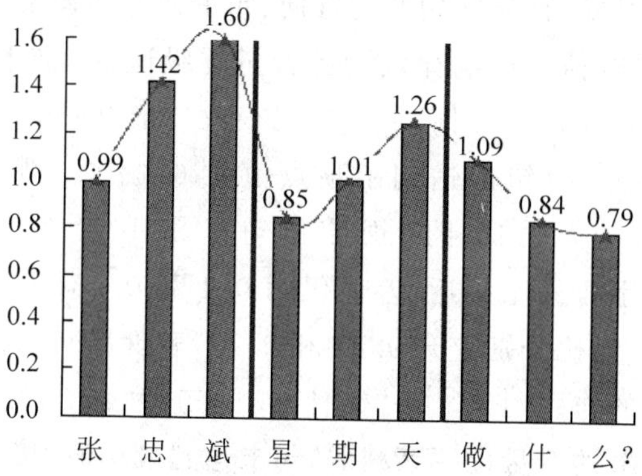

(c)“做什么”问句的音量比图

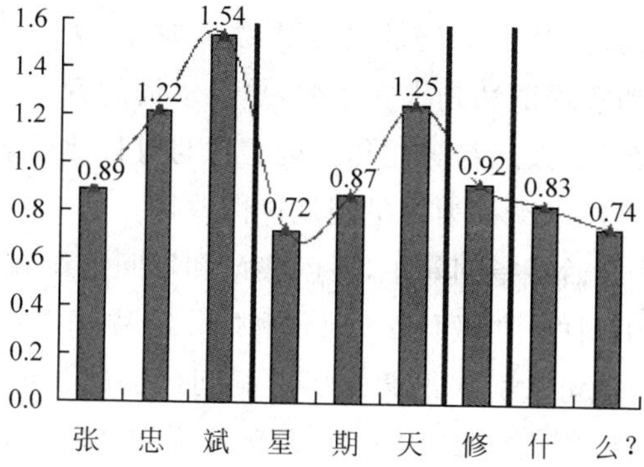

(d)“什么/哪里”问句的音量比图

图 6　特指问句的音量比图①

---

① 为在同一标度下进行数据的比较和分析，时长比超过 1.6 的统一标注为 1.6。

由图 6 可知,特指问句的句首词、句中词各字音量比也是逐渐增强,后字是峰值。以韵律词为界音量逐级递减。与陈述句不同的是,特指问句的句首词后字音量比很大,“谁”问句、“什么时候”问句、“做什么”问句都达到了顶点值 1.6,“什么/哪里”问句为 1.54,比陈述句大 0.1。图 6a“谁”问句和图 6b“什么时候”问句的句末词非末字音量比相近,差值仅为 0.1 和 0.08,末字音量有上升的趋势,音量比分别上升 0.31 和 0.19,表现出句末疑问语调表达疑问信息的作用明显。而“做什么”问句和“什么/哪里”问句的句末词各音节的音量比逐渐减弱,句末达到最小值,接近陈述句的表现。

除“做什么”问句外,单音动词音量比均小于 1,疑问代词位于主语和时间词时,单音动词的音量比数值较小,为 0.7 和 0.8;疑问代词位于动宾短语和句末宾语时,单音动词的音量比为 1.09 和 0.92,数值相对较大且与陈述句接近。这与时长比的表现一致,特指问句的音量比以动词为界呈现规律性差异。

可见,普通话特指问句中,疑问代词和疑问语调在承担疑问功能时作用是不同的。“做什么”问句和“什么/哪里”问句的疑问代词在句末,使得句末疑问语调减弱。疑问代词时长缩短和音量减弱有疑问代词后字轻声的因素,也是疑问语调减弱的表现。

3.4　结语

本研究考察了不同位置疑问点的特指问句的韵律分布模式,研究可得到如下主要结论:

特指问句作为普通话疑问句的四种类型之一,其韵律模式与作为基本模式的自然焦点陈述句的韵律模式不同。音高方面,特指问句多处未表现出陈述句“字调域跨度在边界前的扩展和下线的降低”的特征，疑问词所在的词调域都比陈述句相应位置的词调域上限大幅提高，这是焦点信息的音高表现。同时，特指问句的句调域比陈述句整体提高。时长方面，陈述句的时长比以韵律词为单位逐级递减，句首词后字是最大值。特指问句时长比最大值是句末词后字或句中词后字。音强方面，特指问句的句首词后字音量比陈述句高 0.1 以上，另外，“谁”和“什么时候”问句的句末字音量上升。

特指问句内部，疑问点在动词前和动词后的韵律模式有规律性的差异。音高方面，疑问词在动词后的句末位置时，特指问句的句调域音高跨度缩小，由大于陈述句转为小于陈述句，疑问词所在焦点位置除外的词调域上下线与陈述句差异减小。时长方面，疑问点位于动词前的时候，疑问代词和疑问语调在组合表示特指问时作用都很明显，句末字时长比陡升至全句最大值，单音动词未发生音节延长。疑问点位于动词后时，单音动词在内的句末词各音节均发生了延长，句末字没有发生更大的延长。音强方面，疑问点位于动词前的时候，单音动词的音量比数值较小，句末字音量有上升的趋势，疑问点位于动词后时表现相反。

不同疑问点的特指问句中，疑问代词与疑问语调的组合特征是不同的。疑问点位于句首和句中时，疑问代词和疑问语调共同组合表示特指问的作用都很明显，疑问词调域提升上敛为焦点，焦点后落差较大。句末字音时长和音量增加。疑问点位于句末时，疑问代词和疑问语调的位置重合，在组合方式上有所不同。疑问词调域上线有提升，下线上敛显著。疑问词本身的时长缩短和音量减弱，有疑问代词后字轻声的因素，同样也是疑问语调减弱的表现。

附录 1　实验语句

句类		
陈述句	a 张忠斌/星期天/修//收音机。 c 李小宝/五点整/写//讲演稿。 e 李金宝/五时整/交//讲话稿。	b 吴国华/重阳节/回//阳澄湖。 d 赵树庆/毕业后/到//教育部。 f 李小刚/五点半/写//颁奖词。
特指问句	“谁”问句： a 谁/星期天/修//收音机？ b 谁/重阳节/回//阳澄湖？ c 谁/五点整/写//讲演稿？ d 谁/毕业后/到//教育部？ e 谁/五时整/交//讲话稿？ f 谁/五点半/写//颁奖词？	“什么时候”问句： a 张忠斌/什么时候/修//收音机？ b 吴国华/什么时候/回//阳澄湖？ c 李小宝/什么时候/写//讲演稿？ d 赵树庆/什么时候/到//教育部？ e 李金宝/什么时候/交//讲话稿？ f 李小刚/什么时候/写//颁奖词？
	“做什么”问句： a 张忠斌/星期天/做什么？ b 吴国华/重阳节/做什么？ c 李小宝/五点整/做什么？ d 赵树庆/毕业后/做什么？ e 李金宝/五时整/做什么？ f 李小刚/五点半/做什么？	“什么/哪里”问句： a 张忠斌/星期天/修//什么？ b 吴国华/重阳节/回//哪里？ c 李小宝/五点整/写//什么？ d 赵树庆/毕业后/到//哪里？ e 李金宝/五时整/交//什么？ f 李小刚/五点半/写//什么？

附录 2　音高赫兹数据

			张	忠	斌	星	期	天	修	收	音	机
陈述句	男	上线	199	205	197	196	198	190	190	186	177	187
		下线	139	131	122	133	133	116	120	122	115	97
	女	上线	282	293	281	286	283	286	283	282	280	279
		下线	207	193	179	196	190	175	176	181	172	155
“谁”问句	男	上线	230			223	191	185	169	168	166	176
		下线	151			136	142	125	120	122	122	102
	女	上线	333			326	270	269	269	264	272	266
		下线	231			230	204	194	187	187	180	158

续表

“什么时候”问句	男	上线	300	307	302	252	350	260	243	246	265	259	248
		下线	218	212	201	209	243	218	205	189	185	186	170
	女	上线	193	193	193	180	256	193	163	153	150	152	154
		下线	138	132	130	150	184	147	128	125	123	117	94
“做什么”问句	男	上线	187	203	178	185	197	184	210	139	194		
		下线	127	128	129	136	127	113	128	113	128		
	女	上线	296	293	295	292	292	295	290	229	307		
		下线	220	189	209	200	198	176	218	191	229		
“什么/哪里”问句	男	上线	202	210	197	203	196	206	212	186	192		
		下线	138	135	132	136	144	126	116	112	121		
	女	上线	280	287	272	278	275	284	316	290	317		
		下线	216	198	207	203	196	197	177	195	213		

附录 3 音高半音数据

<table>
<tr><th colspan="3"></th><th>张</th><th>忠</th><th>斌</th><th colspan="3">星</th><th colspan="3">期</th><th>天</th><th>修</th><th>收</th><th>音</th><th>机</th></tr>
<tr><td rowspan="4">陈述句</td><td rowspan="2">男</td><td>上线</td><td>22</td><td>23</td><td>22</td><td colspan="3">22</td><td colspan="3">22</td><td>21</td><td>21</td><td>21</td><td>20</td><td>21</td></tr>
<tr><td>下线</td><td>16</td><td>15</td><td>14</td><td colspan="3">15</td><td colspan="3">15</td><td>13</td><td>13</td><td>14</td><td>13</td><td>10</td></tr>
<tr><td rowspan="2">女</td><td>上线</td><td>26</td><td>26</td><td>26</td><td colspan="3">26</td><td colspan="3">26</td><td>26</td><td>26</td><td>26</td><td>25</td><td>25</td></tr>
<tr><td>下线</td><td>20</td><td>19</td><td>18</td><td colspan="3">19</td><td colspan="3">19</td><td>17</td><td>17</td><td>18</td><td>17</td><td>15</td></tr>
<tr><td rowspan="4">“谁”问句</td><td rowspan="2">男</td><td>上线</td><td colspan="3">25</td><td colspan="3">24</td><td colspan="3">22</td><td>21</td><td>20</td><td>19</td><td>19</td><td>20</td></tr>
<tr><td>下线</td><td colspan="3">18</td><td colspan="3">16</td><td colspan="3">16</td><td>15</td><td>14</td><td>14</td><td>14</td><td>11</td></tr>
<tr><td rowspan="2">女</td><td>上线</td><td colspan="3">29</td><td colspan="3">29</td><td colspan="3">25</td><td>25</td><td>25</td><td>25</td><td>25</td><td>25</td></tr>
<tr><td>下线</td><td colspan="3">22</td><td colspan="3">23</td><td colspan="3">20</td><td>19</td><td>19</td><td>19</td><td>18</td><td>16</td></tr>
<tr><td rowspan="4">“什么时候”问句</td><td rowspan="2">男</td><td>上线</td><td>22</td><td>22</td><td>22</td><td colspan="2">21</td><td colspan="2">26</td><td colspan="2">22</td><td>19</td><td>18</td><td>17</td><td>18</td><td>18</td></tr>
<tr><td>下线</td><td>16</td><td>15</td><td>15</td><td colspan="2">17</td><td colspan="2">21</td><td colspan="2">17</td><td>15</td><td>14</td><td>14</td><td>13</td><td>9</td></tr>
<tr><td rowspan="2">女</td><td>上线</td><td>27</td><td>27</td><td>27</td><td colspan="2">24</td><td colspan="2">30</td><td colspan="2">25</td><td>23</td><td>24</td><td>25</td><td>24</td><td>24</td></tr>
<tr><td>下线</td><td>21</td><td>21</td><td>20</td><td colspan="2">21</td><td colspan="2">23</td><td colspan="2">21</td><td>20</td><td>19</td><td>18</td><td>18</td><td>17</td></tr>
</table>

续表

"做什么"问句	男	上线	21	23	20	21	22	21	23	16	22	
		下线	15	15	15	16	15	13	15	13	15	
	女	上线	27	26	27	26	26	27	27	22	27	
		下线	22	19	20	20	20	18	21	19	22	
特指"什么/哪里"问句	男	上线	23	23	22	23	22	23	24	21	22	
		下线	16	16	15	16	17	15	13	13	14	
	女	上线	26	26	25	25	25	26	28	26	28	
		下线	21	19	20	20	20	19	18	20	21	

附录4 音高百分比数据

			张	忠	斌	星	期	天	修	收	音	机	
陈述句	男	上线	76	80	74	75	76	71	71	69	65	71	
		下线	45	38	31	40	37	25	30	31	25	10	
	女	上线	72	77	71	74	72	74	72	72	71	71	
		下线	35	27	18	28	25	15	15	19	13	0	
"谁"问句	男	上线	91			88	74	69	61	60	61	63	
		下线	52			43	45	35	30	33	32	17	
	女	上线	91			89	66	66	66	64	67	64	
		下线	48			48	33	27	23	23	19	3	
"什么时候"问句	男	上线	76	76	76	69	100	79	61	55	52	54	52
		下线	44	40	39	51	69	52	37	35	34	28	10
	女	上线	79	82	80	58	97	62	54	56	64	61	57
		下线	41	37	31	36	53	41	34	25	21	22	11
"做什么"问句	男	上线	72	78	67	71	75	70	78	45	78		
		下线	37	37	36	41	36	23	37	25	37		
	女	上线	78	76	77	76	76	77	75	47	81		
		下线	42	22	36	31	29	16	41	25	46		

续表

“什么/哪里”问句	男	上线	79	82	77	80	77	80	83	73	77	
		下线	45	42	38	43	45	35	29	25	33	
	女	上线	70	73	67	70	69	72	85	75	85	
		下线	40	28	35	33	28	29	15	27	38	

附录5　特指问句的音节平均时长(上,单位:毫秒)和幅度积(下)的平均值

	“谁”问句	“什么时候”问句	“做什么”问句	“什么/哪里”问句
张	192	171	152	170
吴	196	172	155	180
李	169	168	152	170
赵	175	165	153	175
李	193	170	154	171
李	196	173	154	176

	“谁”问句	“什么时候”问句	“做什么”问句	“什么/哪里”问句
张	48	61	45	53
吴	56	63	51	68
李	46	56	48	58
赵	64	56	45	66
李	56	48	44	63
李	60	47	46	55

四、同型感叹句韵律分布模式[①]

4.1　引言

一般认为,语言中的句子依照语气可以分为陈述句、疑问句、

① 原文发表于《实验语言学》2018年第7卷第2号,作者范自霞、成瑶。

祈使句、感叹句四种类型。与其他三种句类的研究相比,感叹句的研究起步较晚,也不够系统充分。综观感叹句的研究,主要集中在感叹句的性质、形式特征、句法结构、类型、语气词等方面。学界对感叹句的研究大致可分为概念、语法和语调三个层面。

概念层面的研究起步较早,也相对充分。《马氏文通》是最早对汉语感叹句进行描述的著作,提到"感叹词有'以示人心中之不平'的表达作用"。吕叔湘(1982)说:"所谓感叹句,就是'以感情的表达为主要任务'的句子。"高名凯(1986)指出:"感叹是包括一切感情的表达而言,快乐的或是恐惧的感情……"陈昌来(2000)指出:"与其他句类的表情功能相比,感叹句表达的感情是强烈的。"综览学界对感叹句概念的研究可知:带有浓厚感情的句子叫感叹句,它表达快乐、惊讶、悲哀、愤怒、厌恶、恐惧等情感。

语法层面的研究,主要集中在形式特征和句法结构等方面。形式特征方面,吕叔湘(1982)谈道:"感叹句在形式上可分两个类型,一类含有指示程度的指称词或限制词,如'好'、'多'等,加于感叹中心的形容词之前;第二个类型,不用指示词,也不借助于疑问,直接发为慨叹,感叹的语气靠语气词来表达。"后辈学者继承和发展了吕叔湘的观点。句法结构方面,赵元任(1979)认为,感叹句大都是小型句,即非主谓结构的句子。总览学者们的观点,其共同点为:感叹句的结构多比较简短。

语调层面的研究比较薄弱,是近些年开始研究的问题。陈虎(2008)指出,与陈述语调相比,汉语感叹语调的主要韵律特征是强重音与宽调域。

以上研究让我们对感叹句有了多方面的认识,然而对表达不同感情的感叹句,其韵律分布及语调表现的研究仍十分薄弱。本实验以自然焦点、常规句式的陈述句作为参照,对同型感叹句的韵律分布、语调表现进行考察，即通过比对参照句在音高、音长和音强上的异同得出同型感叹句的韵律分布模式。将感叹句的韵律分布与情感、语义和语法相结合，做出量化分析，探求其语调层面的表现。

4.2　实验说明①

4.2.1　语料设计及发音人

为了探求感叹句韵律分布的具体表现，本研究根据感叹句的情

	第一组　陈述句	第二组　感叹句
表惊讶	孙佳要去山东了。	孙佳要去山东啦！
	王龙要去合肥了。	王龙要去合肥啦！
	李想要去海口了。	李想要去海口啦！
	陆浩要去大庆了。	陆浩要去大庆啦！
表愤怒	工资低了。	工资低啦！
	前程没了。	前程没啦！
	老板跑了。	老板跑啦！
	速度慢了。	速度慢啦！
表欣喜	花开了。	花开啦！
	鱼熟了。	鱼熟啦！
	雨小了。	雨小啦！
	树绿了。	树绿啦！
表赞美	天山很高。	天山很高啊（“哇”）！
	蓝莓很甜。	蓝莓很甜啊（“呐”）！
	语感很好。	语感很好啊（“哇”）！
	电视很棒。	电视很棒啊（“啊”）！

① 实验句设计的语言学原理及数据的处理方法参考秦鹏（2017）。

感类型，设计了表惊讶、表愤怒、表欣喜和表赞美四类实验句[①]，实验句采用口语化的句子。每类实验句有两组。第一组是作为语调研究基式的自然焦点陈述句；第二组是同型感叹句，由陈述句带上感叹语调，并后加语气词"啊"或"啦"构成。

本研究共 4 位发音人，2 男 2 女，均为南开大学和天津大学在校本科生，年龄 20—22 岁，北京出生、长大。录音在安静的语音实验室进行，录音设备为笔记本电脑、专业外置声卡和麦克风，录音软件为 Cool Edit Pro 2.0，采样率为 11025 赫兹，采样精准度 16 位，单声道。每位发音人都以自然状态发音，表现出不同语句的情感色彩。每个实验句读 3 遍，句与句之间间隔 4 秒，共得到 32×4×3＝384 个样品句。

4.2.2　韵律分析的理论基础

语调就是在人们的话语音流中，以音高的起伏程度表现的调域的高低宽窄与时长的增减和音量的强弱共同构成的有序变化。语调格局是语句的音高、时长、音强的交互作用的表现模式（石锋 2017）。其中，起伏度、时长比、音量比是语调研究的三种量化指标。

在以往语调研究的基础上，石锋（2017）提出了新的研究方向和分析范式，即"信息结构—焦点类型—韵律分布模式"。人类话语中可以做出的不同分类：句法（常规、构式）、语义、语气、语用、情感等等，具有各种不同的信息结构，可以划分为有限的焦点类型，在语句中表现为对应的韵律分布模式。

本研究以语调格局为理论基础，以"信息结构—焦点类型—韵律分布模式"为分析范式，对汉语普通话同型感叹句的韵律分布模式进行分析研究。

---

① 四类感叹句在分析的过程中，同型感叹句简称为感叹句，自然焦点陈述句简称为陈述句。

4.3　实验结果及分析

4.3.1　音高分析

音高参数采用调域起伏度指标,起伏度指标能较为直观地展示语调音高的特点(石锋、王萍、梁磊 2009,陈怡、石锋 2011)。

4.3.1.1　"表惊讶"类感叹句的音高表现

首先分析两组句子的调域(见图 1)。从字调域来看,陈述句和感叹句的句首名词、句末名词后字的调域跨度都在其各自的词调域跨度中最大,后字调域下线都是各自词调域的下线,这表现出字调域跨度在边界前扩展和下线降低。感叹句与陈述句相比,每个字的字调域跨度均有扩展。感叹句的句末语气词调域跨度扩展最明显,扩展了 17%;其次是句中助动词,扩展了 12%[①]。从句调域来看,感叹句上线比陈述句上线提高 19%,下线比陈述句下线提高 9%,感叹句的句调域跨度整体扩展了 10%。

再分析两组句子的起伏度。两组句子的共同点是基本遵循音高下倾机制,句子起伏趋势相似。不同点是感叹句的词调域上线和下线都有不同程度的提高。

与陈述句相比,感叹句的音高分布模式为:(1)句调域整体提高,句调域跨度整体扩展。(2)语气词调域跨度最大化扩展。(3)基本遵循音高下倾机制。

4.3.1.2　"表愤怒"类感叹句的音高表现

首先看两组句子的调域表现(见图 2)。字调域方面,感叹句句首名词中的每一个字的调域跨度较之陈述句都有扩展,但变化并

---

① 石锋(2017)提出:每一个字音在话语中的交际担负量不同,韵律成分的表现就有差异。在音高、音长、音强方面反映出来,就是增减的量化程度。通常的情况下,5%以下的差异还不明显,超过 5%就开始明显起来,超过 10%以上的差异就很值得关注了。

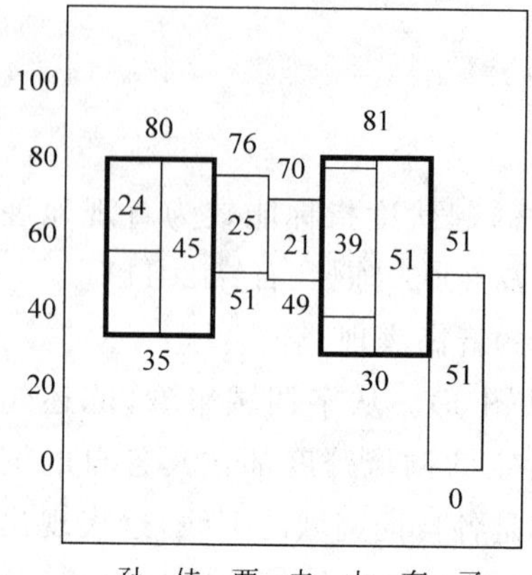

图 1a　陈述句的调域起伏度图

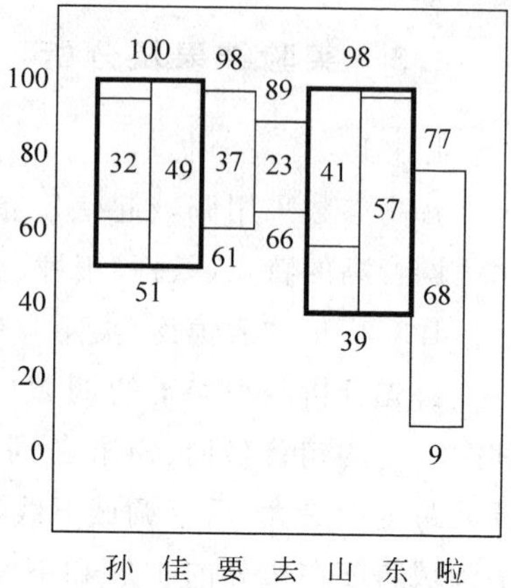

图 1b　感叹句的调域起伏度图

不明显。词调域方面，与陈述句相比，感叹句除语气词外句中每个词的词调域跨度均有扩展，其中句末形容词的调域跨度扩展最大，为 12%。句调域方面，感叹句上线比陈述句上线提高 25%，下线比陈述句下线提高 22%，感叹句的句调域跨度整体扩展了 3%。

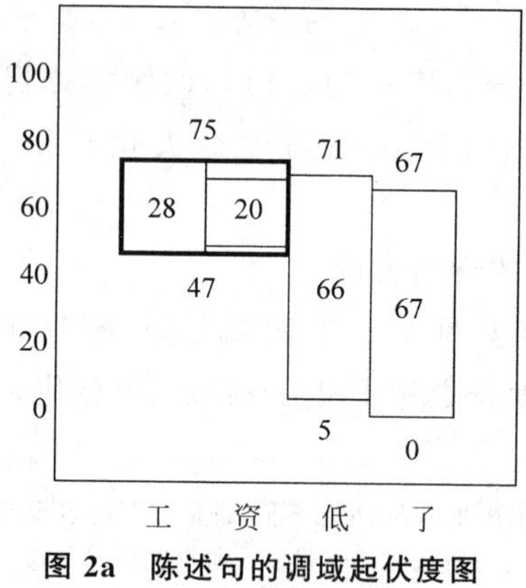

图 2a　陈述句的调域起伏度图

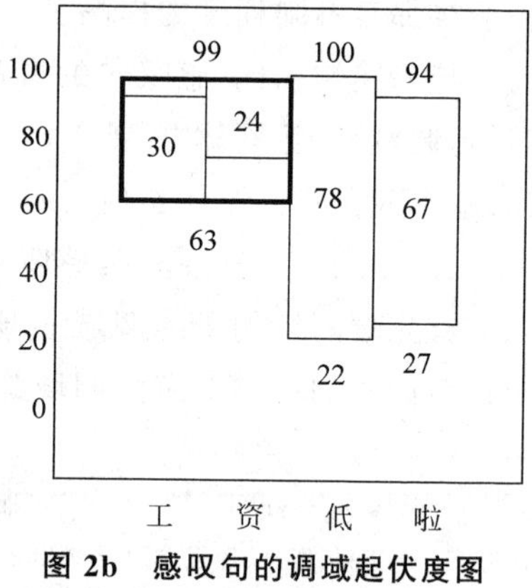

图 2b　感叹句的调域起伏度图

然后看两组句子的起伏度表现。两组句子的共同点是基本遵循音高下倾机制。不同点是感叹句的词调域上线和下线都有不同程度的提高，其中变化最明显的是句末形容词的上线和语气词的下线。

与陈述句相比，感叹句的音高分布模式为：(1)句调域整体提高，句调域跨度整体扩展。(2)句末形容词的调域上线最大化提高，调域跨度最大化扩展；语气词的下线最大化提高。(3)基本遵循音高下倾机制。

4.3.1.3　"表欣喜"类感叹句的音高表现

首先分析两组句子的调域(见图3)。两组实验句均为单字句，其字调域即词调域。与陈述句相比，感叹句中的句末动词和语气词的调域变化都应该引起关注，其中句末动词的调域缩小了13%，语气词的调域跨度扩展了29%。句调域方面，感叹句上线比陈述句上线提高28%，下线比陈述句下线降低了2%，感叹句的句调域跨度整体扩展了30%。

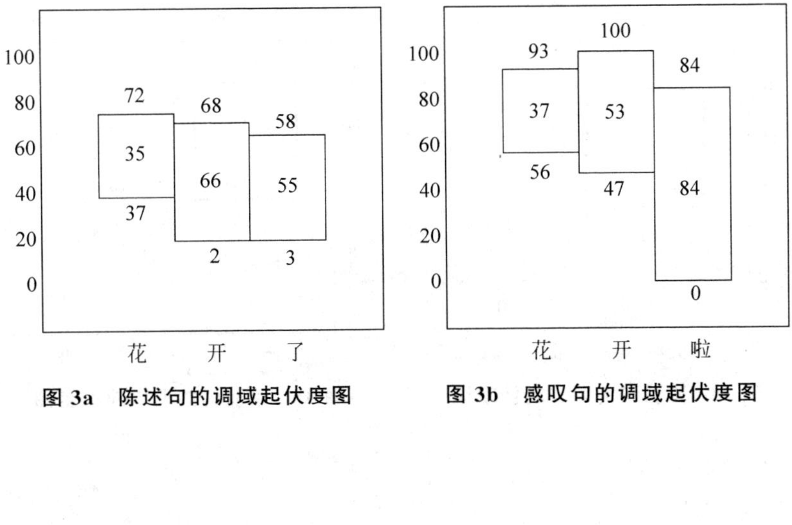

图 3a　陈述句的调域起伏度图　　**图 3b　感叹句的调域起伏度图**

然后分析两组句子的起伏度。两组句子的共同点是基本遵循音高下倾机制。不同点是感叹句的句首名词和句末动词的调域上线和下线都有不同程度的提高,其中句末动词的上下线变化最显著。

与陈述句相比,感叹句的音高分布模式为:(1)句调域跨度整体大幅度扩展。(2)句末动词的上线和下线大幅度地提高;语气词的调域跨度最大化扩展。(3)基本遵循音高下倾机制。

4.3.1.4 "表赞美"类感叹句的音高表现

首先看两组句子的调域表现(见图 4)。字调域方面,感叹句和陈述句句首名词后字调域跨度都在其各自词调域跨度中最大,后字调域下线都是各自词调域的下线,这表现出字调域跨度在边界前扩展和下线降低。与陈述句相比,感叹句句中每个字的字调域跨度均有扩展。词调域方面,感叹句句末形容词的调域跨度扩展最大,为 26%;语气词的调域跨度为 84%,比句末形容词的调域跨度仅小 4%。句调域方面,感叹句上线比陈述句上线提高 20%,下线比陈述句下线提高 3%,感叹句的句调域跨度整体扩展了 17%。

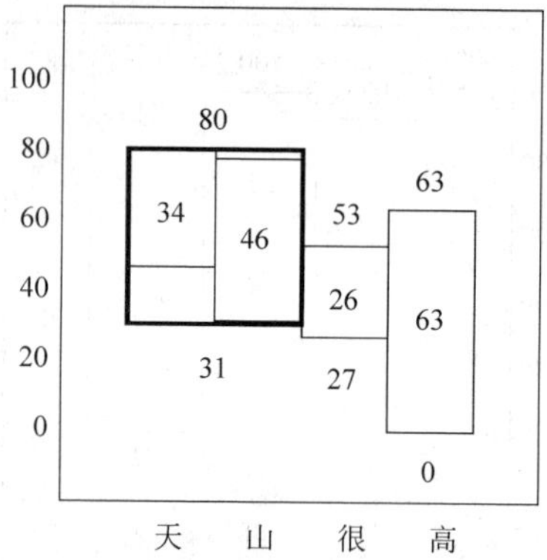

图 4a　陈述句的调域起伏度图

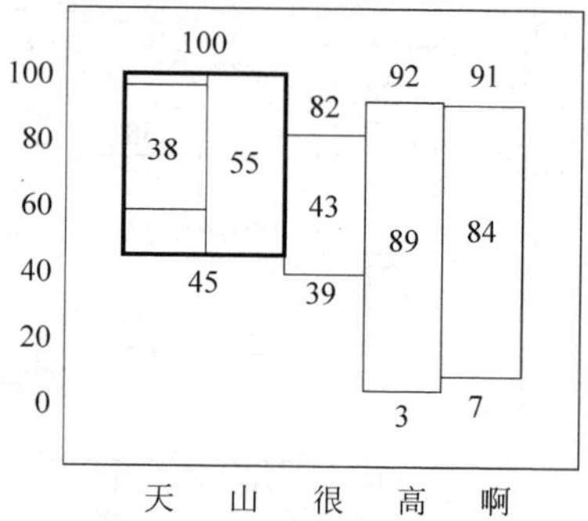

图 4b　感叹句的调域起伏度图

再看两组句子的起伏度表现。两组句子的共同点是都遵循音高下倾机制。不同点是感叹句的词调域上线和下线都有不同程度的提高;句末形容词的调域跨度变化最大。

与陈述句相比,感叹句的音高分布模式为:(1)句调域整体提高,句调域跨度整体扩展。(2)句末形容词上线提高明显,下线稍有提高,调域跨度最大化扩展。(3)语气词的调域跨度仅次句末形容词。(4)基本遵循音高下倾机制。

对比四类感叹句的音高模式发现,它们之间的共性是:每组实验句中,同型感叹句的句调域跨度整体扩展。它们之间的差异是:

(1) 在各类感叹句中,词调域跨度最大化扩展的成分在句中出现的位置不同。在表惊讶感情的感叹句和表欣喜感情的感叹句中,语气词的调域跨度扩展最大;在表愤怒感情的感叹句和表赞美感情的感叹句中,句末形容词的调域跨度扩展最大。

(2) 各类感叹句的句调域上线和下线出现的位置不同。表惊讶感情的感叹句句调域上线为句首名词的上线,下线为语气词的下线;表愤怒感情的感叹句句调域上线为句末形容词的上线,下线为句末形容词的下线;表欣喜感情的感叹句句调域上线为句末动词的上线,下线为语气词的下线;表赞美感情的感叹句句调域上线为句首名词的上线,下线为句末形容词的下线。

(3) 各类感叹句的句调域跨度扩展程度不同。表欣喜感情的感叹句句调域跨度扩展最大,为30%;其次分别为表赞美感情的感叹句(17%)、表惊讶感情的感叹句(10%)、表愤怒感情的感叹句(3%)。

(4) 各类感叹句的句调域整体表现不同。表赞美感情的感叹句、表愤怒感情的感叹句、表惊讶感情的感叹句的句调域整体提高;表欣喜感情的感叹句的句调域整体加宽。

4.3.2　音长分析

语句韵律分布模式在时长方面的参量用时长比表示。时长比反映的是语句中各音节的相对时长的动态变化。

4.3.2.1　“表惊讶”类感叹句的音长表现

观察图 5 中的数据，感叹句与陈述句在时长方面的共同点是：(1)句中助动词时长比值最小，其次是句中动词。(2)句首名词的字音在边界前均有延长。

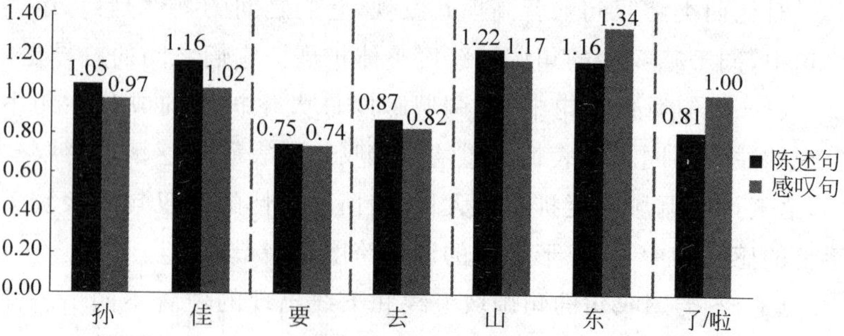

图 5　感叹句、陈述句的时长比对比图

感叹句与陈述句之间的差异为：(1)两组实验句中时长比最大值的位置不同，陈述句为句末名词前字，感叹句为句末名词后字。(2)与陈述句相比，感叹句句首名词、句中助动词、句中动词、句末名词首字时长有不同程度的缩减，其中句首词时长有明显的缩减。(3)感叹句句末名词后字和句末语气词时长较之陈述句对应字音有显著的延长，其中句末名词后字时长延长了 18%，语气词时长延长了 19%。

与陈述句相比，感叹句的音长分布模式为：句首名词和句末名词的字音在边界前有延长；句首名词、句中助动词、句中动词和句末名词前字时长缩减，句末名词后字和语气词时长大幅度地延长。

4.3.2.2　“表愤怒”类感叹句的音长表现

观察图 6 中的数据，感叹句与陈述句在时长方面的共性是：句首名词的字音均不遵循边界前字音时长延长的规律；句末形容词的时长比值最大。

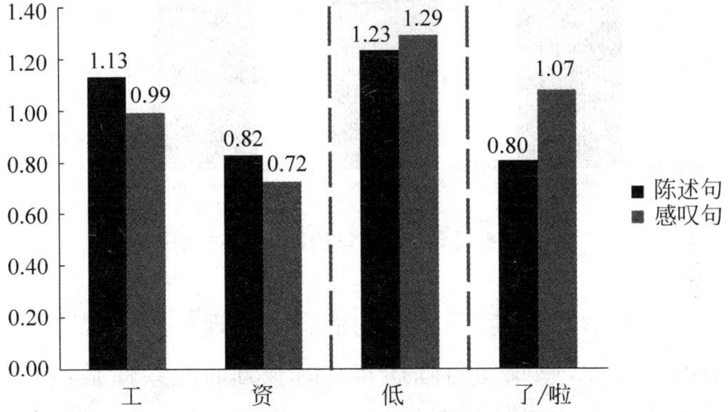

图 6　感叹句、陈述句的时长比对比图

与陈述句相比，感叹句在时长上的差异主要表现为三个方面：(1)感叹句的句首名词时长有显著的缩减。(2)感叹句的句末形容词时长有明显的延长。(3)语气词时长大幅度地延长。感叹句的音长分布模式为：句首名词时长缩减，句末形容词和语气词时长延长，且句末语气词时长大幅度地延长。

4.3.2.3　“表欣喜”类感叹句的音长表现

由图 7 可知，感叹句与陈述句在时长方面的共同特点是：语气词的时长比值最小，句末动词的时长比值最大。

与陈述句相比，感叹句在时长上的差异主要表现为两个方面：(1)感叹句句首名词时长有显著的缩减。(2)语气词时长延长幅度最大。感叹句的时长分布模式为：句首名词和句首动词时长缩减，语气词时长大幅度地延长。

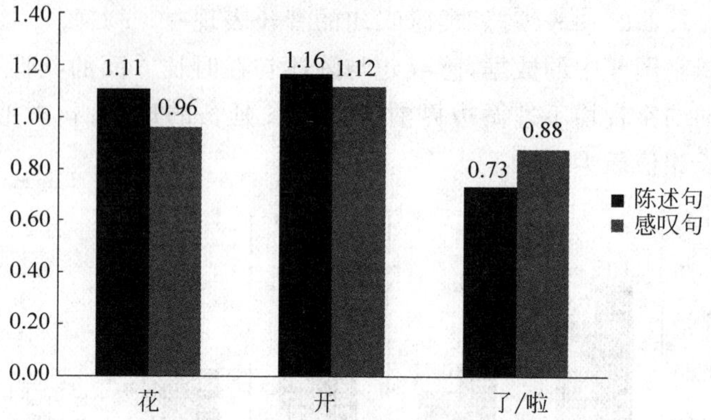

图 7　感叹句、陈述句的时长比对比图

4.3.2.4　“表赞美”类感叹句的音长表现

由图 8 可知，感叹句与陈述句在时长方面的共性是：句首名词的字音遵循边界前延长的规律，句末形容词的时长比值最大。

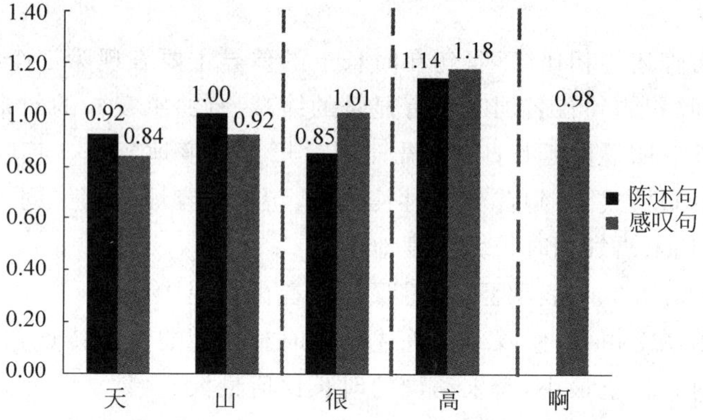

图 8　感叹句、陈述句的时长比对比图

与陈述句相比，感叹句在时长上的差异主要为：(1)感叹句句首词时长有明显的缩减。(2)感叹句句中副词时长大幅度延长。

感叹句的韵律分布模式为：句首名词时长缩减，句中副词、句末形容词时长延长，其中句中副词的时长大幅度地延长。

四类感叹句在音长分布模式上的共同点是：与陈述句相比，感叹句的前半句字音时长都缩短了，后半句字音时长都延长了。具体表现为：表惊讶感情的感叹句的句末名词和语气词时长延长，表愤怒感情的感叹句的句末形容词和语气词时长延长，表欣喜感情的感叹句的语气词时长延长，表赞美感情的感叹句的句中副词、句末形容词和语气词时长都延长。

它们之间的不同点是：各类句子中，语气词的时长停延情况不同，表愤怒感情的感叹句语气词时长延长的程度最大，为 27%；其他依次为表惊讶感情的感叹句（19%）、表欣喜感情的感叹句（15%）和表赞美感情的感叹句[①]。

4.3.3　音强分析

语句韵律分布模式在音强方面的参量用音量比表示。音量比反映的是语句中各音节的相对音量的动态变化，音量比的测算以幅度积为基础。

4.3.3.1　"表惊讶"类感叹句的音强表现

由图 9 可知，感叹句与陈述句在音强方面的共同特点是：(1)语气词的音量比值都是最小的，二者在音强上的变化有明显差异；句中动词的音量比值都是次小的，二者的表现基本一致。(2)句首名词的字音音强在边界前有增强。

与陈述句相比，感叹句在音强上的差异为：(1)感叹句句首名词的音强有特别明显的减弱。(2)感叹句句末名词的音强有明显增强，尤其是首字大幅度增强，打破字音音强在边界前增强的节奏。感叹句的音强分布模式为：句首名词的字音在边界前有增强，

---

①　表赞美感情的感叹句，因为其参照句中没有语气词，所以将它放在后面。

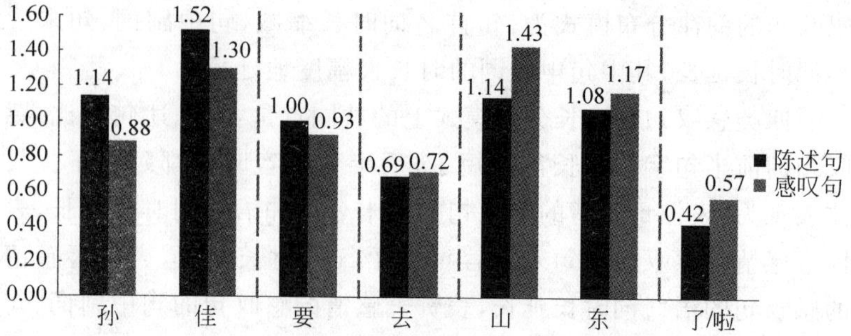

图 9　感叹句、陈述句的音量比对比图

而句末名词则打破了这种规律；句首名词和句中助动词的音强减弱，句末名词和语气词的音强增强的幅度明显。

4.3.3.2　“表愤怒”类感叹句的音强表现

观察图 10，与陈述句相比，感叹句在音强上的差异主要表现为：(1)感叹句句首名词的音强有特别明显的减弱，尤其是首字音强最大化减弱。(2)感叹句句末语气词的音强增强幅度最大。感叹句的音强分布模式为：句首名词的字音在边界前有增强；句首名词音强减弱，句末形容词和语气词音强增强，其中语气词的音强增幅最大。

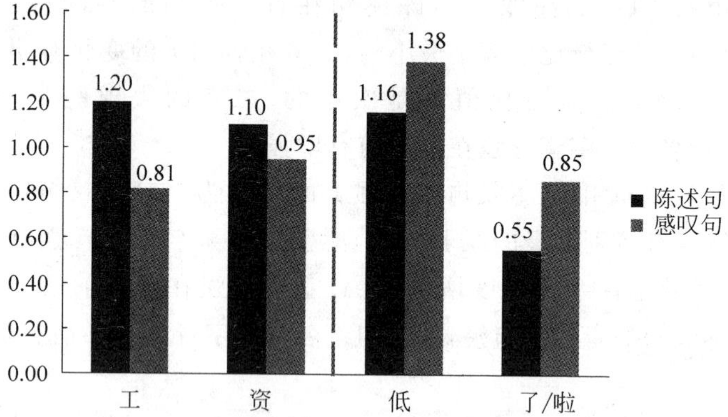

图 10　感叹句、陈述句的音量比对比图

4.3.3.3　“表欣喜”类感叹句的音强表现

观察图 11,感叹句与陈述句在音强方面的共同特点为:句末动词的音量比值都是最大的,二者在音强上的变化存在差异。

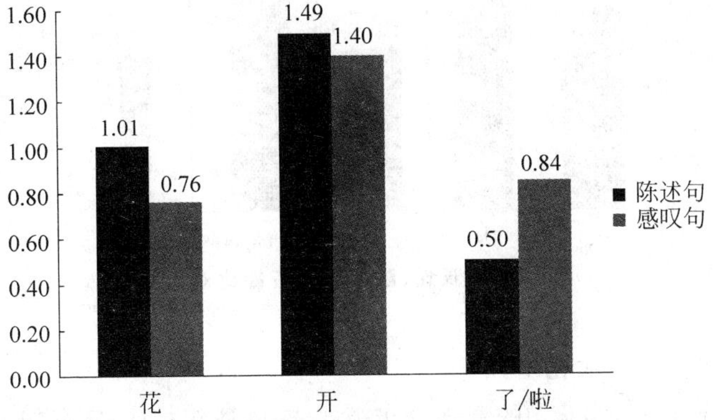

图 11　感叹句、陈述句的音量比对比图

与陈述句相比,感叹句在音强上的差异主要表现是:(1)感叹句句首名词的音强有特别明显的减弱。(2)感叹句语气词的音强有显著增强,音强强化程度高达 34%。感叹句的音强分布模式为:句首名词和句末动词的音强减弱,其中句首名词减弱最大,语气词的音强最大化增强。

4.3.3.4　“表赞美”类感叹句的音强表现

观察图 12,感叹句与陈述句之间的相同点是:两组实验句中音量比大于 1 的均为句首名词末字和句末形容词;句首名词的字音音强在边界前有增强。

其差异表现为:(1)感叹句句首名词的音强最大限度地减弱。(2)感叹句句末形容词的音强最大限度地增强,增强了 58%。感叹句的音强分布模式为:句首名词、句中助动词的音强减弱,句末

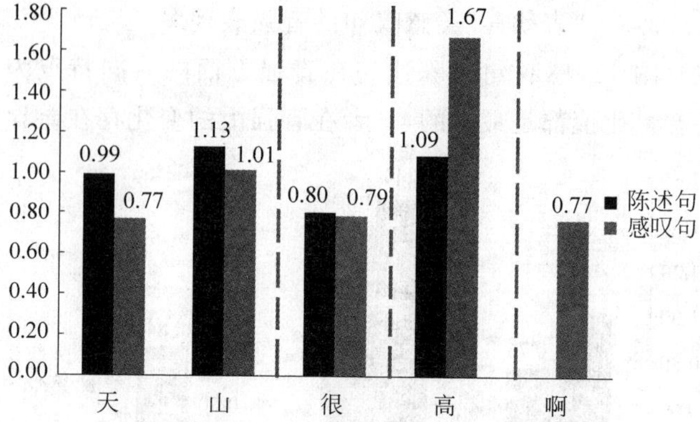

图 12　感叹句、陈述句的音量比对比图

形容词音强最大化增强。

分析四类实验句的音强分布模式：与陈述句相比，感叹句的前半句字音的音强都减弱了，后半句字音的音强都增强了。具体表现为：表惊讶的感叹句的句中动词、句末名词和语气词音强增强，表愤怒的感叹句的句末形容词和语气词音强增强，表欣喜的感叹句的语气词音强增强，表赞美的感叹句的句末形容词音强增强。

它们之间的不同点是：各类句子中，句末语气词的音强增强情况不同，表欣喜感情的感叹句语气词音强增强的程度最大，为34％；其他依次为表愤怒感情的感叹句（30％）、表惊讶感情的感叹句（13％）和表赞美感情的感叹句①。

4.3.4　小结

综合上述音高、音长和音强三方面的表现，可以得出四类感叹句的韵律分布模式：

（1）表惊讶感情的感叹句：音高方面，句调域整体提高，句调

---

①　表赞美感情的感叹句，因为其参照句中没有语气词，所以将它放在后面。

域跨度整体扩展；句末语气词调域跨度扩展最大；基本遵循音高下倾机制。音长方面，句首名词和句末名词的字音在边界前有延长；句首名词、句中动词和句末名词前字时长缩减，句末名词后字和语气词时长最大限度地延长。音强方面，句首名词的字音在边界前有增强；句首名词和句中助动词的音强减弱，句末名词和句末语气词的音强大幅度增强。

(2) 表愤怒感情的感叹句：音高方面，句调域整体提高，句调域跨度整体扩展；句末形容词的调域最大化扩展，句末语气词的下线最大化提高；基本遵循音高下倾机制。音长方面，句首名词时长缩减，句末形容词和句末语气词时长延长，且语气词时长最大限度地延长。音强方面，句首名词的字音在边界前有增强；句首名词音强减弱，句末形容词和句末语气词音强增强，其中句末语气词的音强增幅最大。

(3) 表欣喜感情的感叹句：音高方面，句调域整体加宽，句调域跨度整体扩展。句末动词的下线提高最大，句末语气词的调域跨度扩展最大；基本遵循音高下倾机制。音长方面，句首名词和句末动词时长缩减，句末语气词时长延长最大。音强方面，句首名词和句末动词的音强减弱，句末语气词的音强句末最多。

(4) 表赞美感情的感叹句：音高方面，句调域整体提高，句调域跨度整体扩展；句末形容词的调域跨度最大化扩展；句末语气词的调域跨度仅次句末形容词；基本遵循音高下倾机制。音长方面，句首名词时长缩减，句中副词、句末形容词时长延长，其中句中副词的时长大幅度地延长。音强方面，句首名词、句中副词的音强减弱，句末形容词音强增强最大。

四类感叹句在韵律分布上的共同点为感叹句总体韵律特征的表现，即四类感叹句的起伏度基本遵循音高下倾机制；音长和音强上的变化有一定程度的对应关系。它们之间存在差异的原因是信息结构不同：句法方面，句子结构不同。表惊讶感情的感叹句为主谓宾结构，其他三类感叹句为主谓结构。情感方面，四类句子的感情色彩不同。欣喜和赞美属于积极的情感，惊讶是一种中性的情感，愤怒是一种的消极的情感。

同型感叹句用感叹语调和句末语气词共同表达感叹信息，即句末语气词和前面的名词、形容词、动词在音高、音长和音强方面具有最大值或最大变化，再加上语句其他部分的协调整合，传递感叹意义。从焦点的构成方式来看，感叹句焦点属于联合焦点；从焦点表现的韵律成分来看，感叹句属于互补焦点。

4.4　结论

本研究考察普通话感叹句的韵律分布模式，得出三点主要结论：

(1) 感叹句的韵律模式与作为基本模式的自然焦点陈述句的韵律模式既有共同点又存在显著差异。其共同点为：起伏度基本遵循音高下倾机制。显著差异为：音高方面：感叹句句调域跨度整体扩展或整体加宽。音长方面，感叹句的前半句字音时长缩短，后半句字音时长延长。音强方面，感叹句的前半句字音音强减弱，后半句字音音强增强。

(2) 句末语气词和语气词前面出现的名词、形容词或动词共同帮助传递感叹信息，为感叹句的焦点。从信息结构方面来看焦点类型，感叹句的焦点属于情感焦点，即表达情感；从焦点的构成和表现来看，感叹句的焦点既是联合焦点又是互补焦点。

(3) 四类感叹句的韵律模式有一定差异。音高方面，句调域上线和下线出现的位置不同，句末语气词和句末语气词前面出现的词语调域跨度扩展不同。音长和音强方面，句末语气词和语气词前面出现的词语的增量不同。

附录 1　表惊讶感情的感叹句(左)和表欣喜感情的感叹句(右)音高、音长、音强绝对数据

句类		孙	佳	要	去	山	东	了/啦	花	开	了/啦
陈述句	上线(st)	24.09	24.05	23.29	22.12	23.75	24.29	18.24	25.16	24.24	22.38
	下线(st)	19.32	15.05	18.21	17.90	15.99	14.13	8.11	18.24	11.29	11.43
	音长(ms)	160	177	114	133	187	178	124	232	244	153
	幅度积	105.00	133.21	92.06	58.54	108.46	90.63	33.29	101.71	144.13	50.02
感叹句	上线(st)	27.17	28.08	27.63	25.96	27.77	27.37	23.52	29.14	30.61	27.44
	下线(st)	20.72	18.26	20.28	21.20	19.41	15.92	9.86	21.96	20.17	10.90
	音长(ms)	146	153	110	124	175	200	150	211	246	193
	幅度积	105.50	152.83	106.13	74.42	169.94	132.69	64.10	116.13	207.73	122.85

附录 2　表愤怒感情的感叹句(左)和表赞美感情的感叹句(右)音高、音长、音强绝对数据

句类		工	资	低	了/啦	天	山	很	高	(啊)
陈述句	上线(st)	24.55	23.40	23.68	22.84	25.13	24.66	20.24	22.06	
	下线(st)	18.60	19.17	9.64	8.60	19.09	16.37	15.57	10.71	
	音长(ms)	194	142	212	138	166	181	153	205	
	幅度积	87.10	90.13	77.98	39.25	84.69	97.46	70.94	94.98	
感叹句	上线(st)	28.59	29.68	29.99	28.73	28.14	28.77	25.44	27.26	27.07
	下线(st)	22.05	24.69	13.32	14.34	21.19	18.76	17.71	11.25	12.03
	音长(ms)	198	144	258	215	159	175	192	224	185
	幅度积	122.98	153.27	192.73	125.94	88.28	115.55	90.93	186.44	88.44

第七章　诗歌吟诵

一、日本汉诗吟诵记谱举例①

1.1　日本诗歌吟诵的历史

吟咏在日本古代音乐的传承和变迁中，随着万叶歌、诗歌、汉诗等文学的发展，在平安时代基本成形。在儒学、朱子学等的口诵中，吟诵的旋律在江户时代产生，流传到现代。

日本传统的神乐、倭歌等随着外来汉文化的影响，出现了吴乐、雅乐、催马乐等歌谣，同时也受到佛教赞歌的影响，产生了作为能乐母体的猿乐等。中世纪，雅乐、朗咏在宫中被传承下来。近世，受到佛教、儒教思想的影响，奠定了具有日本文学特色的现代吟诵的基础。吟咏是平衡音乐性和文学性、兼具古典性和近代性的口传艺术。从古至今几经盛衰，传承于今。

日本最初作汉诗的据说是第38代天智天皇的第一个皇子——大友皇子。大友皇子在壬申之乱中牺牲，年仅25岁，在位7个月。他年少时就对中国文化深感兴趣，学习唐诗，作为一位带给日本汉诗文学兴起契机的天皇为世人所知。大友皇子的汉诗收

① 原文收入陈洪、张洪明编《文学和语言的界面研究》，南开大学出版社，2008年，作者李力、石锋。

录在天平胜宝三年(751年左右)淡海三船编撰的日本最古的汉诗集《怀风藻》里。

及至首都迁至京都后,迎来了平安时代。这一时期,汉诗、和歌的朗咏都更加盛行起来。第52代天皇814年编撰了日本第一部署名汉诗集《凌云集》,817年编撰了《文华秀丽集》。淳和天皇在827年编撰了汉诗文《经国集》。嵯峨天皇的皇女有智子内亲王也擅长作诗吟咏,史称为女流吟咏家之祖。日本最初的吟咏诗歌集应该是《和汉朗咏集》。早在平安时代,人们就将汉诗名句改成日语,开始以“吟诵”的形式进行音乐般的吟唱了。镰仓时代汉诗与和歌的吟咏在僧侣和武士中间比较流行。僧侣们喜欢作汉诗,常常亲自吟诵自己作的诗,并且传给镰仓武士。

江户时代汉诗的吟咏最兴盛。高低强弱,抑扬顿挫,震撼人心,这就是现代吟咏的母体。从明治时代到昭和时代,吟调可以分为两个流派:一个是在书生之间广泛流传的文士风格的柔软的吟调,一个是悲愤慷慨、激情震撼的勤王节吟调。此后,文士调、勤王调这两种吟调一直共存下来。明治、大正时代的青年们都会青睐于其中的任意一种。进入昭和时代,也是根据其各自不同的特征而产生新的流派。

1.2 日本汉诗吟诵的现状

日本的诗歌吟诵团体大大小小不计其数,全国范围内会员人数有几十万人之多。其中最大的岳风会,昭和十一年(1936年)三月十五日由木村岳风创立,在全国有200多个下属团体,会员8万人左右,分布在北海道、东北、关东、神静、北陆、长野、中部、近畿、四国、九州等地区。其中大阪岳风会会员人数达2000人,会长是寺庙的住持,一位和善的长者。下属11个团体。李力加入的大阪岳风会下属的生魂地区岳风会，会员有180人左右，会长是一位女士，虽已年过古稀，却风度不减，曾在全国吟诗比赛大会上获得第一名。

日本诗吟学院岳风会每年举办一次全国吟诵比赛大会。这个比赛要求参加者水平比较高，一般会员可以作为观众出席。大阪诗吟学院岳风会及大阪下属的各个地区的诗吟学院岳风会每年也举办一次吟诵比赛大会。普通会员都可以自由参加。

比赛大会吟诗内容大都是汉诗、和诗、短歌(和歌)。形式有独吟，有合吟，有构成吟(配有幻灯背景)，还有伴有扇舞及剑舞的。大会评选出第一、二、三名，并发给奖杯。此外，大阪诗吟学院岳风会每年还举办两次与其他流派(其他吟诗会)的交流比赛大会。一次是师范老师之间的比赛，一次是普通会员间的比赛。交流比赛的诗是事先规定好的。比如，这几年的题目有二十个。中国诗四首:《静夜思》《山行》《贫交行》《早发白帝城》，加上日本和诗十六首。参赛者可以选择其中的一首，也可以每年选同样的诗。

吟诗会会员来自各行各业，平均年龄超过60岁，青少年仅占5%左右。日本诗吟学院岳风会10年前会员为10万人左右，目前减少到8万人左右。主要原因有几个:一是日本高龄化社会直接影响到吟诗界。二是受到卡拉OK热潮的冲击，人们更愿意选择轻松通俗的娱乐活动。三是年轻人对古典的传统文化兴趣不足。因此如何使这一传统的吟诗文化传承下去，如何吸引更多的年轻一代进入这一领地，是目前日本吟诗界不可忽视的课题。

1.3 日本汉诗吟诵记谱说明

日本的吟诵不同于中国的地方在于有成套的吟谱，就如同汉字声调的标号或是芭蕾舞的舞谱一样，可以按谱学习训练，薪火相授，传承不绝。为便于看懂一首诗的吟谱并正确地吟诵，下面对汉诗（和诗）的吟诵记谱的各项内容进行简要说明。

1.3.1　吟体

吟体分为“一返体”和“重返体”两种形式。“一返体”是只吟一次的一般的吟法。“重返体”是同样的诗用各种不同的形式反复吟诵，为历史上吟诵最盛行的时代所流行。现代仅仅是阳关三叠的诗在结句时才反复吟诵，这种“重返体”多是仅剩其名而无其实了。然而，这一吟法用于集体的合吟还是比较合适的。

1.3.2　吟诗规则

本来吟诗是以作者的心情来吟的，根据其心情产生其节调（吟诗的调子）。因此，在吟诵时，完全可以不在意节调而去体会其诗意情怀。对于初学者来说，遇到的第一个问题就是吟诗的要领问题。因此将简易的吟诗规则大致说明如下。

吟诗规则主要分为三个方面：间隔的选取法、音高的变化法、余韵的拖长法。

（1）间隔的选取法

吟汉诗（和诗）时两句分为三节，四句则为六节。每一节换一次气。换气符号∟表示可在此处换气，也就是分节的标记符号。

节以下再分小节。小节的划分方法，一般是第一节里面分为两小节，第二节和第三节各再分为三小节。每一小节都拖有一个余韵。余韵的符号有四种：。

（2）音高的变化法

音高大致分高、中、低三个层位。具体说来，第一节的两小节都是用中音层位或高音层位这两种形式来吟诵比较常见。这两种形式一般轮流使用。第二节第一小节用高音或中高音，第二小节用中音，第三小节用低音。第三节第一小节用中音，第二小节用高音或中高音，第三小节用中音。音高层位的符号：高音、中音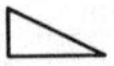、低音。

(3) 余韵的拖长法

余韵的拖长法大致分为四种。

a.  平拖（如果熟练的话，可加点儿小颤音）一般用在第一节的各小节以及第二、三节的第三小节。

b. 由高音位变为中音位时余韵的拖长法有两种：

一是声音由高音再提高后滑落到中音。往往用在第二节的第二小节。

二是声音由高音不再提高而马上滑落到中音。多用在第三小节的第二小节。

c. 由中音向低音移动时余韵的拖长法：

由中音平拖后将余韵的结尾降至低音。用于第二节的第二小节。

d. 中音向高音移动时余韵的拖长法：

一般来说，将平拖的余韵的结尾提高。但偶尔也有平拖后结束的，这时候下一小节的开始往往都是低降的。

总之，余韵的拖长法是诗吟研究中最有妙趣的地方，可以使音高变化显得自然，形成间隔的调节、曲调的变化、诗意的表现。

1.3.3　音高重音

日语中的同音异义词很多，通常用音高重音加以区别。重音稍加改变就会变成意思完全不同的字。由此可见，在吟咏中重音是何等的重要。

一般分为三种类型：平板型，图示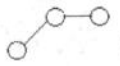；前高型，图示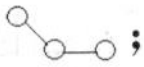；中高型，图示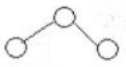或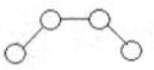。

平板型是指只有第 1 音稍低，第 2 音以后发平音的词。第 2

音以下的发平音的部分(基准音位的部分)上画一条线“—”来标示。

前高型是只有第1音发高音,第2音以后都发平音。在第1音高音旁画上“」”符号来标示。

中高型(后高型)是第1音发平音,第2音发高音,第3音以后不论有几个音都发平音。在第2音高音处标符号“」”标示。中高型(后高型)当中还有第2、3音发高音的,还有第2、3、4音发高音的,还有第2、3、4、5音发高音的,还有第2、3、4、5、6音发高音的这几种类型。都分别在发高音处用符号“」”标示。

1.3.4　读音语序

汉诗的翻译在汉诗文上加注“读音顺序符号”,再在汉字旁标注日语的发音“送假名”,然后根据意思在断开处标注标点符号(这是在汉文的情况下,汉诗里没有这一点)。这三点总称为“训读符号”,也叫“训点”。而根据这一训读符号的念法就叫作“训读”。与此相应,根据汉语的原音的读法叫作“音读”。汉诗一般是按照“训读”的读法来进行的。下面说明汉诗的“读音顺序符号”及其用法。

中文与日文是系统完全不同的两种语言,语序当然也是不同的。将原文直接翻译成日文需要语序的提示,为此使用了“读音顺序符号”:

(1) 在汉诗文左侧标注的小“レ”表示将它上面的字与它下面的字相换位。

(2) 在汉诗文左侧标注的小“二”和“一”的“一二点”,表示在“二”符号上的字与下面隔着的两个字相换位。在那两个字下标着“一”,表示这两个字的位置在标着“二”的字之上。有时隔两个字不够时,还可隔三、四个字时使用。请参看《静夜思》。

（3）符号“レ”与“一二点”也可并用。请参看《春日作》。

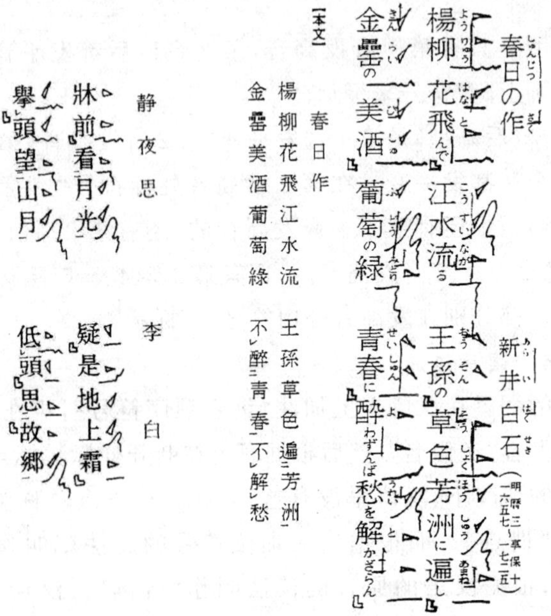
春日の作　新井白石（明暦三—享保十　一六五七—一七二五）
楊柳花飛んで江水流る　王孫の草色芳洲に遍し
金罍の美酒葡萄の緑　青春に酔わずんば愁を解かざらん

【本文】
春日作
楊柳花飛江水流　王孫草色遍芳洲
金罍美酒葡萄緑　不酔青春不解愁

静夜思　李白
牀前看月光　疑是地上霜
舉頭望山月　低頭思故郷

《静夜思》按照日文的读法是：

牀前月光を看る　疑うらくは　是れ 地上の霜かと

頭を挙げて　山月を望み　頭を低れて　故郷を思う

1.3.5　吟调

吟调分为强吟、弱吟、高吟调、低吟调和变调吟。

诗吟用语有强吟、弱吟，这是指语调的强弱。心情激动时发声则强烈，这就叫强吟。心情平稳时发声自然，静心品味，这就叫弱吟。另外根据环境和气氛而高声吟唱时，叫作高吟调。用低调静静品味时叫作低吟调。特别在品味雄大气氛或幽远的气氛时则使用变调吟。

1.3.6　声音训练

诗吟历来提倡清朗豪迈之音而忌讳俗媚之音。非俗非媚而雅致的声音最适合诗吟，要发出这种声音须注意下述四项：

(1) 正襟危坐、挺胸抬头。

(2) 发音用力于丹田。

(3) 注意口型开闭及舌头的位置，发音要明了。

(4) 研究吟咏的呼吸法，使声带完全振动。

1.4　吟诵记谱举例

下面是一首表现日本战国时代两位武将互战情景的名诗。其起句用的是弱吟调，承句用的是稍微强一点的吟调。从转句到合句用的是强吟调，特别是最后收音的“逸”字处不要松劲。

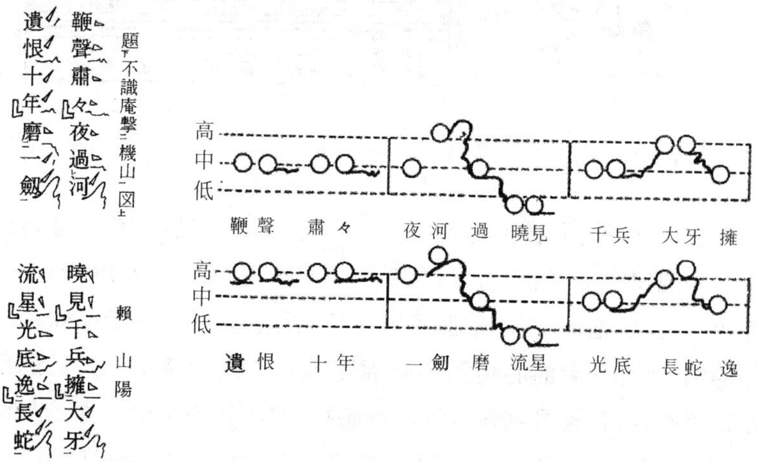

下面这首五言诗的吟法也与前面的七言诗一样。字音不足之处多用余韵拖长来取间隔。一般绝句、律诗等都用一返体，偶尔用重返体是为了便于表达诗意。

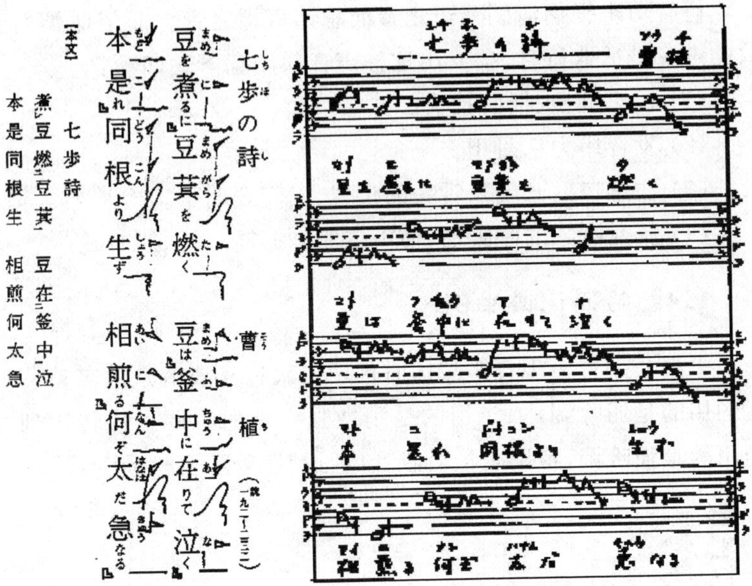

1.5　后记

日本将学习吟诗的程序叫作“一节、二声、三品”。首先是要记住节的规律，如间隔的选取；然后练习能够达到自然发声，如音层变化、余韵的拖长法等；掌握了节、声之后，再以此为基础品味诗歌的神韵，体会作者的心境而不拘泥于节、声，成为诗中人。通过反复认真吟诵，深深受到作者意气的感染，在不知不觉中产生了与诗意相吻合的节调，使诗歌吟诵得栩栩如生。此时才能体味到吟诗的价值，即所谓“诗禅一体”的境界。

尽管日本吟诗界存在着“后继乏人”的问题，但比起中国来说，日本的吟诗界还是处于一个不错的局面。那一次次震撼人心的吟诗大会，那古稀老人铿锵有力的朗朗吟声，都给我们留下了难以忘怀的印象。希望我们的介绍能对中国的诗歌吟诵起到一点参考和促进作用。

二、七言律诗吟诵的音高特征及其影响因素[①]

2.1 引言

吟诵是“一种介于诵读与歌唱之间的汉语古典文学作品口头表现艺术方式，它既遵循语言的特点，又根据个人的理解，依循作品的平仄音韵，把诗中的喜怒哀乐、感情的起伏变化，通过自己抑扬的声调表现出来，突出其中的逻辑关系、思想情感，比普通朗诵要细化、充分得多，是文学、音乐、语言的综合体，是我们宝贵的非物质文化遗产”（中华吟诵网 2013）。吟调是“依照诗、词和曲（包括《诗经》《离骚》等）的格律与本字声调，在其基础上，结合吟诵者对诗歌意境的理解与自身情感，即兴发挥，或吟或唱的语调”（王丽莉 2014）。

叶嘉莹（2012）认为，吟诵对于诗歌的创作和诗歌的理解都有着重要的作用，“诵要有节奏和声调，所以说吟诵的时候就对诗歌有一种更细致深刻的体会和感受”。

关于吟诵的原则和方法，叶嘉莹有自己独到的看法。

首先，吟诵没有固定的曲谱，因地域、场合、情绪等的不同而有变化，然而，“有一点是相同的，那就是需要掌握诗歌的基本节奏和

① 原文发表于《实验语言学》2017 年第 6 卷第 3 号，作者冯丹丹、王萍、石锋。

韵律”,“吟诵有一个原则,它有一个平仄的、停顿的、节奏的、押韵的一个原则,不是随便乱吟的”(叶嘉莹 2009)。她认为五言律诗和七言律诗都有相对固定的节奏和韵律,但是在吟诵中字的长短、高低都是可以变化的,善于吟诗的人能够在固定的平仄和节奏中吟出自己的体会来。

其次,吟诵要尊重作品声韵调方面的美感,叶嘉莹(2009)认为“读古人的诗词,一定要按照古人的平仄来读,如果你都按照普通话读,就把诗词原来的音乐(即声韵调)的美感完全破坏了”。

最后,古典诗歌的节奏是循环演进的,叶嘉莹(2009)认为“中国古典诗歌整体的演进是与我们语言文字单音独体的特色分不开的”。因此,无论是几言诗,基本的节奏相同的,即二二、二三或者二二三;这种基本的节奏是循环的,这种节奏的循环不仅表现在每句话内部的平仄配合平衡,也表现在一首诗中节奏的循环往复。

2.2 实验介绍

2.2.1 实验目的

前人的研究多集中在诗词吟诵的节奏上,吟调规律的提出也多是局部描写和说明,对吟诵中语言学和文学的影响虽有探讨,但意见多较抽象。我们利用实验手段来分析叶嘉莹七言律诗吟诵的音高特征,进而考察语言和文学对于吟诵的影响。

2.2.2 实验材料

本次实验的录音材料是叶嘉莹吟诵的八首仄起平收的七言律诗:《秋兴八首》(其一)(简称秋兴 1,下同)、《秋兴八首》(其二)、

《秋兴八首》(其四)、《曲江二首》(其一)(简称曲江1)、《曲江》、《无题》(万里)、《无题》(凤尾)、《无题》(相见)。八首诗虽然在情感表达上各有侧重，但其情感基调都是比较压抑、晦暗的；格律工整，无声病，无拗救，仅在第一字、第三字和第五字上出现一些"不论"的情况。

以下是近体诗(七言)的四种格式：

(甲)平平仄仄平平仄　(乙)仄仄平平仄仄平

(丙)仄仄平平平仄仄　(丁)平平仄仄仄平平

七言仄起平收式为：乙丁甲乙　丙丁甲乙，即：

仄仄平平仄仄平(韵)，平平仄仄仄平平(韵)。

平平仄仄平平仄，　　仄仄平平仄仄平(韵)。

仄仄平平平仄仄，　　平平仄仄仄平平(韵)。

平平仄仄平平仄，　　仄仄平平仄仄平(韵)。

叶嘉莹，号迦陵，1924生于北京，知名汉学家。叶嘉莹基于北京话吟诗，她的吟调是"原汁原味的、'土得掉渣'的私塾调"吟诵模式(华锋2010)。

2.2.3　实验方法

本次实验所有录音材料用Cool Edit Pro 2.0转换为11025赫兹、单声道、格式为WAV的音频文件。使用南开大学桌上语音工作室(Mini-Speech-Lab)，提取音高数据(半音)和音长数据。使用Excel对数据进行整理与分析，并作出图表。

2.3　实验结果与分析

2.3.1　吟调调型特征及其影响因素

根据实验数据的初步分析，吟调中字的调型的影响因素初步确定为本字调、格律(包括平仄和入声)、位置和语流音变。在这四个因素相同的条件下,如果音高曲线相近,即调型一致,那么就可以确定它们就是影响调型的因素。

根据语料的初步分析,每句诗中最大的停顿和最长的拖腔在第二个平声字后,即甲、丁格式的第二字和乙、丙格式的第四字后。由于拖腔和停顿较长,调型基本不受后字影响。

(1) 通过控制乙、丙格式前四字的本字调,可以将以上四个因素全部控制住。通过观察由此产生的对比组的音高曲线图,我们可以看到其调型是基本平行的。

(2) 同理,对于甲、丁格式的前两字,可以使用同样的方法,得到的对比组中的音高曲线是平行的。因此,我们可以说,影响吟调调型的因素主要有本字调、格律、位置和语流音变。例如:

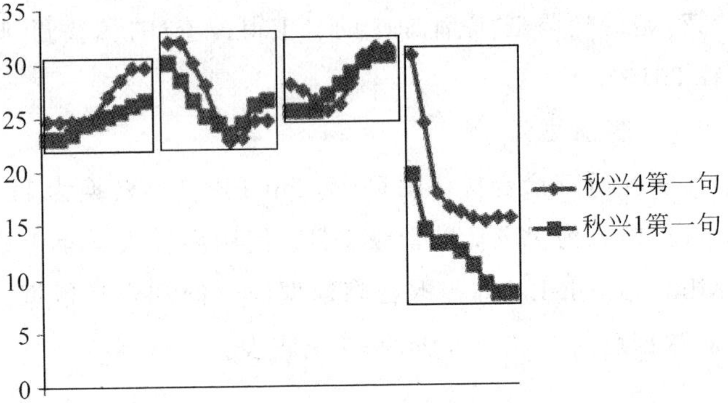

图1　乙、丙格式前四字对比组

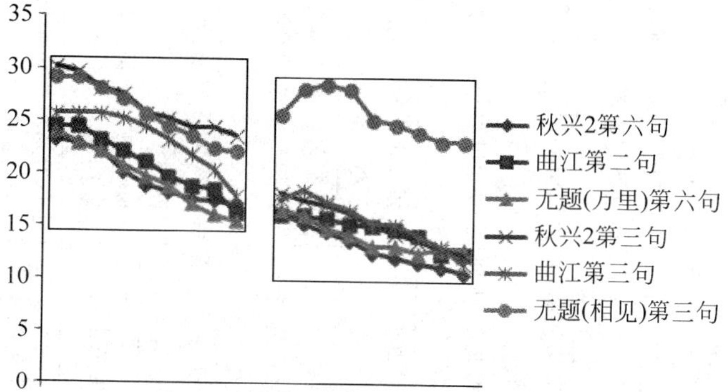

图 2　甲、丁格式前两字对比组

当然，不可避免，通过控制这四个因素有时依然不能保证第一、三字位置上阴平字的调型一致，这与字的位置、音长、轻重音等有关系，而且是极少数的情况，我们此处不予系统考虑。

2.3.1.1　吟调与本字调的关系

由于吟调是建立在格律与本字声调基础之上的，本字调与吟调的关系，对于吟调特征的考察十分必要。下表将八首律诗中的字按普通话的声调归类：

考察字调与吟调的关系，是依据吟调的音高曲线中，字音的调型是否与本字调相一致(王丽莉 2014)。八首七言律诗总计 448 字，其中吟调中的调型与本字调基本一致的有 316 字，占 70.5%，不一致的(以下简称“变调”)有 132 字，占 29.5%。这说明吟调基本以字调为基础，吟诵对字调也进行一定的调节。

表1　仄起七言律诗的字调归类表

	阴平	阳平	上声	去声
秋兴1	凋伤枫巫山巫萧森江间波兼天风接阴开他孤舟心衣催刀高砧	林峡云丛菊一园寒白城急	涌两尺	玉露树气浪塞上地日泪系故处处帝暮
秋兴2	孤依京听三声虚香山悲笳洲花	违伏楼堞石藤萝前芦荻	府每北斗使省枕粉隐请已	落日望下泪奉月画看上月映
秋兴4	安胜悲皆新衣冠昔关山金征西车书秋江居思	闻长棋年不王侯文时直迟鱼龙平国	百主武北鼓马羽冷有所	道似弈世事第宅异震寂寞故
曲江1	花飞春风飘花经伤多江边高推须身	一愁人唇堂巢麒麟行何浮荣	减点且眼酒小翡冢理此	片却万正看欲尽莫厌入上翠苑卧细物乐用绊
曲江	空悲歌金倾分波忧天荒心虽伤春多	平时闻舆城犹华亭闻王铜驼	辇子鬼返死老比	望断翠过夜不色玉殿下苑忆暝鹤室泣地变折若意未
无题(风尾)	香深羞车声通金消息斑骓西风	罗薄重文圆缝裁难雷是廖无石榴红垂杨何南	尾几顶掩走语只好	凤碧夜扇月魄未是寂烬暗断系岸处任
无题(万里)	风波舟归初江相沙边冤终阿高秋生思乡	一夷犹元黄留德魂极童横人得长无怀白头	里引少主岂古	万叶忆罢更碧地没鹤亦益义镇谓共
无题(相见)	相东风花春丝方灰干应光山多青殷看	时难别难无残蚕成愁云吟觉寒蓬无勤	百死始晓改此鸟	见亦力到尽蜡炬泪镜但鬓夜月去路为探

注："八"和"一"在诗中都读作阳平，可以看作是语流音变的结果。

表 2　七言律诗本字调变化表

声调/位置		第一字	第二字	第三字	第四字	第五字	第六字	第七字	总计	
阴平	原调	7	17	19	17	17	18	18	113	134
	升调								0	
	曲折调								0	
	降调	11	0	9	0	0	0	1	21	
阳平	平调	0	11	4	15	2	0	6	38	123
	原调	17	1	11	0	12	10	1	52	
	曲折调	0	0	0	1	0	3	0	4	
	降调	0	4	1	5	2	3	14	29	
上声	升调 1			1					1	62
	升调 2	2	1	1					4	
	原调平调			2					2	
	原调全上	1	10	2	8	7	6	0	34	
	原调半上	5				1	5	10	21	
去声	平调	3	0	1	0	0	0	1	5	129
	升调								0	
	曲折调	0	12	1	15	0	2	0	30	
	降调	18	8	12	3	23	17	13	94	
总计		64	64	64	64	64	64	64	448	

从上表可以看到，八首七言律诗中共有 134 个阴平字，保持原调的有 113 个；变调的有 21 个，都变作降调；变调主要出现在第一、三字上的平声字上，有 20 个，占 95%。八首七言律诗中共有 123 个阳平字，保持原调的有 52 个；变调的有 71 个，占 57.8%，多变作平调和降调；变调主要出现在第二字和末字。石锋(2011)认为上声本质是低平调，全上 214、半上 21 都是它的变体。八首七言律诗中共有 62 个上声字，保持原调的有 57 个，有 34 个为有曲折特征的低调，调值为 21X，2 个为平调，21 个为降调，占 91.9%；变调的有 5 个，表现为升调，占 8.1%。八首七言律诗中共有 129 个去声字，保持原调的有 94 个，占 72.9%；变调的有 35 个，占 27.1%；变调多出现于仄声第二、四字，多变为曲折调。

吟调中保持本字调的有 316 个，说明吟调字音的调型以本字调为基础。由变调的声调来看，平调的阴平和上声较少发生变调，而阳平和去声多发生变调。由变调发生的位置来看，第二、四字和末字变调相对较多；第一、三字平声多变作降调，第二、四字去声多变作曲折调，末字阳平多变作降调。这说明变调也是以本字调为基础进行的。

上文我们分析了吟调调型与本字调的关系。下文我们将对其他三个因素——格律、位置和语流音变，依次进行考察，观察它们对吟调调型的影响。具体方法是以一个因素为变量，同时控制另外三个因素，观察吟调调型的变化。

2.3.1.2 吟调调型与语流音变的关系

(1) 乙、丙格式(一、四、五、八句)

乙格式的格律为仄仄/平平//仄仄平，丙格式的格律为仄仄/平平//仄平平。

乙、丙格式中，第三字对第二字的影响主要表现在当第二字为去声，在后接阴平或降调（包括其他声调变调后）字时，会变为曲折调；当后接阳平字时，保持原调。这主要是因为第二字去声的止点音高与后字的起点音高相差较多，发音不可能一步到位，需要过渡连接，因此变作曲折调。

（2）甲、丁格式（二、六、三、七句）

甲格式的格律为平平//仄仄/平平仄，丁格式的格律为平平//仄仄/仄平平。

a. 甲、丁格式第五字对第四字的影响。同上文（1）乙、丙格式中第三字对第二字的影响。

b. 甲、丁格式中，第六字受前字影响。当第五字为去声或上声时，第六字无论是阴平还是阳平都保持原调；当第五字为阴平或阳平时，第六字阴平变为降调，阳平变为曲折调。

（3）其他细微变化

有些受语流影响的字，只要调型的稳态段没有发生变化，不会在听感上造成太大影响以至于听成别的音，都不会列入变调。在吟诵中，一些音高变化虽然不至于听成别的音，但对听感还是有影响的。例如：

第五字对第六字的影响主要表现在乙格式第六字是去声且前接去声时，会出现有规律的弯头。这主要是前字止点的音高和后字起点的音高有距离。第五字和第六字去声相连一般是后者音高曲线发生变化，猜测是由于第五字相对音长较短，不足以完成曲折调的动程，因此将这个过渡段放到了第六字。如图 3 所示。

通过分析，语流音变对吟调调型的影响表现为以下三个方面：

（1）每句第一对仄声后字因为受到其后平声字的影响，某些情况下会变调。当去声后接阴平或降调时，去声变为曲折调；当去声后接阳平时，保持原调。

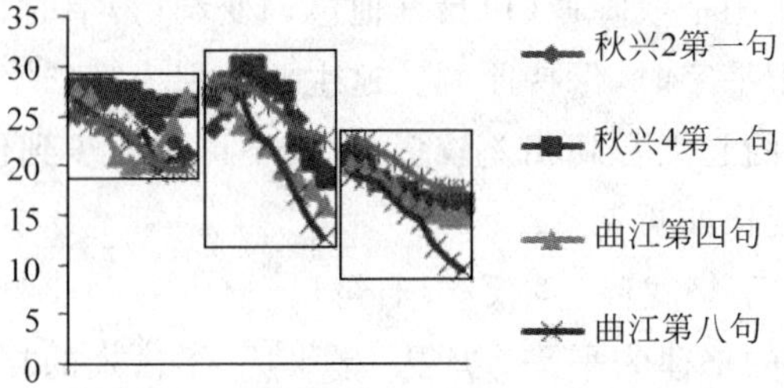

图 3　乙格式第五、六、七字对比组

（由上至下：落日斜、似弈棋、下苑波、意未多）

（2）第六字受第五字影响变调。在甲、丁格式中，第五字不论阴平还是阳平都会引发第六字变调：第六字阴平变作降调，阳平变作曲折调。

（3）语流音变对调型的影响不仅体现在调型的改变，也体现在一些字连调后在听感上发生变化。

2.3.1.3　吟调调型与位置的关系

（1）第一对平声字

第一对平声字出现在甲、丁格式（平平仄仄平平仄/仄平平）的第一、二字位置上和乙、丙格式（仄仄平平仄仄平/平仄仄）的第三、四字位置上，与之相对比的是甲格式（平平仄仄平平仄）的第五、六字。这三项都是相对独立的韵律单位，受语流的影响很小。区分本字调后对比三者，可以看出前两项和第三项之间的差别：第三项的前字保持原调，而前两项的前字受后字影响，后接阴平时多保持原调，后接阳平时调型复杂；第三项的后字阳平变作曲折调，前两项的后字阳平多变作平调或降调，且音高相对较低。

以阴平＋阴平为例（见图 4、5、6）：

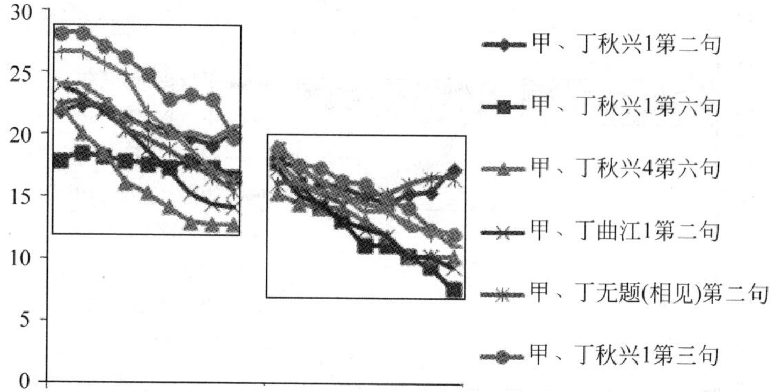

图4　甲、丁第一、二字

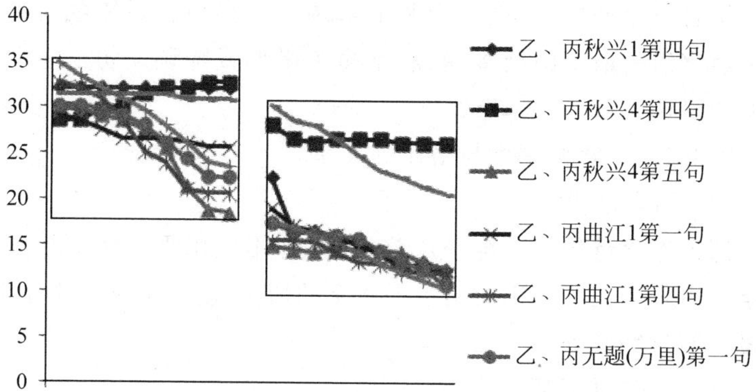

图5　乙、丙第三、四字

（2）末字

任何情况下，末字都表现为平调或降调，相同条件下其他位置的字没有表现出这种倾向，推测是位置影响。末字中的阳平和上声变为降调，去声和阴平保持原调。由于整个句调呈下倾趋势，末字一般呈降调，且音高较低。

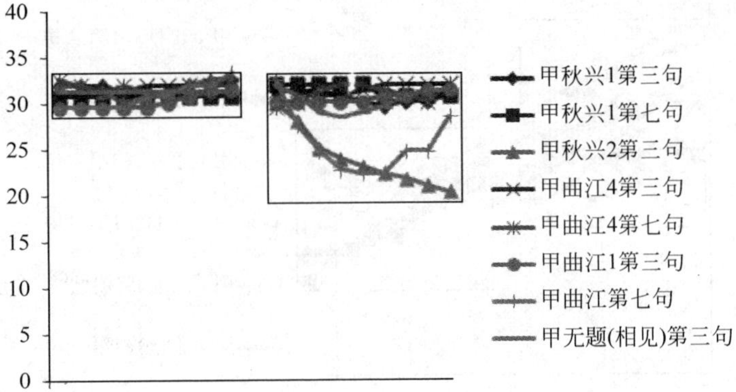

图 6　甲第五、六字

综合以上分析，位置对吟调中字调型的影响主要体现在第一对平声字组的前字调型多变，后字多为平调或降调。句末字多为平调或降调。

2.3.1.4　吟调调型与格律的关系

(1) 不合格律处

通过考察诗句中不合平仄格律处，即本应用平声字而用了仄声字或者本应用仄声字而用了平声字的情况，基本都读作本字调，并没有经过特殊处理。

(2) 入声的处理

中古汉语入声字在北京话中已经分别成为阴平、阳平、上声、去声。由表 3 的入声字变调表可知，在入声字的处理上，叶嘉莹的吟诵也是本着“一三五不论，二四六分明”的原则，第二、四、六字及末字都将入声处理为降调，而第一、三、五字则可以根据现代读音。

表 3　入声字变调表

位置	平声栏(不合格律)	仄声栏
第一字	上声、去声→降调	阳平、去声→本字调
第二字(乙丙)		阳平、上声、去声→降调
第三字	去声→本字调	阳平、上声、去声→平调
第四字(甲丁)		阴平、阳平、去声→降调
第五字		阴平、上声、去声→本字调
第六字(乙丙)		阴平、阳平、去声→降调
第七字		阳平、上声、去声→降调

可见,叶嘉莹吟诵的字调调型受格律的影响主要在于第二、四、六字及末字这样的节奏点上,第一、三、五字的吟调调型基本不受格律影响。

小结:叶嘉莹以普通话吟诗,依字行腔,吟调的调型与变调与本字调息息相关,语流音变、位置和格律影响下的变调也是以本字调为基础有规律地进行。

2.3.2　吟调调值特征及其影响因素

比较合格律和不合格律的字,并没有发现格律影响调值的普遍规律。因此,我们认为这些“不论”的情况在音高上没有进行特殊处理,它们遵从整体音高走势,因此在分析中不把它们剔除。

2.3.2.1　全句语调

我们将一句诗分为三个韵律单位:第一、二字为第一个韵律单位,第三、四字为第二个韵律单位,末三字为第三个韵律单位。我们列出八首七言律诗的调域表,考察每个字在诗中的相对音高;列出每个字的调域跨度,以考察其音高起伏情况(见表 4)。

表 4　八首七言律诗的调域(百分比)表

		一字	二字	三字	四字	五字	六字	七字
第一句	平均值	67	71	72	49	63	51	40
	范围	47-88	44-97	50-94	7-92	35-92	13-89	21-58
第二句	平均值	44	20	63	47	67	55	33
	范围	21-67	0-40	40-85	1-94	39-94	33-77	4-62
第三句	平均值	62	42	75	72	80	70	60
	范围	35-89	4-79	62-87	44-100	63-100	42-97	22-98
第四句	平均值	67	71	74	44	56	53	38
	范围	44-89	48-93	29-100	7-80	37-76	22-84	12-64
第五句	平均值	67	71	74	43	56	53	38
	范围	51-97	40-97	15-92	0-55	45-89	16-89	13-92
第六句	平均值	35	20	65	70	54	58	41
	范围	7-63	0-42	41-89	50-89	8-100	30-86	21-61
第七句	平均值	50	38	70	73	79	76	51
	范围	29-72	8-69	50-89	49-97	57-100	54-97	14-89
第八句	平均值	73	72	75	44	46	45	30
	范围	45-100	44-100	49-100	0-87	9-83	12-79	0-60

从百分比来看，第一、四、五、八句的首字为仄声，百分比平均值在 67 和 73 之间，第二字在 71 和 72 之间，二者音高相差不大；第三字平声百分比在 72 和 75 之间，第四字在 43 和 49 之间，二者音高呈下降趋势，相差较多。第二、三、六、七句的首字为平声，百分比平均值在 35 和 62 之间，第二字在 20 和 42 之间，二者音高呈下降趋势，前后字相差较多；第三字仄声百分比平均值在 63 和 75 之间，第四字在 47 和 73 之间，二者音高有下降趋势。

平平相连的后字音高远低于前字，而仄仄相连的后字音高有一小部分高于前字。这是因为音高不仅由格律和位置决定，也受本字调影响。发展到现代汉语普通话，古仄声遍布今四声，普通话中阴平和去声音高最高，阳平其次，上声最低；后字仄声高于前字仄声的可能性是存在的。

第五、六字仄声音高低于平声，末字仄声低于平声。从句子的位置来讲，无论平仄，第三、七句末三字的百分比平均值明显高于其他句子相应位置的百分比。

表 5　七言律诗字起伏度表

	1	2	3	4	5	6	7	总调
第一句	高	6 降	8 升	8 降	8 升	7 降	6 降	8 降
第四句		3 降	6 升	8 降	7 升	3 降	7 降	7 降
第八句		4 降	8 升	8 降	6 升	5 降	7 降	8 降
第五句		6 降	3 升	8 降	8 升	7 降	5 降	7 降
第二句	低	8 降	8 升	3 降	4 升	5 降	8 降	4 降
第六句		8 降	8 升	5 降	4 升	6 降	8 降	3 降
第三句		7 降	8 升	6 降	8 升	6 降	6 降	4 降
第七句		8 降	8 升	5 降	8 升	4 降	8 降	2 降
		50 降	57 升	51 降	52 升	43 降	55 降	

从吟调音高格局来看（见表 5），第一句和第八句呈阶梯式下降，第四句和第五句先降后升，第二、三、六、七句先升后降。从整体趋势看，语调整体是下降的。那些少数首字到末字总体上升的句子主要分布在第二、三、六、七句，它们首字为平声。上文已经说明首字平声较低，因此更容易出现语调上升的情况。

整个句子中第三字音高最高，这表明，对于吟调这个大波浪来讲，其波峰在第三字，即吟调是呈倒 U 形的。由于字调、韵律等因素的影响，作为小波浪的字调对大波浪做出调整，使得吟调呈现出一定差异。在第一、四、五、八句中，前四字的格律是“仄仄平平”，虽然第一字音高低于第三字，但是第二字仄声远远高于第四字平声，因此从整体上讲，前两字的音高较后两字高，语调呈下倾趋势。

2.3.2.2　各韵律单位的音高起伏

下面我们将前两个韵律单位和末一个韵律单位分开说明。

(1) 第一、二、三、四字的音高表现(见表 6)

a. 横向比较

前四字中的两个小韵律单位内部，后字比前字低。前两个韵律单位共有有 128 个对比对，平声 64 个，前字音高要于后字的有 64 个，占 100%；仄声 64 个，前字高于后字的有 40 字，占 62.5%。

表 6　前四字音高排序表

格律	仄	仄	平	平	数目	比例%
音高排序	2	3	1	4	32	100
格律	平	平	仄	仄	数目	比例
音高排序	3	4	1	2	20	62.5
			2	1	12	37.5

在“仄仄平平”格式中，第三字音高最高，其次是仄声字的后字，再次是平声前字；前字高于后字，两个前字中第三字高于第一字，两个后字中仄高平低。在“平平仄仄”格式中，两个仄声字分列第一和第二，其次是平声前字；前字高于后字依然成立，两个前字中第三字高于第一字，两个后字中仄高平低。

综合以上两点，可以得出结论：第三字最高，其他三个字仄高平低，一个韵律单位中前字高于后字。这三个规律依次发生作用，影响着前四字的音高起伏。

b. 纵向比较

一二四字：仄高平低；三字：平高仄低。

第三字在一个诗句中音高最高，当第三字是平声时，因为其前面的仄声字音高较高，平声变得更高，出现平高仄低的情况，体现了前字对音高的影响。第一、二、四字都是仄高平低，体现了格律对音高的影响。

(2) 第五、六、七字的音高表现(见表 7)

a. 横向：第五、六、七字递降。

实验结果和听觉印象都表明，最后一个韵律单位的音高走势整体呈下降趋势。其中，递降是多数，占 51.6%。但是由于大的韵律单位中根据语流和意义等又分为 2+1 或 1+2 等组合模式，以及语义重点、本字调等因素的影响，有不合递降趋势的情况出现。但大多数呈下降趋势。

表 7　第五、六、七字音高走势统计表

音高走势	数量	比例%
递降	33	51.6
升降	21	32.8
降升	10	15.6

第五字相对于第四字多是以升调为主，降调较少，只有 11 个，占 17.2%。这主要是因为第四字音高极少下降或为较高音，使得第五字无论是从吟诵美感还是发音生理上讲，音高下降都是必要的。由此可见音高的升降不仅和格律与位置有关系，还受前字音高的影响。

第六字相对于第五字以降调为主，升调较少，有 21 个，占 32.8%。根据对每个字的考察，我们认为原因有四点：

(1) 第五字为上声字，上声的本质是低平调(石锋 2011)，音高普遍较低，例如《曲江 1》的第一句“一片花飞减却春”的“剪”，虽然相对于前字“飞”有升高，但是音高依然很低，百分比值为 45.5%，远远低于相同位置上的其他字；

(2) 如果第六字是语义重点，这样，第六字会读得相对较长、较高，例如《曲江 1》的第三句“且看欲尽花经眼”的“经”，吟诵中叶嘉莹将这个字读得相对较长、较高，给人一种花从眼前随风飘过的感觉，使整首诗的这种伤春、惜春的情愫爆发了出来；

(3) 第六字和第七字若是由于语义或语法等原因在大的韵律单位中结合成了小的韵律单位，构成了“1＋2”式，那么第六字作为新的韵律单位的首字，音高会重置(熊子瑜等 2001)，例如《无题》(万里)的第三句“碧江地没元相引”后三字由于语义的关系分为“1＋2”式，“相引”和“元”之间有间隔，因此音高重置，出现上升；

(4) 如果第五字音高没有上升而是下降，且降到了一个比较低的水平，那么第六字便不太可能继续下降。

第七字相对于第六字以降调为主，升调很少，只有 9 个，占 14.1%。根据对每个字的调查，我们认为原因有二：首先，第六字是上声字，音高较低，因此末字即使保持与同位置、同格律一样的音高，相形之下也是升调，如《曲江 1》中第八句“何用浮荣绊此身”的“此”，“此”本身是个上声字，声母是舌尖前塞擦音，发音费力，因此音长较短、音高较低；其次，末字是语义重点，是感情集中之处，如《无题》(相见)的第三句“春蚕到死丝方尽”的“尽”，叶嘉莹读成高降调，使相见不能而至死不渝的情感喷涌而出，一泻千里。

b. 纵向：格律对音高有一定影响：第五、六字平高仄低，第七字仄高平低。

每个字出现的前后环境影响音高，高音字的后字无论平仄，都相对较高。这主要是因为第五、六、七字整体没有大的音高起伏，前字的音高对后字的音高定下了基调。例如，第五字在仄声字后要比在平声字后更高些，因为第四字仄高平低；第六、七字在平声后高于在仄声字后的，因为第五、六字平高仄低。

小结：位置的影响表现在第三字及其所在的词语是最高的，语调呈倒 U 形；偶数字和末字多降调，奇数字多升调。在韵律单位内部，前字高于后字。格律的影响主要表现在前四字，仄声后字下降较小，平声后字下降较大，仄声前字上升较大，平声前字上升较小；除第三字外，其他三字都是仄高平低。环境的影响主要体现在后三字中，音高虽呈递降的趋势，但是由于与第四字音高、本字调、语义重心等关系，造成了内部音高的此起彼伏，出现变化。

2.4　结论

以上从吟调的调型和音高两个方面分析了叶嘉莹吟诵八首七言律诗的声学特征及其影响因素，我们认为吟调调型的特点在于依字行腔，其变调也是在语流音变、字音位置和诗歌格律的影响下以本字调为基础进行的变化。本字调对吟调调型的影响是整体的、全局的，而语流音变、位置和格律对吟调调型的影响是局部的、有条件的。语流音变的影响主要体现在第一对仄声的后字，字音位置的影响主要体现在第一对平声字和末字，七言格律的影响主要体现在节奏点上的入声字上。

吟调中第三字最高，整体语调呈倒 U 形，由于位置、格律和环境的因素也出现了一些变化。位置的影响体现在偶数字和末字相对于前字多降调，奇数字相对于前字多升调，韵律单位内部前字高于后字。格律因素的影响体现在前四字中仄声前字上升较大，后字下降较小，平声反之；除第三字外都是仄声高于平声。环境因素的影响主要表现在句末二字内部由于本字调、语义重点等因素的影响而引起音高起伏上的变化。

三、七言律诗吟诵的节奏特征及其影响因素[①]

3.1 引言

吟诵是一种汉语古典文学作品的口头表现艺术方式，是我们宝贵的非物质文化遗产。“吟调”大致就是一种基于诗、词和曲的格律与本字声调，结合吟诵者对诗歌意境的理解，即兴发挥，或吟或唱的音调。

节奏是时间上的段落，是音长和音强的组合。音长是节奏的主要方面，字音拖长之后的换气与停顿构成长短不同的时隔（王丽莉 2014）。我们从时长和时隔两个方面来讨论吟调中的节奏。

关于吟诵的节奏，前人论述颇多。华锋（2012）总结了吟咏仄起绝句的节奏模式，认为其各句停顿长吟处依次为第四、二、二、四字及韵字，律诗重复一遍即可。叶嘉莹（2009）认为古典诗歌的节奏是循环演进的，“中国古典诗歌整体的演进是与我们语言文字单音独体的特色分不开的”，因此“无论是几言诗，基本的节奏都是二二，二三，或者二二三”。华锋（2012）总结了以叶嘉莹、屠岸为代表的学人的私塾调吟咏模式，认为这种吟咏模式在吟咏格律诗时，不管其作者是谁，不管作品风格如何，其节奏停顿处都是一定的。但感情色彩的把握，声音高低的处理，是依其内容不同而各有变化。

综合前人研究成果，我们发现前人对于诗词吟诵的节奏和吟调的规律讨论较多，但多是局部的描写和说明，而且没有分析吟调特征背后的语言学和文学方面的原因。我们拟利用实验手段，对叶嘉莹吟诵的八首七言律诗进行节奏方面的分析，逐步离析出影

---

① 原文发表于《实验语言学》2019 年第 8 卷第 2 号，作者冯丹丹、王萍、石锋。

响吟调的语言学和文学方面的因素。

3.2 实验介绍

3.2.1 实验材料

本次实验的录音材料是叶嘉莹吟诵的八首仄起平收的七言律诗:《秋兴八首》(其一)(简称秋兴1,下同)、《秋兴八首》(其二)(简称秋兴2,下同)、《秋兴八首》(其四)(简称秋兴4,下同)、《曲江二首》(其一)(简称曲江1)、《曲江对雨》(简称曲江)、《无题》(万里)、《无题》(凤尾)、《无题》(相见)。

八首诗虽然在情感表达上各有侧重,但是其情感基调是一致的,都是“悲”。八首诗都出自名家,是优秀的传世之作,格律工整,无声病,无拗救,仅在第一字、第三字和第五字上出现一些“不论”的情况。

3.2.2 实验方法

本次实验所有录音材料是采样率为11025赫兹、单声道、格式为WAV的音频文件。采用桌上语音工作室(Mini-Speech-Lab)和Praat修改基频,提取音长数据。最后用Excel对数据进行整理与分析,并作出图表。参考听感划分停顿。

3.3 实验结果与分析

3.3.1 吟调时长特征及其影响因素

时长是吟诵时每个字所占的时间长度。通过对前人研究成果的分析和总结,以下几个因素可能影响吟调时长。

(1) 格律

“平长仄短”是学界普遍认可的规律。杨锋(2012)、王丽莉(2014)等人分别使用实验的方法,考察了格律和节奏,尤其是格律和时长的关系，发现：相同类型的七言近体诗吟诵旋律接近，而且节奏完全一致。同一文体律格相同，则有基本相同的时长特征，其时长模式也相对固定，即平声字多长吟，仄声字多短吟。

(2) 位置

王丽莉(2014)通过研究发现：吟调时长和字的位置也有关系，通常偶数位置的字相对吟得长一些，奇数位置的字相对要吟得短一些，且长吟的字主要是平声，短吟的字主要是仄声。首字一般吟得较短，末字(往往是韵字)一般吟得较长，但末字往往没有它前一个字(五言第四字，七言第六字)吟得长。

(3) 韵律边界

石锋(2010)利用实验的方法证明：韵律词末字的时长比平均值都有明显的延长，即边界前字音存在延长。

(4) 轻重音

正常重音和轻声在普通话中对音长有显著的影响。颜景助、林茂灿(1988)认为正常重音的声学特性，主要是有较长的长度和较完整的音高模式，并且字音时长对重音的作用比字音强度大。前人普遍认为轻声的一个重要表现是时长的缩短。

(5) 声韵调类型

熊子瑜等(2009)认为语流中的韵母时长与音节的声韵调类型之间的相关性比较低，而声母时长与音节的声韵调类型之间的相关性比较高。同等条件下，复合韵母要比单韵母在发音上更加长。

以上五个要素，即格律、位置、轻重音、声韵调类型和韵律边界，它们之间相互作用，互相制约，形成了吟调特殊的时长特征。但这些要素并不是同等作用的，是有先后顺序的。详见下文。

3.3.1.1　时长特征

图1—图8是八首七言律诗的时长分布折线图，按句排列。

在折线图中,V 形的折点是时长相对较短的字,倒 V 形的顶点是时长相对较长的字。

甲格式(平平仄仄平平仄)

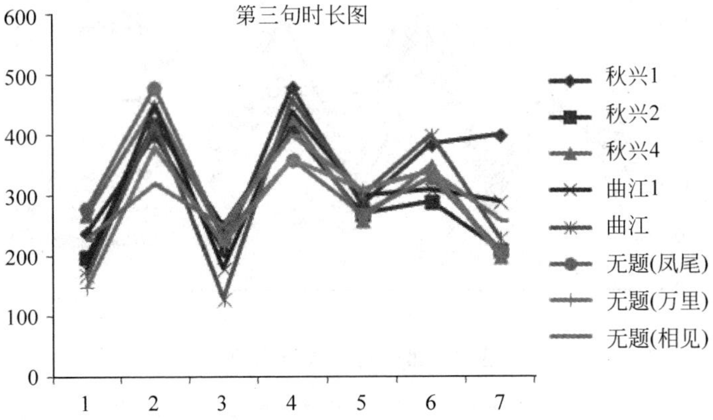

图 1　第三句时长折线图

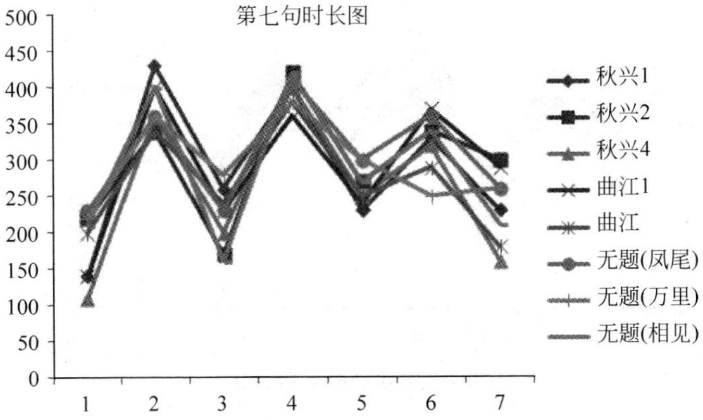

图 2　第七句时长折线图

乙格式(仄仄平平仄仄平)

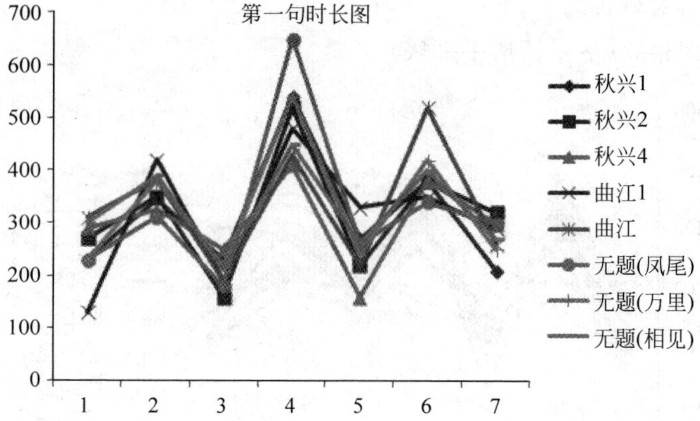

图 3 第一句时长折线图

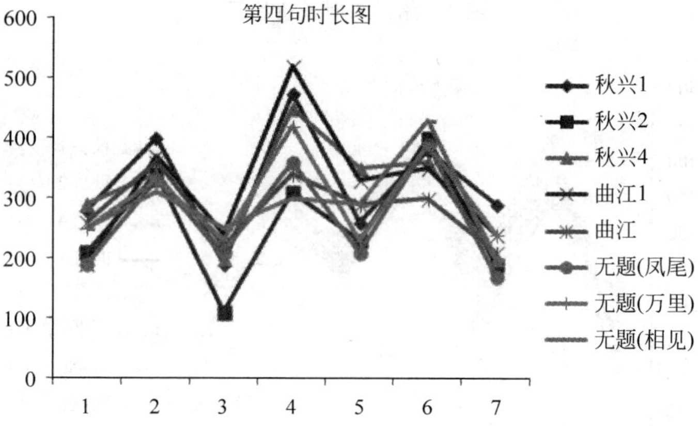

图 4 第四句时长折线图

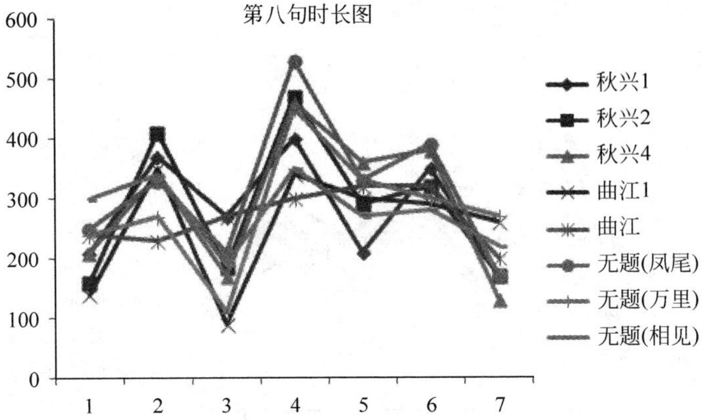

图 5　第八句时长折线图

丙格式(仄仄平平平仄仄)

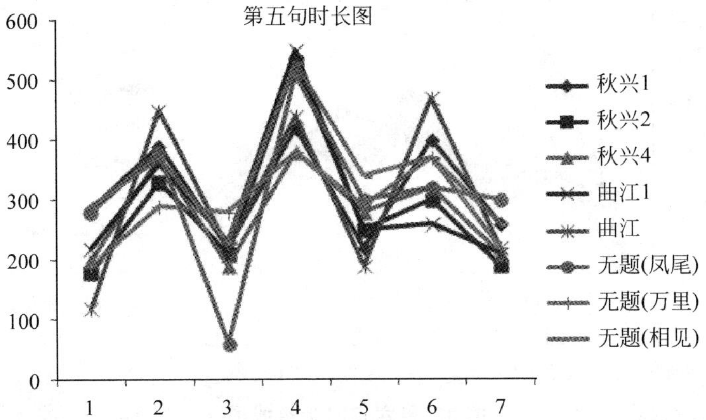

图 6　第五句时长折线图

丁格式(平平仄仄仄平平)

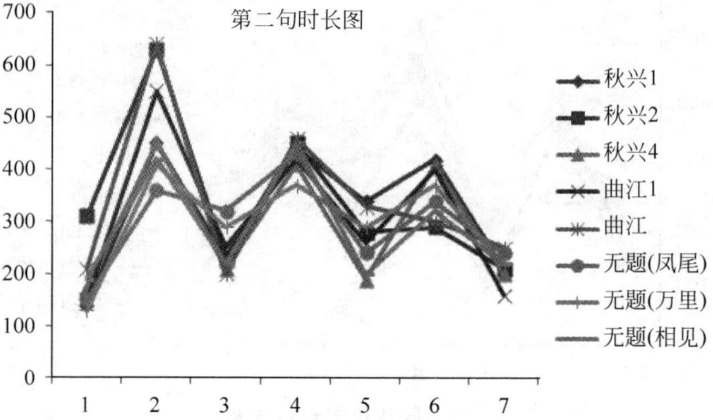

图7 第二句时长折线图

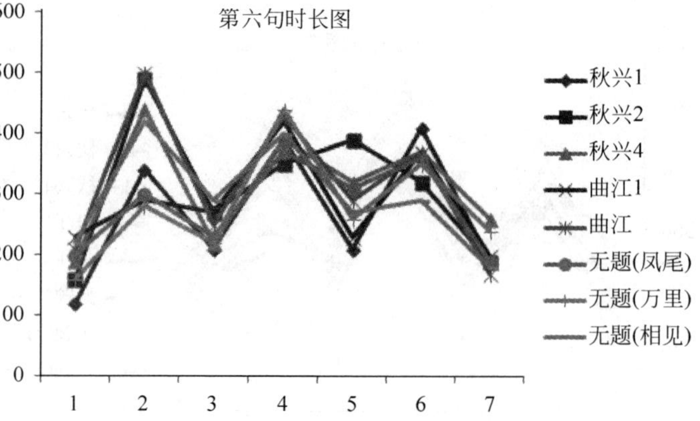

图8 第六句时长折线图

上图中,倒V形的顶点,即时长相对较长的字绝大部分分布在偶数字位置上,即第二字、第四字和第六字,而且不同格式中三个字时长的排序也是不同的;V形的折点,即时长相对较短的字绝大部分分布在奇数字位置上，即第一字、第三字、第五字和第七字。

我们以句为单位，对八首七言律诗中每一句诗中各字音的时长进行排序，然后将八首七言律诗按句排列，通过对比各句的时长排序，找到时长长短分布的倾向性见下表。

表1 七言律诗各字时长排序

排序	第一字	第二字	第三字	第四字	第五字	第六字	第七字
乙格式	仄	仄	平	平	仄	仄	平
第一句	5	2	7	1	6	2	4
第四句	5	2	6	1	4	3	7
第八句	4	2	6	1	5	3	7
丙格式	仄	仄	平	平	平	仄	仄
第五句	6	2	5	1	4	3	6
甲格式	平	平	仄	仄	平	平	仄
第三句	6	1	7	2	4	3	5
第七句	7	2	5	1	4	3	6
丁格式	平	平	仄	仄	仄	平	平
第二句	7	1	4	2	5	3	5
第六句	6	1	5	2	4	3	7

注：上表中的数字表示其时长顺序，如“1”表示最长，“2”表示次长，依此类推。

通过表1，我们可以看到偶数字位置上的字时长都在前三位，奇数字位置上的字时长都在后四位，即偶数字的时长都长于奇数字；偶数字位置上的字时长排序比较有规律性，奇数字时长排序的律性相对较弱。下文我们分别说明。

3.3.1.2 时长具体特征分析

(1) 偶数字时长都长于奇数字

无论甲、乙、丙、丁哪个格式，无论是二、四、六哪个偶数位置，无论偶数位置上的字是平声还是仄声，字音的时长都相对较长。这说明，偶数字位置是决定字音长短的决定因素。

由于吟诵是使用“二二三”的节奏，使得第二字和第四字都处在韵律边界的位置，其后都有一个比较长的停顿，因此第二字、第四字的时长是一句诗中最长的两个字。后三字在吟诵中常常根据意义进行节奏小单位的分割，读作“一二”或者“二一”，因此第六字并不总是处在停顿之前，但是第六字总是一句诗中第三长的字，说明格律诗的吟诵中，位置是一个很重要的影响因素。综合起来，偶数字比较长，首先是其在格律诗中所处的位置，吟诵中每个字都是一短一长，通过字的时长形成一种节奏感；其次是因为第二、四字处在停顿之前，是个韵律边界。

吟诵遵循“一三五不论，二四六分明”的原则，因此，吟诵中格外注意第二字、第四字和第六字的时长，不会随意延长或缩短，同时，由于它们时长都在 300 毫秒以上，即使偶数字的时长因其他因素产生变化，也不会影响其排序。但是，奇数字位置的字在“不论”的位置，所以，对时长的控制并不严格，会因为语义重心、声韵调类型的影响而产生变化，同时由于奇数字时长本身较短，较小的变化就可能会影响排序。

(2) 偶数字的排序问题

我们将偶数字的排序从表 1 提取出来，得到下表：

表 2　偶数字时长排序(表中数字为时长次序)

偶数字时长排序	乙格式			丙格式	丁格式		甲格式	
	第一句	第四句	第八句	第五句	第二句	第六句	第三句	第七句
第二字	3	2	2	2	1	1	1	2
第四字	1	1	1	1	2	2	2	1
第六字	2	3	3	3	3	3	3	3

表2显示,偶数位置上的时长都处在前三的位置。乙格式和丙格式的中时长最长的字为第四字,除第一句外,第二长的为第二字,第三长的为第六字;甲格式和丁格式中,除第七句时长最长为第四字、第二长为第二字外,时长最长的为第二字,第二长的字为第四字,所有句子中时长第三长的字为第六字。因此,可以将时长排序的一般原则看作乙格式和丙格式时长最长的字为第四字,第二长的字为第二字,第三长的字为第六字;甲格式和丁格式时长最长的字为第二字,第二长的字为第四字,第三长的字为第六字。

通过分析可以看出,除第一句和第七句外,时长最长的字都是每句中出现的第一对"平平"中的第二个平声字,时长第二长的字都是每句中出现的第一对"仄仄"中的第二个"仄声字",时长第三长的字无论平仄,都是每句中的第六个字。

我们可以看到,最长和次长分布的决定因素在于平仄的不同,即不论所处句子,不论所处句中的位置,不论其他因素,平声字的时长要长于仄声字。次长的字音都处于韵律边界位置的字,它们后面都是一个较大的停顿,停顿之前的音节延长是一定的。

也有例外情况,第六字明显长于第二字。如表3所示。

表3　第一句偶数字时长排序(表中数字为字音次序)

第一句	第一长	第二长	第三长
秋兴1	4	6	2
秋兴2	4	2	6
秋兴4	4	6	2
曲江1	4	2	6
曲江	6	4	2
无题(凤尾)	4	6	2
无题(万里)	4	6	2
无题(相见)	4	6	2

由上表可以看出：第一句中第六字比较长，有1个是最长，为《曲江》中的“辇”；5个是第二长，为《秋兴1》中的“树”，《秋兴4》中的“弈”，《无题》(凤尾)中的“几”，《无题》(万里)中的“叶”，《无题》(相见)中的“亦”；只有2个是第三长，分别为《秋兴2》中的“日”，《曲江1》中的“却”。通过对绝对时长的具体分析，我们看到：第一句的第二字与第四句和第八句相比并没有缩短，而是第六字相对较长。因此，推测第一句中第六字长于第二字是由于第六字时长增加造成的。我们认为，第一句中第六字时长的增加，会使末字在听感上变得更短，这样会给人一种未完待续的感觉，便于第二句的引入，因此会读得长一些(为什么末字短，会给人未完待续的感觉)。同时，第六字都为上声字和入声字，根据中古声调演变规律和叶先生吟诵特色，中古上声字会保持读作上声字，偶数字位置上的中古入声字读作去声；由于末字起点音高较高，根据上文分析，第六字上的去声字一般会受末字影响，读作曲折调。发音充分的曲折调本身时长较长，为吟诵中字音的拖长创造了条件。

例外还出现在第七句，与第二句、第三句和第六句不同，其第四字长于第二字，即第二个仄声字长于第二个平声字。如下表：

表4 第七句偶数字时长排序(表中数字为字音次序)

第七句	第一长	第二长	第三长
秋兴1	2	4	6
秋兴2	4	2	2
秋兴4	4	2	6
曲江1	2	6	4
曲江	4	2	6
无题(凤尾)	4	2	2
无题(万里)	4	2	5
无题(相见)	4	2	6

由上表可以看出：第七句中第四字普遍长于第二字和第六字，有6首诗中是最长，分别是《秋兴2》中的“上”，《秋兴4》中的“莫”，《曲江》中的“变”，《无题》(凤尾)中的“系”，《无题》(万里)中的“得”，《无题》(相见)中的“去”；有1个是第二长，为《秋兴1》中的“处”；有1个是第三长，为《曲江1》中的“理”。通过对绝对时长的具体分析，我们可以看到第七句的第四字与第二句、第三句和第六句相比并没有延长，而是第二字相对较短。因此，推测第七句中第四字长于第二字是由于第二字时长缩短造成的。通过对比第三句和第七句的第二字，我们发现第七句的第二字基本为阴平字，叶先生吟诵时多处理成一个有下降趋势的调，从发音角度讲不容易延长发音；而第三句的第二字多为阳平字，叶先生吟诵得较为高亢、上扬，因此比较容易延长发音。

(3) 奇数字的排序问题

我们将奇数字的排序从表1提取出来，得到下表：

表5　奇数字时长排序(表中数字为时长次序)

奇数字排序	乙格式			丙格式	丁格式		甲格式	
	第一句	第四句	第八句	第五句	第二句	第六句	第三句	第七句
第一字	5	5	4	6	7	6	6	7
第三字	7	6	6	5	4	5	7	5
第五字	6	4	5	4	5	4	4	4
第七字	4	7	7	6	5	7	5	6

格律诗的写作和吟诵过程中遵循“一三五不论，二四六分明”的原则，第一、三、五字本身不遵循平仄规律，吟诵中也会根据字的意义、停顿等的具体情况发生时长上的变化，因此，奇数字的时长排序并没有特别明显、整齐的规律。值得一提的是，末字虽然处在

边界位置，但时长并没有延长，处在 V 形的折点。这是因为虽然韵律词末字的延长标志边界，但是由于诗句之间有停顿，已经起到了边界作用，不必再通过末字延长来表达。

通过以上分析，我们可以看出，叶嘉莹仄起平收七言律诗吟调时长有比较鲜明的特点：一是偶数字时长大于奇数字；二是偶数字时长排序较有规律，即最长的一般是第二个平声字，次长的一般是第二个仄声字，第三长的一般是第六字；三是奇数字时长规律性不明显。格律、字的位置、韵律边界位置、轻重音和声韵调类型是影响时长的重要因素。

格律对时长的影响是全局的，一方面表现在平长仄短上；另一方面表现为不同格律诗中同样格律诗句的时长折线线型比较相似，即相同格律诗句的时长模式是相似的，其绝对时长因其他因素虽有变化，但是其相对时长是相似的。

字的位置对时长的影响主要作用于单个句子，即其时长相对较长的字，主要分布在偶数字，时长相对较短的字，主要分布在奇数字。同时位置对时长的影响还表现在偶数字的时长相对稳定，奇数字的时长受其他因素影响较大，变动较大。

综合以上两个影响因素，我们可以解释为什么第一、四、八句（乙格式）和第五句（丙格式）的最长字音位于第四字（平声），第三、七句（甲格式）和第二、六句（丁格式）的最长音分布在第二字（平声）。

韵律边界对时长的影响，表现在它与字音位置共同作用于每句诗的第二和第四字，使第二字和第四字明显延长。

轻重音和声韵调类型对时长的作用只是对单个字音的影响，从而造成一系列的例外，同时也形成了吟诵语调时长上的不规则，尊重了语言事实，也实现了吟诵语调的丰富多样。

综上所述，我们总结各句时长的基本模式如下：

甲格式：三、七句　平平——仄仄—平平—仄

乙格式：一、四、八句　仄仄—平平——仄仄—平

丙格式：五句　仄仄—平平——平仄—仄

丁格式：二、六句　平平——仄仄—仄平—平

3.3.2　吟调时隔特征及其影响因素

时隔即停顿，与节奏的划分紧密相关，根据时隔可以划分出节奏单位（王丽莉 2014）。前人对时隔的研究多与节奏相连。秦德祥（2004）认为，诵读或吟诵近体诗的顿逗，不仅与词的构成、情感的表达等相关，又与声调相关，因为“平长仄短，如果两字一顿、前顿末字是仄声，在传统吟诵中常常并不将它与其后之顿分开，而是四字相连”，并总结七绝吟诵节奏为“平平—仄仄/仄平—平———，仄仄/平平—仄仄/平———。仄仄/平平—平仄/仄，平平—仄仄/仄平—平———（/表示两顿相连）”，认为“虽然并不一概如此，但这是基本的节奏样式”。叶嘉莹也认为无论是几言诗，基本的节奏都是二二，二三，或者二二三。

通过观察声学表现，同时结合听感，我们将仄起平收格式的七言律诗根据停顿分成以下三层。

第一层：四三或二五

乙格式（仄仄平平仄仄平）和丙格式（仄仄平平平仄仄），即第一、四、五、八句的节奏首先分作四三，甲格式（平平仄仄平平仄）和丁格式（平平仄仄仄平平），即第二、三、六、七句的节奏首先分作二五，这是因为乙、丙格式的第四字以及甲、丁格式的第二字为平声字，它们时长拖得较长，这里会有一个大的换气动作。

第二层：二二三

乙、丙格式的前四字的节奏分作二二，甲、丁格式的后五字的

节奏分作二三。这是因为乙、丙格式的第二字，甲、丁格式的第四字的时长往往也会拉长，同时，读作双字是吟诵的习惯。

第三层：二二二一或二二一二

这主要涉及各个格式后三字的节奏划分。通常这三字会读作一个比较大的韵律单位，停顿很小而且并不固定。

表 6　后三字节奏划分表

句诗	仄仄平			平仄仄			仄平平		总计
	第一句	第四句	第八句	第五句	第三句	第七句	第二句	第六句	
秋兴 1	1	0	1	1	1	0	1	1	6
秋兴 2	1	1	1	0	1	1	1	1	7
秋兴 4	1	0	0	1	0	1	1	0	4
曲江 1	1	1	0	1	0	1	0	0	4
曲江	1	1	0	1	1	0	0	1	5
无题(凤尾)	0	1	0	1	1	1	0	1	5
无题(万里)	1	1	0	1	0	0	0	0	3
无题(相见)	0	1	0	1	1	0	1	1	5
总计	6	6	2	7	5	4	4	5	39

注："1"表示节奏为二一，"0"代表节奏为一二。

表 6 显示，后三字的节奏划分多是二一，有 39 个，占总数的 60.9%。通过分析可知，二一的划分中，不仅有合乎意义的，也有不合乎意义的部分。但是，一般而言，划分成一二的都合乎意义。因此，我们推测二一是后三字吟诵的基本模式，而一二是为了合乎意义等其他因素而进行的调整。即一二的吟诵节奏与语言节奏是一致的，如"异/昔时"，不会出现"芦/荻花"，但是，二一的吟诵节奏不一定与语言节奏一致，如"气萧/森"。这说明第六字作为节奏点是读诗的心理预期，吟诵中将二一作为基本模式体现了意义让位

于节奏。至于一二这一模式出现的条件，通过语料还没有发现比较一致的规律，需要进一步研究。

3.4　结语

我们主要从时长和时隔两个方面讨论了叶嘉莹仄起平收七言律诗吟调节奏的特征及其影响因素。

七言律诗的节奏特点：偶数字的时长普遍比奇数字长，偶数字时长的排序也比奇数字有规律。这主要是因为吟诵节奏的划分遵循二二三的方式，偶数字时长拉长。同时，吟诵也遵循诗词格律中“奇活偶定”的变通原则，偶数字的吟诵更加遵循格律等因素的制约，而奇数字的吟诵就相对可以随意一些，以便感情的表达和文学意境的营造。七言律诗的吟诵节奏一般是二二三模式，其中后三字又可分为两个小的韵律单位，即二一或一二。我们推测二一为基本节奏方式，一二是意义等因素影响下的节奏的再调节。

吟诵中节奏是诗歌艺术美的一个重要方式，同样格式的格律诗，吟诵的基本节奏是一样的，主要表现在其时长和时隔的大致轮廓是固定的，以及偶数字严格遵循格律的制约；每一首诗都会根据内容、意境和情感表达的不同而出现吟诵节奏的细微差异，主要表现在奇数字的灵活性上。

附录：实验录音的八首七言律诗

杜甫《秋兴八首》(其一)

玉露凋伤枫树林，巫山巫峡气萧森。
江间波浪兼天涌，塞上风云接地阴。
丛菊两开他日泪，孤舟一系故园心。
寒衣处处催刀尺，白帝城高急暮砧。

杜甫《秋兴八首》(其二)

夔府孤城落日斜，每依北斗望京华。
听猿实下三声泪，奉使虚随八月槎。
画省香炉违伏枕，山楼粉堞隐悲笳。
请看石上藤萝月，已映洲前芦荻花。

杜甫《秋兴八首》(其四)

闻道长安似弈棋，百年世事不胜悲。
王侯第宅皆新主，文武衣冠异昔时。
直北关山金鼓振，征西车马羽书驰。
鱼龙寂寞秋江冷，故国平居有所思。

杜甫《曲江二首》(其一)

一片花飞减却春，风飘万点正愁人。
且看欲尽花经眼，莫厌伤多酒入唇。
江上小堂巢翡翠，花边高冢卧麒麟。
细推物理须行乐，何用浮名绊此身。

杜甫《曲江对雨》

城上春云覆苑墙，江亭晚色静年芳。
林花著雨燕脂落，水荇牵风翠带长。
龙武新军深驻辇，芙蓉别殿谩焚香。
何时诏此金钱会，暂醉佳人锦瑟旁。

李商隐《无题》(万里)

万里风波一叶舟，忆归初罢更夷犹。
碧江地没元相引，黄鹤沙边亦少留。
益德冤魂终报主，阿童高义镇横秋。
人生岂得长无谓，怀古思乡共白头。

李商隐《无题》(凤尾)

凤尾香罗薄几重，碧文圆顶夜深缝。
扇裁月魄羞难掩，车走雷声语未通。
曾是寂寥金烬暗，断无消息石榴红。
斑骓只系垂杨岸，何处西南任好风。

李商隐《无题》(相见)

相见时难别亦难，东风无力百花残。
春蚕到死丝方尽，蜡炬成灰泪始干。
晓镜但愁云鬓改，夜吟应觉月光寒。
蓬山此去无多路，青鸟殷勤为探看。

参考文献

Baker,W.,陈　平 1985 从“信息结构”的观点来看语言,《当代语言学》第2期。

白梅丽 1981 汉语普通话中的“连……也/都”,《国外语言学》第3期。

白学军、刘丽萍、闫国利 2008 阅读句子过程中词跳读的眼动研究,《心理科学》第5期。

蔡莲红等 2001 汉语韵律特征的可计算性研究,载《新世纪的现代语音学——第五届全国现代语音学学术会议论文集》,北京:清华大学出版社。

蔡维天 2004 谈“只”与“连”的形式语义,《中国语文》第2期。

曹逢甫 1994 再论话题和“连……都/也”结构,载戴浩一、薛凤生主编《功能主义与汉语语法》,北京:北京语言学院出版社。

曹剑芬 1986 普通话轻声音节特性分析,《应用声学》第4期。

曹剑芬 2002 汉语声调与语调的关系,《中国语文》第3期。

曹剑芬 2005 音段延长的不同类型及其韵律价值,《南京师范大学文学院学报》第4期。

曹　文 2010《汉语焦点重音的韵律实现》,北京:北京语言大学出版社。

柴丹丹 2017 普通话不同语用功能的语调研究,南京师范大学硕士学位论文。

陈昌来 2000《现代汉语句子》,上海:华东师范大学出版社。

陈　虎 2008 汉语无标记类感叹句语调研究,《语言教学与研究》第2期。

陈　莉、李宝伦、潘海华 2013 汉语否定词“不”的句法地位,《语言科学》第4期。

陈　平 1985 英汉否定结构对比研究,载《现代语言学研究:理论、方法与事实》,重庆:重庆出版社。

陈少松 1997“声与诗”之我见,《学术月刊》第12期。

陈少松 2005 漫谈古诗词文吟诵二,《古典文学知识》第2期。

陈　怡、石　锋 2011 普通话强调焦点句语调的音高表现,《南开语言学刊》第

1 期。

成　瑶 2015 汉语普通话同型感叹句的韵律特征，南开大学硕士学位论文。

成　瑶 2017 同型感叹句的时长分析，载石锋、王萍编《汉语功能语调研究》，北京：北京语言大学出版社。

崔希亮 1990 试论关联形式“连…也/都…”的多重语言信息，《世界汉语教学》第 3 期。

崔希亮 1995 “把”字句的若干句法语义问题，《世界汉语教学》第 3 期。

邓　芳 2017 普通话语调大样本实验研究，南开大学硕士学位论文。

邓　丹 2010《汉语韵律词研究》，北京：北京大学出版社。

邓　丹、石　锋 2008 普通话双音节韵律词的音高分析，《南开语言学刊》第 2 期。

邓　丹、石　锋 2009 普通话韵律词内部下倾度的初步分析，《南开语言学刊》第 1 期。

邓守信 1973/2012 否定词的范域，载《汉语语法论文集》，北京：北京语言大学出版社。

邓守信 1975/2012 汉语的否定，载《汉语语法论文集》，北京：北京语言大学出版社。

邓文靖 2016 现代汉语感叹语调实验研究，南开大学博士学位论文。

刁晏斌 1993 近代汉语“把”字句与“将”字句的区别，《辽宁师范大学学报》(社会科学版)第 1 期。

董秀芳 2003 无标记焦点和有标记焦点的确定原则，《汉语学习》第 1 期。

杜道流 2003 现代汉语感叹句研究，安徽大学博士学位论文。

端木三 1999 重音理论和汉语的词长选择，《中国语文》第 4 期。

端木三 2007 重音、信息和语言的分类，《语言科学》第 5 期。

范开泰、张亚军 2000《现代汉语语法分析》，上海：华东师范大学出版社。

范　晓 2009 关于句子的功能，《汉语学习》第 5 期。

方经民 1994 有关汉语句子信息结构分析的一些问题，《语文研究》第 2 期。

方　梅 1995 汉语对比焦点的句法表现手段，《中国语文》第 4 期。

冯胜利 2000《汉语韵律句法学》，上海：上海教育出版社。

冯胜利 2005《汉语韵律语法研究》，北京：北京大学出版社。

冯永强、初　敏、贺　琳、吕士楠 2001 汉语话语音节时长统计分析，载《新世纪的现代语音学——第五届全国现代语音学学术会议论文集》，北京：清华大学出版社。
高名凯 1986《汉语语法论》,北京:商务印书馆。
高玉振 1980 北京话的轻声问题,《语言教学与研究》第 2 期。
郭　锐 2000“吗”问句的确信度和回答方式,《世界汉语教学》第 2 期。
郭婷婷 2005 现代汉语“吗”问句的信息结构与功能类型,《华中科技大学学报》(社会科学版)第 3 期。
哈妮克孜・伊拉洪、古力米热・依玛木、玛依努尔・阿吾力提甫、姑丽加玛丽・麦麦提艾力、艾斯卡尔・艾木都拉 2017 维吾尔语感叹句语调起伏度,《清华大学学报》(自然科学版)第 12 期。
韩静静 2013 汉语普通话否定句语调的停延率初探,《实验语言学》第 2 卷第 2 号。
韩静静 2015 普通话否定句语调格局初探,天津师范大学硕士学位论文。
韩静静、时秀娟 2013 汉语普通话否定句语调的起伏度,《实验语言学》第 2 卷第 1 号。
何元建 2010 论汉语焦点句的结构,《汉语学报》第 2 期。
贺　阳、劲　松 1992 北京话语调的实验探索,《语言教学与研究》第 2 期。
洪　波 2001“连”字句续貂,《语言教学与研究》第 2 期。
胡斌彬、车录彬 2010“X 比 Y 还 W”构式的语用信息功能,《湖北师范大学学报》(哲学社会科学版)第 6 期。
胡　方 2017 当我们谈论实验语音学时,我们在谈论什么?当代语言学前沿:走向新描写主义论坛,曲阜。
胡建华 2007 否定、焦点与辖域,《中国语文》第 2 期。
胡建华 2017 走向新描写主义,当代语言学前沿:走向新描写主义论坛,曲阜。
胡明扬 1987 关于北京话的语调问题,载胡明扬《北京话初探》,北京:商务印书馆。
华　锋 2010 传统吟诵与音乐的演唱,《湛江师范学院学报》第 1 期。
华　锋 2012 简论吟咏的节奏,《文学与文化》第 2 期。
黄伯荣、廖序东 2011《现代汉语》(增订五版),北京:高等教育出版社。
黄彩玉 2008 一类“都”字歧义句的实验语音学分析,《山西大学学报》(哲学社会科学版)第 5 期。
黄彩玉 2013“都”字语义歧义句的实验语音学分析,《语言教学与研究》第 5 期。

黄正德 1988 说“是”和“有”，载《李方桂先生纪念论文集》，台北：“中研院”历史语言研究所。

黄正德、李艳惠、李亚菲 2013《汉语句法学》（张和友译），北京：世界图书出版公司。

贾 媛、李爱军、陈铁亚 2009 汉语“是”和“连”标记的焦点成分语音特征研究，《清华大学学报》（自然科学版）第 49 卷。

贾 媛、熊子瑜、李爱军 2008 普通话焦点重音对语句音高的作用，《中国语音学报》第 1 辑。

江海燕 2005 疑问语气意义的两种表达途径，《南开语言学刊》第 2 期。

江海燕 2009 汉语陈述、疑问基本语调的调位表现，《南开语言学刊》第 1 期。

江海燕 2010《汉语语调问题的实验研究》，北京：首都师范大学出版社。

蒋静忠、潘海华 2013“都”的语义分合及解释规则，《中国语文》第 1 期。

焦雪芬 2015 汉语普通话祈使句的语调实验研究，南开大学硕士学位论文。

金立鑫 1997“把”字句的句法、语义、语境特征，《中国语文》第 6 期。

劲 松 1992 北京话的语气和语调，《中国语文》第 2 期。

劲 松 2002《现代汉语轻声动态研究》，北京：民族出版社。

李爱军 2002 普通话对话中韵律特征的声学表现，《中国语文》第 6 期。

李宝伦、潘海华 1999 焦点与“不”字句之语义解释，《现代外语》第 2 期。

李 强、袁毓林 2018“都”和“只”的意义和用法同异之辨，《中国语文》第 1 期。

李铁范 2005 感叹句研究综观，《云南师范大学学报》第 4 期。

李裕德 2014《现代汉语简明句典》，北京：北京理工大学出版社。

梁 磊 2001 普通话轻声的实验研究，载《新世纪的现代语音学——第五届全国现代语音学学术会议论文集》，北京：清华大学出版社。

梁 磊 2010 北京话轻声的幅度积研究，第七届中国语言学学术会议暨语言学前沿问题国际论坛，北京。

梁 磊、石 锋 2010 普通话两字组的音量比分析，《南开语言学刊》第 2 期。

林 菱 2017 印尼华裔留学生汉语语调习得研究，暨南大学硕士学位论文。

林茂灿 2002 普通话语句的韵律结构和基频（F0）高低线的构建，《当代语言学》第 4 期。

林茂灿 2011 汉语焦点重音和功能语气及其特征，《汉字文化》第 6 期。

林茂灿、颜景助 1980 北京话轻声的声学性质，《方言》第 3 期。

林茂灿、颜景助 1990 普通话轻声与轻重音,《语言教学与研究》第 3 期。
林茂灿、颜景助、孙国华 1984 北京话两字组正常重音的初步实验,《方言》第 1 期。
林　焘 1962 现代汉语轻音与句法结构的关系,《中国语文》第 7 期。
林　焘 1983 探讨北京话轻声性质的初步试验,《语言学论丛》第十辑,北京:商务印书馆。
林　焘 1990《语音探索集稿》,北京:北京语言学院出版社。
林　焘、王理嘉 1992《语音学教程》,北京:北京大学出版社。
林裕文 1985 谈疑问句,《中国语文》第 2 期。
刘丹青 2005 汉语否定词形态句法类型的方言比较,(日本)《中国语研究》第 252 期。
刘丹青 2008《语法调查研究手册》,上海:上海教育出版社。
刘丹青、徐烈炯 1998 焦点与背景、话题及汉语"连"字句,《中国语文》第 4 期。
刘慧娟 2016 汉语"连"字句的信息结构,《南昌航空大学学报》(社会科学版)第 3 期。
刘丽萍 2003 先设、焦点和否定的辖域歧义,北京语言大学硕士学位论文。
刘丽萍 2014 否定辖域及焦点否定之语义解释,《语言教学与研究》第 5 期。
刘俐李 2002 20 世纪汉语轻声研究综述,《语文研究》第 3 期。
刘　林 2016 汉语焦点标记词的分类与句法特征,《语言研究集刊》第 16 辑,上海:上海辞书出版社。
刘培玉 2002 把字句的句法、语义和语用分析,《华中师范大学学报》(人文社会科学版)第 5 期。
刘叔新、石　锋 1995 主语声音形式的特点考察,《语法研究与探索》(七),北京:商务印书馆。
刘　顺 2003 现代汉语的否定焦点和疑问焦点,《齐齐哈尔大学学报》(哲学社会科学版)第 2 期。
刘探宙 2008 多重强式焦点共现句式,《中国语文》第 3 期。
刘现强 2007 现代汉语节奏支点初探,《语言教学与研究》第 3 期。
刘相臣 2004 "是……的"格式中"是""的"的性质和用法探讨,《语文学刊》第 2 期。
刘鑫民 1995 焦点、焦点的分布和焦点化,《宁夏大学学报》(人文社会科学版)第 1 期。

刘月华 1988 语调是非问句,《语言教学与研究》第2期。
刘 云 2003 “被”字结构宾语隐现的制约因素,汉语被动表述问题国际学术研讨会,武汉。
卢福波 1999 “也”的构句条件及其语用问题,《华东师范大学学报》(哲学社会科学版)第4期。
鲁允中 1995《普通话的轻声和儿化》,北京:商务印书馆。
陆俭明 1980 “还”和“更”,《语言学论丛》第六辑,北京:商务印书馆。
陆俭明 2016 从语言信息结构视角重新认识“把”字句,《语言教学与研究》第1期。
路继伦、王嘉龄 2005 关于轻声的界定,《当代语言学》第2期。
罗常培、王 均 1981《普通语音学纲要》,北京:商务印书馆。
罗仁地、潘露莉 2005 焦点结构的类型及其对汉语词序的影响,载徐烈炯、潘海华主编《焦点结构和意义的研究》,北京:外语教学与研究出版社。
吕叔湘 1980《现代汉语八百词》,北京:商务印书馆。
吕叔湘 1982《中国文法要略》,北京:商务印书馆。
吕叔湘 1985 疑问·否定·肯定,《中国语文》第4期。
吕叔湘 1987《语文近著》,上海:上海教育出版社。
吕叔湘 1990《吕叔湘文集》第一卷,北京:商务印书馆。
马 真 1982 说“也”,《中国语文》第4期。
南开大学“中华吟诵的抢救、整理与研究”课题组 2013 余亦能高咏,斯人不可闻——关于传统吟诵的调查与思考,中华吟诵网。
彭 琼 2014 否定辖域的内在生成机制探讨,《汉语学习》第4期。
齐沪扬 2003 与语气词规范有关的一些问题,《语言文字应用》第2期。
祁 峰 2012 现代汉语焦点研究,复旦大学博士学位论文。
祁 峰 2013 汉语焦点的类型及其相关问题,《汉语学习》第2期。
祁 峰 2017 从汉语及吴方言的正反问句看疑问和焦点的互动,《语言科学》第5期。
钱敏汝 1990 否定载体“不”的语义—语法考察,《中国语文》第1期。
秦德祥 2001 常州吟诵音乐的采录与初步研究,《中央音乐学院学报》第2期。
秦德祥 2004 二十世纪吟诵音乐的嬗变,《天津音乐学院学报》第3期。
秦 鹏 2017 汉语的信息结构和语调模式,《南开语言学刊》第2期。
秦 鹏 2018 汉语普通话句子的信息结构和语调模式初探,南开大学博士学位论文。
裘珊珊 2007 日本留学生汉语陈述句核心重音的韵律表现，北京语言大学硕士学位论文。
屈承熹 2003 Please，Let Topic and Focus Co-Exist Peacefully！载徐烈炯、刘丹青主编《话题与焦点新论》，上海：上海教育出版社。
冉启斌、段文君、贾　媛 2013 汉语句重音、焦点问题研究回顾与展望，《南开语言学刊》第 2 期。
任芝锳 2007 "连"字在焦点结构中的作用——谈焦点结构分析中的几个基本问题，《广播电视大学学报》第 3 期。
阮吕娜 2004 汉语疑问句语调研究，北京语言大学博士学位论文。
邵敬敏 1996《现代汉语疑问句研究》，上海：华东师范大学出版社。
邵敬敏 2001《现代汉语通论》，上海：上海教育出版社。
邵敬敏 2012 是非问内部类型的比较以及"疑惑"的细化，《世界汉语教学》第 3 期。
邵敬敏、赵春利 2005 "致使把字句"和"省隐被字句"及其语用解释，《汉语学习》第 4 期。
沈家煊 1999/2015《不对称和标记论》，南昌：江西教育出版社/北京：商务印书馆。
沈家煊 2001 跟副词"还"有关的两个句式，《中国语文》第 6 期。
沈家煊 2002 如何处置"处置式"？——论把字句的主观性，《中国语文》第 5 期。
沈家煊 2012 论"虚实象似"原理——韵律和语法之间的扭曲对应，*Chinese As A Second Language Research*(1)。
沈家煊 2015 走出"都"的量化迷途：向右不向左，《中国语文》第 1 期。
沈家煊 2017 汉语"大语法"包含韵律，《世界汉语教学》第 1 期。
沈　炯 1982 普通话语调的音高构形分析，北京大学硕士学位论文。
沈　炯 1985 北京话声调的音域和语调，《北京语音实验录》，北京：北京大学出版社。
沈　炯 1994 汉语语调构造和语调类型，《方言》第 3 期。
沈　炯 1999 汉语音高载信系统模型，载石锋、潘悟云主编《中国语言学的新拓展——庆祝王士元教授六十五岁华诞》，香港：香港城市大学出版社。
沈开木 1984 "不"字的否定范围和否定中心的探索，《中国语文》第 4 期。

沈　园 2011 焦点的音系、语义与语用——焦点研究的新视野，《当代语言学》第 3 期。
施向东 2001《诗词格律初阶》，天津：天津大学出版社。
石　锋 1999 汉语语调格局在不同语速中的表现，载石锋、潘悟云主编《中国语言学的新拓展——庆祝王士元教授六十五岁华诞》，香港：香港城市大学出版社。
石　锋 2006 实验音系学与汉语语音分析，《南开语言学刊》第 2 期。
石　锋 2008《语音格局——语音学与音系学的交汇点》，北京：商务印书馆。
石　锋 2009《实验音系学探索》，北京：北京大学出版社。
石　锋 2011 但将万绿看人间——永远怀念吴宗济先生，载《世纪声路 大师足音——吴宗济先生纪念文集》，北京：商务印书馆。
石　锋 2012《语音平面实验录》，北京：北京语言大学出版社。
石　锋 2013《语调格局——实验语言学的奠基石》，北京：商务印书馆。
石　锋 2017 语调研究是实验语言学的奠基石——语调论坛总结报告，《实验语言学》第 6 卷第 1 号。（已收入本书）
石　锋 2018 实验语言学网上直播报告，https://www.douyu.com/5267001。
石　锋 2019《听感格局——汉语语音感知特征初探》，北京：商务印书馆。
石　锋、焦雪芬 2016a 队列口令句的实验分析，《实验语言学》第 5 卷第 2 号。
石　锋、焦雪芬 2016b 普通话命令句语调的时长和音量分析，《汉语学习》第 1 期。
石　锋、冉启斌 2011 普通话上声的本质是低平调，《中国语文》第 6 期。
石　锋、王　萍 2006 北京话单字音声调的统计分析，《中国语文》第 1 期。
石　锋、王　萍 2014 汉语韵律层级系统刍议，《南开语言学刊》第 1 期。
石　锋、王　萍 2018《汉语功能语调研究》，北京：北京语言大学出版社。
石　锋、梁　磊、王　萍 2010 汉语普通话陈述句语调的停延率，载潘悟云、沈钟伟主编《研究之乐——庆祝王士元先生七十五寿辰学术论文集》，上海：上海教育出版社。
石　锋、王　萍、梁　磊 2009 汉语普通话陈述句语调的起伏度，《南开语言学刊》第 2 期。
石　锋、夏全胜、于　秒、张锦玉 2017《实验语言学初探》，北京：中国社会科学出版社。
石　林、温宝莹 2012 洋腔洋调初探，《南开语言学刊》第 1 期。

石　林、温宝莹、谢郴伟 2015 汉语普通话语调的韵律匹配，《南开语言学刊》第 2 期。

石佩雯 1980 四种句子的语调变化，《语言教学与研究》第 2 期。

时秀娟 2018 "不"字句否定焦点的韵律表现，《南开语言学刊》第 1 期。

斯茫式涅夫 1959 现代汉语音节重音的声学本质，《中国语文》第 1 期。

宋玉柱 1978 关于"是……的"结构的分析——语法笔记一则，《天津师范大学学报》(社会科学版)第 4 期。

宋玉柱 1979 "连……也……"结构的语法意义，《徐州师范学院学报》第 3 期。

宋玉柱 1981 关于"把"字句的两个问题，《语文研究》第 2 期。

孙　颖、石　锋 2012 普通话焦点句的时长表现，《中国语音学报》第 3 辑。

汤廷池 1981《语言学与语文教学》，台北：台湾学生书局。

汤廷池 1984 国语疑问句研究续论，(台湾)《师范大学学报》第 29 期。

陶红印 1999 试论语体分类的语法学意义，《当代语言学》第 3 期。

田　野 2010 北京话强调焦点句音量分析，第九届中国语音学学术会议论文，天津。

Wafaa Bahaaeldin Nematalla Ahmed Darwish 2017 阿拉伯语陈述句、疑问句及焦点句语调的实验研究，天津师范大学博士学位论文。

汪昌松 2017 当焦点重音遇到核心重音——以表否定模态意义的"V 什么 NP"为例，第四届韵律语法研究国际研讨会会议论文，开封。

王　蓓、杨玉芳、吕士楠 2004 汉语韵律层级结构边界的声学分析，《声学学报》第 1 期。

王灿龙 2004 "连"字句的焦点与相关的语用问题，《庆祝〈中国语文〉创刊 50 周年学术论文集》，北京：商务印书馆。

王　丹、杨玉芳 2004 自然语言中焦点与重音关系的研究进展，《陕西师范大学学报》(哲学社会科学版)第 4 期。

王功平 2018 韩语母语者普通话陈述句焦点重音产出纵向发展模式，《语言教学与研究》第 2 期。

王洪君 2000 汉语的韵律词与韵律短语，《中国语文》第 6 期。

王　力 1943《中国现代语法》，上海：商务印书馆。

王　力 1959 中国格律诗的传统和现代格律诗的问题，《文学评论》第 3 期。

王　力 1977《诗词格律》，北京：中华书局。

王　力 1980 略论语言形式美，载王力《龙虫并雕斋文集》，北京：中华书局。

王　力 2005《汉语诗律学》,上海:上海教育出版社。

王丽莉 2014 绝句吟调实验研究,南开大学硕士学位论文。

王　萍、石　锋 2010 汉语普通话疑问句语调的起伏度,《南开语言学刊》第2期。

王　萍、石　锋 2019 汉语普通话不同语句类型的时长分布模式,《语言教学与研究》第2期。

王　萍、邓　芳、石　锋 2017 较大样本普通话陈述句和疑问句的音高分析,《语言文字应用》第4期。

王韫佳 1996 轻声音高琐议,《世界汉语教学》第3期。

王韫佳 2008 试论普通话疑问语气的声学关联物,《语言学论丛》第三十七辑,北京:商务印书馆。

王韫佳、初　敏、贺　琳 2006 汉语焦点重音和语义重音分布的初步实验研究,《世界汉语教学》第2期。

王振来 2004 结合语义考察有标记被动表述式的焦点,《辽宁师范大学学报》(社会科学版)第5期。

王志洁 1999 词汇变调、词法变调和音系变调,载徐烈炯主编《共性与个性——汉语语言学中的争议》,北京:北京语言文化大学出版社。

王志洁、冯胜利 2006 声调对比法与北京话双音组的重音类型,《语言科学》第1期。

魏钢强 2000 调值的轻声和调类的轻声,《方言》第1期。

温宝莹、邓　丹、石　锋 2016《汉语语音习得研究》,天津:南开大学出版社。

温锁林 2001 关于焦点问题,《广西师范大学学报》(哲学社会科学版)第1期。

温锁林、贺桂兰 2006 有关焦点问题的一些理论思考,《语文研究》第2期。

温锁林、雒自清 2000 疑问焦点与否定焦点,《雁北师范学院学报》第5期。

吴洁敏 1998 论汉语节奏规律,《广播电视大学学报》(哲学社会科学版)第1期。

吴文玉、时秀娟 2017 汉语普通话否定句的音量比,《实验语言学》第6卷第2号。

吴宗济 1982 普通话语句中的声调变化,《中国语文》第6期。

吴宗济 1993/2004 普通话语调分析的一种新方法:语句中基本调群单元的移调处理,原载《中国社会科学院语音研究所语音研究报告》/又载《吴宗济语言学论文集》,北京:商务印书馆。

吴宗济 1996a 从声调与乐律的关系提出普通话语调处理的新方法,《中国社科院语言研究所建所 45 周年纪念文集》,北京:商务印书馆。

吴宗济 1996b 赵元任先生在汉语声调研究上的贡献,《清华大学学报》(哲学社会科学版)第 3 期。

吴宗济 1997 试论"人—机对话"中的汉语语音学,《世界汉语教学》第 4 期。

吴宗济 2004《吴宗济语言学论文集》,北京:商务印书馆。

谢郴伟 2017 "把"字句的焦点在哪里——语调量化分析的证据,第 19 届中国语言与文化国际学术研讨会会议论文,天津。

谢立娟 2008 汉语感叹句语调实验研究,天津师范大学硕士学位论文。

谢中仁 2018 普通话语调基式与变式的音量比实验研究,北京语言大学硕士学位论文。

邢福义 1995 选择问句群与前引特指问的同指性双层加合,载邢福义《语法问题思索集》,北京:北京语言学院出版社。

邢福义 2002《现代汉语语法修辞专题》,北京:高等教育出版社。

熊仲儒 2005 否定焦点及其句法蕴含,《中国语文》第 4 期。

熊子瑜 2003 韵律单元边界特征的声学语音学研究,《语言文字应用》第 2 期。

熊子瑜、林茂灿 2001 语流间断处的韵律表现,第六届全国人机语音通讯学术会议论文,深圳。

熊子瑜、梅　晓、李　健、李爱军 2009 语速对韵母时长的影响及其消除,*Report of Phonetic Research*。

徐建顺 2009 吟诵的规则初探,《吟诵经典、爱我中华——中华吟诵周论文集》,北京。

徐建顺 2011 论吟诵的基本方法,《中国诗歌研究动态》第 2 期。

徐　杰 2001《普遍语法原则和汉语语法现象》,北京:北京大学出版社。

徐　杰、李英哲 1993 焦点与两个非线性句法范畴:"否定""疑问",《中国语文》第 2 期。

徐　杰、张林林 1985 疑问程度和疑问句式,《江西师范大学学报》(哲学社会科学版)第 2 期。

徐烈炯 2001 焦点的不同概念及其在汉语中的表现形式,(日本)《现代中国语研究》第 3 期。

徐烈炯 2002 多重焦点,《中国语文研究》第 1 期。

徐烈炯 2005 几个不同的焦点概念,载徐烈炯、潘海华主编《焦点结构和意义的研究》,北京:外语教学与研究出版社。
徐烈炯 2006 语义焦点,《东方语言学》第 1 期。
徐烈炯 2014 “都”是全称量词吗?《中国语文》第 6 期。
徐烈炯、潘海华 2005《焦点结构和意义的研究》,北京:外语教学与研究出版社。
徐世荣 1961 意群重音和语法的关系,《中国语文》第 5 期。
徐世荣 1980《普通话语音知识》,北京:文字改革出版社。
徐世荣 1999《普通话语音常识》,北京:语文出版社。
许　峰 2018 普通话单音“不”字句否定辖域的韵律分析,《实验语言学》第 7 卷第 2 号。
许　毅 1986 普通话音联的声学语音学特性,《中国语文》第 5 期。
薛凤生 1994 “把”字句和“被”字句的结构意义——真的表示“处置”和“被动”,载戴浩一、薛凤生主编《功能主义与汉语语法》,北京:北京语言学院出版社。
荀恩东、饶高琦、肖晓悦、臧娇娇 2016 大数据背景下 BCC 语料库的研制,《语料库语言学》第 1 期。
阎锦婷 2013 汉语普通话疑问句的语调格局,南开大学硕士学位论文。
阎锦婷、高晓天 2017 普通话语调问句和“吗”字问句的不同韵律分布模式,《南开语言学刊》第 2 期。
阎锦婷、王　萍、石　锋 2014 普通话疑问标记复用的声学实验——以正反疑问句为例,《语言教学与研究》第 5 期。
阎锦婷、王　萍、石　锋 2016 普通话是非问句语调的起伏度,《中国语音学报》第 5 辑。
阎锦婷、王　萍、石　锋 2016 普通话特指问句语调的声学实验分析,《汉藏语学报》第 1 期。
颜景助、林茂灿 1988 北京话三字组重音的声学表现,《方言》第 3 期。
杨　锋 2012 中国传统吟诵研究——从节奏、嗓音和呼吸角度,北京大学博士学位论文。
杨树楠、董梦雪 2018 普通话单音词是非问句在韵律上的不同表现,第十届演化语言学国际研讨会会议论文,南京。
杨晓安 2012 副词“都”多指歧义消解的韵律手段,《实验语言学》第 1 卷第 2 号。

杨亦鸣 1988“也”字语义初探,《语文研究》第 3 期。
杨永龙 2003 句尾语气词“吗”的语法化过程,《语言科学》第 1 期。
杨玉芳 1997 句法边界的韵律学表现,《声学学报》第 5 期。
姚 倩 2009 普通话儿童习得附加焦点助词“也”的实验研究,北京语言大学博士论文。
叶嘉莹 2004《多面折射的光影:叶嘉莹自选集》,天津:南开大学出版社。
叶嘉莹 2009 叶嘉莹先生论吟诵,《吟诵经典、爱我中华——中华吟诵周论文集》,北京。
叶嘉莹 2012 谈中国旧诗之美感特质与吟诵之传统,《文学与文化》第 2 期。
叶嘉莹 2013 吟诵、背诵与传统文化教育,《群言》第 9 期。
叶嘉莹、王一澜 2012 约会一场浅“吟”低“诵” 穿越千载情韵诗词,《中国图书评论》第 3 期。
殷志平 1995“X 比 Y 还 W”的两种功能,《中国语文》第 2 期。
尹洪波 2008 现代汉语疑问句焦点研究,《江汉大学学报》(人文科学版)第 1 期。
尹小珂 2007 传统吟诵调的艺术价值与当前生存状况,中国艺术研究院硕士学位论文。
游 舒 2005 被字句的语息表达对其成分消隐的制约与影响,《华中科技大学学报》(社会科学版)第 3 期。
袁毓林 1993《现代汉语祈使句研究》,北京:北京大学出版社。
袁毓林 2000 论否定句的焦点、预设和辖域歧义,《中国语文》第 2 期。
袁毓林 2003 从焦点理论看句尾“的”的句法语义功能,《中国语文》第 1 期。
袁毓林 2005a“都”的加合性语义功能及其分配性效应,《当代语言学》第 4 期。
袁毓林 2005b“都”的语义功能和关联方向新解,《中国语文》第 2 期。
袁毓林 2006 试析“连”字句的信息结构特点,《语言科学》第 3 期。
袁毓林 2007 论“都”的隐性否定和极项允准功能,《中国语文》第 4 期。
袁毓林 2018《汉语否定表达的认知研究和逻辑分析》,北京:商务印书馆。
扎多延柯 1958 汉语弱读音节和轻声的实验研究,《中国语文》第 12 期。
詹卫东 2004 范围副词“都”的语义指向分析,《汉语学报》第 1 期。
张爱民、张爱玲、张秀松 2002“X 比 N 还 N”句式探讨,《徐州师范大学学报》(哲学社会科学版)第 4 期。

张　斌 1998《汉语语法学》,上海:上海教育出版社。
张伯江 2001 “被”字句和“把”字句的对称与不对称,《中国语文》第 6 期。
张伯江、方　梅 1996/2001《汉语功能语法研究》,南昌:江西教育出版社/北京:商务印书馆。
张和友 2006 聚焦式“是”字句的句法、语义特点,《语言教学与研究》第 1 期。
张洪明 2014 韵律音系学与汉语韵律研究中的若干问题,《当代语言学》第 3 期。
张慧丽、段海凤、潘海华 2017 焦点—重音原则与汉语的“把”字句,第 25 届国际中国语言学学会年会会议论文,布达佩斯。
张金爽 2015 基于排比句朗读的言语呼吸韵律研究,南开大学博士学位论文。
张金爽 2017 三句式排比句群的实验分析,载石锋、王萍编著《汉语功能语调研究》,北京:北京语言大学出版社。
张金爽、张锦玉、黄旭男 2016 排比句朗读的音强和呼气关系研究,《南开语言学刊》第 1 期。
张　静 1987《汉语语法问题》,北京:中国社会科学出版社。
张立飞、严辰松 2011《现代汉语否定构式的认知研究》,北京:高等教育出版社。
张　潜 1999 “被”字句研究概述,《南京晓庄学院学报》第 3 期。
张　钦、崔丽霞 2002 语义加工中的具体性效应研究,《北京师范大学学报》(人文社会科学版)第 4 期。
张全生 2009《现代汉语焦点结构研究》,天津:南开大学出版社。
张彤彤 2018 汉语普通话强调焦点句的大样本实验研究,北京语言大学硕士学位论文。
张彤彤、胡会娟 2017 普通话疑问句的停延率,《实验语言学》第 6 卷第 1 号。
张夏夏、王　蓓 2018 藏语拉萨话中焦点和疑问的韵律编码方式,《清华大学学报》(自然科学版)第 4 期。
张　昕 2010 “被”字句的语义特征和语用功能初探,《宝鸡文理学院学报》(社会科学版)第 2 期。
张谊生 2004 试论“由”字被动句——兼论“由”字句和“被”字句的区别,《语言科学》第 3 期。
张豫峰 2002 汉语的焦点和“得”字句,《汉语学习》第 3 期。
赵海萍 2008 交际意图与“X 比 Y 还 W”的功能类型——兼论语用歧义结构,

华东师范大学硕士学位论文。

赵建军、杨晓虹、杨玉芳 2012 汉语中焦点与重音的对应关系——基于语料库的初步研究,《语言研究》第 4 期。

赵元任 1922/2002 中国言语字调底实验研究法,《科学》第 7 卷第 9 期/又载吴宗济、赵新那编《赵元任语言学论文集》,北京:商务印书馆。

赵元任 1929/2002 北平语调的研究,《最后 5 分钟》附录,上海:中华书局/又载吴宗济、赵新那编《赵元任语言学论文集》,北京:商务印书馆。

赵元任 1933/2002 汉语的字调跟语调,《中研院史语所集刊》,上海:中华书局/又载吴宗济、赵新那编《赵元任语言学论文集》,北京:商务印书馆。

赵元任 1934《新国语留声机片课本》,上海:商务印书馆。

赵元任 1935/2002 国语语调(讲演),《广播周报》第 23 期/又载吴宗济、赵新那编《赵元任语言学论文集》,北京:商务印书馆。

赵元任 1979《汉语口语语法》(吕叔湘译),北京:商务印书馆。

赵元任 1932/2002 英语语调(附美语变体)与汉语对应语调初探,《中央研究院历史语言所集刊》/又载吴宗济、赵新那编《赵元任语言学论文集》,北京:商务印书馆。

赵元任 1994《赵元任音乐论文集》,北京:中国文联出版社。

周辨明、黄典诚 1939《国语罗马字新读本》,厦门:厦门大学出版社。

周国正 2008 "是"的真正身份——论述记号"是"的句法、语义、语用功能的综合诠释,《语文研究》第 2 期。

周　荔 2008 关于"是……的"的意义及用法,《语文学刊》第 5 期。

周小兵 1990 汉语"连"字句,《中国语文》第 4 期。

朱德熙 1982《语法讲义》,北京:商务印书馆。

祖漪青、陈肖霞 1999 连续语流中的音节延长及其作用,载吕士楠等主编《现代语音学论文集》,北京:金城出版社。

左思民 2014 论否定域和否定焦点:基于语用的考察,《当代修辞学》第 6 期。

Bolinger, Dwight L. 1978 Intonation across languages. In Greenberg, J. (ed.) *Universals of Human Language: Phonology 2*. Stanford University Press.

Bolinger, Dwight L. 1989 *Intonation and Its Uses*. Stanford University Press.

Chang, Nien-chuang 1958 Tone and intonation in the Chengdu dialect. *Phonetica*, (2).

Chao, Yuen Ren 1968 *A Grammar of Spoken Chinese*. Berkeley and Los Angeles: University of California Press.

Chen, Y., Xu, Y. 2006 Production of weak elements in speech: Evidence from F0 patterns of neutral tone in standard Chinese. *Phonetica*, (63).

Chen, Yiya. 2003 Accentual lengthening in standard Chinese: Evidence from four-syllable constituents, *Eurospeech*, (27).

Chen. Yiya. 2006 Durational adjustment under corrective focus in standard Chinese. *Journal of Phonetics*, (34).

Crystal, D. 1972. *Linguistics*. Harmondsworth, Middlesex: Penguin Books.

Duanmu, S. (端木三) 1990 *A Formal Study of Syllable Tone, Stress and Domain in Chinese Languages*. Doctoral Dissertation, MIT, Cambridge, MA.

Gundel, Jeanette K. 1999 On different kinds of focus. In Bosch and Sandt (eds.), *Focus: Linguistic, Cogntive, and Computational Perspectives*. 293-305. Cambridge: Cambridge Press.

Gussenhoven, C. 1983 Focus, mode and the nucleus. *Journal of Linguistics*, (19):377-417.

Gussenhoven, C. 2004 Types of focus in English. In D. Buring, M. Gordon, & C. Lee (Eds.), *Topic and Focus: Intonation and Meaning, Theoretical and Cross-linguistic Perspectives*. Dordrecht: Kluwer Academic Publishers.

Halliday, M. A. K. 1967 Notes on transitivity and theme in English. *Journal of Linguistics*, 3(1).

Hashimoto, Anne Yue. 1971 *Mandarin Syntactic Structure*. Unicorn, 8: 1-149.

Huang, Shizhe 1996 *Quantification and Predication in Mandarin Chinese: A Case Study of Dou*. Doctoral Dissertation, University of Pennsylvania, Philadelphia.

Huang, C.-T. James 1988 Wǒ Pǎo de Kuài and Chinese phrase structure. *Language*. Vol. 64, No. (Jun. 1988):274-311.

Jackendoff, Ray 1972 *Semantic Interpretation in Generative Grammar*. Cambridge, Mass: MIT Press.

Jin, S. 1996 *An Acoustic Study of Sentence Stress in Mandarin Chinese*. Doctoral Dissertation, The Ohio State University.

Katz, J. & E. Selkirk. 2011 Contrastive focus vs. discourse-new: evidence from phonetic prominence in English. *Language*, 87(4): 771-816.

Konig, E. 1991 *The Meaning of Focus Particles: A Comparative Perspective*. London: Routledge.

Ladd, D. Robert 1996 *Intonational Phonology*. Cambridge University Press.

Ladd, D. R. & A. Cutler 1983 Introduction. Models and measurements in the study of prosody. In A. Cutler & D. R. Ladd (Eds.), *Prosody: Models and Measurements*. Springer, Berlin, Heidelberg.

Lambrecht, Knud 1986 *Topic, Focus, and the Grammar of Spoken French*. Doctoral Dissertation. University of California, Berkeley.

Lambrecht, Knud 1994 *Information Structure and Sentence Form: Topic, Focus, and the Mental Representation of Discourse Referents*. Cambridge University Press.

Lambrecht, Knud 2000 When subjects behave like objects: An analysis of the merging of S and O in sentence focus constructions across languages. *Studies in Language*, (24).

Lee, Huichi 2005 On focus markers Zhi, Lian, and Shi. The Third International Conference on Formal Linguistics & the Second Yuelu Language Acquisition Workshop in Hunan University, PRC.

Lee, Thomas Huntak 1986 *Studies on Quantification in Chinese*. Doctoral Dissertation, University of California, Los Angeles.

Lee, Wai-Sum 2003 A phonetic study of the neutral tone in Beijing Mandarin. *Proceedings of the 15th International Congress of Phonetic Sciences*. Barcelona, Spain.

Lehiste, Ilse 1975 The phonetic structure of paragraph. *Structure and Process in Speech Perception: Proceedings of the Symposium of Dynamic Aspects of Speech Perception*. Cohen/Nooteboom (Eds.), Springer, Berlin, Heidelberg, 195-206.

Li, Kening 2009 An OT analysis of informational focus in Mandarin Chinese. *Proceedings of the 21st North American Conference on Chinese Linguistics* (NACCL-21), Vol. 2, ed. by Yun Xiao. Smithfield: Bryant University.

Lin, Jowang 1998 Distributivity in Chinese and its implication. *Natural Language Semantics*, (6): 201-243.

Lindblom, B. 1968 Temporal organization of syllable production. Speech Transmission Laboratory (Stockholm) Quarterly Progress and Status Report, (2): 1-5.

Liu, F. & Xu, Y. 2005 Parallel encoding of focus and interrogative meaning in Mandarin intonation. *Phonetica*, (62).

Selkirk, E. 2008 Contrastive focus, givenness and the unmarked status of "Discourse-New". *Acta Linguistica Hungarica*, (55): 331-346.

Shen, Xiao-nan 1989 Interplay of the four citation tones and intonation in Mandarin Chinese. *Journal of Chinese Linguistics*, (1): 61-74.

Shi, Feng & Wang, Ping 2014 Boundary tone and focus tone. *Journal of Chinese Linguistics*, 42(1): 93-108.

Sybesma, Rint 1992 *Causatives and Accomplishments: The Case of the Chinese ba*. Doctoral dissertation, Leiden University.

Teng, Shou-hsin (邓守信) 1979 Remarks on cleft sentences in Chinese. *Journal of Chinese Linguistics*, (7).

Tseng, Chiu-yu & Su, Zhao-yu 2006 Corpus approach to phonetic investigation-methods, quanitative evidence and findings of Mandarin speech prosody. Oriental-COCOSDA 2006, December 9-11, Penang, Malaysia.

Tseng, Chiu-yu et al. 2005 Fluent speech prosody: framework and modeling. *Speech Communication*, Special Issue on Quantitative Prosody Modelling for Natural Speech Description and Generation, Vol. 46: 3-4, 284-309.

Vaissière, J. 1983 Language-independent prosodic features. In A. Cutler & D. R. Ladd (Eds.), *Prosody: Models and Measurements*. Springer, Berlin, Heidelberg.

Van Valin, R. & R. Lapolla 1997 *Syntax: Structure, Meaning and Function*. Cambridge University Press.

Vogel, I. 2009 Universals of prosodic structure. In S. Scalise et al. (Eds.) *Universals of Language Today*. Springer Science and Business Media.

Wang, B. & Xu, Y. 2011 Differential prosodic encoding of topic and focus in sentence-initial position in Mandarin Chinese. *Journal of Phonetics*,

(39): 595-611.

Wang, B. & Xu, Y. 2006 Prosodic encoding of topic and focus in Mandarin. In *Proceedings of International Conference on Speech Prosody*. Dresden, Germany.

Wu, Jianxin 1999 *Syntax and Semantics of Quantification in Chinese*. Doctoral Dissertation, University of Maryland at College Park.

Xiao, Richard & McEnery, Tony 2008 Negation in Chinese: A corpus-based study. *Journal of Chinese Linguistics*, 36 (2): 274-321.

Xu, Liejiong 2004 Manifestation of informational focus. *Lingua*, 114 (3): 277-299.

Xu, Y. 1999 Effects of tone and focus on the formation and alignment of FO contours. *Journal of Phonetics*, (27).

Xu, Y. 2002 Sources of tonal variation in connection speech. *Journal of Chinese Linguistics*, monograph series, (17).

Xu, Y. 2007 Target approximation as core mechanism of speech production and perception. Invited lecture given at Institute of Linguistics of CASS.

Xu, Y. 2011 Post-focus compression: Cross-linguistic distribution and historical origin. In *Proceedings of the 17th International Congress of Phonetic Sciences*. Hong Kong.

Xu, Y. & Xu, C. X. 2005 Phonetic realization of focus in English declarative intonation. *Journal of Phonetics*, (33).

Xu, Yi 2005 Speech melody as articulatorily implemented communicative functions. *Speech Communication*, 46 (3-4), 220-251.

Xu, Y., Xu, C. X., & Sun, X. 2004 On the temporal domain of focus. In *Proceedings of International Conference on Speech Prosody*, Nara, Japan.

Yang, Rong 2001 *Common Nouns, Classifiers and Quantification in Chinese*. Doctoral Dissertation, the State University of New Jersey.

Yuan, Jiahong, Shih, Chilin, Kochanski, Greg P. 2002 Comparison of declarative and interrogative intonation in Chinese, *Proceedings of the Speech Prosody Conference*, Aix-en-Provence, Laboratoire Parole et Langage.

Zhang, Hongming 2017 *Syntax-Phonology Interface: Argumentation from Tone Sandhi in Chinese Dialects*, Routledge.

Zou, Ke 1995 *The Syntax of the Chinese Ba-construction and Verb Compounds: A morpho-syntactic Analysis*. Doctoral Dissertation, University of South California.